T0286037

Sobre la libertad

Maggie Nelson

Sobre la libertad

Cuatro cantos de restricción y cuidados

Traducción de Damià Alou

EDITORIAL ANAGRAMA

BARCELONA

Título de la edición original:
On Freedom. Four Songs of Care and Constraint
Graywolf Press
Mineápolis, 2021

Ilustración: © lookatcia

Primera edición: septiembre 2022

Diseño de la colección: lookatcia.com

© EDITORIAL ANAGRAMA, S. A., 2022
    Pau Claris, 172
    08037 Barcelona

ISBN: 978-84-339-6495-3
Depósito Legal: B. 11284-2022

Printed in Spain

Liberdúplex, S. L. U., ctra. BV 2249, km 7,4 - Polígono Torrentfondo
08791 Sant Llorenç d'Hortons

LEVIATÁN

La verdad es también buscarla:
como la felicidad, y no dura.
Incluso el verso comienza a corroerse
en el ácido. Busca, busca;
un viento se mueve un poco,
se mueve en círculo, muy frío.
¿Cómo lo diremos?
En el discurso habitual...

Debemos hablar ahora. Ya no estoy seguro de las palabras,
el mecanismo del mundo. Lo que es inexplicable
es la «preponderancia de los objetos». El cielo se ilumina
diariamente con esa predominancia

y nos hemos convertido en el presente.

Ahora debemos hablar. El miedo
es el miedo. Pero nos abandonamos el uno al otro.

GEORGE OPPEN, 1965

para Iggy
ya e inminente

INTRODUCCIÓN

NO SIGAS LEYENDO SI QUIERES HABLAR DE LIBERTAD –
CRISIS DE LA LIBERTAD – EL NUDO – INVOLUCRAMIENTO
Y DISTANCIAMIENTO – LA LIBERTAD ES MÍA Y SÉ CÓMO
ME SIENTO – UNA LABOR PACIENTE

No sigas leyendo si quieres hablar de libertad

Hacía ya tiempo que quería escribir un libro sobre la libertad. Llevaba queriendo escribir este libro al menos desde que el tema surgió como subtexto inesperado en otro libro que escribí sobre el arte y la crueldad. Me puse a escribir sobre la crueldad solo para descubrir, ante mi sorpresa, que la libertad se colaba por las grietas de la asfixiante celda de la crueldad en forma de luz y aire. Cuando la crueldad me dejó agotada, pasé directamente a la libertad. Comencé leyendo «¿Qué es la libertad?», de Hannah Arendt, y me puse a acumular bibliografía. Pero no tardé mucho en desviarme del tema, y acabé escribiendo un libro sobre los cuidados. Hubo quien pensó que el libro sobre los cuidados era también un libro sobre la libertad, cosa que me resultó gratificante, pues yo creía lo mismo. Durante un tiempo me dije que el libro sobre la libertad quizá ya no era necesario..., al menos no un libro mío, y quizá de nadie más. ¿Se le ocurre alguna palabra más vacía, imprecisa o utilizada como arma? «Antes me preocupaba la libertad, pero ahora me preocupa sobre todo el amor», me dijo un amigo.[1] «Libertad parece una palabra en clave corrupta y vacía para nombrar la guerra, una exportación comercial,

11

algo que un patriarca puede "conceder" o "rescindir"», me escribió otro amigo.[2] «Es una palabra que puede significar cualquier cosa», dijo otro.

A menudo estaba de acuerdo: ¿por qué no empezar por un valor menos problemático, evidentemente oportuno y noble como la obligación, la ayuda mutua, la coexistencia, la resiliencia, la sostenibilidad, o lo que Manolo Callahan ha denominado «convivencia insubordinada»?[3] ¿Por qué no reconocer que el prolongado papel estelar de la libertad podría estar tocando a su fin, y que una permanente obsesión con ella podría reflejar una pulsión de muerte? «¡Tu libertad me está matando!», reza la pancarta de unos manifestantes en mitad de una pandemia. «¡Tu salud no es más importante que mi libertad!», responden los gritos de otros que no llevan mascarilla.[4]

Y sin embargo era incapaz de dejarlo.

El problema reside, en parte, en la propia palabra, cuyo significado no acaba de ser evidente ni compartido por todos.[5] De hecho, funciona más como la palabra «Dios» en el sentido de que, cuando la utilizamos, nunca sabemos realmente con segiridad de qué estamos hablando exactamente, ni de si estamos hablando de lo mismo. (¿Estamos hablando de la libertad negativa? ¿De la libertad positiva? ¿De la libertad anarquista? ¿De la libertad marxista? ¿De la libertad abolicionista? ¿De la libertad libertaria? ¿De la libertad del colonizador blanco? ¿De la libertad descolonizadora? ¿De la libertad neoliberal? ¿De la libertad zapatista? ¿De la libertad espiritual?, etc.) Todo lo cual nos lleva a la famosa proclama de Ludwig Wittgenstein: «el significado de una palabra es su uso». Pensé en esta formulación el otro día cuando, en el campus de mi universidad, pasé junto a una mesa en la que una pancarta decía: «Párese aquí si quiere hablar de libertad.» «¡Caramba, si me paro!», me dije. Así que me paré y le pregunté a un joven blanco, posiblemente un estudiante, de qué tipo de libertad quería hablar. Me miró de arriba abajo, y acto seguido dijo, lentamente y con un asomo de amenaza y de inseguridad: «Ya sabe, de *la libertad de toda la vida*.» Entonces me fijé en que vendía chapas de tres categorías: salvemos al feto, explotemos las libertades* y sí al derecho a las armas. Como deja claro la obra de Wittgenstein, que el significado de una palabra sea su uso no es motivo de parálisis ni de lamentaciones. Por el contrario, puede ser una incitación a averiguar *qué juego del lenguaje se está utilizando*. Este es el enfoque que he asumido en este libro, en el que la «libertad» actúa como un billete de tren reutilizable, marcado o perforado por las muchas estaciones, manos o recipientes por los que pasa. (Tomo prestada esta metáfora de Wayne Koestenbaum, que en una ocasión la utilizó para describir «la manera en que una palabra, o un grupo de palabras, permuta» en la obra de Gertrude Stein. «Lo que la palabra significa no es asunto tuyo», escribe Koestenbaum, «pero sí es asunto tuyo, sin duda, adónde viaja la palabra.») Pues, sean cuales sean las confusiones que provoca hablar de la libertad, esencialmente no difieren de los malentendidos a los que nos arriesgamos al hablar de cualquier otra cosa. Y hemos de hablar de las cosas, aunque y sobre todo si, tal como lo expresó George Oppen, uno ya no está «seguro de las palabras».

Crisis de la libertad

Cuando vuelvo la vista atrás, la decisión de atenerme a esa palabra parece tener dos raíces. La primera tiene que ver

---

* *Owning the libs* es una estrategia política utilizada por los conservadores estadounidenses para alterar las políticas liberales, con eslóganes como «A la mierda tus sentimientos» o «Que los liberales vuelvan al llorar». (Las notas con asterisco son del traductor.)

con mi permanente frustración por cómo la derecha política se ha apropiado de ella (y la prueba son las chapas que vendía ese joven universitario). Esa apropiación es algo que lleva siglos ocurriendo: la idea de «libertad para nosotros, subyugación para ti», ha funcionado desde que se fundó nuestra nación. Pero después de la década de 1960 –una época en la que, tal como recuerda el historiador Robin D. G. Kelley en *Freedom Dreams:* «la libertad era la meta que intentaba alcanzar nuestro pueblo; la libertad era un verbo, un acto, un deseo, una exigencia militante. "Libera la tierra", "Libera la mente", "Libertad para Sudáfrica", "Libertad para Angola", "Libertad para Angela Davis", "Libertad para Huey",* eran los lemas que mejor recuerdo–, la derecha política dobló la apuesta. En unas pocas décadas de neoliberalismo brutal, el grito de guerra de libertad que habían personificado el Verano de la Libertad, las Escuelas Libres, los Conductores por la Libertad,** la Liberación de la Mujer y la Liberación Gay, fue sustituido por organizaciones del jaez del Partido de la Libertad de Estados Unidos, Capitalismo y Libertad, Operación Libertad Duradera, la Ley de Libertad Religiosa, etc. Este cambio ha llevado a algunos filósofos políticos (como Judith Butler) a referirse a nuestra época como «posliberado-

---

* Se refiere a Huey Percy Newton (1942-1989), cofundador del Partido de las Panteras Negras. Se trataba de un grupo negro armado revolucionario que vigilaba la brutalidad policial en las calles.

** El Verano de la Libertad fue una campaña de voluntarios llevada a cabo en el estado de Mississippi para intentar registrar al mayor número de personas de color posible en el censo electoral. Las Escuelas Libres fue un movimiento originado por el Movimiento de los Derechos Civiles para ofrecer a la población negra del Sur escuelas provisionales, alternativas y libres a fin de promover la igualdad en esos estados. Los Conductores por la Libertad eran también activistas de los derechos civiles que viajaban por los estados segregados del Sur en autobuses interraciales para forzar la entrada en vigor de la legislación antisegregación.

ra» (aunque, como observa Fred Moten, «preliberadora» podría ser igualmente exacto).[6] Sea como fuere, el debate acerca de dónde nos encontramos en este momento en relación con la libertad podría leerse como un síntoma de lo que Wendy Brown ha denominado una «crisis de la libertad» creciente, en la que «los poderes antidemocráticos concretos de nuestra época (que pueden florecer incluso en las así llamadas democracias) han producido sujetos –incluidos aquellos que «trabajan bajo el estandarte de la "política progresista"»– que parecen «desorientados por lo que se refiere a los valores de la libertad», y han permitido que «el lenguaje de la resistencia [ocupe el terreno] abandonado por una práctica más expansiva de la libertad».[7] Ante esta crisis, aferrarse a esa palabra parecía una manera de rechazar ese desplazamiento, de poner a prueba las posibilidades rechazadas o restantes de esa palabra, de no ceder terreno.

La segunda raíz –que complica la primera– es que desde hace mucho mantengo algunas reservas acerca de la retórica emancipadora de épocas anteriores, sobre todo la que considera la liberación un suceso puntual o un horizonte de sucesos. La nostalgia por las ideas de liberación anteriores –muchas de las cuales se basan en gran medida en mitologías de revelación, revueltas violentas, machismo revolucionario y progreso teleológico– suele parecerme inútil o peor, en vista de ciertos retos actuales, como puede ser el calentamiento global. Los «sueños de libertad» que sistemáticamente imaginan la llegada de la libertad como un Día del Juicio (por ejemplo, cuando Martin Luther King habla del «día en el que todos los hijos de Dios [...] podrán darse la mano y cantar la letra de ese viejo espiritual negro: "Libres por fin, libres por fin, Oh Dios Todopoderoso, somos libres por fin"») podrían ser fundamentales para ayudarnos a imaginar los futuros que queremos. Pero también pueden condicionarnos a considerar la libertad un logro futuro en lugar de una prácti-

15

ca actual constante, algo que ya está ocurriendo. Si ceder la libertad a las fuerzas nocivas ya es un tremendo error, también lo es aferrarse con todas nuestras fuerzas a conceptos anquilosados y rancios.

Por esta razón, la distinción que lleva a cabo Michel Foucault entre la liberación (concebida como un acto momentáneo) y las prácticas de la libertad (concebidas como algo continuo) me ha resultado clave, como cuando escribe: «La liberación prepara el terreno para unas nuevas relaciones de poder, que deben ser controladas por las prácticas de la libertad.» Me gusta mucho esta proposición; incluso diría que es un principio que sirve de guía a este libro. No hay duda de que a algunos les parecerá un aguafiestas descomunal. (¿Relaciones de poder? ¿Control? ¿No se trata de desembarazarnos de todo eso? Es posible, pero cuidado con lo que deseas, porque podría llegar a cumplirse.) A eso se refiere Brown cuando dice que la libertad para autogobernarse «requiere inventiva y un uso cuidadoso del poder más que una rebelión contra la autoridad; es algo sobrio, agotador y sin padres que lo controlen». Creo que probablemente tiene razón, aun cuando la expresión «sobrio, agotador y sin padres que lo controlen» resulte un grito de guerra bastante duro, sobre todo para aquellos que ya se sienten agotados y desamparados. Pero este enfoque me resulta más inspirador y factible que esperar a que llegue la «definitiva "gran noche" de la liberación», tal como lo ha expresado el economista francés Frédéric Lordon: «la confrontación apocalíptica seguida de una repentina y milagrosa irrupción de unas relaciones humanas y sociales completamente distintas».

Lordon argumenta que renunciar a nuestras esperanzas de que llegue esa gran noche podría ser «la mejor manera de salvar la idea de liberación»; tiendo a coincidir con él. Los momentos de liberación –como son los de ruptura revolucionaria o «experiencias cumbre» personales– tienen gran

16

importancia, en la medida en que nos recuerdan que las condiciones que antaño parecían fijas no lo son, y crean oportunidades para alterar el rumbo, disminuir la dominación y empezar de nuevo. Pero la práctica de la libertad –es decir, la mañana después, y la mañana después de esa– es lo que, si tenemos suerte, ocupa la mayor parte de nuestra vida consciente. Este libro trata de ese inacabable experimento.

El nudo

«Tanto da la causa que defiendas, debes venderla con el lenguaje de la libertad», dijo una vez Dick Armey, miembro de la Cámara de Representantes de Estados Unidos por el Partido Republicano de Texas, y fundador de FreedomWorks, una organización de extrema derecha. Sean cuales sean los sentimientos que me provoca Dick Armey, comencé este proyecto asumiendo que su máxima estaba destinada a seguir siendo bastante sólida en los Estados Unidos. Sin embargo, cuando me puse a escribir, en el otoño de 2016, la frase de Armey parecía desmoronarse rápidamente. Después de años de *freedom fries,* la Libertad Nunca es Gratis y el Caucus por la Libertad,* la retórica de la libertad parecía ir perdiendo terreno momentáneamente, viéndose rápidamente sustituida por un protoautoritarismo. En vísperas de las elecciones, pasé más horas de las que me atrevo a admitir viendo cómo a los partidarios online de Trump se les ocurrían

---

* En inglés, las patatas fritas se llaman *French fries,* pero cuando Francia se opuso a la liberación de Irak, fue eliminada cualquier referencia francesa. La expresión la Libertad Nunca es Gratis se utiliza para agradecer al ejército su defensa de las libertades. El Caucus por la Libertad es un grupo de congresistas conservadores alineados con la extrema derecha.

nuevos términos afectuosos hacia el déspota, como por ejemplo «el patriarca», «el Rey», «Papi», «el Padrino», el «Padre Supremo» o, mi favorito, «Trump el Dios-Emperador». Y no hablo solo de la pandilla de 8chan;* después de las elecciones, el Comité Nacional Republicano envío un tuit de Navidad anunciando «la buena nueva de un nuevo rey», señal de lo que se avecinaba. Desde entonces lo han confirmado múltiples nubes de palabras: la palabra «libertad» ya casi no se encuentra en el habla de Trump, excepto en la cínica invocación a la «libertad de expresión» desplegada como un troll, o en la abominable reiteración de la libertad como impunidad («cuando eres una estrella, puedes hacer lo que te dé la gana»).[8] Incluso el esfuerzo que hizo la administración en 2019 para etiquetar el gas natural como «gas de la libertad» parecía más una farsa escatológica que la seria creación de una marca ideológica.

En años posteriores, los quioscos de los aeropuertos se habían iluminado con títulos del tipo *Cómo muere la democracia; Fascismo. Una advertencia; De la tiranía; Cómo sobrevivir a la autocracia* y *El camino a la falta de libertad.* La advertencia de Wendy Brown contra «una desaparición existencial de la libertad del mundo» parecía corroborarse de nuevo, al igual que su preocupación de que el haber privilegiado durante décadas la libertad de mercado por encima de las libertades democráticas pudiera llevar a algunos a perder el anhelo de libertad o de autogobierno y desarrollar en su lugar un gusto por la falta de libertad, un deseo del sometimiento, incluso. Dichas preocupaciones me llevaron a recordar muchas veces la observación de James Baldwin en su libro *La próxima vez el fuego:* «He conocido a muy poca gente —y la mayoría

---

* 8chan es un tablón de imágenes relacionado con el supremacismo blanco, la extrema derecha, el racismo y que también alberga pornografía infantil.

no son americanos– que sientan un deseo real de ser libres. La libertad es difícil de soportar.» En medio de este clima, resultaba tentador escribir un libro que pretendiera «reorientarnos por lo que se refiere al propio valor de la libertad», o animarme a mí y a otros a unirse a las filas de esas pocas personas que según Baldwin sienten un auténtico deseo de ser libres. Dichas exhortaciones suelen comenzar con un poderoso argumento acerca de lo que es o debería ser la libertad, tal como encontramos en la obra del sociólogo Avery F. Gordon *The Hawthorn Archives: Letters from the Utopian Margins:* una recopilación de ensayos que en la cubierta del libro se describe como «un espacio fugitivo» para la «conciencia política de los esclavos huidos, los desertores de guerra, los que quieren abolir las prisiones, la gente corriente y otros radicales», y donde Gordon afirma (parafraseando a Toni Cade Bambara): «La libertad [...] no es el fin de la historia ni una meta esquiva e inalcanzable. No es un Estado nación mejor, por mucho que se disfrace de cooperativa. No es un código ideal de reglas independiente de las personas que las crean o viven según ellas. Y desde luego no es el derecho a poseer el capital económico, social, político o cultural para dominar a los demás y convertir su felicidad en un mercado monopolístico. La libertad es el proceso mediante el cual desarrollas una práctica que te impide ser un siervo.»

Muchas de estas exhortaciones me habían conmovido y edificado.[9] Pero, en última instancia, no son mi estilo. Las páginas siguientes no son el diagnóstico de una crisis de la libertad ni proponen una manera de restaurarla (o a nosotros), y tampoco se centran principalmente en la libertad política. Más bien abordan las complejidades que se perciben en la pulsión de libertad en cuatro esferas distintas: el sexo, el arte, las drogas y el clima, en las que la coexistencia de la libertad, los cuidados y las restricciones me parece especialmente pro-

19

blemática y fundamental. En cada ámbito, presto atención al modo en que la libertad parece inseparable de la así llamada falta de libertad, algo que produce experiencias veteadas de compulsión, disciplina, potencialidad y renuncia.

Como tenemos tendencia –a menudo de manera acertada– a asociar la falta de libertad con la presencia de circunstancias opresoras contra las que podemos y debemos luchar para cambiarlas, parece sensato abordar de madera instintiva este nudo de libertad y falta de libertad como fuente de perfidia y dolor. Para denunciar cómo la dominación se disfraza de liberación, nos hemos visto obligados a ir separando cada cuerda del nudo con el objetivo de distinguir lo emancipador de lo opresivo. Es algo que se ve sobre todo cuando abordamos el vínculo entre esclavitud y libertad en la historia del pensamiento occidental: tanto la manera en que se desarrollaron juntas y se dieron sentido mutuamente, como la manera en que, durante siglos, los blancos han utilizado astutamente el discurso de la libertad para demorarla, menguarla o negarla a los demás.[10] Este enfoque también resulta pertinente siempre y cuando la meta sea denunciar las ideologías económicas que hacen coincidir la libertad con la disposición a convertirse en esclavo del capital.[11]

Pero si nos permitimos alejarnos –aunque solo sea por un tiempo– de la tarea de denunciar y controlar la dominación, puede que descubramos en ese nudo de libertad y falta de libertad algo más que el modelo de regímenes de brutalidad pasados y presentes. Pues es aquí donde se fusionan la soberanía y la renuncia, la subjetividad y el sometimiento, la autonomía y la dependencia, la recreación y la necesidad, la obligación y el rechazo, lo sobrenatural y lo terrestre, a veces de manera extática y a veces de manera catastrófica. Es aquí donde nos desengañamos de la fantasía de que todos nosotros anhelamos exclusivamente, o ni siquiera de manera fun-

20

damental, coherencia, legibilidad, autonomía, instrumentalidad, poder o incluso supervivencia. Esta desestabilización puede que parezca algo que está de moda, pero también puede ser inquietante, deprimente y destructor. Pero también todo eso forma parte de la pulsión de libertad. Si dedicamos un tiempo a profundizar en ella, puede que nos encontremos menos atrapados por los mitos y eslóganes de la libertad, menos aturdidos y desanimados por sus paradojas y más conscientes de sus retos.

Involucramiento/distanciamiento

En *La historia de la libertad en EE.UU.*, el historiador Eric Foner explica que, desde mucho tiempo atrás, el concepto de libertad de los estadounidenses se ha estructurado mediante opuestos binarios; dado el papel fundacional de la esclavitud y su supervivencia más allá de la abolición, la división entre blancos y negros acerca del significado de libertad ha sido, durante cuatrocientos años y todavía, la oposición principal.[12] Ta-Nehisi Coates, en un ensayo sobre el músico Kanye West del 2018, expone esta oposición binaria en términos contundentes. Describe la «libertad de los blancos» como

una libertad sin consecuencias, libertad sin crítica, libertad para ser orgullosos e ignorantes; libertad para aprovecharse de una persona en un momento y abandonarla al siguiente; libertad para actuar en defensa propia, libertad sin responsabilidad, sin malos recuerdos; un Monticello sin esclavitud, una libertad confederada, la libertad de John C. Calhoun, no la libertad de Harriet Tubman, que te invita a poner en riesgo la tuya; no la libertad de Nat Turner, que te exige dar aún más, sino una libertad de conquistador; libertad de los fuertes basada en la antipatía o indiferencia ante los débiles, la libertad de chapas de violación, de agarrar coños, y *que te den de todos modos, zorra;* libertad de guerras invisibles y por el petróleo, la libertad de los barrios residenciales delimitada con líneas rojas, la libertad de los blancos de Calabasas.*

Todo eso Coates lo contrasta con la «libertad de los negros», que describe como la que se construye sobre un «nosotros» en lugar de sobre un «yo», que «experimenta la historia, las tradiciones y la lucha no como una carga, sino como un ancla en un mundo caótico», y tiene el poder de conseguir que la gente «vuelva a conectarse [...] vuelva a Casa».

Este libro da por supuesto que toda nuestra existencia, incluyendo nuestras libertades y falta de libertades, se construye sobre un «nosotros» en lugar de sobre un «yo», que dependemos unos de otros, y también de fuerzas no humanas que superan nuestro entendimiento y control. Y tanto da que uno defienda la postura de «nadie es libre hasta que todos son libres» (a lo Fannie Lou Hamer) o la variedad «no invadas mi territorio», aun cuando esta última sea más bien un rechazo. Pero también reconoce que por muy apasionada que sea la reivindicación de nuestra interdependencia o involucramiento, simplemente describe nuestra situación; tampoco nos dice cómo vamos a vivirla. La cuestión no es si es-

* Monticello era el nombre de la plantación del tercer presidente de Estados Unidos Thomas Jefferson, en la que trabajaban esclavos. John C. Calhoun (1782-1850) fue el séptimo vicepresidente de los Estados Unidos: defendió ardientemente la esclavitud y los intereses del Sur. Harriet Tubman (1822-1913) fue una activista que huyó de su plantación y rescató a más de setenta esclavos huidos. En sus últimos años estuvo en el movimiento sufragista. Nat Turner (1800-1831) encabezó una rebelión de esclavos en Virginia en 1831. Calabasas, California, es donde viven Kanye West y las Kardashian.

22

tamos atrapados en una situación compleja, sino cómo sorteamos, sufrimos y eludimos esa situación.

A pesar de la útil y precisa bifurcación de términos de Coates, al final de su ensayo queda claro –creo que también para Coates– que una libertad arraigada en un «nosotros» en lugar de en un «yo» está atravesada por su propia serie de complejidades, complejidades que aborda este libro. Al considerar el fallecimiento de Michael Jackson, por ejemplo, Coates escribe: «A menudo es más fácil escoger el camino de la autodestrucción si no tienes en cuenta quién te acompaña en el camino, morir borracho en la calle si experimentas esa privación como algo tuyo, y no la privación de la familia, los amigos y la comunidad.» Ser más conscientes de nuestros lazos con los demás puede servirnos de apoyo, pero también puede confundirnos y herirnos; siempre y cuando tengamos la certeza de que nuestro bienestar va vinculado al comportamiento de los demás, el deseo de censurarlos, controlarlos o cambiarlos puede ser tan infructuoso como intenso. Ser plenamente consciente de que las propias necesidades, deseos o compulsiones podrían entrar en conflicto con los de los demás, o provocarles dolor –incluso a aquellos a los que uno ama más que nada en el mundo–, no es necesariamente lo que acciona la trampa. Es algo que para un adicto resulta de una atroz claridad, como veremos. Pero la adicción no es el único ámbito en el que esta compleja situación resulta evidente.

Algunos no encuentran refugio –simplemente porque no pueden– donde los demás imaginan que podrían o deberían encontrarlo; algunos renuncian a cualquier anclaje en favor de las líneas de fuga; algunos desdeñan de madera instintiva los edictos moralistas emitidos por otros; otros encuentran –o se ven obligados a encontrar– solaz o sostén en el nomadismo, el vagabundeo cósmico, identificaciones impredecibles o burdas, actos incomprensibles de desobediencia, la indigencia o el exilio antes que un lugar llamado Hogar. Este libro presta una atención especial a esas figuras y a esas errancias, pues no creo que siempre impliquen abrazar ideologías tóxicas. Vistas desde un ángulo distinto, podrían revelarse como signos de una vinculación elemental, antes que como signos de nuestro extrañamiento irresoluble (son términos de Denise Ferreira da Silva que encontramos en su ensayo «On Difference without Separability» (De la diferencia sin separabilidad). A lo que exhorta en última instancia este libro es a forjar una camaradería que no se base en su purga, ni que de manera reflexiva enfrente libertad y obligación.

Enfrentar libertad y obligación perpetúa cuando menos dos problemas fundamentales. El primero es estructural: tal como lo expresa Brown en *Estados del agravio*: «Una libertad cuyo opuesto conceptual y práctico son las cargas no puede, por necesidad, existir sin ellas; si definimos a los seres liberados como seres que no tienen cargas, entonces su existencia se basa en los seres que sí tienen trabas, para quienes su libertad es también una carga.» El segundo problema es afectivo, y se refiere a que cualquier exhortación a la obligación, el deber, la deuda y los cuidados puede transformarse rápidamente en algo opresivamente moralista que tenga más que ver con la vergüenza, la capitulación o la certeza de nuestra propia bondad ética en comparación con los demás, y no con la comprensión ni la aceptación. (Pienso en el exasperante eslogan: «No sé cómo explicarte que deberías cuidar de los demás», que comenzó a verse en camisetas y murales durante el COVID: aunque es posible que piense en alguna variación de esta frase unas diez veces al día, también me doy cuenta de que su convicción de que ha de existir un «tú» que necesite mi explicación probablemente obstruye el propio cambio que quiero ver.) En una entrevista que encontramos al final de *Los abajocomunes*, Stefano Harney aborda este moralismo, e intenta imaginarlo de otra manera: «No es ya que en una economía no le deberías nada a nadie, sino que tampoco le deberías nada a tu madre, pues la palabra "deber" desaparecería y se convertiría en alguna otra palabra, sería una palabra más generativa.» Todavía no sé cuál sería esta palabra, ni tampoco estoy segura de que, caso de que la encontrara, sabría cómo vivirla, pero estoy segura de que una indagación así nos lleva en la dirección correcta.

La libertad es mía y sé cómo me siento

Quiso la suerte que el texto de Hannah Arendt «¿Qué es la libertad?» fuera un lugar maravillosamente perverso desde el que empezar. Pues es aquí donde Arendt nos ofrece una extensa meditación acerca de su convencimiento de que la «libertad interior» no tan solo resulta irrelevante para la libertad política –esa crucial capacidad (para Arendt) de actuar en la esfera pública–, sino su opuesto. Al igual que Nietzsche antes que ella, Arendt consideraba la libertad interior una ilusión lamentable, un premio de consolación para los que carecían de cualquier tipo de poder. Según nos dice, la idea despertaba murmullos en la Grecia antigua, pero floreció enormemente con la llegada del cristianismo, cuyos postulados básicos en relación con la bienaventuranza de los mansos Nietzsche definió, como es bien sabido, como «la moralidad del esclavo». Arendt afirma que «en toda la historia de la gran filosofía, desde los presocráticos hasta Plotino, el último filósofo antiguo, no hay ninguna preocupación por la libertad»; la libertad aparece por primera vez con Pablo de Tarso, y después con Agustín, acompañando a sus relatos de su conversión religiosa, una experiencia que destaca por producir sentimientos internos de liberación a pesar de unas circunstancias externamente opresoras. La aparición de la libertad en la escena

25

filosófica, afirma Arendt, fue el resultado de los esfuerzos de personas perseguidas u oprimidas de «llegar a una formulación a través de la cual uno pudiera ser esclavo en el mundo y seguir siendo libre». Arendt desdeña este aparente oxímoron, con la presunción de que ahí no vamos a encontrar nada valioso. ¿Y por qué iba a encontrarlo, si creía que «la libertad no tiene realidad mundana. Sin una esfera pública políticamente garantizada [...] sin duda puede seguir habitando el corazón de los hombres en forma de deseo, voluntad, esperanza o anhelo; pero el corazón humano, como todos sabemos; es un lugar muy oscuro, y no creo que lo que ocurre en esa oscuridad pueda denominarse hecho demostrable»?

En su ajuste de cuentas con el neoliberalismo, Brown amplía su argumento, y mantiene que «la posibilidad de que uno pueda "sentirse empoderado" sin estarlo constituye un importante elemento de legitimidad para las dimensiones antidemocráticas del liberalismo». Recojo su argumento: sentirse libre o empoderado mientras, por ejemplo, descargamos toda nuestra información personal en un estado de vigilancia corporativo; conducir a gran velocidad un coche de gasolina cuyas emisiones contribuyen al fin de la vida en nuestro planeta; desmadrarse en el Día del Orgullo Gay mientras dejas a tu paso montañas de plástico que destruyen los océanos; escribir un libro sobre el sentimiento de libertad mientras unos racistas corruptos y genocidas nos llevan hacia la autocracia y saquean nuestros bienes colectivos: todo eso podrían parecer las ilusiones de un necio. La cuestión consiste en reconocer esa imbricación sin convertir en un fetiche la ridiculización, la descontaminación o los malos sentimientos. (Pensemos por ejemplo en el exmiembro de la Cámara de Representantes por el Partido Demócrata Barney Frank, que postulaba como axioma ante los activistas que los buenos sentimientos equivalían a un trabajo mal hecho: «Si te preocupa mucho algún tema, y participas en algún grupo activista, y eso te resulta divertido, inspirado y aumenta tu sensación de solidaridad con los demás, no le estás haciendo a tu causa ningún bien.» Olvidémonos de la cuestión de cómo vamos a construir y habitar un mundo divertido, inspirador y con un gran sentido de la solidaridad con los demás si mientras tanto no hemos vivido la experiencia de cómo acceder o disfrutar de esas cosas. Sentirse mal es un requisito para crear el mundo que queremos, ¿lo pilláis?)[13]

Por su parte, Baldwin comprendió perfectamente los peligros de centrarse en la así llamada libertad interior a expensas de conseguir y ejercer poder político. Pero también advirtió muy seriamente en contra de ignorar la libertad interior mientras intentamos lograr la libertad política. De hecho, justo después de su comentario acerca de que la libertad es difícil de soportar, escribe: «Se podría objetar que estoy hablando de la libertad política en términos espirituales, pero las instituciones políticas de cualquier nación se ven siempre amenazadas, y en última instancia están controladas por el estado espiritual de esa nación.»

Siempre amenazadas y en última instancia controladas. ¿Qué significa eso? Por mucho que los encuestadores lo intenten, no se puede cuantificar ni hacer un gráfico de esa relación. No se puede llevar a cabo una medida exacta de un estado espiritual que pase la prueba de Arendt de lo que es un hecho demostrable. Pero si hay algo que ha dejado claro la era de Trump, aparte del poder de las campañas de desinformación que le hicieron presidente, es que la política «es siempre emocional».[14] Y somática: exudamos nuestros subidones libidinales, que se transforman en un código binario y nos retroalimentan en forma de guerras en las redes sociales, lo que afecta de nuevo a nuestro estado diario emocional y somático, además de a los resultados de las urnas. A la gente le entran temblores en las manos, le sube la presión arterial, le vienen reflujos cuando contempla la separación de los niños inmigrantes de sus padres en la frontera; un activista de Black Lives Matter que llora la muerte de su hermano a manos de la policía entra en un coma inducido por un ataque de asma y muere a la edad de veintisiete años; aumentan el dolor crónico, los insultos y las autolesiones debido al fracaso del gobierno a la hora de gestionar la pandemia. En este torbellino, no tiene por qué asustarnos la así llamada oscuridad del corazón humano, ni tampoco hemos de tragarnos que existe una firme partición entre eso y lo que Arendt llama «la realidad mundana».[15]

Por el contrario, podríamos preguntarnos: ¿por qué el proyecto de sentirse bien «casi siempre se considera una obscenidad tanto desde la perspectiva de los que llevan el cotarro como desde la de los que les oponen resistencia», tal como lo ha expresado Moten?[16] ¿Qué tienen que ver entre sí «sentirse bien» y «sentirse libre»? ¿Qué efectos produce en nuestro entendimiento (o experiencia) de ambos términos empeñarse –algo tan intensamente americano– en que la libertad conduce al bienestar, o que más libertad conduce a más bienestar?[17] ¿Cómo vamos a discernir –o quién consigue discernir– qué tipo de «sentirse libre» o «sentirse bien» surge de o engendra mala fe (o el propio pecado, de ahí la evocación de la obscenidad, que literalmente significa «estar delante de la porquería») y qué variantes son estimulantes y transformadoras? ¿Y si habláramos de sentirse libre o sentirse bien sin olvidar, tal como nos recuerda Nietzsche, que la voluntad de poder hace que algunas personas «se sientan bien»?[18] ¿Y qué decir de los buenos sentimientos que se derivan de las experiencias de restricción, deber o renuncia a la libertad, y los malos que se derivan de sentirse desarraigado, no necesitado o de acaparar la libertad para uno mismo? ¿Y qué decir de la libertad electrizante, catastrófica, de «no tener nada que perder», en la que la muerte puede servir de asíntota o fin de partida? «La libertad es mía, y sé cómo me siento», cantaba

Nina Simone en una canción titulada –¿cómo no?– «Sentirse bien». ¿Quién soy yo, quién es nadie para usarla de falsa conciencia, para concluir que sus sentimientos de libertad carecen de potencia, de capacidad de transmisión, que no tienen valor en ni por sí mismos? ¿Cómo puede nadie fingir saber o juzgar la plena naturaleza y alcance de esa transmisión, cuando tiene lugar a través del tiempo, es ingobernable y no se detiene nunca, ni siquiera mientras escribo? Al abordar estas cuestiones, me han servido de guía las palabras del antropólogo David Graeber, que escribió en *Possibilities:* «La acción revolucionaria no es una forma de sacrificio, un deprimente dedicarse a lo que haga falta para alcanzar un mundo futuro de libertad. Es el desafío de seguir actuando como si uno ya fuera libre.» En las páginas que siguen he querido resaltar a los personajes que actúan de este modo, pues creo que la frontera entre actuar «como si» y «ser así» en realidad puede ser borrosa, si no ilusoria. Miro con precaución a aquellos que fingen ser capaces de controlar esa diferencia, así como a aquellos que fingen menguar u oscurecer la manera en que sentirse libre, sentirse bien, sentirse empoderado, sentirse en comunión, sentirse poderoso puede ser literalmente contagioso, puede tener la capacidad de romper la ilusión no solo de la separación de las esferas sino de nuestro yo putativo.[19]

Una labor paciente

Que el libro sobre la libertad que tiene entre manos acabara siendo un libro sobre los cuidados es algo que no me sorprendió; ya había tenido esa intuición. Lo que me sorprendió fue que escribir sobre la libertad y, hasta cierto punto, escribir sobre los cuidados, también significara escribir acerca del tiempo.

Este libro me ha llevado mucho tiempo. O al menos es la sensación que tengo. De todos los géneros, la crítica es siempre el que más tiempo lleva. Quizá por eso Foucault la describió una vez como «una labor paciente que da forma a nuestra impaciencia de libertad». A mí esto me suena acertado.

La labor paciente difiere de los momentos de liberación o de las sensaciones itinerantes de libertad en que *no se detiene nunca*. Y, dado que no se detiene, otorga más espacio y tiempo a las sensaciones variadas, incluso contradictorias, como pueden ser el aburrimiento y el entusiasmo, la esperanza en la desesperación, el propósito y la falta de propósito, la emancipación y la constricción, sentirse bien y sentirse de otra manera. Estas vacilaciones pueden dificultar que se reconozca nuestra labor paciente como una práctica de libertad en y por sí misma. «El arte es como tener una lima de uñas y estar en la cárcel e intentar salir», dice la artista británica Sarah Lucas; con el tiempo la escritura ha acabado produciéndome la misma sensación. Es un cambio: a no ser que lo recuerde mal, cuando era más joven «sentirse libre» a través de la escritura era el pan nuestro de cada día. Mientras que ahora parece un encuentro diario y obligado con uno u otro límite, ya sea de expresión, energía, tiempo, conocimiento, concentración o inteligencia. La buena noticia es que esas dificultades o aporías no determinan el efecto de nuestra obra en los demás. De hecho, tengo cada vez más la impresión de que nuestra labor paciente no es nuestra liberación en sí misma, sino una capacidad cada vez más profunda de ofrecer esa liberación a los demás, con un apego cada vez menor al resultado.

Ensombreciendo esta idea de labor paciente, o de libertad como lucha política interminable, encontramos el discurso budista sobre la liberación, en el que la libertad se aborda como algo absoluto e inmediatamente accesible a través de las actividades más mundanas, como respirar, por ejemplo. Veamos lo que dice el monje budista vietnamita Thich Nhat Hanh sobre cómo alcanzar la liberación: «Cuando la respiración es el único objetivo de tu mente, te liberas de todo lo demás. Te conviertes en una persona libre. La libertad es posible con tu respiración. La libertad se puede obtener en dos, tres segundos. Te liberas de todo tu pesar y arrepentimiento por el pasado. Te liberas de toda incertidumbre y miedo por el futuro. Disfrutas de respirar; eres una persona libre. Es imposible medir el grado de libertad de alguien que respira con plena conciencia.» No les pido que le crean, y tampoco estoy diciendo que yo sea capaz de experimentarlo. Pero estoy abierta a esa posibilidad. «Si no fuera posible, no os lo pediría», dijo Buda.

No voy a defender en este libro que la respiración consciente nos vaya a traer de inmediato la igualdad social y la justicia, ni a invertir el avance del calentamiento global. Pero sí voy a proponer que, si queremos librarnos del hábito de la paranoia, de la desesperación y de la vigilancia que han llegado a amenazar y controlar incluso a aquellos que tienen las mejores intenciones –hábitos que, si nos entregamos a ellos continuamente, conforman lo que es posible en nuestro presente y nuestro futuro–, necesitamos métodos que nos permitan sentir y saber que otros hábitos de vida son posibles, no solo en algún futuro revolucionario que puede que nunca ocurra, ni tampoco en algún pasado idealizado que probablemente nunca existió o se ha perdido de manera recuperable, sino aquí y ahora. Es a lo que apunta Graeber cuando habla de «actuar como si uno ya fuera libre». Y mientras esto a veces significa más protestas y marionetas (como es la costumbre de Graeber), también puede significar el desarrollo de prácticas más sutiles mediante las que desarrollar una mayor tolerancia hacia la indeterminación, así como a las alegrías y penas de nuestro ineludible relacionarnos.

31

1. LIED

LA ESTÉTICA DE LOS CUIDADOS – LA ESTÉTICA ORTOPÉDI-
CA – REPARADOR, ACTUALIZADO – PALABRAS QUE HIEREN
– POLICÍAS EN LA CABEZA – ¿IR ADÓNDE? – ME PREOCUPA/
NO PUEDO – MIEDO DE HACER LO QUE PODRÍA DECIDIR –
LIBERTAD Y DIVERSIÓN – CUIDADOS ESTÉTICOS – COAC-
CIONADO Y OFRECIDO LIBREMENTE

La estética de los cuidados

Hace unos años solicitaron mi asistencia a una mesa redonda, celebrada en un museo, en la que se debatía «la estética de los cuidados». La invitación rezaba: «En un año
[2016] marcado por una retórica política divisoria y actos de
exclusión, la cuestión de los cuidados ha vuelto a surgir –y
con fuerza– dentro del discurso cultural. [...] ¿Qué aspecto
podría tener hoy en día una estética de los cuidados como
estructura profunda que impulsara la práctica artística de
manera formal y material? ¿Cómo las ideas de los cuidados
–también como forma de amor– transforman la estética de
la protesta? ¿Cómo sobrevive el arte? ¿Cómo podemos cui-
darlo, y cómo puede cuidarnos él?»

El evento nunca llegó a celebrarse, pero la invitación me
hizo pensar. En un mundo en el que muchos no gozan del
cuidado suficiente, en el que se les *mal*trata de manera agresiva e incluso punitiva, o se les coacciona regularmente a cuidar de los demás a expensas de sí mismos o de sus seres ama-
dos –por no mencionar un mundo en el que el triunfo
habitual de algo que a veces llamamos «libertad» por encima
y en oposición a algo que a veces llamamos «cuidados» po-

33

dría acabar siendo responsable no solo de una gran parte del sufrimiento actual y pasado, sino también de la extinción de la vida en el planeta tal como lo conocemos–, el impulso a buscar y valorar los cuidados en todo, incluido el arte, tiene todo el sentido del mundo. Este impulso está relacionado con la exigencia –que lleva ya tiempo amalgamándose en círculos activistas– de una «política de los cuidados», definida por Gregg Gonsalves y Amy Kapczynski como «un nuevo tipo de política [...] organizada en torno a un compromiso con la satisfacción universal de las necesidades humanas; un poder compensador para los trabajadores, la gente de color y los vulnerables; y un rechazo de los enfoques carcelarios a los problemas sociales».[1] También encuentra inspiración y eco en la obra de la estudiosa Christina Sharpe, que, junto con otros, ha imaginado los cuidados como «una manera de sentir, de experimentar compasión y compartir, una manera de atender a los vivos y a los muertos», y vinculada sobre todo a la creación y contemplación del arte.[2]

Dado mi interés por todo lo que acabo de mencionar, me pregunté por qué mi primera reacción a una «estética de los cuidados» como algo que fuera más allá de un principio inspirador para ciertos artistas fue de rechazo, *¡puaj!*

Al meditarlo comprendí que, aunque siempre he estado en desacuerdo con el arte que pretende poner en peligro o aterrorizar al público o a los participantes, tampoco he sido muy aficionada al arte que busca los cuidados, al menos no de manera directa. De hecho, a menudo he considerado que el arte que no se preocupa por mí es precisamente el que me da más margen para interesarme por él. Desde luego, me he sentido conmovida y alimentada por cierto arte motivado por los cuidados, al igual que a veces me he sentido desmotivada por él (aun cuando generalmente recelo de la motivación). Pero también hace mucho que valoro el arte ajeno a los cuidados como portal a formas de libertad y apoyo que difieren de manera fundamental de las engendradas por la política, la terapia o el servicio directo. Tal como lo expresó Paul Chan: «El poder colectivo necesita el lenguaje de la política, lo que significa, entre otras cosas, que la gente necesita consolidar identidades, dar respuestas [...] para que pasen las cosas. Mientras que mi arte no es nada si no es la *dispersión* del poder. [...] Y así, en cierto modo, el proyecto político y el proyecto artístico a veces se oponen.» Reconocer y tener en cuenta esta oposición (cuando sucede) no es lo mismo que aislar la estética de la política. Tiene que ver con estar atento a las diferencias –entre sensibilidad, esferas y tipos de experiencia– y permitirlas, y dejar de insistir en que la estética y la práctica política son un espejo mutuo, o que incluso se relacionan de manera amistosa.[3] Es algo que resulta fundamental cuando se invocan los cuidados, una invocación, cuando se trata del arte, mucho más compleja de lo que podría parecer al principio.

Esta complejidad tiene que ver con que el arte es una tercera cosa cuyo significado, tal como lo expresa Jacques Rancière, «no lo posee nadie, pero que subsiste entre [artista y espectador], excluyendo cualquier transmisión uniforme, cualquier identidad de causa y efecto». Mientras que los cuidados pueden transformarse rápidamente en paternalismo o control cuando el receptor no los experimenta como cuidados (no hay más que pensar en la última vez que alguien hizo algo que no querías o no te gustaba «porque se preocupaba por ti»), el arte se caracteriza por la indeterminación y la pluralidad de los encuentros que genera, ya sea entre una obra y su creador, una obra y su público dispar, o una obra de arte y el tiempo. Su capacidad para significar cosas distintas para personas distintas –algunas de las cuales todavía no han nacido o murieron hace mucho– siempre complica cualquier juicio que busque la certeza en relación con el significado de cualquier obra de arte o afirme que ese significado es evidente o fijo.

Esta indeterminación nunca ha impedido a los críticos o comisarios (u organizadores de comités) participar en ese viejo deporte de imbuir en un concepto filosófico, político o ético una valencia positiva (o una negativa, tal como hizo Hitler con el «arte degenerado»), y luego reunir el arte bajo esa rúbrica. Los críticos progresistas y conservadores por igual (a falta de términos mejores) practican este juego, en la medida en que ambos a menudo abrazan la premisa de que el arte posee una función moral, como por ejemplo «enseñarnos a vivir» o «alentar la conexión entre la gente» o «poner de relieve cualquier otro valor» (ya sean «los cuidados», «la comunidad», «la belleza», «el honor», «la subversión», «la sociabilidad» o «la extravagancia»). En ciertos círculos literarios, la filósofa Martha Nussbaum es conocida por el argumento de que «leer novelas puede mejorar a la gente» (tienen que ser las novelas adecuadas, desde luego: Henry James, maestro de las relaciones, bienvenido; el solipsista Samuel Beckett, fuera); muchos críticos han pasado la poesía por un cedazo parecido, como cuando Juliana Spahr argumenta, en *Everybody's Autonomy,* que «cuando abordamos la cuestión central de la crítica literaria de qué tipo de personalidad crean las obras literarias, deberíamos valorar obras que estimulan la conexión entre la gente». Pero ¿cómo podemos distinguir entre obras que «estimulan la conexión entre la gente» y las que no, cuando lo único que hace el arte (¡incluso el de Beckett!) es transmitir una señal, emitir una comunicación, que de ninguna manera queda ontológicamente invalidada como transmisión aunque exprese elementos misantrópicos, opacos o antisociales?

Este moralismo subyacente podría ser la razón de que la teorización abstracta sobre el arte pueda adquirir un sesgo un tanto embarazoso cuando se aplica a obras de arte o artistas concretos, que a menudo prefieren jugar en un territorio menos codificado o esterilizado. He aquí, por ejemplo, lo que dice la pintora Amy Sillman al relatar una charla de Franco Berardi a la que asistió:

Hace poco estuve presente en una charla de Franco «Bifo» Berardi acerca de no trabajar (algo que no tiene mucho sentido si de hecho *te gusta* «trabajar» en tu estudio). Al final hizo una distinción entre trabajo y arte, afirmando que crear arte es crear algo hermoso, significativo, erótico, empático..., y, como siempre cuando se utiliza este lenguaje para describir lo que hacemos, me entraron ganas de vomitar. No somos bestias sexuales. En todo caso, llámalo libido en lugar de erotismo..., pero también queremos un arte animado por la fealdad, la destrucción, el odio, la lucha. El punk es lo más aproximado que se me ocurre para describirlo, pero ¿qué puede haber menos punk que quedarte hasta tarde en el estudio esforzándote por «mejorar» una pintura al óleo? Es algo tan serio, que expresa tanta preocupación –con la bata, la lengua entre los dientes, el pincel en posición, dándolo todo– como los artistas de las películas de Jerry Lewis. ¿Qué estamos haciendo? El único nombre que se me ocurre es: buscar esa cosa tan frágil que es la incomodidad. No es un trabajo alienado, tampoco es una mercancía, exactamente, sino una necesidad, una manera de agitar el mundo, igual que tu sistema digestivo le da vueltas a la comida.

Las ganas de vomitar de Sillman son un eco de mi «puaj»: ambos son viscerales, intentos ciertamente juveniles de rechazar el empecinado deseo de los críticos de convertir una actividad corporal, compulsiva, potencialmente patética, estéticamente variada o agnóstica en algo «hermoso, significativo, erótico, empático». Ambos se adhieren a la creación artística como actividad metabólica, «una manera de agitar el mundo» y no algo que necesita defensa, alquimización o un

37

probado valor social. Observemos también que la versión de Sillman de «preocuparse por el arte» evoca la sencilla imagen del artista en su estudio intentando crear un óleo mejor: para casi todos los artistas, preocuparse por el arte significa a menudo encontrar el tiempo, el espacio, la habilidad y la determinación para crear la mejor obra posible, signifique lo que signifique. Para aquellos que dedican un tiempo desproporcionado a cuidar de los demás –que habitualmente siguen siendo las mujeres–, esta preocupación también puede entrañar cómo suspender o deshacerse de la carga del cuidado de los demás el tiempo suficiente para poder quedarse en su estudio con la bata puesta y el pincel en posición. Cuando escribo sobre arte, intento no perder de vista estas ganas de vomitar. Intento imaginar una aproximación que no moralice ni provoque náuseas, sabiendo que todos tenemos nuestras fijaciones («apertura», «matiz», «contexto» e «indeterminación» podrían ser las mías). Procuro tener en cuenta que el cuerpo del artista –que es lo que percibe, lo que siente, lo que se ve impulsado a experimentar–, junto con la conciencia del fracaso –estético y de otro tipo–, es parte integral e inevitable del proceso. Intento mantener viva la sencilla cuestión que planteaba Susan Sontag en *Contra la interpretación:* «¿Cómo debería ser una crítica que sirviera a la obra de arte sin usurpar su espacio?» Pues no se trata simplemente de escribir buena crítica, ni de no sacar la crítica del lugar que supuestamente debe ocupar, es decir, subordinada al arte del genio que la origina. Se trata también de una cuestión ética, en la medida en que la pregunta de Sontag nos recuerda que el mundo no existe para amplificar ni ejemplificar nuestros gustos, valores o predilecciones preexistentes. Simplemente existe. No tiene por qué gustarnos todo, ni permanecer mudo ante nuestro descontento. Pero existe una diferencia entre ir a ver una obra de arte con la esperanza de que materialice una carencia o un valor que ya tenemos, y adoptar una actitud de furia o castigo cuando no es así, e ir a ver una obra de arte para ver lo que hace, lo que ocurre, tratarla como un lugar en el que observar «las noticias reales e irregulares de cómo piensan y sienten los que nos rodean», tal como lo expresó en una ocasión Eileen Myles.

La estética ortopédica

Eso era lo que pensaba yo cuando en 2011 escribí el libro *El arte de la crueldad.** Allí examiné el legado de lo que había afirmado la vanguardia histórica acerca de los efectos saludables de representar (o, más raramente, de recrear) la crueldad, la violencia y la conmoción. Abordé estas afirmaciones con escepticismo, pero me aparté terminantemente de cualquier declaración general acerca de lo que consiguen o no las representaciones de la brutalidad. Por el contrario, defendí la importancia de prestar atención al contexto, de la indeterminación que provoca el tiempo, que transmuta el significado inicial y el público de las obras de arte, por no mencionar los sentimientos cambiantes de cada uno. Intenté escenificar este argumento relatando mis propias expediciones a zonas turbulentas del arte del siglo XX, con la esperanza de crear cierta apertura y curiosidad, junto con la dichosa libertad de saber que podía apartar la mirada cuando me pareciera conveniente (algo que suele ocurrir más en el «arte» que en la «vida»; tal como nos recuerda Sontag en *Ante el dolor de los demás:* «No habrá ecología de las imágenes. Ningún Comité de Guardianes racionará el horror [...]. Y los horrores mismos no se atenuarán»). Puse reparos a lo que el crítico de arte Grant Kester ha denominado «la estética ortopédica»

* Maggie Nelson, *El arte de la crueldad,* trad. de Lawrence Schimel, Madrid, Tres Puntos Ediciones, 2020.

—la convicción de la vanguardia de que hay algo malo en nosotros que solo la intervención artística puede reparar–, aun cuando reconocí que esta convicción anima gran parte del arte que me importa. Pero puesto que depositar grandes expectativas en lo que los demás deberían sentir, o en cómo ciertas obras deberían hacer que se sintieran, en general no es ninguna receta para su autonomía o liberación, la formulación de Rancière de que «un arte está emancipado y es emancipador cuando [...] deja de querer emanciparnos», me sirvió de guía permanente.

Ese libro se publicó hace una década, pero al parecer sus argumentos merecen una actualización, ahora que los debates del siglo XX sobre los méritos de *épater la bourgeoisie* han quedado en gran medida desplazados por el discurso de cuándo y cómo «plantar cara» a ciertas transgresiones artísticas y «pedirles responsabilidades», con el añadido de que ahora la así llamada izquierda a menudo ejerce un papel –de manera acertada o no– represivo y punitivo, mientras que la policía de la moralidad derechista se presenta (aunque sea de manera hipócrita, selectiva e incluso sádica) entusiasmada por la desinhibición, la anarquía, el libertinaje y «la libertad y la diversión» (cf. el exabogado –ya que está suspendido– del grupo neofascista Proud Boys, que afirma que el grupo representa el «amor al país, al gobierno pequeño, a la libertad y la diversión», o el autoproclamado «marica peligroso» Milo Yiannopoulos, que se describe como «un artista [que va a crear] cosas provocativas y peligrosas», y contrario al «puto aburrimiento opresivo y corporativo del movimiento convencional y progresista extremo Left Pride», con la «¡magia divertida, traviesa y disidente que ha hecho que la comunidad gay sea tan fantástica!»).

Esta inversión puede parecer extraña, pero no es ninguna novedad. La idea de que la transgresión artística se alinea con lo que ahora podríamos dominar política progresista o

40

justicia social se ve desmentida por el propio nacimiento de la vanguardia, que muchos consideran que fue la Fundación y Manifiesto del Futurismo Italiano de 1909, documento en el que su autor, Filippo Tommaso Marinetti, introdujo el concepto de «violencia higiénica» que sembraría el caos en el siglo venidero, y lanzó la famosa proclama de que su movimiento «glorificaría la guerra –la única higiene del mundo–, el militarismo, el patriotismo, el gesto destructor de los libertadores, ideas hermosas por las que valía la pena morir, y el menosprecio a las mujeres». Ni una década más tarde, el Futurismo italiano –que fue pionero de las innovaciones poéticas y tipográficas conocidas como *parole in libertà* (palabras en libertad), junto con multitud de otras actividades estéticas radicales que presagiaban las performances y el punk– se fusionó oficialmente con el Partido Nacional Fascista de Mussolini.

En una época en que los fanáticos y los matones se llenan la boca con la «libertad de expresión» y la utilizan como arma en un grito de guerra hipócrita, tiene sentido que algunos respondan criticando, rechazando o vilipendiado el discurso de la libertad y postulando en su lugar el discurso de los cuidados. Pero el concepto de los cuidados también exige nuestro análisis, al igual que las consecuencias de colocar dos términos en oposición. Pues más allá de los estereotipos huecos actuales de matón y blandengue, objetivo y atacante, defensor y partidario, perpetrador y víctima, encontramos las dimensiones y archivos de la libertad artística que son de vital importancia para *todos* los creadores y el público. Prestar atención a estas libertades al tiempo que abordamos temas tan graves que han planteado interrogantes se ha convertido en nuestra carga.

El interés actual por los cuidados posee múltiples raíces y vectores, incluyendo los análisis socioeconómicos de la «crisis de los cuidados» provocada por el capitalismo racial y el neoliberalismo; los eternos debates feministas sobre una «ética de los cuidados» (a veces opuesta a una «ética de la justicia»); las notorias batallas políticas sobre el acceso a la atención sanitaria; el centrarnos cada vez más en el cuidado de uno mismo y la curación como componentes críticos del activismo:[4] el texto tardío de Foucault sobre el «cuidado del yo» (que, debemos observar, quedó fuera de sus primeras preocupaciones sobre las prácticas de la libertad); un renovado interés por la filosofía de Emmanuel Levinas, en la que los cuidados y la responsabilidad por los demás precede y es prioritario sobre la libertad individual; y el «sesgo reparador» de los estudios queer, inicialmente forjados por los teóricos Eve Sedgwick y José Muñoz, que pusieron énfasis en las operaciones de apoyo, reparación y construcción de un mundo utópico en las actividades de los artistas, los escritores y su público.

El sesgo reparador, aplicado al arte, es en muchos aspectos una continuación de la estética ortopédica, con la diferencia de que el modelo del siglo XX imaginaba al público como insensible, oprimido y necesitado de que lo despertaran y lo liberaran (de ahí la existencia de una estética de la conmoción), mientras que el modelo del siglo XXI asume que el público ha sufrido daños, necesita que lo curen, lo ayuden y lo protejan (de ahí una estética de los cuidados). En «The Year in Shock», una recopilación publicada en Artforum poco después de las elecciones de 2016, la crítica y comisaria Helen Molesworth expresó este desplazamiento y afirmó que quizá estábamos en mitad de una nueva vanguardia, caracterizada esta vez por una «continua autorreflexión y consideración a los demás» en lugar de una compulsión a «[replicar a la] conmoción con otra conmoción».[5]

A pesar de mi escepticismo ante el impulso de definir los movimientos artísticos o vanguardias, entiendo el valor de observar este cambio, sobre todo porque desplaza –podría decirse que por primera vez en la historia del arte– cierta agresividad o machismo de la idea de vanguardia (que en sí mismo es un término militar), e imagina, por el contrario, tal como lo expresa Molesworth, «la continuidad o la amabilidad» como una «hermenéutica de la radicalidad» potencial. Tampoco es que los cuidados comunitarios sean un elemento nuevo en ciertas tradiciones radicales: el Movimiento del Arte Negro, el movimiento del Arte Chicano, ciertas manifestaciones de los Happenings, y, posteriormente, la estética relacional, todos han experimentado con el servicio comunitario y la aplicación de cuidados, ya sea ofreciendo comida, refugio, murales, educación o locales alternativos para vivir, amar, organizarse y crear arte. El desplazamiento que Molesworth observa aquí tiene más que ver con el afecto alterado que con la ruptura histórica, y refleja la importancia de las ideas terapéuticas de trauma y curación, diferentes del acento que se ponía anteriormente en la confrontación a la belicosidad (aunque relacionadas).

Estas evoluciones me interesan, al igual que el arte que les corresponde. Lo que me preocupa es la supuesta inversión, es decir, la tendencia a diagnosticar un sector del arte (o de los artistas) como «de los cuidados» y otro que no, y tratar a este último como si fuera capaz de herir, traumatizar o infligir dolor, un dolor del que luego se culpa a la libertad de los artistas (o comisarios o editores). Este discurso se puede escuchar en una reciente reseña (firmada por Jamie Chan y Leah Pires) del artista alemán Kai Althoff: «Althoff ha afirmado en el catálogo de su reciente retrospectiva de mitad de carrera en el Museo de Arte Moderno y en una entrevista de la publicación *Mousse,* que "le importa muy poco lo que a los demás les pueda parecer violento" de su obra; que él no debe "entrar en el mundo como si pisara huevos"; que ser un artista significa "haber sido agraciado con la capacidad de hacer lo que se le ocurre". Para Althoff, reconocer que has hecho daño a alguien es como pisotear su derecho a hacer lo que le plazca.» Encontramos aquí una versión comprimida de una serie de supuestos que han ido cuajando en los últimos años: representar la violencia en el arte, o ciertos tipos de violencia, perjudica a los demás; dentro del artista existe una especie de imperativo ético a reconocer ese daño, aun cuando no esté de acuerdo con la premisa; «no preocuparse» por los críticos, no responder ante ellos o no estar de acuerdo con ellos, incluyendo no hacer ni decir lo que esos críticos preferirían que hicieras o dijeras, es una negligencia ética; atesorar la libertad para crear el arte que según el artista más se adapta a la afirmación generalizada de «haz lo que te plazca» es análogo a dispararle a alguien en la Quinta Avenida, como decimos ahora. Desconfío de esta retórica, al igual que desconfiaba de la de la violencia regeneradora y de «violar al espectador para que sea independiente» en *El arte de la crueldad* (la frase pertenece al cineasta Michael Haneke).

A mí me parece fundamental –incluso éticamente fundamental– tratar con cautela cualquier retórica que pretenda tener toda la banda ética de su parte e intentar expulsar, tal como lo ha expresado Butler (en *La fuerza de la no violencia),* «la dimensión defectuosa o destructiva de la psique humana a actores que están en el exterior, a los que viven en la región del "no-yo", con los que me des-identifico». Es algo que resulta especialmente cierto por lo que se refiere al arte, en la medida en que los artistas a menudo crean su obra para dar expresión a dimensiones complejas y a veces perturbadoras de su psique, que de otro modo quedan ocultas. También me parece fundamental –incluso éticamente fundamental– que cualquier intención o efecto reparador de una obra de arte pueda ser improvisado, sin supervisión y reconocido como algo que puede cambiar con el tiempo. Esto último siempre corre el riesgo de parecer éticamente insuficiente, en la medida en que preocuparse por la capacidad que tiene el

44

arte para desplegarse en el tiempo conduce a los cuidados hacia públicos desconocidos y futuros imprevisibles tanto o más que hacia espectadores y exigencias actuales. Después de todo, vivimos en el presente: el presente es inevitablemente el contexto de nuestra reacción y respuesta, y tiene importancia. No obstante, uno de los rasgos más interesantes del arte es cómo presenta la separación entre el tiempo de composición, el tiempo de diseminación y el tiempo de la reflexión: separaciones que pueden llevarnos a la humildad y al asombro. Esta amplitud temporal, como es lógico, casa muy poco con esta época políticamente polarizada, en la que la presión para dejar claro «de qué lado estás» puede llegar a ser intensa. Las nuevas tecnologías atencionales (es decir, internet y las redes sociales) que alimentan y nutren la velocidad, la inmediatez, el reduccionismo, el alcance y el afecto negativo (como la paranoia, la cólera, el desagrado, la ficción, el miedo y la humillación) exacerban esta presión.

Tal como Sedgwick deja claro en su conocido ensayo «Paranoid Reading and Reparative Reading, or, You're so Paranoid, You Probably Think This Essay Is about You» (Lectura paranoide y lectura reparadora, o, eres tan paranoico que probablemente crees que este ensayo habla de ti), una poderosa teoría (el término es del psicólogo Silvan Tomkins) –como la de la paranoia– guarda una especial relación con el tiempo, una relación que Sedgwick describe como «característicamente rígida [...] a la vez anticipatoria y retroactiva, reacia sobre todo a la sorpresa». Es decir, una mentalidad paranoide presume de saber –por adelantado, retroactivamente, rápida y totalmente– lo que algo significa ahora, lo que significará en el futuro y lo que se debería hacer con todo ello. Esta mentalidad puede que sea fructífera en política (aun cuando eso es debatible); también es una reacción defensiva y sensata a un entorno en el que el racismo, el sexismo, la homofobia, etc., campan a sus anchas al tiempo que su existencia se niega constantemente, con lo que la paranoia es el subproducto natural de que te manipulen psicológicamente sin cesar. Pero, como comprendió Sedgwick, la eficacia de la interpretación paranoide –aun cuando nuestra paranoia esté justificada– tiene límites, y las ventajas de su aplicación al arte no son especialmente sólidas. Después de todo, si ya supiéramos cuál era el sentido o qué efecto iba a producir una obra de arte antes de crearla o percibirla, su mensaje se podría transmitir mediante una charla TED, una presentación en PowerPoint, una página de opinión, un cartel de protesta o un tuit. Y si su interpretación fuera algo preordenado y cerrado, ¿por qué íbamos a emprender la lenta tarea de mirar, crear, leer o pensar?

Velocidad, inmediatez, reduccionismo, alcance, afecto negativo: todas estas son las características de lo que Tomkins denominó «teoría fuerte». Lo que viene a continuación, por tanto, lo podemos calificar sin ninguna vergüenza de «teoría débil». La teoría débil no propone un nuevo registro conceptual o lingüístico (tal como sí hace la retórica del daño), ni intenta agrupar una amplia variedad de fenómenos bajo su rúbrica (fenómeno también conocido como *concept creep* o «ampliación conceptual»), ni exige que los demás estén de acuerdo con sus condiciones. Por el contrario, pone énfasis en la heterogeneidad, e invita a cierta incertidumbre epistemológica. No le afectan la dispersión ni la confusión. Se lo toma con calma, y no le importa el riesgo de parecer «débil» en un entorno que privilegia el músculo y el consenso, por no mencionar que en este entorno conceptos como «matiz», «indeterminación», «incertidumbre» y «empatía» son ridiculizados regularmente, a veces con buenas razones, como expresiones en boga de la policía del civismo sesgadas mediáticamente. Mi apuesta es que una rigurosa dedicación a esta teoría débil –sobre todo si reconocemos el valor de las teorías fuertes– engendra su propia forma de cuidado, tanto para los temas de nuestro tiempo como para el arte como fuerza que por fortuna no se reduce a ellos.

Reparador, actualizado

El sentido psicoanalítico de lo reparador que guió a Sedgwick y Muñoz se ha expandido desde entonces para incluir otros registros, que incluyen el binomio daño/reparación de la justicia reparadora, las reparaciones de la esclavitud y la idea de un «deber de reparación» interpersonal (un término del derecho inmobiliario reformulado por Sarah Schulman en su libro de 2016 *Conflict Is Not Abuse: Overstating Harm, Community Responsibility, and the Duty to Repair*). Cada una de estas esferas posee una tradición distinta, y una serie distinta de supuestos e imperativos; las invocaciones generales de lo reparador que nos explican estas diferencias pueden producir (y de hecho han producido) una gran confusión. Para lo que pretendo en este libro, voy a centrarme sobre todo en el uso que hacen del término Sedgwick y Muñoz, pues me parece que algunos aspectos fundamentales de su sensibilidad se han disipado de la escena mientras lo reparador pasaba a ser el centro de atención.

Sedgwick tomó prestada la idea de lo reparador del registro psicológico de Melanie Klein, que postuló la reparación como lo que siente y escenifica un niño cuando teme haber dañado un objeto amoroso (generalmente su madre) y posteriormente siente la necesidad de restaurarlo y protegerlo. La reparación es parte integral de lo que Klein denominó «la postura depresiva». (A Sedgwick y Muñoz les gustaba que Klein hablara de «posturas» en lugar de «fases»: uno no supera la reparación *per se;* se trata de una actividad a la que uno regresa, un motivo que uno experimenta una y otra vez; esta repetición contribuye a explicar cómo se podría estimular una práctica creativa constante.) A partir de Klein, Sedgwick extrapoló algo que denominó «lectura reparadora», que contrastó con la «lectura paranoica» (entendemos aquí «lectura» en un sentido bastante amplio, que abarca diferentes medios de comunicación): la primera es un método de buscar placer, apoyo y mejora, mientras que la segunda pretende prevenir el dolor y esquivar las amenazas. Su descripción de la práctica reparadora como un medio de «ensamblar un objeto y conferirle plenitud para que posea recursos que ofrecer a un yo rudimentario» nos permite percibir sus relaciones potenciales con el arte: Sedgwick argumentó que al prestar atención a las «prácticas reparadoras más ricas» de los demás y de nosotros mismos, podemos aprender más acerca de «las variadas maneras en que el yo y las comunidades se alimentan de los objetos de una cultura [...] cuyo deseo declarado ha sido a menudo negarles ese alimento». Es más, las prácticas reparadoras abundan en paradojas, y es indudable que no siempre las llevarán a cabo personas solícitas y rebosantes de «preocupación curativa hacia los demás». Tal como observa Sedgwick en figuras como Ronald Firbank, Djuna Barnes, Joseph Cornell, Kenneth Anger, Charles Ludlam, Jack Smith, John Waters y Holly Hughes: «En ocasiones, la gente de tendencias más paranoicas es capaz, porque lo necesita, de desarrollar y diseminar las prácticas reparadoras más fructíferas.»

Muñoz también concebía su escritura acerca del arte y los artistas que adoraba como una forma de práctica reparadora. Pero mientras que Sedgwick se centraba en las dimensiones queer de esa práctica, Muñoz añadía una exploración de lo que él denominaba «sentimientos morenos» o los «excluidos morenos»;* también añadiría el término «desidentifi-

---

* Aquí traduzco por «excluido» el término *«undercommon»*, que será comentado ampliamente más adelante.

cación» (o «práctica desidentificadora») al cóctel. La desidentificación –un concepto complejo examinado por Muñoz en
un libro de 1999 del mismo título– es básicamente un sub-
conjunto de la práctica reparadora, mediante el cual «el sujeto minoritario [...] se abre paso a través de una esfera pública
mayoritaria y fóbica que continuamente elude o castiga la
existencia de sujetos que no se adaptan al fantasma del ciu-
dadano normativo». Al enfrentarse a la elección binaria de
alinearse a favor o en contra de las así llamadas obras excluyentes del arte o la cultura, la desidentificación propone una
tercera vía que permite a la gente transformar «esas obras
para sus propios propósitos culturales». Entre los ejemplos
de Muñoz se incluyen la obra de Jack Smith con «"exóticos"
etnopaisajes del tercer mundo»; la interpelación de los programas de entrevistas convencionales de la cómica Marga
Gomez; la desidentificación de Jean-Michel Basquiat con
Warhol y el pop art; el reciclaje de la pornografía que lleva a
cabo Richard Fung; y a Vaginal Davis interpretando a Cla-
rence, un supremacista blanco de Idaho.
    Tanto la reparación como la desidentificación presumen
la existencia de un objeto –ya sea el artista o el espectador–
que necesita alimento o curación; al igual que muchos pensadores contemporáneos, Sedgwick y Muñoz han tratado el
racismo, el sexismo, la homofobia, el colonialismo, el capitalismo, etc., como causas principales de este agotamiento o
herida. De los dos, la apuesta que hace Muñoz por la estética
ortopédica ha sido lo más abiertamente política, en el sentido de que Muñoz creía apasionadamente que las obras de
arte pueden servir de «esquema utópico para un posible futuro». Sin embargo, ninguno de los dos críticos ha opuesto
de manera reflexiva libertad y cuidados. De hecho, Muñoz
describió la desidentificación como una práctica de la libertad, basándose en el sentido que Foucault le da a esa expresión. Es algo que se debe en parte a que ambos críticos se

49

han centrado plenamente en la resiliencia, la creatividad, la intercesión y el poder de sujetos minoritarios, para los que el esfuerzo consumido en censurar el trabajo les parecía hostil, o exigir un «reconocimiento del daño» requisaba una cantidad inmerecida de energía y tiempo limitados, y en parte porque ambos críticos eran conscientes de la idiosincrasia e indeterminación fundamentales que operan en la creación artística y en su contemplación. Todo el objeto de la lectura reparadora es que la gente obtenga apoyo de manera misteriosa, creativa e impredecible de obras no necesariamente concebidas para ofrecerlo, y que esa transmisión no sea transferible ni gobernable; todo el objeto de la creación reparadora es que sea reparadora para el creador, cosa que no garantiza nada en concreto acerca de su efecto sobre el espectador.[6]

Investigar y responder a las reacciones a *El arte de la crueldad* dejó bastante clara esta variedad: el arte que repugna a algunas personas a otros les aporta vida o cordura; el arte que a algunas personas les parece irremediablemente tóxico, a otros les resulta una preciada fuente de inspiración o catarsis. De manera parecida, los artistas que crean con la meta explícita de ofrecer representación, reparación o refugio a los demás (o a sí mismos) puede que fracasen completamente (así, te puedes encontrar con que un artista que ha dedicado toda su carrera al antirracismo y la justicia social acabe siendo públicamente acusado de crear una obra supremacista blanca sin darse cuenta, como fue el caso de la instalación escultórica de Sam Durant, *Cadalso,* en 2017, una obra a la que regresaremos). De nuevo, la acción del tiempo convierte esta indeterminación en algo especialmente evidente: algunas obras que antaño podrían haber parecido polémicas, inútiles o ininteligibles a menudo el tiempo las convierte en canónicas, vitales y lúcidas; y una obra que antaño nos cambiaba la vida con el tiempo puede perder su valor o atractivo. (Una de las virtudes de ser profesora es que, al discutir los mismos textos u obras de arte a lo largo de décadas, uno acaba comprendiendo que ciertas obras se interpretan o significan cosas diferentes para personas diferentes en distintas coyunturas.)

A mí me parece que así deberían ser las cosas, teniendo en cuenta la heterogeneidad de historias, psiques, necesidades y gustos que aportamos al arte. También deja claro que los intentos por parte de la crítica de defender la utilidad ética o política de una obra, por un lado, o de condenar sus pérfidas readscripciones hegemónicas, por otro, nunca tendrán, y no pueden tener, la última palabra. Incluso Langston Hughes, que formuló su escritura como práctica reparadora de manera más explícita (y quizá más lograda) que casi ningún otro escritor que me viene a la cabeza, nos recordaba que complacer al público nunca puede ser la meta, y que la recepción contemporánea no es más que una esfera limitada: «Si a los blancos les complace [nuestro arte], nos alegramos. Si no, no importa. [...] Si a la gente de color le complace, nos alegramos. Si no, su desaprobación tampoco importa. Construimos nuestros templos para mañana, todo lo fuertes de que somos capaces, y permanecemos en lo alto de la montaña, libres dentro de nosotros mismos.»

El sujeto resiliente de Hughes, que forja maneras creativas de permanecer «libre dentro [de sí mismo]», contrasta enormemente con la reciente atención que se presta al sujeto subordinado y vulnerable que tiene la sensación de que el arte (de los demás) le supone casi (o verdaderamente) una amenaza criminal, y quiere que se llame a capítulo a sus creadores (o a quienes lo propician). Este último modelo considera la exigencia de cuidados y reparación —y el posterior castigo si no se cumple esa demanda— como una forma de labor reparadora en sí misma. (Vale la pena observar aquí que Sedgwick nunca sugirió que separar lo paranoico de lo

51

reparador fuera fácil o incluso posible, y tampoco defendió que lo reparador fuera superior a lo paranoico. «La paranoia conoce bien algunas cosas pero mal otras» fue como lo expresó; lo mismo se podría decir de la teoría fuerte en comparación con la teoría débil.) Este sesgo se volvió especialmente pronunciado en 2017, en los debates sobre dos obras de arte creadas por artistas blancos: el óleo casi abstracto que representaba a Emmett Till* en su ataúd pintado por Dana Schutz y titulado *Féretro abierto,* exhibido en la Bienal de Whitney de 2017, y *Cadalso* de Durant, una gran escultura al aire libre que reproducía partes de siete patíbulos históricos, entre ellos uno en el que en 1862 fueron ahorcados treinta y ocho hombres en Dakota, de la que se instaló una versión en el Walker Art Center de Mineápolis, en la antigua patria de esas personas de Dakota. Estas obras condujeron a mucha gente a pensar que los artistas (y las instituciones) blancos podrían tener un poco más (o mucha más) de vista y responsabilidad, y no hacer gala de tanta libertad irreflexiva e insensible, sobre todo cuando esta última coincidía demasiado con la lógica del supremacismo blanco, con toda su ignorancia, impunidad e insensibilidad.

El giro, en el arte, de lo reparador a una exigencia de reparación considera el arte no tanto como «una "tercera cosa" entre personas cuyo significado "no lo posee nadie, pero que subsiste entre [artista y espectador]», sino como algo cuyo significado y función se puede nombrar y adjudicar; algo que, de hecho, puede sacarse de la categoría del arte e introducirse en otras categorías, como puede ser el discurso de odio, la agresión física o la pura obscenidad. Dicha recategorización tiene lugar en todo el espectro político: «Fue un dis-

---

* Emmett Till fue un afroamericano linchado en 1955, a los catorce años, en Mississippi, por supuestamente haber ofendido a una mujer blanca.

52

curso de odio, puro y simple», dijo Bill Donohue, de la Liga Católica, refiriéndose al vídeo *A Fire in My Belly*, de David Wojnarowicz, en su esfuerzo por conseguir (y lo logró) que el Museo Smithsoniano eliminara el vídeo de una exposición colectiva (las imágenes ofensivas mostraban a unas hormigas trepando por un crucifijo); «La obra de Sam Durant no es arte. Es un acto de violencia. Es una bofetada en la cara a la gente de Dakota, cuyas familias fueron ahorcadas en un cadalso casi idéntico en la plaza de Mankato», dijo un manifestante contrario al *Cadalso* de Durant, cuyos componentes querían que se eliminara y destruyera la escultura (una petición a la que, después de negociar con la gente de Dakota, Durant aceptó). También se basa en la fusión de la historia de las construcciones nocivas de la libertad política con la historia de las construcciones de la libertad artística, como podemos leer en una carta abierta de la artista Hannah Black al Museo Whitney, en la que reclamaba que el cuadro de Till que había pintado Schutz se eliminara y destruyera: «La cuestión no es el cuadro de Schutz; la libertad de expresión de los blancos y la libertad creativa de los blancos se ha fundado en la coacción de los demás, y no son derechos naturales. Hay que quitar el cuadro.»

Que la libertad de los blancos en Estados Unidos se ha fundado históricamente —y se ha mantenido posteriormente— sobre la esclavitud, la explotación y la supresión de los no blancos no admite disputa alguna. A pesar de su intención crítica o empática, las obras de Durant y Schutz evocan esta historia al representar, aunque de una manera distinta, actos de violencia perpetrados contra negros e indígenas que sirvieron para imponer de manera violenta —de manera extralegal en un caso, en el otro sancionado por el Estado— una construcción de la libertad cruelmente desigual, genocida y de hecho homicida. El hecho de que esta imposición haya mudado de piel en lugar de desaparecer con el tiempo resulta clave para comprender la campaña de «Hay que quitar el cuadro», al igual que la larga y despreciable historia del linchamiento como forma de espectáculo y entretenimiento para un público blanco, donde el binomio arte y público puede proyectar un desagradable eco. Se trata de un legado en el que el espectador presencia algo espantoso, cuya ética y efecto no se pueden transitar de manera inocua, sobre todo teniendo en cuenta la demografía de los artistas de que hablamos (y en el caso de Schutz, la relativa credulidad del artista). Si a esto añadimos una frustración justificada con los artistas blancos que siguen recibiendo espacio, atención y apoyo financiero para una obra que muchos consideran, si no directamente ofensiva, sí con muestras de una escasa o nula comprensión de temas con los que otros se han pasado la vida lidiando, parece algo inevitable y merecido que se desborden las pasiones.

Creo que se puede decir todo esto (y más) sin que de ello se deduzca que esa obra no es arte, que es nociva de manera inequívoca, que hay que quitarla, o que debería no existir; creo que se pueden abordar seriamente los temas anteriores –quizá incluso de manera más seria– sin tener que plantearse la pregunta de si «los comisarios deberían tener libertad absoluta para exponer lo que quieren», tal como planteaba la crítica Aruna D'Souza a la estela de la polémica de Schutz. Cada vez que alguien se pone a hablar de la «libertad absoluta», ya sabes que te hallas en presencia de un subterfugio. Nadie en el mundo posee libertad absoluta para hacer gran cosa; como descubre rápidamente cualquiera que haya intentado instalar una pieza artística con moho en un museo o derramar sangre en una performance en vivo, dichas acciones requieren planificación, permiso y negociación. El arte no es una esfera sacrosanta, un «estado de excepción», en el que todo lo que hay que hacer es rociar los polvos mágicos de «es arte» sobre una expresión, una experiencia o un objeto, y todos los dilemas éticos, políticos o legales salen volando por la ventana.[7]

Y, sin embargo, si uno se preocupa por conservar el espacio del arte, es importante reconocer ciertos argumentos recurrentes que pretenden restringirlo. Los argumentos a favor de su prohibición o destrucción generalmente comienzan con un intento de despojarlo de su condición ontológica de arte. Hay que convertirlo en «discurso de odio, puro y simple», «una bofetada en la cara», o «pura basura» para poder aplicar las nuevas reglas.[8] Se pueden leer estos argumentos en una carta de protesta enviada al Instituto de Arte Contemporáneo de Boston en protesta por la muestra de Schutz posterior a la Bienal –una muestra que no contenía el cuadro de Till–, en la que los autores describen el cuadro como un acto de violencia y exigen que el «cuadro traidor» de Schutz, como parte de una tradición de «mujeres blancas ofensivas que cometen violencia contra las comunidades negras», no pase «desapercibido», que no quede «inmune a la responsabilidad de una sanción institucional». Una retórica parecida invade la crítica académica, que a menudo ha servido de epicentro para una lectura paranoica: véase, por ejemplo, la opinión del erudito Arne De Boever de que el *Cadalso* de Durant no solamente evoca o se hace eco del «violento poder de la soberanía», sino que *precisamente reinstauraba* [*ese poder*]» (la cursiva es mía). Dichos documentos sobrepasan el imperativo de politizar el arte y pretenden eliminar la parte artística del todo, y, en el último caso, lo tratan como si tuviera un poder análogo a –o «exactamente» el de– un Estado militarizado.

Sugerir que determinadas obras de arte deberían tratarse como actos de violencia, o igual que el poder violento de la soberanía, juega con los mismos argumentos que se han utilizado durante mucho tiempo para socavar las protecciones legales del arte. Bajo la ley actual de los Estados Unidos, parte de lo que le da al arte su «valor de redención social» –y de ahí que esté protegido– es la imposibilidad de reducirlo a un propósito o interpretación singular, como la excitación sexual o la incitación a la violencia. Alegar que la obra de arte tiene un propósito o efecto, y que ese efecto representa una amenaza para los individuos o la sociedad, es un prerrequisito clásico no solo para la censura, sino también para la persecución de los artistas, hasta el punto de incluir su encarcelamiento. No hay más que preguntarle a la estrella porno, sexóloga y artista Annie Sprinkle, quien, en un ensayo titulado «My Brushes and Crushes with the Law» (Mis roces y amoríos con la ley), explica que fue encarcelada por hacer una revista electrónica en la que se mostraba una relación sexual con un amputado: «Nos acusaron de más de cien delitos graves combinados; "conspiración para crear y distribuir material obsceno", "sodomía" y, mi favorito, "conspiración para cometer sodomía". En Rhode Island, la sodomía se define como "un acto abominable y detestable contrario a la naturaleza", y al parecer hay quien considera que eso es el sexo con amputados.» Con el susto de su encarcelamiento, Sprinkle decidió pasar del mundo del porno al mundo del arte, donde encontró más protección legal: «Aunque me fue de un pelo muchas veces», escribe, «nunca fui arrestada [de nuevo]. Supongo que tenía el "valor de redención social" de mi lado.»

Refugiarse en esta amplitud puede crear turbulencias; y no hay duda de que se ha abusado de ella (los críticos de Sprinkle en el Congreso, que consideraron sus posteriores incursiones como más obscenidad disfrazada de arte, sin duda pensaron que ella estaba abusando). La pregunta es si los desafíos planteados por esas turbulencias nos llevan a querer reducir esta amplitud, o a continuar luchando por ella, sabiendo que conlleva ciertos riesgos para los creadores y espectadores por igual. Mi opinión sobre el tema probablemente está influida, en parte, por haber enseñado más de una década en una escuela de arte con una política tendente a ampliar la libertad de expresión, después de haberla puesto a prueba en numerosas ocasiones. La política oficial para las obras de arte exhibidas en la escuela reza lo siguiente: «1. Cal-Arts no censura ninguna obra por su contenido, y ninguna obra creada en el Instituto está sujeta a censura previa. 2. Si alguna persona se opone a cualquier exposición o presentación, esa persona debe transmitir la objeción por escrito al decano de los estudiantes. La persona recibirá una respuesta por escrito a su objeción en las 48 horas siguientes a su recepción. Si la persona no está satisfecha con la decisión, podrá apelarla al Comité de Revisión de Exposiciones del Instituto.» Este sistema funcionó bien no porque las cosas no se complicaran de vez en cuando sino precisamente por eso. (Un caso concreto ocurrido en CalArts aparece regularmente cuando se enseña en otras universidades lo que es el acoso sexual: tiene que ver con un dibujo al carbón realizado por un estudiante, expuesto brevemente en la Galería Principal, que representaba a los profesores, el personal y los estudiantes de CalArts, incluido una miembro del personal de ochenta y dos años, participando en actos sexuales. La anciana de ochenta y dos años y su familia demandaron a la escuela por acoso sexual y perdieron; ella nunca regresó al trabajo.)

Como sugiere el ejemplo anterior, ese no era un entorno para gente de corazón débil. Mientras di clases allí, presencié obras de los estudiantes en las que se representaban (o pretendían representar) secuestros, mutilaciones, acosos, actividades sexualmente explícitas, y más cosas. A veces era algo etéreo; otras veces era aterrador. Pero en general funcionaba. Funcionaba porque estar ahí significaba comprometerse con el marco del arte como construcción espaciosa y significativa que merece todo el respeto que seamos capaces de mostrar.

Porque nosotros sabíamos que no estábamos allí para hacernos callar mutuamente, teníamos que aprender a comunicar nuestros gustos y aversiones de manera diferente. A menudo me acordaba de un trabajo que había tenido años antes, al frente de las noches de micrófono abierto en el Proyecto de Poesía en la Iglesia de San Marcos. Entre mis deberes se incluía hacer una lista de las personas que venían de la calle a leer; darle a cada uno, sin importar si era una mujer que vivía en Tompkins Square Park y sacaba los poemas de una bolsa de plástico o un recién graduado de la Ivy League que quería ganar un premio literario, exactamente dos minutos de micrófono; guiar a cada uno hasta que todos los que querían hablar hubieran hablado; apartar las sillas; y después cerrar la iglesia. Me daba igual lo que escuchara esos lunes por la noche, pero siempre me encantó la sensación de adentrarme en la noche con la mente rebosante de las noticias reales e irregulares de cómo pensaban y sentían los que estaban a mi alrededor.

En más de una ocasión, cuando enseñaba en CalArts, tuve motivos para predicar sobre las distinciones entre lo ético y lo legal, destacando que las transgresiones éticas también tienen consecuencias. Algunas veces provocativo, el trabajo de los estudiantes brillaba con un espíritu punk o incluso revolucionario; en otros, sus transgresiones se hundían en lo mezquino o en el cliché. La tarea pedagógica en cuestión no era disciplinar a las personas por sus fracasos, sino ayudarlos a crear un arte más interesante, descubrir cómo hablar de él juntos y permitir que esa fortaleza y apoyo compartidos se convirtieran en una base para una comunidad diversa. Una vez más, esto no siempre era fácil, y no siempre quedaba satisfecha. La cantidad de tiempo que he pasado analizando educadamente en algún taller una obra hiperviolenta impregnada de una misoginia inadvertida podría llevarme a pensar, al menos cuando me invaden ciertos estados de ánimo, que perdí un montón de horas de mi vida. Pero valoro la lección de que, si no suprimiéramos, ridiculizáramos o rechazáramos las primeras opciones, aprenderíamos la camaradería de manera diferente.[9] Por esta razón, sonreí agradecida cuando leí el perfil del *New Yorker* de 2017 de la artista Catherine Opie, en el que Ariel Levy relata la siguiente escena procedente de una de las clases de Opie en la UCLA: después de que una estudiante critique el trabajo de otro diciendo que «representa la columna vertebral del colonialismo», el artista parece abatido, y murmura desde la esquina: «Mal si lo hago, mal si no lo hago.» Opie luego se mete con él amablemente: «¡Defiende tu obra!... ¡Ábrela! No la cierres, hombre.» Opie no está aconsejando al estudiante que se convierta en un gilipollas rígido y narcisista incapaz de asimilar una crítica descolonizadora. Tan solo le recuerda que, si realmente crees que tu arte vale la pena, tienes que estar dispuesto a defenderlo a toda costa, no a escabullirte en la archiconocida postura de la ofensa, la actitud defensiva, la parálisis o la represalia agresiva.

Palabras que hieren

Cuando queremos describir lo potentes que pueden ser las palabras o las imágenes, a menudo recurrimos al lenguaje del daño físico («una bofetada»). Lo hacemos en parte porque las palabras y las imágenes pueden tener y tienen efectos somáticos sobre nosotros, y en parte porque a veces esperamos que si nuestro dolor se ve como algo similar –o incluso equivalente– a una herida física, se tomará más en serio, y el ofensor pasará de ser permisible a quedar desautorizado.

Parte del discurso de las «palabras que hieren» procede de una antología de 1993 con ese nombre, en la que la editora Mari Matsuda reunió diversos ensayos de juristas que pretenden entorpecer la ortodoxia de la libertad de expresión en los Estados Unidos. Muchos de los ensayos abogan por ampliar la regulación de las formas más virulentas del discurso del odio, similares a las que han estado vigentes en otros países democráticos durante décadas.

Me parece que hay argumentos legítimos a favor y en contra de limitar los derechos de, digamos, neonazis armados que marchan por las calles cantando consignas antisemitas, que es el tipo de escenario en el que *Words That Wound* (Palabras que Hieren) centra su atención. Pero aplicar tales argumentos al ámbito del arte conlleva diversos peligros, dado que el arte, incluso cuando es ofensivo, se presenta ante un público difuso sin un objetivo reductible; normalmente no contiene ningún mensaje singular ni fijo ni ninguna intención expresamente pérfida (ni siquiera una intención perceptible); y, con la excepción de un puñado de obras de triste fama, no causa ningún peligro inminente a su público, que generalmente debe salir en su búsqueda, presumiblemente para sentirse conmovido de formas imprevisibles y dispares.

Cuando al profesor de derecho de Berkeley john a. powell se le preguntó sobre los recientes intentos de confundir la palabra con el daño corporal, señaló que «la justificación liberal clásica de la libertad de expresión» –que «Tu derecho a lanzar puñetazos termina en la punta de mi nariz»– podría ser insuficiente ahora que «hemos aprendido muchas cosas sobre el cerebro que John Stuart Mill no conocía. Así [los estudiantes contemporáneos] se preguntan: "Dado lo que sabemos ahora sobre la amenaza, el trauma y el trastorno de estrés postraumático convencionales, ¿dónde está la punta de nuestra nariz exactamente?"».[10] Esta es una línea de pensamiento fascinante, y desconfío de cualquiera que presuma de haber resuelto sus desafíos. Al mismo tiempo, todavía no he oído ningún argumento convincente sobre cómo este marco podría aplicarse de manera sensata al mundo del arte en cualquier circunstancia. Puede que los neurólogos y psiquiatras sepan más ahora sobre el funcionamiento del trauma o el estrés postraumático que en el pasado (o puede que no: la historia de la psicología no me llena exactamente de fe en su progreso teleológico). Pero, incluso con lo que ellos o nosotros sabemos, la cuestión de cuál es la mejor manera de abordar el trauma y el trastorno de estrés postraumático permanece abierta. Rara vez los tratamientos para tales dolencias se basan en intentar prohibir o controlar las expresiones de los demás.

La expresión necesita un contexto. El arte es uno de esos contextos, y sus especificidades son importantes.[11] Hemos de seguir siendo capaces de distinguir entre los sentimientos que producen, por ejemplo, la lectura de una escena en una novela en la que alguien regaña a una mujer llamándola zorra, salir a la calle a comprar leche y que un transeúnte nos llame zorra, que un grupo de chicos blandiendo antorchas de bambú canturreen «zorra» mientras dan vueltas a tu alrededor, que tu amante te llame zorra en mitad de vuestros juegos sexuales, que tu jefe te llame zorra durante una reunión, ver la palabra «zorra» pintada con aerosol en una pared mientras caminas, llamarte a ti misma zorra, leer un párrafo como este, y así sucesivamente. Es la lógica homogeneizadora de la paranoia que hace horas extras para allanar o ignorar tales diferencias; es la lógica homogeneizadora de la paranoia lo que exige que todas las personas tengan la misma reacción a ellos, y siempre será así.[12] Y me viene ahora a la mente una de mis obras de videoarte favoritas, una pieza de 2008 titulada *You Will Never Be a Woman. You Must Live the Rest of Your Days Entirely as a Man and You Will Only Grow More Masculine With Every Passing Year. There Is No Way Out* (Nunca serás mujer. Debes vivir el resto de tus días totalmente como hombre y te volverás más masculino a cada año que pase), creada por A. L. Steiner + Zackary Drucker, con Van Barnes y Mariah Garnett, que nos presenta a Drucker y Barnes, dos mujeres trans-identificadas que intercambian insultos en un tono que va de lo odioso a lo seductor pasando por lo tierno, todo mientras se les ve en diversas poses íntimas. Los realizadores describen el diálogo como un medio para que los actores «se preparen mutuamente para una cultura de la intolerancia y la violencia más vasta y peligrosa», y el resultado final es que ambos «finalmente recuperan su iniciativa». Pero parte de la genialidad del vídeo es que deja al público en compañía del mundo volátil, multivalente e indeterminado del discurso despectivo, merecido o no, lo que nos permite sentir y contemplar sus múltiples dimensiones mientras los insultos continúan.

Tenemos la libertad de protestar contra las obras de arte que consideramos dañinas, y pedir su remoción o eliminación. También tenemos la libertad de que una obra de arte nos parezca repulsiva, equivocada, que represente la injusticia de una forma ingenua o perversa, sin concluir que amenaza nuestro bienestar. Tenemos la libertad de cuestionar si los argumentos que subrayan nuestro «desempoderamiento, dominación, privación, exclusión, marginación, invisibilización, silenciamiento, etc.» ofrecen una completa o ininterrumpida descripción de nuestras vidas.[13] (Nota: no estoy hablando de un hombre blanco heterosexual que dice: «Qué curioso, no veo que esa invisibilización o desempoderamiento formen parte de mi experiencia.» Estoy hablando de permitir una heterogeneidad de posturas dentro de los grupos que supuestamente tienen motivo para recurrir a tales argumentos, para quienes la desidentificación, la identificación cruzada, o incluso la contraidentificación pueden ser robustas, generativas, incluso medios reparadores de contar algo y mostrarlo de manera sesgada, afirmando la diferencia donde otros supondrían igualdad.) También tenemos la libertad de *no* dejarnos interpelar por la obra de los demás, de compadecer a los demás por crear lo que consideramos arte malo, y pasar de largo. Como escribió Zadie Smith sobre el cuadro de Schutz: «Me paré frente al cuadro y pensé en lo catártico que sería que esa imagen me llenara de furia. [...] La verdad es que no sentí gran cosa.»

De hecho, una de las cosas más extrañas de las polémicas en el arte es la cosificación de la idea de que las obras de arte individuales hacen que las personas tengan sentimientos intensos, cosa que, al menos en mi experiencia, ocurre pocas veces. Lo digo yo, que soy alguien que siempre va a ver arte con la esperanza, a menudo sin ninguna justificación, de ver algo, cualquier cosa, que me conmueva en cualquier dirección. De nuevo, apostaría a que la mayoría de las personas que toman partido a gritos al hablar de obras polémicas no basan su postura en su propia experiencia personal o somática de las obras (muy a menudo, ni las han leído ni las han visto), sino en lo que otros han decidido que significan, y en un deseo de demostrar solidaridad. (Pensemos en Kathleen Folden, la mujer cristiana que, en 2010, se enteró de la existencia de una litografía supuestamente blasfema del artista Enrique Chagoya sobre los medios de comunicación derechistas, y recorrió cientos de kilómetros en su camioneta hasta el Museo Loveland de Colorado para verla: no había visto la obra cuando gritó: «¿Cómo puedes profanar a mi Señor?» y la rajó con una palanca.)

Las injusticias históricas siempre serán de una magnitud mucho mayor que cualquier otro objeto artístico, lo que explica en parte por qué el arte constituye un peón tan fiable en la guerra simbólica. La relativa insignificancia del objeto artístico puede romperse en dos direcciones: centrarse en una obra de arte puede dar la impresión de trivializar lo que está en juego (como en la disputa de si eliminar el óleo de metro por metro treinta del Whitney mejoraría de manera significativa las condiciones que ponen en peligro la vida de los negros); o puede hacer que parezca relativamente fácil renunciar al objeto simbólico («Es solo madera y metal..., nada en comparación con las vidas e historias de las personas de Dakota», dijo Durant, en una explicación parcial de por qué aceptó la destrucción de su escultura). Respeto la decisión de Durant y puedo imaginarme haciendo algo similar en sus circunstancias.[14] Sin embargo, sigo creyendo que equiparar el destino de una obra de arte a salvar o destruir vidas es una idea que se puede poner en entredicho por buenas razones —entre ellas razones éticamente sólidas—, y a veces rechazar.

Policías en la cabeza

En su introducción a *The Racial Imaginary*, una colección de reflexiones de escritores sobre «la raza en la vida de la mente» publicada en 2015, las editoras Claudia Rankine y Beth Loffreda argumentan que, en lugar de insistir tanto en los derechos y la libertad, lo que podrían hacer los artistas blancos es «encarnar y examinar el paisaje interior que quiere hablar de derechos, que quiere moverse de manera libre e ilimitada a través del tiempo, el espacio y las líneas de poder, que desea habitar a quien decida». Sobre el lenguaje de los derechos al que los escritores blancos recurren con frecuencia cuando se critica su escritura, afirman: «Este lenguaje de los derechos [...] es un señuelo cuya seducción es evidente en la frecuencia con la que se persigue. [...] Decir que, como escritor blanco, tengo derecho a escribir sobre quien quiera, incluido el punto de vista de los personajes de color, que tengo derecho de acceso y que mi arte [...] se ve perjudicado si me dicen que no puedo hacerlo así, es cometer un error. Es iniciar la conversación en el lugar equivocado. Es el lugar equivocado porque, por un lado, confunde la respuesta crítica con la prohibición (todos hemos oído la retórica hinchada de los blancos escandalizados). Pero también es un error porque nuestra imaginación es una criatura tan limitada como nosotros. No es un reino especial, sin infiltraciones, que trasciende las caóticas realidades de nuestras vidas y mentes.»

Me gusta este pasaje por varias razones, una de ellas es su wittgensteiniana sugerencia de que tales conversaciones se han dado en el lugar equivocado. El mejor lugar para comenzar, dicen los autores, es con la propia idea de lo blanco. A partir de aquí, argumentan, podemos alejarnos de los cansinos debates sobre la libertad y la prohibición artísticas, o del más cómodo lenguaje del escándalo, y poner rumbo a un examen de nosotros mismos «para hablar no en términos de prohibición y derechos, sino de deseo». Me gusta este desplazamiento al deseo, aun cuando eso de que los escritores blancos podrían «encarnar y examinar» sus deseos constituya más una invitación que un imperativo (como en «Hay que quitar el cuadro»).

Rankine y Loffreda también tienen razón al señalar que la falta de límites, incluso en el arte o en la imaginación, es una fantasía. La mayoría de los artistas saben bien que la imaginación tiende a reflejar, especialmente en un primer momento, la porquería sublunar que nos rodea, incluidos sus aspectos más trillados o hegemónicos. Yo, personalmente, no conozco a ningún artista que haya llegado a una avanzada edad adulta y todavía considere su imaginación «un reino especial, sin infiltraciones que trasciende las caóticas realidades de nuestras vidas y mentes». En lugar de atraernos hacia la falta de límites, nuestros experimentos a menudo nos llevan a algunos nudos muy enrevesados (véase, por ejemplo, la pregunta del poeta David Marriott –planteada a través de Frantz Fanon– «¿qué haces con un inconsciente que parece odiarte?», o la interrogación de la feminista francesa Luce Irigaray acerca de «si lo femenino tiene inconsciente o si *es* lo inconsciente»). Llegar al material más interesante e inesperado suele requerir un prolongado esfuerzo (razón por la cual los surrealistas siempre invertían tanta energía en inventar nuevas formas de tender una emboscada a la mente, a menudo por medio de restricciones).

Si va a haber algún descubrimiento en la creación artística, en algún momento debe abarcar la revelación de nuestras intenciones conscientes. Esta revelación puede ser una fuente de sorpresa feliz o infeliz. Como dice de manera provocadora el erudito Joshua Weiner en su contribución a *The Racial Imaginary:* «La escritura imaginativa que evita cualquier declaración "políticamente incorrecta", que no dramatiza los conflictos difíciles y los estados de conciencia inquietantes, o que no utiliza un lenguaje desaprobado por las costumbres liberales de hoy, es vana. [...] Una de las funciones sociales del arte literario [...] consiste en exponer la hipocresía moral allí donde está oculta, en nuestras mejores intenciones.» U olvídese de las mejores intenciones: en algún momento, es probable que tenga que renunciar por completo a cualquier intención. La creación artística no se parece a una labor reparadora; es más bien como lijar aluminio durante ocho horas y respirar el polvo tóxico mientras te preguntas por qué no pasas más tiempo con su familia o viendo maratones de series en Netflix o visitando a tu madre enferma o buscando un trabajo fijo que te reporte dinero en lugar de gastos. Te parecerá, y tal vez lo sea, algo indefendible, por mucho que seas capaz de afirmar que el lijado de aluminio es el proyecto de un futuro utópico.[15]

Del mismo modo, casi todos los creadores que conozco, en lugar de sentir que se mueven «libre e ilimitadamente a través del tiempo, el espacio y las líneas de poder», a menudo se sienten deprimentemente constreñidos por la pequeñez de su visión, habilidades y recursos, y en esos momentos la propia limitación de la imaginación o el inconsciente se convierte en una especie de credo estético. («La poesía tiene que ver con conformarse con cosas limitadas, es una reducción al mínimo», dijo una vez el poeta chino Mo Fei. «Es la aceptación de cierta forma de pobreza. No es una construcción infinita.») Hay líneas de vuelo, por supuesto. Pero uno de los extraños milagros del arte es que la obra es capaz de impartir a los demás una idea de autorización, de inmensidad o de huida que a menudo surge de las realidades físicas, emocionales, materiales o intelectuales que su creador considera restringidas, a veces de manera insufrible. Tal como Merleau-Ponty escribió sobre Cézanne: «Por eso nunca parecía acabar sus obras. Nunca nos alejamos de nuestra vida. Nunca vemos las ideas o la libertad cara a cara.»

En otras palabras, la paciente labor que da forma a nuestra ansia de libertad casi nunca da fruto. Al menos no del todo, y quizá no en vida. Es algo decepcionante, pero tampoco está mal. «Abandonar cualquier esperanza de éxito» es un lema budista ya trillado.

Dicha paradoja podría ayudarnos a comprender cómo y por qué la aspiración de moverse libremente, de no percibir límite alguno, puede ser algo imposible y a la vez preciado para muchos artistas, especialmente para los que se sienten frustrados por el omnipresente imperativo a hablar o trabajar en nombre de un grupo al que supuestamente representan. (Sobre las presiones a que se vieron sometidos los artistas negros para que se dedicaran a la causa de la colectividad –a «renunciar a los impulsos antisociales, a ejercer de policías del criminal que tienen dentro in potentia»– durante la época del Movimiento del Arte Negro, Darby English escribe: «Ninguna acusación era más fácil de lanzar que señalar a un individuo por negarse a participar en la empresa de crear consenso. Un individuo así era tan enemigo de la comunidad como el racista blanco más fanático.» English sostiene que un entorno así es tóxico para el arte, y que «la libertad real, por así decirlo, solo es posible cuando un individuo supera esta inclinación instintiva». La versión que propone English de la libertad artística se basa demasiado, para mi gusto, en el modernismo y el individualismo, pero sus análisis siguen siendo indispensables para cualquiera que esté interesado en la cuestión de cómo conseguir que la idea de libertad artística siga siendo central sin caer en la «libertad creativa blanca».)

Para muchos artistas, el arte desempeña un papel único y crucial a la hora de averiguar «qué [...] podríamos desear cuando no estamos bajo vigilancia», como Adam Phillips ha dicho del psicoanálisis. Por definición, esta exploración no puede tratar de complacer a la gente ni de intentar satisfacer sus deseos.[16] (La pintora Tala Madani dice: «A veces les digo a mis alumnos que, si están creando una obra que gustará a sus madres, tienen un problema.») Aun cuando uno quisiera crear una obra que agradara a los demás (o a las madres), tendría que saber, de antemano, qué le gusta o necesita ese público (o esas madres), una presunción que viene acompañada de sus propias espinas éticas. Además, como señala Phillips, aunque nunca podremos estar completamente libres de uno u otro tipo de vigilancia (y no siempre por parte de los sospechosos habituales), eso no significa que no tengamos una necesidad real de crear espacios o formas en las que podamos suspender temporalmente su tenaza y ejercer de fugitivos de los «policías de la mente», como lo expresó Augusto Boal, fundador del Teatro del Oprimido. (Puede que la policía esté en nuestras cabezas, escribió Boal, pero *la comisaría de estos policías se halla en la realidad externa. Por eso es necesario localizar tanto a la policía como su comisaría».)*

Después de todo, el arte puede ser muchas cosas al mismo tiempo. Puede ser una vía de escape de la lujuria que uno siente por los menores de edad, una fuerza que de manera intolerable gentrifica barrios enteros y un lugar para decirle la verdad al poder, todo a la vez. Gran parte de lo que encontramos en el arte –quizá casi todo– probablemente ni siquiera corresponde a binomios como dañino/reparador, decente/indecente, subversivo/hegemónico. Liberados de la vigilancia, podríamos descubrir que queremos cuarenta pinturas monocromáticas, o una acumulación de macramé, o un montón de cabezas de arcilla, o un estudio del tenis o piojos o espacio. La idea de que todos reprimimos un hervidero de impulsos hacia comportamientos o temas tabúes que las fuerzas represivas del superyó, la ley o las turbas de Twitter mantienen a raya, no me parece una descripción precisa de nosotros mismos o del mundo.

Aprender a seguir tenazmente las propias intuiciones sin que las aniquilen los prejuicios; controlar las proyecciones catastrofistas acerca de la recepción de nuestra obra; tener la fortaleza para seguir adelante ante la indiferencia, el desánimo o las críticas implacables; tener y mantener la ambición de intentar cosas consideradas imprudentes, imposibles, tabú o que no sintonizan con nuestra época; «¡Defiende tu obra! ¡Ábrela! ¡No la cierres, tío!»: todas estas cosas pueden solaparse a veces con el lenguaje agresivo y contaminado de las libertades y los derechos. Pero eso no significa que pueda o deba reducirse a ellos. Pues también son hábitos de devoción artística adquiridos con esfuerzo que puede llevar años cultivar, sin los cuales se reducen de manera significativa las opciones de mantener un compromiso con el arte que dure toda la vida.

Pensemos, por ejemplo, en la «poética de la desobediencia» de la poeta Alice Notley, que ella describe como el «rechazo de todo lo que supuestamente yo debía ser o afirmar, *todas* las poesías todos los grupos la ropa las pandillas los gobiernos los sentimientos y las razones. [...] Descubrí que ya no soportaba más al gobierno o los gobiernos, a los radicales y desde luego tampoco a los conservadores ni a los centristas, las poéticas radicales y desde luego tampoco las otras poéticas, el feminismo de las demás mujeres, que ya no podía con ninguna otra puta cosa». El poema épico de Notley de 2001, *Disobedience* (Desobediencia), emana de esta actitud de «que te den» («la regla para este poema / es la honestidad, mi otra regla es Que Te Den»), una actitud que Notley extiende a sus lectores: «Me considero [...] alguien que desobedece mucho a sus lectores. Comencé [*Disobedience*] negando la existencia de esos lectores.»

Negar la existencia de lectores, rechazar todo lo que uno supuestamente debería ser o afirmar, mantener una postura de «Que te den» con respecto al público, las costumbres contemporáneas o la recepción: nada de esto tiene mucho que ver con una «preocupación curativa hacia los demás», ni es probable que sea bien recibido en la solicitud de una beca. Pero es precisamente lo que hace que el trabajo de Notley sea tan visionario y abra puertas. Probablemente no necesito mencionar aquí que a las mujeres –a las que todavía se socializa agresivamente para complacer a los demás, y que temen, a menudo justificadamente, las consecuencias de no cumplir con lo que se espera de ellas– les resulta más difícil acceder y mantener esa desobediencia, razón por la cual la «poética de la desobediencia» de Notley es una práctica feminista (como lo es la de Madani al instar a sus alumnos a crear un arte que no agrade a sus madres), aunque repudiemos todos los «feminismos de las otras mujeres», o se corra el riesgo de desagradar a la propia madre.

Incluso cuando uno asume una postura de despreocupación (por el público, el dinero, el futuro, el decoro, la competencia o la recepción), el trabajo en sí requiere una tremenda preocupación, por lo que el arte no es un lugar en el que buscar refugio. No importa lo punk que seamos ni lo protegidos que estemos, mostrar al público aquello en lo que hemos trabajado tan duro siempre nos hace vulnerables: es «algo tan serio, que expresa tanta preocupación, con la bata, la lengua entre los dientes, el pincel en posición, dándolo todo. Es en este sentido que tiendo a pensar en todo el arte, incluso el arte ofensivo o desagradable, como algo relacionado con la preocupación, si «preocupación» significa trabajo paciente –preocupación estética– que exige esfuerzo artístico, ya seas el Marqués de Sade o Dennis Cooper o Vladimir Nabokov o Richard Pryor o Vaginal Davis o Kara Walker o Agnes Martin o Adrian Piper o Jack Smith o Jimmie Durham o William Pope.L o Charles Gaines o Wu Tsang o Zadie Smith o Paul Beatty, o cualquier otro artista que ha sido acusado, en un momento u otro, de desobediencia a una sociabilidad a la que, según cierta opinión, el artista tiene la obligación de servir, o servir de manera diferente.

En estos días, en lugar de temer a los hombres del saco de antaño (la humillación del silencio o una mala crítica), muchos temen ser troleados, molestados, acosados, o «denunciados» casi tan pronto como muestran al público sus obras (o antes incluso, como en las campañas de cancelación previas a la publicación). Teniendo en cuenta la cantidad de mujeres que conozco que han recibido amenazas de violaciones o de muerte en línea por publicar una obra que a mí me parecía de lo más convencional, está claro que ahora hay que poseer una nueva competencia que tiene que ver con «si dejas de complacer a la gente, la gente deja de estar complacida», ya que la policía que tenemos en la cabeza ha entrado en metástasis e incluye un coro de forasteros incorpóreos dispuestos a poner a caer de un burro no solo tu trabajo sino también tu apariencia, tus allegados, tus marcadores demográficos, tu familia, y lo que sea. La buena noticia es que este comportamiento se ha vuelto tan común que sigue un guión un tanto predecible; sufrirlo se ha convertido ya en un rito de iniciación.

Y aquí podríamos hacer una pausa para tomar nota de las grandes ironías (o tragedias, o paradojas, o, hablando con más generosidad, de los antagonismos productivos) del resurgimiento del interés por los cuidados, algo que ha coincidido con la pujanza de un comportamiento desinhibido y despectivo, que encontramos sobre todo (aunque no exclusivamente) en las redes sociales, y que muchos de los que participan en él consideran reparador, incluso cuando permite una tenue acusación, el insulto *ad hominem* o la amenaza. Esto no debería ser una sorpresa; hay formas de crueldad que comúnmente acaban englobadas bajo el nombre de cuidados. Como siempre, el requisito previo es creer que, como la causa es justa, no pueden causar ningún daño, o que el daño que causan, en comparación, vale la pena.

Tal puesta en escena aumenta el riesgo de que los artistas sean demasiado cuidadosos, por un lado, o de que se vuelvan agresivamente descuidados, por el otro (el refunfuño de «mal si lo hago, mal si no»). Los cuidados y la vergüenza comparten un vínculo estrecho (razón por la cual las inauguraciones artísticas y las presentaciones de libros son tan a menudo la base del autodesprecio, o el motivo por el que es probable que un autor se sienta destrozado por una mala crítica destacada, etc.). Dado el poder paralizador de la vergüenza –y a la inversa, los peligros de ser invulnerable a ella–, uno tiene que encontrar su propio camino. Si somos tan vulnerables a lo que otros dicen o piensan en un mundo ávido de chivos expiatorios, de señalar a los virtuosos y de humillar en público, hasta el punto de que nos arredramos, transigimos demasiado o somos incapaces de hacer nada, tenemos un problema. Si uno se convierte en un imbécil reaccionario cuyo arte (y vida) probablemente sería mucho mejor si fuera capaz de asimilar, aunque fuera de vez en cuando, los sabios comentarios de los demás, tenemos un problema. Si uno cultiva el hábito de la santurronería, desprecia o ataca en grupo a otros en nombre de la justicia o la reparación, tenemos un problema. Uno ha de encontrar su propio camino.

A medida que encontramos nuestro camino, es posible que recordemos que no todas las formas de transgresión han sido creadas iguales. En su largo poema *Fat Art, Thin Art,* Sedgwick escribe: «En todos los idiomas, la pregunta más hermosa / es: ¿puedes decir eso?» Siempre me ha gustado este verso, me he atenido a él durante mucho tiempo como una incitación al permiso creativo y a la desobediencia. Pero, como deja claro el testimonio reciente de tantos que se autodefinen como «deplorables»* –los que dicen sentirse de nuevo agradecidos y envalentonados para manifestar todo el discurso intolerante que (supuestamente) habían estado reprimiendo–, «romper el silencio» o «decir lo que no se puede decir» no garantiza nada sobre la naturaleza de lo que se dice. «La transgresión», «la desobediencia», incluso «la subversión» no tienen, en abstracto, ninguna valencia política concreta (¿recuerdan *parole in libertà?).* Como nos recuerda inteligentemente el escritor John Keene, los riesgos racializados que asumen los artistas blancos no suelen ser tan subversivos, arriesgados o valientes como ellos mismos podrían imaginar, dado que su contexto sigue siendo una cultura arraigada en la supremacía blanca. Lo mismo ocurre con la misoginia: hay una razón por la que Charles Bukowski sigue siendo más fácil de vender que Valerie Solanas (aunque hay también razones por las que la mayoría de mis amigas feministas y queer tienen libros de ambos en sus estantes).

---

* Esta definición de «deplorable» tiene su origen en un discurso de Hillary Clinton, en el que afirmó que la mitad de los partidarios de Trump eran machistas, sexistas, racistas, homófobos, y que habría que ponerlos en el «cesto de lo deplorable».

¿Ir adónde?

La noción del arte como producto de una «autorreflexión continua y el respeto a los demás» parece estar relacionada, al menos en parte, con la época de los programas de
arte y literatura, un período que se extiende desde la posguerra hasta el presente en el que muchos, si no la mayoría, de
los nombres importantes han asistido a programas de posgrado de arte o escritura, y continúan ganándose la vida en
centros de educación superior. Dichos centros los componen
en gran medida artistas y escritores más consolidados que ayudan a los menos consolidados a desarrollar tanto su «oficio»
como la capacidad de ofrecer pródigas explicaciones discur-
sivas de su obra, para prepararlos, en parte, para el mundo
venidero de mesas redondas, comunicados de prensa, auto-
promoción online, carrera en la enseñanza, etc., que les espera.
En este medio, el entorno íntimo, de gran carga emocional
y regido institucionalmente por talleres o lecturas públicas,
funciona como una especie de escenario de recepción prima-
ria, cuyos términos a menudo se replican (aunque amplifica-
dos) cuando los estudiantes pasan al mundo real.

Yo no llevaría más de dos décadas formando parte de esas
actividades si no me proporcionaran un gran placer, estímu-
lo y apoyo. Al mismo tiempo, esta posición me ha permitido
hacerme una idea de la manera en que las instituciones de
educación superior están configurando cada vez más las normas y expectativas que rigen el mundo del arte y los artistas.
Parte de esta influencia ha sido positiva; otros aspectos han
resultado más preocupantes. Uno de los más preocupantes
ha sido el compromiso cada vez más profundo de la educación superior con la «seguridad en el campus» en nombre de
la protección del estudiante, desde el Título IX de la En-
mienda Educativa de 1972, que prohíbe la discriminación
sexual en las instituciones educativas, hasta el desarrollo de

una clase administrativa cada vez más hinchada encargada de resolver las denuncias y gestionar la responsabilidad. «El campus promete seguridad, protección», escribe Doyle. «Para cumplir esa promesa, debe vigilar y expulsar. Debe establecer un procedimiento y gestionar el riesgo.»

En medio de este clima, el modelo de expresión de cualquier perjuicio y sus correspondientes demandas de mayor protección y gestión de riesgos, han llegado a representar un verdadero misterio. Por un lado, representa un lugar de protesta importantísimo, un medio de hacer frente a condiciones injustas. Por el otro, puede servir de invitación abierta a las instituciones para que consoliden y ejerzan cada vez más poder administrativo y disciplinario sobre el personal docente y el no docente, y los estudiantes por igual. Como Doyle y otros han dejado claro, si no queremos que la universidad neoliberal (o el museo o la editorial, muchos de los cuales son posiblemente corporaciones gigantes disfrazadas) convierta las exigencias de justicia social en una excusa para consolidar y ejercer más poder, si queremos llevar a cabo cambios estructurales sin simplemente endurecer el sistema de una forma que pueda y sea utilizada en contra nuestra –incluyendo el empeoramiento de las condiciones para los adjuntos y otros trabajos precarios–[17] tenemos que ser más astutos, más creativos y más perspicaces de lo que normalmente exige una política de más protección o expulsiones rápidas. Esto significa abordar con osadía la pregunta de Adam Phillips: «Si no castigas a quienes hacen cosas inaceptables, ¿qué más se puede hacer con ellos?» No es casualidad que, en una sociedad con más personas encerradas per cápita que en cualquier otro lugar de la tierra, no tengamos muchas respuestas ingeniosas que ofrecer.

Cuando no podemos desear que otros se vayan, a menudo deseamos que simplemente se callen, o al menos abandonen la escena por una temporada. Es algo que suele ocurrir cuando uno ve el mundo de la literatura o el arte como un juego de suma cero. Este sentimiento de «cállate ya» anima el documento de 2016 titulado «El Manifiesto de París del Día de Acción de Gracias», escrito por Eileen Myles y Jill Soloway, en el que afirman que «para iniciar una revolución, estamos exigiendo un clima de reparación: la pornografía hecha por hombres queda prohibida durante cien años (un siglo completo). En todas las demás artes y representaciones, es decir: cine, televisión, libros, poesía, composición de canciones y arquitectura, bastará con una prohibición de cincuenta años (medio siglo)».

Cada vez que he leído el pasaje anterior en voz alta en algún evento público, he obtenidos aplausos y risas, lo que indica que es acogido como un alivio agradable. Creo que la gente también se siente libre de reír porque sabe que tal prohibición nunca se impondrá: la hipérbole del manifiesto indica que participa de una tradición performativa distinta de la de cartas de protesta que pretenden conseguir por todos los medios que un museo retire una obra de sus paredes, o convencer a Oprah de que «elimine el influyente imprimátur» de su club de lectura a una novela acusada de no haber «sido concebida de manera correcta ni responsable». No obstante, incluso la fantasía de una prohibición reparadora basada en la supresión de la expresión masculina suscita una cuestión importante, relacionada con «Hay que quitar el cuadro».

Como observa lúcidamente Jared Sexton acerca de la carta de Black al Whitney: «Tres veces declara Black, en el meollo de la disputa: hay que quitar el cuadro. Desde luego, pero aun cuando no podamos estar más de acuerdo, no podemos obviar la pregunta: ¿para llevarlo adónde?» Lo reprimido regresa inevitablemente, en parte porque nuestra turbulenta convivencia –entre nosotros, con nosotros mismos, con la historia, las imágenes, las ideologías nocivas que nos preceden– viene sin botón de eyección, sin poder gritarle: «¡Fue-

76

ra!» Como dejan claro (aunque sea sin darse cuenta), «El Manifiesto de Acción de Gracias de París» y la carta de Black, las fantasías de abordar nuestras complejas libertades y la compartida necesidad de expresión a base de prohibiciones o destierros a menudo terminan basándose en distinciones —negro/blanco, hombres/no hombres— que no siempre resisten bajo presión (sin mencionar que su promulgación terminaría cosificando el poder de las mismas instituciones que los autores pretenden desafiar).[18]

La frase «Cállate ya» a veces puede ser la respuesta correcta, ya sea dirigida a otros o a uno mismo. Al mismo tiempo, mi experiencia como profesora (y como madre) me ha enseñado que recurrir a ella ofrece una ventaja efímera, especialmente sin una explicación o atención adecuada. Psicológicamente hablando, como ha dicho Phillips, tendemos a odiar a quienes exigen que nos inhibamos; algo especialmente cierto si no hemos sido adecuadamente educados sobre nuestras relaciones históricamente desiguales con el discurso. Es exasperante e injusto, pero nadie nace entendiendo estas relaciones históricamente desiguales, ni su legado. Tenemos que aprenderlas, y tenemos que enseñarlas. Esa enseñanza requiere paciencia; su carga no debe recaer sobre aquellos que han tenido que sufrir casi toda la injusticia.

Cualquier principio, incluido el de la compasión, puede esgrimirse de manera poco hábil, incluso nociva, especialmente cuando se presenta como una invitación o una demanda. Sin duda, la escritora feminista Laurie Penny habla en nombre de muchos cuando se queja de que: «Estoy más que harta y cansada de que me digan que sienta empatía por fanáticos y misóginos, que comprenda y disculpe el dolor que los llevó a apoyar a ese fascista o a acosar a esa mujer o a conducir esa camioneta. Cuando estos comiencen a mostrar una pizca de empatía por cualquiera, avisadme.» Pero, como cuestión tanto de pragmática como de principios, sigo siendo partidaria de la compasión radical, y no de la que espera una invitación.[19] Comprender cómo es esa compasión en la práctica –y cómo diferenciarla de lo que Chögyam Trungpa ha llamado «compasión idiota» (mediante la cual uno podría dejarse pisotear por completo, o «hacer el bien» como un acto de autogratificación)– es el trabajo incesante y riguroso de toda una vida. No es algo que uno siempre acabe entendiendo.

Me preocupa/no puedo

La resistencia a la retórica del daño que manifiestan algunos artistas podría no tanto reflejar una insuficiencia ética como un reconocimiento tácito de que ciertas formas de preocupación se están volviendo cada vez más inverosímiles, incluso cuando aumenta su demanda. Esto tiene que ver con la escala, en el sentido de que el arte, si bien puede percibirse o tomarse como algo personal, no lo es, en esencia. La presunción de que crear una escultura o escribir una novela de alguna manera conlleva entablar una relación íntima con el espectador o el lector, con toda la responsabilidad emocional que esta relación suele implicar, es un error. Y es un error relacionado con el de pensar que personalmente conozco a un actor porque protagoniza mi película favorita, o que soy amiga de un cantante porque ha canturreado a través de mis auriculares en una coyuntura emocional tensa. La mayor accesibilidad de las figuras públicas a través de las redes sociales ha hecho que este error sea aún más frecuente: el hecho de tener ahora más opciones de decirles a estas personas cómo nos ha hecho sentir su arte no significa que sean más responsables de nuestros sentimientos.

Negarse a asumir la carga de cómo el propio arte puede hacer que se sienta un grupo de personas innumerable, heterogéneo y esencialmente incontrolable, no significa para mí ningún fracaso ético. De hecho, puede suponer unos límites sensatos en un mundo dedicado –por medio de la publicidad dirigida, los calendarios de Google compartidos, las invitaciones mediante postales electrónicas que esperan tu respuesta con urgencia, disponibilidad 24 horas al día, 7 días a la semana, a los aproximadamente 3.400 millones de personas en todo el mundo que utilizan correo electrónico y redes sociales– a la erosión de esos límites. Tal erosión supone que nuestra atención, que es una variedad de los cuidados, es algo que puede exigir cualquier persona en el mundo con intensos sentimientos y acceso a wifi. Esta economía de la atención puede agotarnos (o crearnos adicción), tal como cuentan muchos que les ha pasado, lo que nos quita tiempo para las actividades y las personas que supuestamente más nos importan. Y aunque podemos fantasear con que somos capaces de prodigar cuidados ilimitados –incluso podría ser así en un sentido espiritual–, en nuestra vida cotidiana la mayoría de nosotros nos enfrentamos al hecho de que los cuidados también tienen su economía, con límites y puntos de ruptura.[20]

En «Exhaustion and Exuberance: Ways to Defy the Pressure to Perform» (Agotamiento y exuberancia: formas de desafiar la presión de actuar), el crítico Jan Verwoert describe el problema como una cuestión de escala: «Desde el punto de vista ético [...] surge un problema fundamental: cuando nos damos cuenta plenamente de las implicaciones del *Me importa,* nos vemos obligados a reconocer que la potencialidad de los cuidados nunca se puede organizar colectivamente, porque la deuda con el otro implícito en el *Me importa* es siempre de una especificidad radical. Generalizar significa aniquilar su impulso.» Verwoert añade acto seguido que, para seguir vinculados a las «disciplinas de los cuidados» que nos resultan más importantes en un entorno en el que los medios de comunicación y la economía se dedican a agotar nuestro tiempo y atención, hay que aprender a poner límites. En algunas situaciones, observa Verwoert, «confesar que *no puedo*» puede ser a veces «la única forma adecuada de demostrar que te preocupas por los amigos, familiares, hijos o amantes que requieren tu presencia, o para proseguir con una práctica creativa a largo plazo que lleva su tiempo». Cómo equilibrar la convicción espiritual expansiva de que *nos lo debemos todo el uno al otro* con esta economía local y particularizada es un enigma permanente que cada uno manejará de manera diferente, de acuerdo con sus apetitos y amplitud de visión.

Recibir (o responder con) un *No puedo* puede doler, pero probablemente indica que uno dedica sus cuidados a otra cosa. Para muchos artistas, ese «otro lugar» es la feroz protección, a veces inconsciente, de las condiciones que hacen posible su práctica artística. Esta actitud protectora puede enfurecer a los demás. Es comprensible, ya que el cuidado estético es de un orden diferente al de otras formas de cuidado. Parece que no te preocupes directamente por los demás, porque así es. El cuidado estético implica preocuparse por otras cosas, como la calidad del papel, el pigmento, la gravedad, la oxidación, el azar, el modelo, los muertos y los no nacidos. Todo esto es también el mundo, también son fuerzas ante las que uno podría sentirse obligado o agradecido. Que tales fuerzas no siempre nos reclamen a través de los cuerpos humanos o la ética no es motivo para dudar de la intensidad o vitalidad de su llamada. Estoy casada con un artista, y aunque se supone que entendemos la importancia del trabajo del otro más que muchas otras personas, el hecho de que nuestro trabajo sea en su mayor parte una labor solitaria, sin horarios, que consume tiempo (acompañada de «descansos» que para un forastero se parecen mucho a perder el tiempo), con pocas o ninguna fecha límite ni garantías de beneficio económico (lo más normal suele ser trabajar con pérdidas), enseguida lo convierte en objeto de crítica si uno de nosotros piensa que el otro podría o debería estar haciendo otra cosa (limpiar la casa, jugar con los niños, dedicarnos tiempo, ganar dinero, etc.). Al mismo tiempo, ambos sabemos, especialmente como profesores, que una de las cosas más vitales que tenemos que impartir, tanto a nosotros mismos como a nuestros estudiantes, es la importancia de crear tiempo y espacio para el propio arte en un mundo que siempre amenaza con ignorarlo o menoscabarlo.

Ciertamente, hay momentos en la vida de un artista en los que la postura de «ahora no puedo ocuparme» se vuelve inviable (en mi propio matrimonio probablemente es una vez por semana). Pero si bien siempre podemos pedir a los otros algo más o diferente, exigir que otros reaccionen o interactúen con nosotros en nuestros términos refleja, antes que nada, nuestro propio deseo. Y el deseo siempre corre el riesgo de quedar decepcionado. La respuesta a «debes escucharme» o «debes cuidarme» o «debes responderme» —ya se dirija a un artista, una institución, su amante, su hijo o su representante en el Congreso— puede ser siempre «no» (o «no en la forma en que me lo pides»).[21] En ese caso, necesitará un plan B. Por lo general, necesitamos también un sólido plan C y D. Por una vez, reconocemos realmente que hay otras personas en el mundo —algo más difícil de lo que parece—: debemos contar con que no podemos controlarlos, aun cuando dependamos de ellos. Esa falta de control es aterradora..., irritante incluso. También, como ha dicho Phillips, es el inicio de la vida política, por no mencionar el lugar de nacimiento del experimento reparador.

Miedo de hacer lo que podría decidir

Cuando Hughes afirmó que «un artista debe ser libre de elegir lo que quiere, ciertamente, pero tampoco debe tener miedo de hacer lo que podría decidir», estaba más preocupado por el «impulso hacia lo blanco que había dentro de la raza [negra]». En particular, estaba pensando en un poeta negro (por lo general se cree que es Countee Cullen) a quien Hughes cita diciendo: «Quiero ser poeta, no un poeta negro.» Tener miedo en este contexto, por tanto, significaba sobre todo tener miedo –de hecho, estar avergonzado– de ser negro y escribir literatura negra, fuera lo que fuera lo que eso significaba para Hughes en ese momento.

No quiero desvirtuar las palabras de Hughes sacándolas de su contexto. Pero dejar que su compleja sabiduría se propague también parece un medio de hacerles justicia. Porque no hay duda de que su mantra ha resultado ser impresionantemente elástico y pertinente a situaciones y hablantes más allá de la circunstancia que las originó. Cada generación cuenta con unas fuerzas que podrían provocar que un artista «tenga miedo de hacer lo que podría decidir»; ciertamente la cuestión fue de gran importancia para Hughes, quien, además de participar en feroces debates intracomunitarios sobre el público, el mecenazgo y la accesibilidad, fue acosado por el FBI durante el Terror Rojo de las décadas de 1940 y 1950.

Rankine y Loffreda tienen toda la razón cuando argumentan que es crucial, sobre todo en las polémicas artísticas raciales, evitar confundir la «respuesta crítica con la prohibición», un error que ven como «la inflación retórica de los blancos escandalizados». Baste decir que no me preocupan demasiado afirmaciones como las de la novelista Lionel Shriver, quien se quejó, mientras lucía un sombrero: «Confieso que este clima de escrutinio ha acabado afectándome.

Cuando comencé como novelista, no dudé en escribir sobre personajes negros ni, por ejemplo, en aprovechar los dialectos de los negros, para los que, al haber crecido en el Sur de Estados Unidos, tenía muy buen oído. Ahora me interesa mucho más representar personajes de diferentes razas, y los acentos me ponen nerviosa.» ¡Dios no quiera que cierta vacilación, cierto nerviosismo, cierta introspección, impida que nuestro «buen oído» censure los dialectos negros! La idea de que en la introspección o la educación sobre el tema no pueda haber nada provocador, constructivo, estética o éticamente iluminador –aunque sea momentáneamente desconcertante– nos dice todo lo que necesitamos saber acerca de la fragilidad del sentido de libertad artística de Shriver, que al parecer se marchita al entrar en contacto con la controvertida historia, a menudo profundamente racista, de la representación blanca del habla negra, o la perspectiva de ser criticada por servirse de ella.

Sin embargo, me parece que si realmente estamos pidiendo la destrucción y/o prohibición de una obra de arte, y/o consecuencias punitivas para su creador o expositor basadas exclusivamente en el arte (como por ejemplo, una acción disciplinaria en el taller del artista, la cancelación de la exposición en un museo, la destrucción de la obra, incluir a ese artista en la lista negra de otras instituciones, despojando su obra de cualquier distinción, poner obstáculos a que el artista presente su obra en público, amenazar la seguridad personal de un artista, etc.), es hipócrita argumentar, como a menudo se ha hecho delante de mí, que EN REALIDAD no estamos pidiendo nada de eso, basándonos en la premisa que, dado que carecemos de poder para cumplir con tales demandas, se entienden mejor como una actuación pasiva concebida para llamar la atención que una crítica sin tales demandas no recibiría. Asimismo, si por «consecuencias» realmente queremos decir «solicitar que la autoridad vigente intervenga para disciplinar y castigar», debemos afrontar ese deseo directamente. La crítica Andrea Long Chu tiene razón cuando afirma, en un artículo sobre #MeToo, que «el *deseo de castigar,* para bien o para mal, no es lo mismo que *castigar*». Sin embargo, una vez que este deseo encuentra una sólida expresión pública, no estoy seguro de que esta distinción posea la solidez ética que ella supone. Que nosotros, por nuestra cuenta, no dispongamos de los medios para entablar una demanda o garantizar la muerte social o profesional de un artista no significa que nuestras acusaciones o las campañas de presión no surtan efecto, incluidos los efectos punitivos. (Si fueran ineficaces, ¿por qué íbamos a molestarnos?) Además, si uno acepta la definición básica de censura de la Unión Estadounidense por las Libertades Civiles –«La censura, la represión de palabras, imágenes o ideas que resultan "ofensivas" se dan siempre que algunas personas logran imponer sus valores personales, políticos o morales a los demás. [Es] algo que puede llevar a cabo tanto el gobierno como grupos de presión privados»–, se comprende que organizar la represión de determinadas obras, o su inclusión en listas negras o el despido de artistas por su obra, puede ser censura, de hecho; uno no necesita una insignia ni formar parte del gobierno para que sea así.

Comprendo el dicho de que la protesta es algo que hace la gente «que no tiene poder», mientras que la censura es algo que hacen personas «que tienen poder»: mediante esa lógica, la invitación de Black a eliminar y destruir la pintura de Schutz no se puede llamar propiamente «censuradora» salvo en su intención. (En cierto momento, Durant utilizó esta distinción para explicar por qué no le parecía que la destrucción de *Cadalso* supusiera someterse a censura, aunque desde entonces ha revisado la cuestión de manera más matizada.)[22] Pero nosotros probablemente no tenemos por qué coincidir en si algo se puede calificar técnicamente de «censura» para pensar de manera crítica sobre nuestras tácticas, hábitos e hipótesis sobre el poder. El poder cambia de forma y se desplaza, como sabe casi todo activista, y hay un largo trecho entre reivindicar el poder y poseerlo. Abandonar una idea calcificada de qué es el poder, dónde está y cómo se mueve puede ser algo crucial a la hora de instigar su redistribución; reconocer y sentir el poder que tenemos –por no mencionar y analizar nuestra propia voluntad de poder–, nos invita a investigar lo que queremos hacer, o lo que ya estamos haciendo, con él. Afirmar que bien está lo que bien acaba cuando las instituciones se niegan a ceder a nuestras demandas (por ejemplo, la universidad no despide al profesor, el museo no quita el cuadro, el editor no saca el libro de su catálogo) no me parece un buen plan para ganar.

En cuanto a la autocensura, es notoriamente difícil de medir: se pueden recopilar anécdotas y empaparse del ambiente, pero las decisiones artísticas individuales siguen siendo, en su mayor parte, cosas del siempre incognoscible corazón humano, al que ni siquiera nosotros mismos tenemos pleno acceso. Además, nos autocensuramos constantemente, a menudo con un efecto social, personal, incluso estético, profundamente beneficioso (en la escritura, incluso se podría denominar «edición»). Algunos ven en ciertas formas de autocensura una prueba de cambios saludables que han afectado a las normas (como en los nuevos criterios de aceptabilidad del discurso intolerante cara a cara); algunos incluso se sienten consolados por su presencia, en el sentido de que la ven como un signo de que cierta medida de libertad sigue operativa (la gente suele animarse, por ejemplo, cuando oye que un joven escritor becado o Sam Durant han tomado la decisión de retirar un libro de la publicación o hacer que se destruya una escultura, en lugar de ver cómo la institución encargada de representar la obra sucumbe a la presión externa). Bill Donohue, de la Liga Católica, cuyo objetivo es que los artistas lo pasen tan mal que acaben optando por autocensurar cualquier obra potencialmente blasfema antes de crearla, llega al extremo de calificar la autocensura de «amiga de la libertad». Por el contrario, algunos ven en el aumento de la autocensura la señal del triunfo de un tipo más insidioso de falta de libertad («Pero no pasaba nada, todo iba bien, la lucha había terminado. Se había vencido a sí mismo. Amaba al Gran Hermano»).

A raíz de la controversia sobre *Cadalso,* la Asociación Nacional Contra la Censura (NCAC) criticó las acciones de Walker de la siguiente manera:

Mientras que regular nuestra propia manera de hablar para no ofender a los demás podría ser algo bueno, la retórica de la ofensa también se ha utilizado como justificación para amenazar a instituciones con violencia física o con pérdida de financiación, lo que ha desencadenado una especie de autocensura que pone en peligro la vida cultural del país. [...] Las instituciones culturales y los artistas necesitan con urgencia desarrollar formas creativas que respondan a tales críticas y controversias e involucren de manera productiva a las diversas comunidades, y tomarse en serio su responsabilidad hacia las obras de arte que tienen a su cuidado. Sin apoyo institucional activo para su obra, los artistas –que a veces se enfrentan a una presión extrema en las redes sociales, ataques personales e incluso amenazas físicas– pueden acabar considerando que no tienen muchas más opciones que consentir la destrucción de su trabajo, comprometerse a evitar ciertos temas en su arte (autocensura), e incluso renunciar a sus derechos de propiedad intelectual.

Durant ha rechazado la idea de que no tenía «más remedio» que aceptar las exigencias de los que protestaron; arrojar dudas sobre su voluntad supondría acusarlo de falsa conciencia, algo que no acostumbro a hacer. De hecho, leí la historia del compromiso de Durant con la gente de Dakota como un relato doloroso pero en última instancia estimulante sobre las posibilidades de protesta, diálogo y resolución. Pero también parece una tontería no reconocer, como hace aquí la NCAC, que el entorno actual es capaz de someter a formas novedosas de intensa presión, a veces amenazante, a individuos y artistas: una presión que aún no hemos analizado ni abordado del todo pero que sin duda nos afecta a todos.

No nos equivocamos al afirmar que tal presión palidece en comparación con las prácticas presentes y pretéritas de discriminación, exclusión y represión gubernamental; por eso no voy a dejar caer palabras como «totalitario» para describirla. Como dice Masha Gessen: «La ideología totalitaria tenía detrás el poder del Estado. Quienes imponían la ideología totalitaria –ya fueran miembros del Comité Central, líderes del Sindicato de Escritores, o los distribuidores de carteles de escaparates– tenían detrás el poder de las instituciones del Estado. Quienes se manifiestan por las calles de ciudades de los Estados Unidos y los periodistas que los apoyan no cuentan con el respaldo del poder estatal o institucional, sino todo lo contrario: en todos los casos, se enfrentan a él.» Al mismo tiempo, centrarse exclusivamente en los peligros del poder estatal corre el riesgo de eludir o minimizar los desafíos particulares de nuestros tiempos, que incluyen una privatización metastatizada de la llamada esfera pública, en la que cada vez más elementos de nuestras vidas están conformados por fuerzas no gubernamentales, entre ellas las fuerzas corporativas; también subestima la importancia que tienen otras esferas además de la política –como la social, la privada, la afectiva y la espiritual– a la hora de afectar a nuestra experiencia comunitaria y vital.

Si las estimaciones que se llevan a cabo hoy en día en el

mundo artístico referentes al racismo estructural, la desigualdad de oportunidades, la filantropía tóxica, el lavado artístico de la gentrificación, las relaciones comunitarias, la restitución y la desinversión son tan completas y transformadoras como debería, mucha gente va a sentirse –y estar– molesta y desplazada. Y es normal. Mi esperanza es que podamos emprender dichas estimaciones al tiempo que recordamos que vamos a ver arte –o, al menos, muchos de nosotros vamos a verlo en algún momento– precisamente para *escapar* de las oposiciones binarias sin salida de me gusta/no me gusta, denuncia/coronación –lo que Sedgwick ha llamado la «retórica del perro bueno/perro malo de la escuela de la obediencia para cachorros»–: todo está demasiado disponible en otra parte. Muchos de los artistas que más me importan han tenido problemas con la ley, y no siempre por razones éticamente sólidas. (Por cada Thoreau hay un Marqués de Sade, por cada Hughes hay un Cleaver, por cada Goldman hay una Solanas.) Muchos de los artistas y los pensadores a los que he recurrido en estas páginas han experimentado alguna humillación; de hecho, este libro me ha llevado tanto tiempo que algunos han pasado de su fase de humillación a la categoría de «personaje problemático», un término que desprecio. Lo desprecio porque supone que hay seres humanos que son o podrían ser «no problemáticos», lo que, imagino, significa que nada de lo que han dicho, creído, experimentado o hecho puede molestar a nadie, algo que va en contra de casi todo lo que sé sobre lo que hay que tener para pensar en serio, crear arte de verdad o ser un ser humano complicado. Este enfoque refleja la lógica de «idealizar, degradar, descartar» que caracteriza una comprensión narcisista de otros seres humanos, que en la práctica significa no comprenderlos. La idea de que si pudiéramos hacerles unos arreglos a algunas personas –recortar un poco de alcoholismo aquí, un poco de pedofilia allá (o de machismo, transfobia o trastorno de personalidad o lo que sea)–, podríamos reanudar el culto a la personalidad que les profesamos, me parece ridícula, cruel, incluso. Ciertamente, tiene poco que ver con la ideología de la justicia reparadora, una ideología de la que toma elementos generosamente sin el correspondiente compromiso con sus principios fundamentales.[23]

El mito del artista proscrito (o el director de cine megalómano, o el novelista incorregiblemente cachondo, o lo que sea) ya no debería seguir sirviendo como excusa para un comportamiento inaceptable, ya que se ha abusado de ello. Al mismo tiempo, es ingenuo e injusto esperar que los artistas y escritores tengan especial acceso a los aspectos más intensos, extremos o dolorosos de la vida, y luego hacernos los sorprendidos o escandalizados cuando resulta que se relacionan con aquellas cosas que exceden la contemplación abstracta o la simple crítica. Afortunadamente, actuar como si el mundo se dividiera nítidamente (o como si nuestra tarea fuera dividirlo) en personas problemáticas, éticamente turbulentas, esencialmente peligrosas que deberían quedarse «allá», y otras no problemáticas, personas éticamente buenas y esencialmente prudentes a las que se les debería permitir quedarse «aquí», no es nuestra única opción. Después de todo, lo que acabo de describir es una prisión.

Libertad y diversión

Lo que está en juego al enfrentar desinhibición y libertad con inhibición y deber va mucho más allá del mundo del arte. Mientras escribo estas páginas, la derecha alternativa está librando lo que Wendy Brown ha descrito como una «brillante [...] campaña» para asociar «sentimientos antiigualitarios, antiinmigrantes y antirresponsabilidad con libertad y diversión», mientras que califican el «compromiso izquierdista y liberal de represivo, regulador, tristón y policial». Esta campaña seduce a sus futuros conversos con la promesa de liberarlos de responsabilidades de todo tipo, ya tengan que ver con «uno mismo, los demás, el mundo, un pacto social con los demás, un pacto social con el futuro, y todo ello en nombre de cierto tipo de desinhibición política y social». La advertencia de Brown —que se ha vuelto más acuciante durante el tiempo que he dedicado a escribir este libro— es que la fusión de esta «libertad y diversión» libidinal con un «nuevo estatalismo autoritario» tiene una velocidad y un poder formidables, con una capacidad particular para atraer a «los jóvenes, los inmaduros, los imprudentes y los ofendidos». Esta fusión, dice Brown, nos sumerge en «un problema más profundo de lo que creíamos», y requiere que «dediquemos muchas horas a pensar qué estrategias podrían contrarrestarlo con más éxito».[24]

Una de esas estrategias ha sido trasladar la carga libidinal de agresión desatada a la resistencia, que se protege del traspié ético con la convicción de que el insulto, el troleo e incluso la agresión física no provocada son fuentes justificables de «libertad y diversión» siempre que vayan de los vulnerables a los poderosos.[25] Observar que este enfoque puede conducir a comportamientos que reflejan esa crueldad desinhibida que ha llegado a ser conocido como trumpismo no es necesariamente comprometerse con una «falsa objetividad», como algunos sin duda argumentarían. Es observar que el problema de disfrutar arrojando vitriolo o agresividad sobre aquellos a quienes hemos considerado el objeto apropiado de nuestras quejas (a menudo legítimas) es algo que puede acabar afectándonos a todos, y cada uno ha de responder por ello.

Otra estrategia ha sido adoptar el papel del «aguafiestas», según la concepción de Sara Ahmed de que «ser una aguafiestas [...] puede ser un proyecto para construir el mundo». Para Ahmed y otros, ser un aguafiestas significa reconocer que hay muchas cosas en este mundo por las que sentirse justificadamente infeliz, y que llamar la atención de otros sobre esas cosas injustas e infelices supone correr el riesgo de hacer que ellos también se sientan infelices (lo que, a su vez, tiende a convertir al mensajero en el objeto apropiado de nuestras quejas, si no lo era ya, simplemente en virtud de su presencia). El aguafiestas de Ahmed se resiste desafiante a la exigencia de ser feliz, especialmente si esa felicidad se basa en la supresión de la infelicidad de los otros, hasta el punto de incluir su subyugación.[26]

Aguar la fiesta puede ser una etapa importante en el camino para descubrir cómo fomentar formas de bienestar más justas y compartidas; si se lleva a cabo con humor y creatividad, incluso puede ser divertido (como en el proyecto de arte inmersivo *KillJoy's Kastle,* una casa embrujada feminista lesbiana creada por las artistas Allyson Mitchell y Deirdre Logue que «devuelve a la vida teorías "muertas", ideas, movimientos y estereotipos con un estilo queer» en forma de «Abuelas Vampíricas Poliamorosas», «Cantantes de Folk Zombis», «Disturbios de Demonios Necrófagos» y «profesoras de estudios de la mujer dementes»).[27] Pero simplemente todavía hay demasiadas cosas que ignoro (y quiero saber a toda costa) sobre los placeres no forcluidos, la sociabilidad no subordinada y la compasión radical como para pasarme el tiempo venerando la retórica del aguafiestas o el quejica, pues con demasiada frecuencia tal veneración acaba sucumbiendo a una «especie de distorsionada alienación comunitaria en la que las personas están unidas no por la sangre ni por un lenguaje común, sino por los malos sentimientos por los que compiten», como lo ha expresado Moten. Esta situación tiende a producir, como dice él mismo, una gran cantidad de personas que pasan «mucho tiempo pensando en cosas que no quieren hacer, en cosas que no quieren ser, en lugar de comenzar por lo que quieren y ponerlo en práctica».

Durante mucho tiempo el arte ha sido un lugar en el que la gente ponía en práctica lo que quería y pensaba en lo que quería pensar. Durante mucho tiempo ha sido un lugar en el que participar en experimentos extremos de final abierto con la extravagancia, la sátira, el desafío, el tabú, la belleza y el absurdo, en el que dar espacio a gestos e impulsos anárquicos que de otro modo podrían destrozar (para bien o para mal) las normas o el tejido sociales. Durante mucho tiempo ha sido un sitio de libertad y diversión que nunca –o casi nunca– recurría a la intimidación, la amenaza o el acoso.[28] Como ha dicho Dawn Lundy Martin sobre el trabajo de Kara Walker: también puede ser «un exorcismo [...] una purga de los demonios culturales», un marco para contemplar o biselar lo que es simplemente incontemplable en otra parte. A algunos nos ofrece magia, una magia difícil de encontrar en otro lugar, y que puede hacer que la vida nos parezca más digna de ser vivida. Para aquellos que tacharían dicha caracterización de encantamiento sentimental, o que van a ver el arte como otro concepto más en bancarrota o un afluente dañino del capital, no tengo ninguna refutación, salvo el recordatorio de que también puede ser otras cosas, cosas que a algunos nos importan tanto o más que los frutos de la desmitificación.

Cuidados estéticos

El paso a un lenguaje del deber y los cuidados en el ámbito del arte refleja la convicción de que todas las formas de relación humana, incluido el arte, pueden y deben juzgarse con el criterio utilitario de si ayudan a hacer la vida «más humana y vivible para todos», como dijo Susan Sontag en «Sobre el estilo». Sontag no compartía esta convicción. Aquí está el párrafo más relevante: «la moral, a diferencia del arte, se justifica en última instancia por su utilidad: porque consigue, o se supone que consigue, una vida más humana y habitable para todos nosotros. Pero la conciencia –lo que solía llamarse, de manera bastante tendenciosa, la facultad de la contemplación– puede ser, y es, más amplia y variada que la acción».

He vuelto a este ensayo muchas veces, y siempre he encontrado algo nuevo; la frase que me llama la atención hoy es «más amplia y variada que la acción». Cuidar, reparar, hacer la vida más habitable y humana para todos nosotros: todas estas cosas son de la mayor importancia (también lo eran para Sontag). Pero, para bien o para mal, no lo son todo. Para muchos –tal vez incluso para casi todos– la vida es algo más amplio, más habitable, «más amplia y más variada», cuando *no* se reduce a un largo episodio de cuidados o reparación. Nos gusta más cuando tiene más textura, más espacio para diferentes tipos de actividades, compulsiones y placeres, incluso aquellos sin valor de uso aparente. A pesar de las frecuentes y fervientes afirmaciones en sentido contrario, tal expansividad no es competencia ni aspiración exclusiva de los privilegiados.[29] De hecho, muchos artistas de los llamados grupos marginales finalmente descubren que una de sus batallas más arduas no es conseguir el derecho a realizar un trabajo que aborde de manera reparadora «las realidades bárbaras de la violencia racial y de género en la que se basan nuestras vidas», que Hannah Black nombra como el objetivo más valioso del arte, sino la posibilidad de que los escuchen, los vean o los tomen en serio cuando decidan abordar casi cualquier cosa (vivo con un artista que libra esta batalla a diario, y la encuentra sumamente deshumanizadora).

Una de las ironías de aplicar al arte un criterio utilitario es que se hace eco de la propia fijación del capitalismo por los resultados cuantificables, en cuyo caso celebrar el arte por sus aspectos no utilitarios, por esa «nada» que hace que suceda, puede ser un medio de llamar la atención hacia la presencia de un esquema diferente de valores, un modo de ser diferente. «Dada la cantidad de cosas malas que suceden», escribe Wayne Koestenbaum, tomando como modelo a Oscar Wilde, «¿no sería mejor que no pasara nada? La poesía que hace que no suceda nada hace que eso suceda. Impide la violencia de gran parte de lo que constituye el "acontecer", que es la destrucción.» Sontag expone un argumento similar en *Ante el dolor de los demás,* cuando escribe: «No hay nada malo en tomar distancia y pensar. Parafraseando a los sabios: "Nadie puede pensar y golpear a alguien al mismo tiempo."» Puede que tales ideas frustren a los críticos que pretenden que el arte represente nuevos contrapúblicos o formas de cuidado comunitario; también pueden disgustar a los artistas que consideran que su arte es una forma de activismo. Pero no deberían. Que el arte *pueda* ser reparador no es lo mismo que decir que *debe serlo* para tener algún valor. Además, las así llamadas obras reparadoras actúan de manera inescrutable: no sería una interpretación demasiado forzada, por ejemplo, considerar el «alimento de la conciencia» de Sontag un efecto reparador;[30] llegados a cierto punto, qué es reparador y qué no se convierte en una cuestión semántica, un juego en el que participamos solo cuando consideramos que el arte (o cierto arte) necesita justificación.

Los cuidados estéticos –en los que uno centra su atención, digamos, en mil cuadrados de grafito, y no, al menos por el momento, en cuidar directamente a otros, ni tampoco en la cuestión de si fijarse en mil cuadrados de grafito tiene o podría tener alguna relación con el cuidado de los demás– son una fuente de textura y amplitud. La devaluación del cuidado estético hace mucho que va de la mano con el diagnóstico y el rechazo de algo denominado a veces «el arte por el arte» o «formalismo» (una historia que Black cita en su carta cuando invoca el «formalismo vacío», un término despectivo activado por filósofos que van desde Hegel hasta la Escuela de Frankfurt). Pero el formalismo no alcanza su plenitud cuando los artistas comparten las mismas motivaciones o preocupaciones, ni es algo vacío cuando difieren. Los artistas tampoco tienen que partir de las mismas cuestiones fundacionales para que su trabajo tenga valor. (Véase Mike Kelley: «Me dedico al arte para transmitirles mis problemas a otros.»)

La ironía del resurgir de este moralismo politizado, en el que el formalismo una vez más desempeña un papel negativo, es que las últimas décadas han presenciado una eclosión de arte y crítica que finalmente parece alejarse de los cansinos binomios de forma/contenido, abstracción/figuración, el arte como objeto apolítico autónomo/el arte como arma política, el arte como subversión/el arte como reinscripción hegemónica, que lleva ya casi un siglo dominando el discurso.[31] Estoy pensando, por ejemplo, en las recientes revisiones del formalismo, la abstracción y el conceptualismo a través de la mirada del queer y la negritud, ya sea a través del «formalismo queer» o de los abiertos compromisos comisariales con la negritud y la abstracción, como los emprendidos por Glenn Ligon y Adrienne Edwards.[32] La teoría y la práctica de la «abstracción social» del artista Mark Bradford (que él describe como arte abstracto «con un contexto social o político aferrado a los bordes») resultan aquí pertinentes, al igual que la teorización de un formalismo queer que no se presenta purgado del hombre del saco de la política de identidad ni en oposición a él.[33]

Sillman –una feminista queer que ha dedicado casi toda su carrera a la pintura abstracta– expresa esta noción de la siguiente manera: «Lo que sería mucho más interesante que una fuerte oposición a la política identitaria sería una política identitaria más interesante, la formulación de más preguntas sobre la experiencia real y las percepciones de los demás, examinar de una manera más matizada las subjetividades, la *cultura local*.» Su comentario nos trae a la memoria la famosa observación de Aimé Césaire, en una carta de 1956: «No me voy a limitar a un particularismo estrecho. Pero tampoco pretendo perderme en un universalismo incorpóreo. [...] Tengo una idea diferente de lo que es un universal. Es un universal con toda la riqueza de lo particular, con la riqueza de todas las particularidades, que profundiza en cada particular, que es la coexistencia de todos ellos».

En ese mismo artículo, Sillman describe su empleo en el programa de máster del Bard College, y explica que inicialmente fue contratada como un gesto de discriminación positiva para que hubiera más mujeres en el personal docente, y que tras años de esa política de contratación, en Bard se ha dado un cambio radical en la cultura de género: «Hemos abandonado la casilla uno, las meras cuotas y los hechos simbólicos, hemos puesto los cimientos para pasar a un diálogo más interesante, más complicado. La política identitaria no nos ha mantenido a todos separados unos de otros en unidades separadas que solo miran para sí, sino que se ha permitido el lujo de combinar las cuestiones de género junto con todas las demás cosas que nos interesan, como la forma, el color, la historia, la memoria, el afecto, el significado, la visualidad, etc.» A muchos –incluyendo a muchos de los así llamados formalistas– les ha costado comprender que una forma de garantizar que cosas como «la forma, el color, la historia, la memoria, el afecto, el significado, la visualidad, etc.» *no* se discutan de una manera interesante es seguir oponiéndolas rígidamente al «contenido» (es decir, a «la política» o a «la política identitaria» o lo que sea) y mantener una reaccionaria resistencia a este último, cosa que acaba impidiendo que nos enfrentemos a la diferencia y nos mantiene estancados para siempre en la casilla uno de la que hablaba Sillman. A menudo es fructífero abordar esta confusión de cara (como en la obra coreográfica de 2019 de Miguel Gutierrez *This Bridge Called My Ass,* en la que Gutierrez combate «la percepción de que los artistas de color están siempre haciendo obras de contenido [es decir, lidiando con la política identitaria] y los artistas blancos solo se dedican a la forma y a la línea», o la propia práctica de Sillman de dejar fanzines cómicos y politizados en galerías que muestran sus pinturas abstractas).

Colocar de manera forzada toda obra abstracta (o cualquier tipo de obra, en realidad) bajo la lente de la así llamada política identitaria puede ser asfixiante. Pero, como sugiere el acertijo del título del libro de Darby English *How to See a Work of Art in Total Darkness* (Cómo ver una obra de arte en la oscuridad total), sigue siendo un desafío desprenderse de las habituales reacciones predecibles, reduccionistas e identitarias (como las de quienes considerarían, dice English, todo el arte abstracto producido por artistas negros como «la articulación críptica del feroz orgullo racial que espera que la descifren») sin cosificar simultáneamente la idea de que solo con que pudiéramos *superar* todas estas irritantes diferencias de destino y posición social se nos revelarían los *verdaderos* temas del arte, especialmente cuando esta última mentalidad corre el riesgo de reafirmar, una vez más, la jerarquía obsoleta en la que lo universal domina sobre lo particular, lo abstracto sobre lo figurativo, el resplandeciente blanco sobre lo multicolor. El truco consiste en encontrar maneras imprevistas de rechazar los términos, de poner patas arriba el juego, de no olvidarnos de la frase de Césaire: «un universal con toda la riqueza de lo particular, con la riqueza de todas las particularidades, que profundiza en cada particular, que es la coexistencia de todos ellos».

Coaccionado y ofrecido libremente

Unos años antes de la invitación al debate sobre la «estética de los cuidados», me pidieron que participara en un debate diferente, este sobre escritoras, que sí se llevó a cabo. A las participantes se les pidió que respondieran a dos preguntas. La primera fue: «¿Pueden las escritoras influir en el imaginario social de una manera que transforme positivamente nuestra organización psicosexual?» Claro, pensé (aun cuando suspiré por dentro ante esa interminable ansia de utilidad o positividad; no me hagáis hablar sobre cómo podría organizarse la propia vida psicosexual). La segunda era: «¿Están obligadas a hacerlo, o no es más que otra versión del instinto maternal que condiciona a las mujeres?» Claro que no, me dije.

En ese momento, rechacé la parte de la pregunta «¿o no es más que otra versión del instinto maternal?», ya que me parecía un aclaración innecesaria y estereotipada del concepto de obligación. Años más tarde, sin embargo, todavía, o de nuevo, la cuestión me ronda por la cabeza. Esto se debe en parte a que desde entonces he sido madre; también tiene que ver con el maremoto del trabajo teórico y filosófico reciente, que pone en primer plano cuestiones de deuda, interdependencia y obligación, algunas de las cuales se pueden remontar a Levinas, quien, como dice Simon Critchley, «realiza la afirmación extrema de que mi relación con el otro no es una benevolencia benigna, un cuidado compasivo o un respeto por la autonomía del otro, sino la obsesiva experiencia de una responsabilidad que me persigue con su peso. [...] En resumen, el sujeto ético de Levinas es un neurótico traumático».

Nunca deja de asombrarme, al leer una y otra vez acerca de esta figura neurótica, explícitamente compleja, cuya responsabilidad por cuidar de los demás desplaza la primacía del yo, descubrir que la mayoría de estas explicaciones o bien ignoran lo maternal, que ha sido literalmente el repositorio de dichas explicaciones durante milenios, o bien lo transmutan convirtiéndolo en metáfora. La propia descripción de Levinas de lo que es la responsabilidad ética lo representa *«como* un cuerpo maternal [...] que soporta al Otro sin integrarlo en el mismo» (la cursiva es mía).[34] El ensayo de Verwoert «Exhaustion and Exuberance» (Agotamiento y exuberancia) realiza el mismo movimiento, como cuando el autor describe una política basada en «un endeudamiento con el otro» utilizando como ejemplo una cita de la artista Annika Eriksson, quien observa que «como madre (cuando tu hijo te necesita), "no existe el no"».

Estoy escribiendo todo esto con el móvil justo al lado del teclado, para que si mi hijo vuelve a tener fiebre –como ayer– lo pueda dejar todo e ir a buscarlo. Si llama, por supuesto que no le diré que no, lo que me lleva a preguntarme: ¿a quién se le dice, se le ha dicho, históricamente que no, y a quién le resulta tan radical la introducción del concepto? (Escribí esa frase años antes de la pandemia; ahora llevo meses con él a mi lado, a veces en el regazo, mientras trato de escribir.) En una nación dedicada a endeudar y sobrecargar de trabajo a su población, que destruye los servicios y los vínculos sociales, desafío a cualquiera a encontrar una madre –sobre todo una madre pobre, hasta arriba de trabajo y no blanca– que contemple la idea de «deuda infinita», o que vea el desplazamiento de la primacía de sí misma como una «experiencia obsesiva de una responsabilidad que [la] persigue con su puro peso».

Dada la represión general, la valoración acrítica o la falta de teorización de lo maternal, le reconozco el mérito a Moten por su comentario, en una entrevista al final de *Los abajocomunes*, de que «cuánto nos debemos el uno al otro es algo incalculable. No se puede calcular. Ni siquiera funciona de esa manera. De hecho, es algo tan radical que probablemente desestabiliza la propia forma o idea social de "el uno al otro". Pero a eso nos está llevando Édouard Glissant cuando habla de lo que es "no aceptar ser un solo ser". Y si piensas en ello, es una especie de relación filial y esencialmente maternal. Cuando digo "maternal", lo que estoy insinuando es la posibilidad de una socialización general de lo maternal». También veo esa posibilidad, y en muchos aspectos espero que ocurra (si por «socialización» Moten se refiere a una redistribución de las cargas y vínculos que hasta ahora se han alojado en lo maternal). Esta redistribución es, de hecho, el sentido de todas estas analogías, que significa recalcar que los cuidados y la responsabilidad pueden y deben circular aparte del cuerpo materno, y también aparte de los lazos biológicos (de ahí que sea el «Otro»).

El problema de esta analogía es que perpetúa una larga tradición que utiliza lo maternal como modelo idealizado para la prestación desinteresada de cuidados sin competir con la experiencia de las propias madres reales, que complican el panorama al tener sus propias necesidades, por no hablar de comprender la prestación de cuidados como algo relacionado histórica y psíquicamente con la desintegración, el fracaso, la inequidad y la coacción. Poner en entredicho el uso de la madre como modelo de prestación de cuidados desinteresado y aprioristicamente obligatorio significa afrontar las repercusiones psicológicas y políticas de haber feminizado esta labor durante miles de años, así como la frustración que tal modelo ha producido en aquellas que supuestamente lo encarnaban felizmente.

Si «no aceptar ser un solo ser» es esencial o analógicamente una relación maternal, vale la pena situar esta observación al lado de la advertencia de Jacqueline Rose, en *Madres: un ensayo sobre la crueldad y el amor*, de que «nunca debemos subestimar el sadismo que pueden generar las madres». Esta dinámica se deriva en parte de sobrecargar la función maternal con un lastre de amor y cuidado de los demás abnegado, ilimitado, incondicional, sin reservas ni resentimientos, dentro de unos sistemas que hacen que resulte una empresa difícil o imposible, ya sea desde el punto de vista sociopolítico, económico, psíquico, o todos ellos. Obviamente, esto es una trampa, por lo que Rose escribe: «Las madres siempre fracasan. [...] Este fracaso no debe considerarse catastrófico, sino normal». Cada día como madre es un recordatorio grande y pequeño del omnipresente espectro de tus carencias. Por ejemplo, hoy abro mi correo electrónico y encuentro un mensaje de una periodista francesa que me entrevistó hace una semana; dice que tiene solo una pregunta más, que resulta ser: «¿Dijo que recogía a su hijo en la escuela todos los días, o solo algunos días?» Solo puedo especular acerca de a qué obedece esa pregunta, pero la esencia parece bastante clara: el cuidado estético o intelectual de una madre siempre debe verse acechado por el espectro de que su cuidado no es lo bastante bueno para su hijo, una insinuación que, apenas necesito señalar, no se le plantea regularmente al padre-artista o escritor, a quien le basta ir a buscarlo una vez por semana al cole para despertar una orgía de encomio.[35]

Creo que me hago una idea bastante clara de lo que la periodista quería que dijera. Aun así, decidí no responder. Tranquilizar a alguien diciéndole que las madres pueden «hacerlo todo» me permitiría el asombroso privilegio de ocultar las insoportables cargas que muchas tienen que soportar en su intento de construir una vida digna; eso también ofendería a la inevitabilidad del conflicto y el fracaso materno. Una de las lecciones de este conflicto y fracaso es que, aunque proporcionar (o buscar) cuidados puede hacer que te sientas mejor —es algo más placentero, más gratificante, tal vez incluso más moral— cuando te parece (o realmente es así) que lo haces sin coacción, cuando se trata de que te cuiden, la distinción entre lo obligatorio y lo voluntario es a menudo mucho menos clara de lo que esperamos o deseamos.

La irrupción de estos temas en el ámbito del arte a través de la valoración acrítica del cuidado sin duda contribuyó a mi «puaj», en la medida en que se arriesga a sugerir que el arte –un mundo en el que se ha permitido entrar a las mujeres hace prácticamente un segundo en la historia de la humanidad– ha de convertirse en otro lugar donde las mujeres deben lidiar con un deber maternalizado y ya feminizado de cuidar y reparar, a riesgo de ser acusadas de imitar formas masculinistas y tóxicas de libertad cuando insisten en buscar vías de expresión y devoción «más amplias y diversas». Mi «puaj» era infantil porque soy una madre que también es hija de alguien, lo que significa que estoy familiarizada con los placeres y las dificultades de querer y necesitar dedicarme por completo a las necesidades de otro, al tiempo que también quiero y necesito diferenciar y reafirmar las mías. Eso significa que estoy familiarizada con la ira, el miedo y la angustia que siente un niño cuando se da cuenta de que nadie –ni siquiera una madre perfecta– puede protegerle del sufrimiento, y con la ira, el miedo y la angustia de una madre cuando se enfrenta a ese mismo hecho desde el otro lado. (Por eso las pinturas de *Shit Moms* de Madani son tan novedosas y geniales, pues, por primera vez en la historia de la pintura, las «mamás de mierda» –mamás hechas de mierda, aunque sea mierda representada en un cuadro, y también «mamás de mierda», mamás malas– disponen de mucho espacio donde moverse.)

Soportar la situación anterior no es opcional. Introducir una versión inédita en el ámbito del arte sí lo es. Perseverar en la fantasía de que, de haber sido los cuidados lo bastante buenos (del artista, del comisario, del museo, de la universidad, del profesor, etc.), no nos habríamos visto expuestos a algo malo y ahora no estaríamos sufriendo (o al menos estaríamos sufriendo menos) no es un modelo exacto, fructífero ni justo. En el peor de los casos, se arriesga a activar el sadismo punitivo que, en lo maternal, siempre espera entre bastidores.[36] También se corre el riesgo de reducir los cuidados a dar, proteger y reparar, en lugar de tratarlos como una negociación de necesidades que implica asumir que el otro tiene fuerza, resistir la tentación de proporcionar todas las respuestas, el fracaso y la decepción inevitables, tener en cuenta que nuestro deseo por los demás puede colisionar con lo que esos otros quieren para sí mismos, y dejar espacio para el dolor, la individualización y el conflicto sin desmoronarnos, o sin perder la convicción subyacente de que existen el compañerismo y el amor.

Al final de su crucial ensayo «The Belly of the World: A Note on Black Women's Labor» (El vientre del mundo: Nota sobre el trabajo de la mujer negra), Saidiya Hartman describe los cuidados brindados por las mujeres negras procedentes de la esclavitud a la falsa emancipación del trabajo asalariado como «coaccionado y ofrecido libremente». Esta paradoja poética significa reconocer cuántos cuidados se han extraído de las mujeres negras a su costa, y cuántos han seguido dando, a pesar de: «Las formas de cuidado, intimidad, y sustento explotadas por el capitalismo racial, que, sobre todo, no son reducibles ni se agotan en él.» Hartman deja claro que esta paradoja es específica del trabajo sexual y doméstico de las mujeres negras, y no puede asimilarse al léxico de lo político, ni siquiera al de la mujer trabajadora negra. Sin embargo, los gestos «coaccionados y ofrecidos libremente» apuntan a una dinámica más amplia sobre el cuidado que merece nuestra atención.

Los cuidados y la coacción a menudo existen en un nudo, y separarlos nunca es simple, a veces ni siquiera posible. Eso no significa que no debamos trabajar para reducir los elementos de coacción; esa es la labor de abolición en curso, así como la de la socialización de lo maternal. Pero puesto que los aspectos de esta paradoja nunca nos abandonarán, se intensificarán con la idea común –a menudo izquierdista– de que nuestra salvación reside en liberarnos de las sombrías garras de la necesidad, y de que no basta con ascender a los luminosos espacios de la libertad, ni tampoco con simplemente exaltar la necesidad, los cuidados y la obligación en lugar de la libertad.[37] Lo primero evoca un esquema demasiado conocido en el que la autonomía y la independencia se valoran por encima de la confianza, el servicio y la debilidad; lo segundo abre la puerta a todo tipo de demandas poco realistas y disfuncionales que nos hacemos a nosotros y a los demás, lo que nos lleva a un territorio sin alegría que va desde la codependencia hasta una vergonzante servidumbre.

La compulsión interna que impulsa a algunas personas a dedicarse al arte obviamente se diferencia de la exigencia externa que nos hace trabajar para ganarnos el pan; eso era todo lo que quería decir Marx al distinguir «el reino de la libertad» del «reino de la necesidad», y asignar el trabajo no alienado al primero y el trabajo explotador al último. Sin duda esta fue la distinción en que se basó Berardi y que molestó tanto a Sillman por su veneración de «no trabajar» (aunque apuesto a que Sillman estaría de acuerdo en que «permanecer levantado hasta las tantas [...] esforzándote en pintar un óleo "mejor"» es distinto –y preferible– a hacer turno doble en el súper; es lo que insinúa cuando ella llama a la pintura «trabajo no alienado, pues no es una mercancía, precisamente»).[38] Y, sin embargo, las ganas de vomitar de Sillman ante tales distinciones no me parecen únicamente una equivocación. También oigo en ellas una resistencia a las certidumbres de la clasificación, una insistencia en el hecho de que, cuando practicamos el arte (como cuando somos madres), a menudo no sabemos qué estamos haciendo. Nunca podemos estar realmente seguros de si se trata de necesidad, ocio, compulsión, transacción, libertad o sumisión, probablemente porque puede ser todas estas cosas a la vez, o por turnos. La propia dificultad de Sillman para describirlo («¿Qué estamos haciendo? Todavía puedo denominarlo buscar esa cosa frágil que es la incomodidad») sirve como feliz recordatorio de que, muy a menudo, estamos en la mierda, como en la descripción de crear arte que hace Sillman: «una forma de revolver el mundo, igual que tu sistema digestivo revuelve los alimentos». Esta agitación no necesita que la obliguen a ser emancipación, reparación u obligación. Puede ser una señal de que estamos, o alguna vez estuvimos, vivos.

2. LA BALADA DEL OPTIMISMO SEXUAL

LA HISTORIA QUE NOS CUENTAN – LIBERTAD DE + LIBER-
TAD PARA – BRILLANTE Y VALIENTE – HABITACIONES OS-
CURAS – LECCIONES QUEER – SIEMPRE ALREDEDOR DEL
PODER – MI CUERPO NO TIENE NADA QUE VER CON TU
CUERPO – LAS HISTORIAS VERDADERAS NO EXISTEN – EL
MITO DE LA LIBERTAD – OTRO AHORA

La historia que nos cuentan

Empiezo con el principio de un ensayo titulado «Undoing Sex: Against Sexual Optimism» (Invertir el sexo: contra el optimismo sexual), publicado bajo las siglas C. E. en
2012, cinco años antes de que comenzara lo que se conoce-
ría como el movimiento #MeToo. Empiezo con él porque,
aunque gran parte de la postura de este ensayo no corresponde a lo que yo pienso, expresa algo del estado de ánimo actual:

La historia que nos cuentan:

Estás al borde de la libertad sexual; está aquí y a tu disposición. Solo se te pide que la encuentres o la crees. Si antes éramos feos, puede que ahora seamos hermosos. [...] Estabas traumatizado pero a lo mejor te recuperas, solo tienes
que controlarte. Esto es un trabajo que hay que hacer, pero
es un buen trabajo. Trabaja tu vergüenza, tal vez incluso
lucha contra aquellos que te avergüenzan, y entonces serás
libre. Al final estarás completo y habrás recuperado tu placer natural. El hombre tiene derecho a follar y al orgasmo.

107

Siéntete libre con tu cuerpo para hacer estas cosas porque son buenas. Las feministas y los liberacionistas sexuales lo sabían, y por eso su movimiento ha terminado. *Cosmopolitan* y Oprah lo saben ahora y, por lo tanto, todo el mundo lo sabe. El sexo es bueno y el placer es poderoso, y esta proposición nos salvará del dolor. [...]

Si alguna vez fue algo radical y marginal atribuirle una bondad esencial, o simplemente fácil de obtener, al sexo, ahora es algo básico, institucional. Lejos del dominio de ningún grupo radical, es a la vez una ideología del patriarcado y de la mayoría de sus oponentes, una colección dispar y heterogénea de discursos unidos en un objetivo común. Es el optimismo que de manera insistente y cruel vuelve a nosotros con la labor de follar.

Este optimismo es en contra de lo que me posiciono.

Si la libertad sexual se ha convertido en nada más que en la cruel insistencia de que regresemos a la «labor de follar» —y si este mandato parece emanar de todos, desde los *incels* (célibes involuntarios) hasta Beyoncé, pasando por las queers radicales y las «viejas glorias feministas de la segunda ola, de carmín burdeos y mal maquilladas» (por utilizar una frase reciente de la guerra feminista intergeneracional)—, entiendo por qué podría parecer vital rechazarla. Pero C. E. no solo rechaza la presión de ser sexual. En este caso, oponerse al optimismo sexual significa rechazar también cualquier vínculo entre sexo y liberación, curación, bondad, empoderamiento o política. A esta postura no le importa si este optimismo procede de grupos feministas, queer o heterosexuales/convencionales. El imperativo de *Es necesario aprender a desear la libertad sexual* podría surgir de las páginas de *Cosmopolitan* o del filósofo queer Paul Preciado, y todavía se encontraría con resistencia o rechazo.[1]

El ensayo de C. E. apareció en una revista académica,

pero la historia que cuenta abunda en todas partes. La mayoría de las versiones ofrecen reescrituras sucintas de décadas de variada historia feminista y queer para concluir, al igual que Moira Donegan en una reflexión sobre Andrea Dworkin de 2019, que «el fin de las guerras sexuales no trajo consigo el mundo más liberado que feministas como [Ellen] Willis habían imaginado. En cambio, la matizada postura prosexo defendida por Willis dio paso a una actitud más individualista y conciliadora hacia los derechos de la mujer, una actitud que se centró no en el proyecto de "liberación" de la segunda ola sino en una idea de "empoderamiento" más simple, menos ambiciosa y más favorable al mercado. Con el tiempo, la positividad sexual de la tercera ola se volvió, en su promoción de todos los aspectos de la cultura sexual, tan estridente y desapegada como las feministas antiporno en su condena de las prácticas sexuales del patriarcado». En *Nation*, la periodista JoAnn Wypijewski se hace eco de este argumento, añadiendo la fuerza canibalizadora del capitalismo a la mezcla: «¿Qué pasó con la revolución sexual, aparte de provocar una respuesta violenta? El capitalismo hincó los dientes, absorbió el impulso liberacionista, produjo en masa el sexo, pero en todas partes devaluó la educación, la realidad diversa; y las fuerzas liberacionistas se vieron demasiado asediadas o internamente en desacuerdo para resistirlo. Lo que queda es un simulacro de libertad: por un lado, los símbolos máximos de la sexualidad femenina comercializable protestan contra la cosificación; por otra, legiones de tíos normales abren correos electrónicos que los instan a: "Háztelo más grande, dura más, conviértete en la bestia que ella siempre quiso."»[2]

Hay muchos argumentos válidos a la hora de abordar la respuesta violenta, la asimilación, los límites del empoderamiento individual, y la mercantilización del impulso liberador. Añadámosle el alud de historias del movimiento #Me-

Too que dan testimonio del acoso y la violencia sexual generalizados y continuos, y está claro por qué algunos podrían sentirse obligados a alejarse de la retórica liberadora y dedicarse a detallar lo repugnantes y omnipresentes que son las relaciones de poder (hetero)sexuales, y lamentar la idiotez, aunque sea de buen corazón, de aquellos que mantenían una actitud positiva hacia el sexo y pensaban que habían cambiado cosas, pero que, por una variedad de razones, no lo consiguieron.

Pero esto también es una historia, y apostar demasiado por ella implicaba un coste excesivo. Podría ser que su característica más reveladora no fuera su valor de verdad *per se,* sino la decepción que revela, la sensación de traición o frustración que expresa, el grito primigenio que exclama acerca de las injusticias que todavía nos asolan, la paranoia que exhibe al no querer verse atrapado mientras se aferra al sueño ingenuo de la «libertad sexual» propagado por aquellos que antaño fueron lo bastante tontos como para haber creído en ella, ya sea para sí mismos o para otros. Uno también podría leer esta decepción como algo innato a la propia lógica de la liberación, en la medida en que depositar una fe indebida en los momentos de liberación (sobre todo cuando los experimenta otro, o en algún momento anterior) que tienen que ver con las prácticas actuales de la libertad (que nosotros debemos hacer realidad, aunque sea imperfectamente, en el presente) inevitablemente produce la esperanza frustrada de que alguien, en algún lugar, podría o debería haber promulgado o asegurado nuestra liberación, pero se quedó corto. Tal vez, dice la historia, estamos aún peor por culpa de esos intentos, ya que ahora debemos habitar las ruinas de sus sueños, la desilusión distópica. Este relato puede ser casi religioso en su duelo por un Edén perdido y su búsqueda de alguien a quien culpar. (Puede ser especialmente doloroso cuando surge de sectores feministas, pues brinda todavía otra oportunidad de culpar a nuestras progenitoras por no haber sido lo bastante buenas, o de compadecerlas por haberse visto aplastadas por fuerzas que resultaron ser demasiado poderosas.)

Si el optimismo sexual significa la convicción global de que el sexo, el deseo o el placer es algo esencialmente bueno, esencialmente curativo, esencialmente empoderador, esencialmente político, esencialmente cualquier cosa, yo también lo rechazo. Existen importantes inconvenientes a la hora de conseguir que el sexo resulte básico en cualquier idea política, en parte debido a la naturaleza posiblemente amoral del sexo, en parte porque cualquier cosa planteada como un imperativo inevitablemente invita a rechazarla, y en parte porque el sexo varía en su significado e importancia para cada uno, con una importancia que fluctúa a lo largo de la vida. La afirmación de que el sexo es algo inequívocamente bueno y siempre debemos tener más en nuestra vida es algo que al final acaba estrellándose, de una forma u otra, contra la famosa ocurrencia del teórico queer Leo Bersani: «Os contaré un gran secreto del sexo: a casi nadie le gusta.» Además, aquellos que pensaban que los orgasmotrones reichianos o las orgías queer iban a provocar la muerte del capitalismo o el fascismo siempre han juzgado erróneamente las posibles relaciones entre placer, deseo, capital y poder. (No fue el caso de Gilles Deleuze y Félix Guattari: «La sexualidad está en todas partes», escribieron. «En cómo un burócrata mima sus registros, un juez administra justicia, un empresario hace circular el dinero; en cómo la burguesía se folla al proletariado, etc. [...] Las banderas, las naciones, los ejércitos, los bancos excitan a mucha gente.») Y Dios sabe que el capitalismo tiene un asombroso poder para «absorber el impulso liberacionista», para colocar una «S. A.» en cuanto los primeros leopardos van a beber al templo.

Pero esa es la cosa: nosotros ya lo sabemos, y ha pasado

111

más de cien veces. Nada es de vanguardia para siempre; tienes que seguir moviéndote. Si uno fuera a juzgar la posibilidad de una experiencia emancipadora (o simplemente valiosa) en función de si ciertos elementos de la misma fueron o no neutralizados alguna vez, contaminados, contrarrestados, despojados de su importancia radical, comercializados, comprados y vendidos, la vida entera pasaría sin ninguna sensación de descubrimiento, invención, expansión o escape. La cultura convencional, patrocinada por empresas, producida en serie, siempre se percibirá como un «simulacro de libertad» o una «idea de "empoderamiento" favorable al mercado», porque *es un producto,* y no, me atrevería a decir, el lugar donde se viven casi todas nuestras vidas eróticas reales.

Creo que los que nos precedieron hicieron el trabajo, y que sus victorias fueron reales. (Como dijo Sylvia Rivera en un encuentro de la asociación Latino Gay Men of New York, en un discurso sobre la revuelta de Stonewall, un año antes de su muerte por cirrosis, a los cincuenta años: «Aquella noche estábamos decididos a ser una comunidad libre y liberada, cosa que conseguimos. De hecho, cambiaré el "nosotros": *Vosotros* conseguisteis vuestra liberación, vuestra libertad, a partir de aquella noche. Lo que es yo, no he conseguido una mierda, igual que entonces. Pero sigo luchando, todavía continúo la lucha.») Lo que no lograron –porque nadie puede– es crear un mundo en el que los vivos se hayan librado de las cargas y las bendiciones de ejercer la libertad. Contrariamente a las frívolas proclamas que podemos leer en las páginas de opinión y en el Twitter de todo el país, nuestras opciones no se limitan a elegir de manera definitiva entre una sexualidad feliz y liberada y *El cuento de la criada.* Uno puede y debe aspirar siempre a imponer las condiciones más propicias a la práctica de la libertad, que es, como dice Foucault (y Arendt), una cuestión de *crear espacio,* de aumentar las opciones y disminuir la dominación de manera paulatina. Esto no significa lanzarse en pos de una tierra prometida en la que todas las relaciones de poder y las posibilidades de sufrimiento han desaparecido. Esto es especialmente cierto cuando se trata de sexo, en el sentido de que nuestras motivaciones sexuales no siempre se basan en una búsqueda de placer o bienestar. El sexo también puede implicar enfrentarse a la dificultad y lidiar con el dolor, como ha dicho la escritora Katherine Angel. Dejar de insistir en que el sexo más satisfactorio o ético *nos aleja* incontrovertiblemente de la dificultad, el dolor o incluso la repulsión, y aceptar que podría ofrecernos más posibilidades de aceptar nuestros variopintos yos, sexuales o lo que sean.

Incluso en las mejores circunstancias, la experiencia sexual no se transfiere –de hecho no es posible– de una manera simple de una generación a otra o de un cuerpo a otro. Cada uno de nosotros tiene un cuerpo, una mente, una historia y un alma que ha de conocer, con todas sus rarezas, confusiones, traumas, aporías, legados, orientaciones, sensibilidades, habilidades e impulsos. No llegamos a conocer estas características de la noche a la mañana, ni en un año, ni siquiera en una década. Tampoco es probable que ese conocimiento se mantenga a lo largo de toda una vida (ni siquiera a lo largo de una relación, o de un solo encuentro). Ninguno de nosotros nace sabiendo manejar sus impulsos sexuales y sus decepciones; nadie nace sabiendo lidiar con las diversas limitaciones, persecuciones y concesiones de libertad sexual que la sociedad le ha preparado antes de su llegada. Podemos trabajar contra las normas y leyes nocivas que restringen la libertad sexual y reproductiva; podemos crear generaciones de personas menos propensas a ser heridas, perseguidas o conducidas a autolesionarse por culpa de su género o sexualidad; podemos educarnos mutuamente acerca de la reciprocidad y la comunicación, la ubicación del clítoris y la diferencia más allá de un género binario; podemos desafiarnos a nosotros mismos a aceptar la «variación sexual benigna» (el argumento de la teórica Gayle Rubin de que ningún comportamiento sexual, siempre y cuando sea consentido, es intrínsecamente mejor o peor que cualquier otro): estos son algunos buenos comienzos. Pero cada relación sexual –sobre todo las practicadas con parejas con las que no hemos tenido relaciones sexuales repetidamente, y aun así– va a ser como un vagabundeo por el bosque, debido a que básicamente no nos conocemos a nosotros mismos ni a los demás, y a la incógnita de lo que cualquier nueva interacción puede provocar.

Esta incertidumbre no es solo un subproducto de la experiencia sexual. Es parte de lo que hace que valga la pena. Sin ella, estaríamos como en el chiste marxista que Eve Sedgwick vuelve a contar en «Paranoid Reading and Reparative Reading» (Lectura paranoica y lectura reparadora): «"Viene la revolución, camarada, comeremos rosbif todos los días." "Pero, camarada, no me gusta el rosbif." "Viene la revolución, camarada, ya verás como te gusta el rosbif."» Tal como Ahmed comenta sobre la felicidad, una liberación sexual que tiene como objetivo homogeneizar el deseo o el placer, por no hablar de exigirlo, no es ninguna liberación. Y aquí podríamos recordar que la observación de Foucault de que «la liberación allana el camino para nuevas relaciones de poder, que deben ser controladas por prácticas de libertad», se hizo en relación con el sexo y la sexualidad, y contra la idea de que la liberación sexual «da lugar a un ser humano feliz e imbuido de una sexualidad con la que el sujeto podría alcanzar una relación completa y satisfactoria».

Cuando Foucault estaba de moda, había un debate académico permanente sobre si su pensamiento acerca de las relaciones de poder omnipresentes y descentralizadas –y de cómo la resistencia no puede evitar quedar íntimamente entrelazada con aquello a lo que resiste– significaba que somos menos libres de lo que podemos imaginar, y siempre lo seremos. Esta pregunta se ha ido cociendo a fuego lento en mi mente durante los últimos treinta años; y probablemente es el fuego que anima todo este libro. Sin embargo, solo últimamente he sido capaz de escuchar realmente a Foucault, o, mejor dicho, de escucharlo de una forma distinta, como cuando explica:

Las relaciones de poder solo son posibles en la medida en que los sujetos son libres. Si uno de ellos estuviera completamente a disposición del otro y se convirtiera en su propiedad, un objeto sobre el que pudiera ejercer una violencia infinita e ilimitada, no habría relaciones de poder. Por tanto, para que entren en juego las relaciones de poder, debe existir al menos cierto grado de libertad por ambas partes. [...] Esto significa que en las relaciones de poder existe necesariamente la posibilidad de resistencia, porque si no hubiera posibilidad de resistencia (de resistencia violenta, huida, engaño, estrategias capaces de revertir la situación), no habría relaciones de poder en absoluto. Siendo esta la forma general, me niego a responder a la pregunta que a veces me formulan: «Pero si el poder está en todas partes, no hay libertad.» Respondo que si existen relaciones de poder en todos los campos sociales, se debe a que hay libertad en todas partes. Por supuesto, los estados de dominación sí existen. En un gran número de casos, las relaciones de poder se fijan de tal manera que resultan perpetuamente asimétricas y permiten un margen de libertad extremadamente limitado. [...] En dicha situación de dominación, todas estas preguntas exigen respuestas específicas que tengan en cuenta el tipo y la forma precisa de la dominación en cuestión. Pero la afirmación de que «ves el poder en todas partes, por lo que no hay espacio para la libertad» me parece absolutamente inadecuada. No se me puede atribuir la idea de que el poder es un sistema de dominación que lo controla todo y no deja espacio para la libertad.

Así es: cuando se trata del sexo, el poder puede estar circulando por todas partes, pero eso no significa que no haya libertad. De nuevo, es una cuestión de grado: las estructuras perpetuamente asimétricas disminuyen el margen de libertad, razón por la cual su reestructuración es tan crucial. Al emprender este trabajo, tratar de ser precisos sobre la naturaleza, extensión y la singularidad del poder en cuestión resulta de gran importancia, al igual que el reconocimiento del papel que nosotros mismos desempeñamos al acceder o rechazar sus términos. En cuyo caso, prestar atención a los matices en las llamadas zonas grises de las relaciones sexuales no es una atracción de feria a la que se entregan principalmente los académicos estrella que no quieren quedar con su culo degenerado al aire, o los reaccionarios del «libre pensamiento» orientados hacia el liberalismo más libertario. Es fundamental para ver, sentir y actuar sobre cualquier libertad que esté en cualquier parte, y para hacerla aumentar.

Libertad de + libertad para

Quienes critican el «optimismo sexual» o la «positividad sexual» tienden a argumentar que ciertas «libertades para» (como la libertad para buscar y participar en una amplia variedad de relaciones sexuales sin regulación o castigo indebidos) han adquirido prioridad sobre ciertas «libertades de» (como la libertad de no verse acosado, discriminado, intimidado, coaccionado, violentado, sometido a la trata de personas), y que es hora de restablecer el equilibrio. En un ensayo de 2014 titulado «"Freedom To" and "Freedom For": A

116

New Vision for Sex-Positive Politics» («Libertad para» y «Libertad de»: una nueva visión de la política del positivismo sexual), la estudiosa del feminismo Breanne Fahs expone este caso, argumentando que, si bien las así llamadas libertades positivas y negativas deben ocupar un terreno igual, o al menos mantener el equilibrio, es la «libertad positiva» (también conocida como «positivismo sexual») lo que hay que poner en su sitio, una tarea que se consigue aplicando una mayor «conciencia crítica» a «cualquier visión de la liberación sexual», y prestando más atención «a los aspectos insidiosos del desempoderamiento».

En su intento de desvelar «la tenue naturaleza del empoderamiento sexual», Fahs aporta varios ejemplos de los tipos de falsa conciencia que supuestamente afligen a las mujeres sexualmente positivas de una manera acrítica. Fahs afirma que las mujeres imaginan «poseer mucha más libertad personal cuando "eligen" cómo arreglarse y presentar su cuerpo» de la que realmente tienen (porque ciertas opciones a la hora de arreglarse provocan vergüenza y ostracismo). ¿Experimentar con personas del mismo sexo? Es algo de lo que se ha «apropiado la lente patriarcal, convirtiéndolo en un acto que las mujeres llevan a cabo para ganar aceptación [...] en ciertos ambientes». Ni siquiera los juguetes sexuales escapan al tizne de la falsa conciencia: «Cuando las parejas "le echan un poco de picante a la cosa" con accesorios, a menudo evitan las cuestiones más complejas sobre sus metas, deseos y necesidades de relación. [...] Cuando las mujeres se masturban con juguetes sexuales, aprenden a *no* tocar sus vaginas del mismo modo.» Incluso los propios juguetes son irremediablemente cómplices, pues «existen dentro de un marco capitalista [y] equiparan la sexualidad liberada con el *poder adquisitivo,* con comprar cosas y (quizá) distanciar a las mujeres de sus cuerpos (por no mencionar la política laboral que rodea la fabricación de esos juguetes, donde el trabajo de las mujeres en los países en vías de desarrollo a menudo se explota en nombre del placer del primer mundo).»

Por qué los juguetes sexuales fabricados en países en vías de desarrollo son políticamente más sucios que, digamos, la ropa que llevamos usted y yo, el agua embotellada que bebemos, o las tecnologías que estamos implementando para escribir o leer estas palabras, es algo que no me resulta claro: quizá no es más que la lógica que añade más vergüenza o culpa a las contaminaciones del sexo que a cualquier otra actividad. Dicha crítica termina con el resurgir de la vieja práctica feminista de juzgar los deseos o comportamientos sexuales de otras personas como si estuvieran desgarrados por una falsa liberación o una toxicidad política, como si el mero hecho de existir en redes de relaciones (incluidas las tejidas por un «marco capitalista», el patriarcado, las historias racistas o simplemente la habitual mezcla íntima y turbulenta de todas ellas), en lugar de ser individuos incontaminados, sin compromisos y «libres», estropeara nuestra sexualidad y nuestras vidas sexuales. Este enfoque puede tener el efecto macabro de inflar hasta tal punto el poder de aquello a lo que se opone que cualquier expresión o experiencia, no importa lo convincente, experimental, provocadora o alentadora que sea, acaba pareciendo tan solo una flor colocada ilusoriamente en el cañón de una pistola.

Tales argumentos también suelen basarse en aplicar la conciencia crítica al comportamiento, los deseos, las creencias o la experiencia sexual *de otras personas,* mientras que los del autor quedan como una aporía sin analizar. Un ensayo de 2019 de la activista y periodista Natasha Lennard titulado (irónicamente) «Policing Desire» (Vigilar el deseo) proporciona un ejemplo clásico del género: aunque Lennard comienza invocando el estilo confesional, rápidamente deja claro que su ensayo se centrará en «un trío que no hice» y «cierta pornografía que no veo», antes de arremeter contra las inclinaciones sexuales de un exnovio calificándolo de políticamente podrido. (En cuanto a la pornografía que sí vio, informa: «La veíamos juntos, pero casi siempre más para comentarla que para excitarnos juntos.» ¡Puaj!) Después de reflexionar sobre el contenido «que a veces aparecía como robado en las páginas de internet donde su ex había clicado en sus búsquedas», lanza un justificado imperativo dirigido tanto a él como a sus lectores: «No me hables de preferencias sexuales radicales si dices que te preocupan las luchas interemancipadoras y buscas "sexo múltiple sadomasoquista" en una página web de contenido robado, que perjudica directamente a los trabajadores y que sigue una taxonomía de etiquetas violentamente reductoras.»

No tengo ningún problema a la hora de reflexionar críticamente sobre la liberación sexual, ni de discutir cómo la pornografía gratuita afecta a los ingresos de las trabajadoras sexuales. Sí tengo un problema cuando la conciencia crítica se ocupa única o principalmente del comportamiento sexual o de los deseos de los demás, algo que prolonga esa larga tradición de centrarse en cómo los otros practican el sexo (o llevan a cabo la liberación sexual) mal, calificando su comportamiento o sus deseos de anómalos, ilusorios o peligrosos, mientras se descuida la cuestión mucho más crucial y compleja de lo que nosotros mismos hacemos o queremos hacer, y de cómo nuestros deseos y comportamientos cuadran (o no) con las posturas políticas a las que aspiramos.

No mucha gente quiere hablar de su vida sexual en público, ¿y quién podría culparlos? Pero fijarnos en los demás sin una vulnerabilidad recíproca repite una dinámica tóxica que ha perseguido durante mucho tiempo al feminismo. Como dijo el orgulloso pervertido Patrick Califia en la década de 1980, dirigiéndose a las mujeres de la organización WAP (Mujeres contra la pornografía) que participaban en una feroz campaña para poner en la lista negra a los «positivistas sexuales» como Califia (entonces llamado Pat): «Me gustaría que todas vosotras me explicarais, por escrito, cómo vuestra forma de excitaros ejemplifica los ideales del movimiento feminista. Esto puede parecer una cuestión muy grosera y personal, pero estoy muy harto de que me señalen. [...] Si la igualdad es tan importante para las feministas, seguramente podemos volvernos igualmente vulnerables cuando hablamos de sexo. Vamos a quitarnos la ropa, y empecemos ahora mismo [...] el patriarcado no me ha lavado más el cerebro o envenenado que a vosotras.»

Para aquellas que buscamos ávidamente franqueza y complejidad en las historias de mujeres sobre sexo, la efusión de confesiones de #MeToo –y aquí me refiero a las de la variedad «zona gris», no a las que divulgan repugnantes agresiones, abusos o acosos– ha supuesto un dilema. Por un lado, tales revelaciones se han agregado al archivo de mujeres valientes que rompen el silencio acerca de algunos encuentros o maneras de ser tratadas que dejan mucho que desear. Por otro, dado que estas revelaciones se centran, pues así lo manda el género, en exponer y juzgar la mala conducta sexual de los demás, contribuye al grandísimo archivo de escritos sexuales en los que hay que eliminar de la escena el descarrío, la transgresión, el deseo y la voluntad de las mujeres para asegurarse de que la otra parte aparezca en toda su repugnancia. Dado que las denunciantes saben que en su relato se analizará hasta la última coma y hasta la última subordinada, esta elisión está de lo más justificada. El resultado es una recopilación de relatos de resistencia que, sin saberlo, perpetúa el silencio de nuestra cultura –de hecho, su profunda y punitiva aversión– acerca de cualquier expresión de la complejidad y el deseo femeninos.

Romper un silencio sin romper continuamente el otro deja sin abordar problemas significativos. Es algo que la periodista Peggy Orenstein descubrió mientras escribía su libro

Sobre las chicas y el sexo. En él afirma que toda su investigación «regresaba una y otra vez a la idea de que nunca se habla del derecho de las chicas al sexo y al placer. Y una de las cosas que realmente saqué de esta investigación es la importancia absoluta de no solo hablar de ellas como víctimas o como nuevas agresoras, sino de hablar clara y honestamente a las chicas de sus propios deseos y placeres. Y es algo que seguimos sin hacer». Y no lo hacemos, en parte, porque, como ha dicho la columnista Michelle Goldberg: «Una de las formas socialmente aceptables en la que las mujeres pueden hablar del malestar sexual [...] es utilizando el lenguaje de la violencia y el trauma. Así, ambos términos se están propagando.» (En su cáustico manifiesto feminista *Teoría King Kong*, la escritora y cineasta francesa Virginie Despentes aborda el tema en términos más severos: «En la moralidad judeocristiana, es mucho mejor que te posean por la fuerza que ser considerada una perra en celo.»)

Escucho a C. E. y a otras –incluidas muchas de mis alumnas– cuando dicen que la presión que han sentido para ser «una perra en celo» (o lo que la novelista Gillian Flynn llama una «chica guay»: «una mujer atractiva, brillante y divertida que adora el fútbol, el póquer, los chistes guarros y eructar, que juega a videojuegos, bebe cerveza barata, le encantan los tríos y el sexo anal, y se mete salchichas y hamburguesas en la boca como si hiciera de anfitriona en la escena de sexo culinario en grupo más grande del mundo mientras consigue mantener una talla 34, porque las chicas guais son sobre todo unas calentorras»)[3] complementa o rivaliza con la presión que han sentido para no hablar de la incomodidad o el disgusto sexual. Teniendo en cuenta hasta qué punto se sigue culpabilizando a las víctimas en los tribunales de justicia y en la opinión pública, por no hablar del inmenso oprobio que se vierte sobre las mujeres si reconocen sus complejos deseos o los rechazan, entiendo la renuencia a emprender proyectos más abiertos de investigación, sobre todo en foros públicos. Pero dado que en la opinión popular el discurso de la violación sostiene que «no se puede ser un sujeto sexual y además inocente», como ha dicho Jennifer Doyle, *en algún lugar* hemos de ser capaces de violar los términos de esta opinión popular. *En algún lugar* tenemos que estar dispuestos a ser sujetos sexuales, lo que significa aprender a habitar y expresar la experiencia sexual fuera del binomio del agresor y el agredido.

Por tales razones, no podría importarme menos el historial de búsqueda del ex de Lennard. Me interesa mucho más lo que pensaba y sentía mientras miraba todo el porno del que ahora se esfuerza por distanciarse. Me gustaría saber más sobre el sexo oral que, dice Grace, el cómico Aziz Ansari le practicó en el mármol de la cocina, en lugar de que me inviten a burlarme de la inclinación de Ansari por el juego oral-digital (una inclinación que resulta que yo comparto, aunque es difícil decir si el estilo de Aziz sería el mío). Porque si realmente aspiramos a vivir según el concepto de variación sexual benigna de Rubin (y, seamos honestos, mucha gente, incluidas muchas feministas, no aspiran a eso), debemos contar con que el hecho de que nuestra liberación o autoconocimiento sexual no llega mágicamente avergonzando a los demás por sus rarezas sexuales, aun cuando su comportamiento imite las cosas que han visto en la pornografía, evidencie una política laboral imperfecta, se aleje de aquello que nos excita o reafirme clichés heteronormativos. Presentar una queja sobre un comportamiento inmoral grave o una conducta poco profesional a menudo es algo necesario y, en ciertas circunstancias, heroico. (Lamentablemente, también puede convertirse en una rutina: por ceñirme solo al período de escritura de este libro, me he quejado ante tres «profesionales»: un dentista que, mientras me manipulaba la boca, me describió cómo agujereaba el diafragma de su esposa; un fisioterapeuta que, aparentemente para conseguir que activara cierto músculo, me indicó que imaginara que entraba en un ascensor con un tío buenorro delante del cual no quería tirarme un pedo; y un contable que, cuando le pregunté si podía pasar a su lado del escritorio para señalar un número, dijo: «Claro, pero solo si me pasa las tetas por la cara.») Aun cuando nuestras quejas estén justificadas, vale la pena procurar que la queja no se convierta en una actitud predeterminada, un bucle negativo en el que cultivemos el hábito de apuntalar nuestra propia virtud o dignidad distanciándonos de los deseos y defectos sórdidos y lamentables que diagnosticamos en los demás. Tenemos que poder presentar nuestras quejas sin sobrevalorar la queja como un hábito mental, sobre todo porque ese hábito puede suponer un obstáculo a la hora de perdonar nuestros propios errores o profundizar en la comprensión de nosotros mismos.[4]

Más allá de las afirmaciones de inocencia e impotencia, más allá de la perseverancia pasivo-agresiva en lo que no te gustó («No pude elegir y prefiero tinto, pero al final tuve que tomar vino blanco», dice Grace, en el relato de su noche con Ansari) se extiende todo un océano, el océano de lo que te gusta, de lo que quieres, de lo que puedes pedir, de lo que para pedirlo necesitas ayuda, de lo que no sabes que quieres hasta que lo intentas, de lo que pensabas que querías, pero resulta que no (o al menos no esta noche), y así sucesivamente. Debemos aprender a nadar en este océano si no queremos cocernos permanentemente en una salsa de resentimiento, frustración y queja. (Y soy alguien que se ha cocido mucho en esa salsa.) Cuando resulta que los deseos de alguien son incompatibles con los nuestros, es cierto que pueden parecer repulsivos o desacertados. Pero si intentamos rechazarlos o juzgarlos repetidamente, les concedemos la facultad de avergonzarnos y tener poder sobre nosotros, por no hablar de que nos aislamos de los riesgos que conlleva nombrar nuestros propios deseos, o incluso admitir que *deseamos*. Y realmente existen riesgos, en la medida en que ser los dueños de nuestra lujuria, nuestras rarezas, vulnerabilidades y elecciones significa abrirlos a que las juzguen los demás, cargadas como están de falsa conciencia, de «información privada» políticamente imperfecta, no compartida o no deseada, provocativa, autodestructiva, rara, convencional, irritante y que quizá incluso nos puede llevar ante un tribunal.

Para llegar allí, debemos permitirnos no tener miedo a que nos contamine la ambivalencia, y no tener miedo a intentar describir –de hecho, experimentar– encuentros sexuales en escenarios que estén más allá del pecado, el abuso, la violación o el trauma. Tal como lo ha expresado Conner Habib, actor porno y presentador del podcast *Contra todo:* «Para la gente el sexo tiene un significado. Referirse a él como un mero lugar de peligro, o un instinto que algunas personas no pueden controlar, o una fuente de poder, o un añadido, o un accesorio de la vida, nos empobrece mucho.» En uno de esos escenarios el sexo sería un *escenario de aprendizaje*. «La promiscuidad sexual trae sus propias formas de inteligencia; muy pocas personas llegan a conocer esta verdad», escribe Doyle. No necesitamos abogar por la promiscuidad *per se* para observar que reformular el escenario del sexo como un lugar potencial de aprendizaje, de *recopilación de información,* podría ser un valioso añadido a –y tal vez un desplazamiento que merece la pena– formas más socialmente aceptables de describir el sexo y el papel que desempeñamos en él. Sin escenarios de aprendizaje, no tenemos posibilidad de averiguar lo que queremos (o de qué querríamos permanecer alejados).

Estoy de acuerdo con Fahs en que «la liberación y la libertad verdaderas deben incluir tanto la libertad de hacer lo que queremos como liberarnos de estructuras y exigencias opresivas». Pero nunca compartiré el deseo de reducir la «libertad de», por la siguiente razón: experimentar una sólida *libertad* tiene el poder de disminuir las privaciones y degradaciones que se incluyen dentro de la categoría de *liberación de*. La «desafiante insistencia en actuar como si uno ya fuera libre» produce una realidad diferente que perseverar en los «aspectos insidiosos de nuestro desempoderamiento»; concentrarse únicamente en este último no nos lleva a lo primero. Ser conscientes de la «libertad de» no impide ni puede eliminar que nos veamos expuestos a la mala conducta, la vergüenza o el peligro; ningún grado de empoderamiento extinguirá el horror del mundo, ni debería delimitar nuestra protesta ante ese horror. Pero consigue una reorganización básica de nuestras reacciones, aperturas, capacidades y aspiraciones, por no mencionar nuestro repertorio de respuestas tanto a las actividades sexuales deseadas como a las no deseadas, así como a las actividades que se encuentran en algún punto intermedio (como, seamos sinceros, ocurre con gran parte del sexo, incluso con una pareja habitual). También puede cambiar lo que a uno le atrae; no, de nuevo, en el sentido de que podamos rechazar siempre lo no deseado, sino en el sentido de que, sin eso, tenemos pocas o ninguna posibilidad de crear unas condiciones que nos permitan atraer (o soportar) lo que queremos, o al menos lo que estamos dispuesto a intentar.

Brillante y valiente

Frente al exuberante pesimismo del ensayo de C. E., puede resultar tentador para algunos de los que, digamos, rebasamos los cuarenta, juzgar el momento actual en comparación con las circunstancias idealizadas de cuando llegamos a la mayoría de edad, y encontrarlo menos divertido, menos libre. Oigamos, por ejemplo, a la provocadora Laura Kipnis, en *Unwanted Avances: Sexual Paranoia Comes to Campus:*

> Para mi generación, alcanzar la mayoría de edad en el breve interregno situado entre la revolución sexual y la época en que el sida convirtió el sexo en una escena del crimen repleta de criminales y víctimas –en la época en que el sexo, incluso cuando no era tan bueno o cuando se herían los sentimientos de la gente, entraba en la categoría de experiencia vital–: la gente discutía mucho conceptos como «placer» y «liberación». Pero la cultura del campus ha avanzado, y ahora las metáforas viran hacia lo extractivo más que hacia lo aditivo: el sexo te *quita* algo, al menos si eres mujer: tu seguridad, tus elecciones, tu futuro. Es contaminante: puedes acabar teniendo un trauma, que, como un virus, nunca desaparece. Ya no se oye hablar mucho de liberación; todos los eslóganes son sobre la agresión sexual y otras intrusiones: «No más cultura de la violación», «No significa no», «Controlaos a vosotros, no a las mujeres».

En la medida en que mis propias inclinaciones personales y políticas siempre me han alejado de lo que a veces se llama feminismo carcelario o de la gobernanza, y me han llevado hacia conceptos (y experiencias) de «placer», «liberación», «experiencia vital» y «contaminación», estoy con Kipnis. (Definitivamente no soy inmune a la mentalidad de «encerrarlos», pero cuando surge en mí, lo considero un síntoma, no una solución.) Aun así, no es difícil ver que Kipnis también está contando una historia, una historia que adopta alegremente un guión totalizador de guerra intergeneracional, en el que NOSOTROS fuimos adultos valientes e impresionantes que buscaban (y encontraron) el placer y la liberación, mientras que VOSOTROS son niños patéticos y cobardes obsesionados con la seguridad y el trauma. Me cuesta entender que este guión sirva a nadie más que a la persona que lo adopta. Menospreciar a una generación de activistas apasionados y sus preocupaciones porque entran en conflicto con tu propia historia o sensibilidad no me parece particularmente inteligente; intentar avergonzar a la gente para que acepte el placer o la liberación sexual es probablemente incluso menos efectivo que tratar de avergonzarlos para que los rechacen.

Mi llegada a la mayoría de edad, que tuvo lugar aproximadamente veinte años después de la de Kipnis, puede que asome en mi recuerdo como una larga bacanal pangénero, pero en su momento fue ampliamente ridiculizada por adolecer del mismo moralismo, negatividad y control que Kipnis lamenta aquí. Escuchamos alto y claro la crítica de nuestra corrección política, y ciertamente hubo disensión en nuestras filas (la observación de Michelle Tea de que nunca ha visto «un sector de personas tan dispuestas a sacarse los ojos unos a otros como los queers», de su ensayo «How Not to be a Queer Douchebag» (Cómo no ser un imbécil queer), era tan cierto entonces como ahora). Pero no experimentamos nuestro momento como el fantasma de la corrección política inventado por la derecha; es algo que pocas personas experimentan personalmente. (Sin duda, hoy se puede decir lo mismo.) Por descontado, había más seminarios de *fist-fucking*, líos entre profesores y estudiantes y clubs de sadomaso que quejas contra la discriminación educativa, colchones acarreados durante un semestre* o comunidades de asexuales. Pero yo misma impartí talleres de consentimiento como educado-

* En septiembre de 2014 Emma Sulkowicz, estudiante de arte en la Universidad de Columbia, transportó un colchón por el campus durante todo un semestre como protesta por haber sido violada por otro estudiante. Este fue posteriormente absuelto en una investigación, pero Sulkowicz no aceptó el veredicto.

ra contra la agresión sexual y tuve mi ración de mítines de Take Back the Night* antes de decidir que mis aportaciones serían de mayor valor en otra parte.

Más formativo para mí, sobre todo visto en retrospectiva, fue el hecho de que esa época era inseparable de la crisis del sida. A través del sida asimilé –gracias a la labor de ACT UP, Queer Nation, Lesbian Avengers, Sex Panic!, etc., así como al trabajo de artistas como Marlon Riggs, Karen Finley, David Wojnarowicz, Vaginal Davis y Cookie Mueller– cómo se podía mantener una actitud hacia el sexo y el deseo sin complejos y abierta y voraz, al tiempo que te enfrentabas a la contaminación de una enfermedad potencialmente mortal, la violencia sexual, la mezquindad gubernamental, las luchas internas feministas y homosexuales, los propios deseos conscientes e inconscientes y los peligros de tomar decisiones que no siempre se perciben como opciones, pero que de todos modos lo siguen siendo.[5]

La agresión sexual y la interacción sexual no deseada fueron problemas omnipresentes, por supuesto. Pero para mí y muchos de mis compañeros, el miedo predominante era infectarse con el VIH, y lo ha seguido siendo desde que nos convertimos en seres sexuales. (Tal como lo expresa Brian Blanchfield en «On Frotagge» (Sobre el frottage), un ensayo exquisito sobre la llegada a la mayoría de edad en nuestra época: «Mi vida sexual siempre estuvo condicionada por si era seropositivo o negativo.») Los visitantes de mi escuela secundaria de San Francisco en la década de 1980 no venían a nuestras asambleas para hablar del consentimiento; venían cubiertos de sarcoma de Kaposi para contarnos hechos conocidos y desconocidos sobre el VIH. Más tarde, haber

* Se trata de una ONG cuya misión es acabar con la violencia doméstica y sexual en todas sus formas. Organiza marchas, manifestaciones y vigilias, y a veces utiliza la acción directa.

cometido un «error» significaba tener que esperar *seis meses* a que te hicieran una prueba en la clínica, luego hacer un seguimiento a cuyas citas quizá no podías acudir por falta de recursos, teniendo en cuenta que dar positivo era una sentencia de muerte. Y estos son solo los recuerdos insignificantes de alguien que nunca se consideró «de alto riesgo», y que prácticamente casi ni pasó por las trincheras, en comparación con muchos de mis compañeros, mentores y mayores ya fallecidos.

Dar clases en la universidad durante los últimos veinte años me ha enseñado que la crisis del sida —al menos antes de los antirretrovirales— es ya casi historia para los nacidos después de su apogeo. Esto es, en muchos sentidos, un efecto natural y posiblemente bien recibido del paso del tiempo y del tratamiento médico. Pero también ha tenido un efecto desorientador en gran parte del debate intergeneracional sobre la positividad sexual, el placer y el peligro, un debate que tiene mucho menos sentido ahora que la influencia que tuvo el sida —de hecho, el cráter formativo que creó— en tantas vidas ya es historia.

Para muchos nacidos en las décadas de 1980 y 1990, forjar un compromiso para el positivismo sexual no tenía como objeto rebajar las misiones liberadoras feministas u homosexuales de los años sesenta y setenta a una versión neoliberal y diluida del empoderamiento. Se trataba de insistir, frente a los moralistas agresivamente hipócritas a quienes no les importaba si vivías o morías (muchos preferían que murieras), en que tenías todo el derecho a tu fuerza vital y expresión sexual, aun cuando la cultura te dijera que tu deseo era una sentencia de muerte, y que, si te mataba, te lo merecías. En lugar de sol y arco iris (o cerveza barata, tríos y perritos calientes), la palabra «positivo» evocó ser VIH positivo (como en la revista *POZ);* defender el positivismo sexual en este clima significaba hablar de condones en lugar de cuarentena. Amber Hollibaugh, que se describe como lesbiana radical sexual y que fundó el Lesbian AIDS Project (LAP) de Gay Men's Health Crisis (GMHC) en la década de 1990, describió esa época con estas palabras: «Mientras se convertían en parias sexuales, hombres homosexuales y drag queens y lesbianas y hombres queer de color y sus hermanas y hermanos, y otras comunidades de guerreros de la justicia sexual y racial, levantaban la voz *a favor del sexo,* luchaban por reclamar el derecho al deseo incluso frente a una epidemia y un virus transmitido a través del sexo. Nos negamos a avergonzarnos o a que nos repudiaran por nuestros deseos o por si éramos seropositivos o no. Ese fue un momento realmente aterrador. Pero durante todo ese período –aunque con frecuencia nos equivocamos– también fuimos brillantes, y valientes.»

Tal postura chocaba poderosamente con el intenso moralismo sexual de ciertos grupos feministas activos en las guerras sexuales (como WAP), y llevó a muchas feministas (como Hollibaugh) a reemplazar un compromiso reflexivo con la solidaridad de género por la camaradería queer, que aquí significaba camaradería con «parias sexuales, hombres homosexuales y drag queens, lesbianas y hombres queer de color y sus hermanas y hermanos, y otras comunidades de guerreros de la justicia sexual y racial», nada que ver con las Campañas a favor de los Derechos Humanos. (Hollibaugh, refiriéndose a lo que aprendió de la apertura sexual de los hombres homosexuales durante esa época –una apertura de la que carecían, como descubrió de manera deprimente, ciertos círculos feministas–, afirma: «No decidieron que algo estaba mal antes de probarlo.»)[6] El diálogo resultante permitió que muchas mujeres –yo incluida– reclamaran su derecho a la lujuria y la perversidad en unos términos que el feminismo había permitido pero que la cultura queer hizo posible de otra manera. Se podría argumentar que, dado el brutal legado de la heterosexualidad, para los queers era (o es) más fácil que para los heterosexuales acceder al positivismo sexual. Pero si algo he aprendido de flotar entre los dos reinos es que la mayoría de las lecciones son eminentemente transferibles; el concepto de variación sexual benigna no se aplica solo a los queers (incluso el concepto de los «queer» puede no aplicarse solamente a los queers).

Ante este relato, la acusación de Donegan de que «el positivismo sexual de la tercera ola» se volvió «estridente y falto de curiosidad en su promoción de todos los aspectos de cultura sexual» me parece una especie de subterfugio. ¿Quiénes son o fueron todos esos positivistas sexuales acríticos, faltos de curiosidad y de todos modos despreocupados, todas esas mujeres y/o queers que no acabaron de comprender el peligro o perjuicio que puede acarrear el sexo? Todas las figuras del «positivismo sexual» de esa época que hay en mis estanterías –por no decir en mi vida– han tenido una sexualidad profundamente turbulenta: Annie Sprinkle, Virginie Despentes, Joan Nestle, Amber Hollibaugh, Dorothy Allison, David Wojnarowicz, Samuel R. Delany, Essex Hemphill, Marlon Riggs, Patrick Califia, Leslie Feinberg, Nayland Blake, Gayle Rubin, Michel Foucault, Bruce Benderson, Hervé Guibert, Sylvia Rivera, Eileen Myles, Gregg Bordowitz, Michelle Tea. La lista podría continuar indefinidamente. Casi todas estas personas están (o estaban) íntimamente familiarizadas con la violencia sexual, el trabajo sexual y la persecución sexual; varios murieron de sida, perdieron una multitud de amigos a causa del sida o se desvivieron para ayudar a los moribundos. Suponer que su legado se disolvió como si nada en una versión del empoderamiento favorable al mercado es un empobrecimiento sorprendente de todo lo que todavía tiene que ofrecer.

Todos podemos sentirnos inclinados a preferir nuestros propios días juveniles sobre los de esas pobres almas que luchan por descubrir los misterios de la vida después de noso-

131

tros. Pero lo cierto es que yo no prefiero mis días juveniles. Debido al sida, gran parte de ese tiempo fue terrible y espantoso. Sin embargo, siento un tremendo respeto por las lecciones que impartió. Una de esas lecciones me fue resumida por Dorothy Allison, quien una vez dijo en unos términos característicamente duros: «Toda mi vida he sabido que todo lo que quería tenía un coste, y que no siempre podía escapar ilesa.» Es algo que Allison descubrió mediante una educación que fue en muchos sentidos el polo opuesto de la mía por lo que a privilegios y dificultades se refiere. Sin embargo, entonces fue capaz de transmitirme su fortaleza, y me la sigue transmitiendo. Nadie quiere que el precio del deseo sea una enfermedad mortal o una agresión que te destroce la vida. Ampliar el espacio para la práctica de la libertad significa trabajar para disminuir la probabilidad de que tales cosas vuelvan a ocurrirnos, a nosotros y a los demás. Pero podemos hacer esta labor sin fantasear con un mundo en el que nuestra seguridad está garantizada, o un mundo en el que el éxito de un encuentro se juzga por si salimos indemnes.

El activista e historiador del arte Douglas Crimp, en un ensayo conmovedor sobre la seroconversión, después de años de trabajar como activista VIH, subraya este punto:

> Los principales medios de comunicación y los periodistas homosexuales conservadores tratan el sexo como un comportamiento simple, que obedece a la voluntad y a la razón, como si no fuera diferente de, digamos, conducir un automóvil. Cuando se conduce, hay reglas y regulaciones y cortesías que cualquier persona responsable sigue para mantenerse a salvo y contribuir a garantizar la seguridad de los demás en la carretera. A pesar de que hay muchos conductores incivilizados, ser un conductor civilizado no requiere la superación de insalvables conflictos psíquicos. Sin

embargo, el sexo no representa otra cosa que un conflicto con los impulsos civilizados.

Entonces, ¿por qué los hombres homosexuales practican sexo sin protección? ¿Y cómo hablamos con los medios de comunicación al respecto? [...]

Tengo una respuesta simple: somos humanos. [...]

Me seroconvertí porque yo también soy humano. Y no, nadie está a salvo, ni tú, ni tu novio ni ninguno de tus amigos seronegativos. Porque tú y ellos también sois humanos. [...] Aceptar mi humanidad es aceptar mi fragilidad. O por decirlo de otra manera, es aceptar que tengo un inconsciente. Es aceptar que todo lo que experimenté, todo lo que supe, todo lo que comprendí, no podía garantizar mi seguridad.

Este pasaje subraya una de las dificultades que plantea decirles alegremente a las mujeres que necesitan expresar con más claridad lo que saben y lo que quieren. Ellas también (gran primicia) son humanas; ellas también tienen un inconsciente. Pero, afortunadamente, el hecho de que no puedas saberlo todo no significa que no puedas saber nada. A veces el conflicto psíquico que produce el sexo parece insuperable; otras veces, no tanto. Sin duda hay multitud de personas que practican el sexo monógamo de manera regular o intermitente (estoy entre ellas) y que hace mucho tiempo dejaron de experimentarlo como inherentemente en conflicto con «nuestros impulsos civilizadores» (aun cuando el conflicto esté más controlado que evaporado). Sin embargo, cualquier actividad que por su propia naturaleza implique imprevisibilidad, interpenetración o desnudez física o emocional siempre plantea algún tipo de riesgo; una de las consecuencias de eliminar ese riesgo podría ser, de manera inconsciente (o involuntaria), el desarrollo de una «sensación generalizada de vulnerabilidad [que] produce un estado constante de crisis:

la construcción de un conjunto de muros, y luego otra», como dice Doyle. Dado que nuestra vulnerabilidad no va a ninguna parte, nos beneficiamos de cultivar una relación con ella que no exige la construcción de muros ni vivir en un constante estado de crisis.

Habitaciones oscuras

Al volver la vista hacia mi propia experiencia juvenil de deseo (por el momento heterosexual), reconozco en ella cierta dinámica que desde entonces he visto reflejada en el comportamiento de muchas otras niñas y mujeres: muchas niñas se ven *profundamente* afectadas por sus deseos, pero como no tienen mucha práctica a la hora de expresarlos, a menudo ni siquiera ante sí mismas, se vuelven expertas en ponerse en situaciones en las que pueden surgir «problemas» (también conocidos como actividad sexual), mientras ágilmente desdibujan la cuestión de lo que podrían estar buscando (el alcohol a menudo es cómplice de este proyecto).

Mantener los propios deseos amorfos tanto para uno mismo como para los demás no está exento de eficacia, o incluso tiene sus placeres. Permite cierta soberanía agrietada, una soberanía que alivia la carga de tener que estar siempre en guardia, de tener que ser siempre absolutamente explícito acerca de lo que uno desea, o incluso tener que saber si uno desea algo, por no hablar de qué es exactamente. Permite el placer de *no saber,* una sinceridad no instrumentalizada hacia la experiencia y hacia los demás. «El deseo emergente», algunos podrían llamarlo: exactamente lo contrario de salir por la ciudad con una tarjeta de puntuación. Esta sinceridad puede incluso tener una especie de magia: la magia de atraer en lugar de tener un objetivo. Mientras la describo, la reconozco como uno de mis sentimientos favoritos.

Y sin embargo comprar constantemente el deseo al precio de un plausible rechazo tiene un coste, tanto para uno mismo como para la naturaleza de las relaciones o encuentros que genera. A diferencia de ir a ligar, donde uno reconoce que está buscando sexo de alguna forma, insistir en que uno no está buscando *nada* cosifica la tediosa construcción sexista de que el sexo es algo que los chicos buscan y de lo que las chicas deben defenderse o a lo que deben someterse, y perpetúa el trabajo sucio de tendencia a conseguir que el deseo femenino sea imperceptible, irrelevante o cuestionado. Si no se analiza, puede convertirse en una especie de postura o identidad erótica por defecto, un poco como adentrarse en arenas movedizas. También está el problema de que, como sugiere el trabajo de Carol Gilligan con chicas adolescentes, las niñas aprenden a decir «no sé» acerca de sus deseos cuando temen que lo que tienen que decir no es lo que los chicos o los hombres quieren oír, intuyendo que, en ciertos encuentros, su franqueza podría ser precisamente lo que las pone en peligro;[7] distinguir entre una erótica de la pasividad y el miedo a reafirmarse puede ser un tanto difícil. Mantener los deseos amorfos también puede crear las condiciones para una decepción perpetua, si se da el caso de que lo que resulta básicamente desagradable del sexo entra en conflicto con los placeres de flotar en una nube donde todas las posibilidades están abiertas (lo que lleva a la conocida sensación de «no sé lo que quería, pero no era *eso*»). Además, ponerse de manera voluntaria en situaciones impredecibles en un mundo lleno de gente retorcida conlleva ciertos riesgos, como analiza la escritora Chelsea Hodson en un ensayo autobiográfico titulado «Pity the Animal» (Compadece al animal): «La verdad es que me quedé en la fiesta esperando que sucediera algo. Todos en la fiesta se fueron, y no había pasado nada. Él no era un desconocido, yo sabía que era un hombre malo, hacía mucho tiempo que lo sabía. Por eso me quedé. Pasé gran

135

parte de mi juventud esperando que sucediera algo. Sin que nadie me vigilara, tuve la opción de entrar en cuartos oscuros. Sabía qué cuartos eran malos y entré de todas formas. Era una especie de poder.» El «hombre malo» luego fuerza a Hodson (en sus palabras), un acto del que no se culpa ni utiliza como mandato para borrar su propia decisión de entrar en el «cuarto malo».

En 1992, Joan Nestle escribió en «The Femme Question»: «Una de las opiniones más arraigadas en el feminismo es que las mujeres deben ser autónomas y no obedecer a nadie en la definición de su deseo sexual, pero cuando una mujer dice: "Este es mi deseo", las feministas se apresuran a decir: "No, no, eso es porque tienes la polla en la cabeza; las mujeres no deberían desear eso." Pero seguimos sin saber lo suficiente sobre lo que desean las mujeres, cualquier mujer.» Me encanta este comentario, no porque repita la cuestión (siempre retórica, exasperada y homogeneizadora hasta el punto del absurdo) de «¿Qué quieren las mujeres?», sino porque nos recuerda que ni siquiera nosotras mismas sabemos siempre lo que queremos, ni siquiera si existe algo llamado «deseo» que se pueda analizar como algo separado de las situaciones y sensaciones que lo provocan.[8] Al mismo tiempo, el «todavía no sabemos lo suficiente» de Nestle sugiere que todavía queda algo por revelar, y que preguntarnos y contar nuestras experiencias nos beneficia.

Descubrir cómo hablar del deseo erótico directo sin preocuparse de dar pábulo a algo políticamente perverso ha sido durante mucho tiempo un problema frustrante para el feminismo. La jurista Janet Halley se centra en este problema en su mordaz crítica del feminismo cultural, que, como ella dice, lleva mucho tiempo demostrando una «omnipresente falta de interés en el deseo erótico de las mujeres por los hombres y una exclusión del espacio teórico para que los hombres afirmen su deseo erótico por *ellas*... No parece haber una necesidad urgente [en el feminismo cultural] de entender la versión *femenina* de lo que Leo Bersani, al escribir en nombre de los hombres homosexuales, ha llamado «"el amor [masculino gay] por la polla". [...] Simplemente es algo que se echa en falta». Yo también he notado esta omisión. No es que no exista literatura sobre el tema, sino que raras veces encuentra fácil acomodo en el canon feminista, especialmente en el canon feminista blanco, donde tiende a considerarse como un «lavado de cerebro o envenenamiento por parte del patriarcado». Escuchemos, por ejemplo, la indignada respuesta de la jurista Mary Anne Franks a los comentarios de Halley: «Lo que Halley parece estar buscando no es tan solo el restablecimiento del patriarcado, sino el patriarcado con una sonrisa, con un sello de aprobación (erótica) por parte de las mujeres.» Que Frank considere que el «amor a la polla» es un «restablecimiento del patriarcado» es una carencia clásica, que elude el hecho de que millones de mujeres habitan todos los días un mundo en el que desean y disfrutan de la polla y la masculinidad —tanto con hombres cisgénero como sin ellos—, al tiempo que trabajan contra la opresión del patriarcado.

Los términos de la era del #MeToo a veces parecen sugerir que la salida principal del malestar sexual heterosexual es la inversión de roles, que las mujeres debe sentirse envalentonadas para tomar la iniciativa, en lugar de esperar a que los hombres sean la parte activa (esto no resuelve el problema de la erótica de la pasividad, o de que no se puede saber si una «insinuación no deseada», como apunta Kipnis, es deseada o no hasta que se manifiesta, pero tiene la virtud de redistribuir la responsabilidad, la humillación potencial y la instrumentalidad). Esta misma lógica anima a las mujeres a ser socios más activos y a expresarse en la cama, en lugar de creer que tolerar estoicamente algo incómodo, desagradable o no deseado es el precio del juego. Yo apoyo tales cambios.

Pero, paradójicamente, podría ser empoderador para las mujeres recordar que, como expresaron Lauren Berlant y Lee Edelman, en el sexo a menudo «*deseamos* no ser soberanos, y, a veces, no autónomos» y que tales deseos no son siempre, o solo, un signo de opresión de género. También puede indicar la presencia de un tipo diferente de pulsión de libertad: una pulsión que anhela ser abnegada, imprudente, abrumada. (Cuando se coagula para formar una identidad, algunos podrían llamarlo «tocar fondo».) Cómo respetar y permitir este impulso y su erotismo en un mundo rebosante de dinámicas de género cutres y de gente desconsiderada es un asunto turbulento. Hay que empezar reconociéndolo.

El libro de Nestle *The Persistent Desire: A Femme-Butch Reader* resulta aquí también instructivo, en la medida en que muestra cómo las lesbianas hembras* a menudo toman como algo predeterminado ciertos aspectos de la sexualidad y el género con los que la mayoría de las mujeres tienen que cargar, y los reclaman como identidades cohibidas, y performativas, recordándonos que (a) tales comportamientos o inclinaciones no tienen por qué adaptarse a todas las mujeres (como de hecho ocurre), aunque pueden proporcionar una poderosa carga erótica para algunas, y (b) si se asumen de manera consciente no tienen por qué experimentarse como una capitulación ante un sistema regulador de género/sexo. Por ejemplo, «la lesbiana hembra» Mykel Johnson afirma que su feminidad significa que «mi deseo se enciende [...] cuando siento que alguien me desea, o me entrego a su placer de hacerme el amor». Cada vez que veo que se critica a mujeres heterosexuales porque disfrutan de ser deseadas o entregarse al placer de otro, pienso en todas las mujeres atre-

* Traduzco aquí *femme* por lesbiana hembra y *butch* por lesbiana macho, quizá atrevidamente, pues lo cierto es que en muy pocas parejas lesbianas estos roles son físicamente visibles o apreciables.

vidas que han sabido poner palabras a tales placeres durante décadas, y pienso: estos deseos ¿realmente están inherentemente podridos, o es solo que no queremos que las mujeres se sientan obligadas a ponerlos en el centro de su sexualidad de manera obligatoria?

Cuando Nestle dice que «seguimos sin saber lo suficiente sobre lo que desean las mujeres, cualquier mujer», podría parecer que la tierra, si por fin la escuchamos, se abrirá con un rugido hasta ahora inexpresado. Pero también existe la posibilidad real de que los deseos carnales de todo tipo tengan más en común de lo que pensamos: que, a pesar de nuestras revolucionarias esperanzas, los lenguajes de la lujuria de las mujeres y los queers no estén tan separados de los demás. Uno de los efectos secundarios de eliminar la lujuria femenina del discurso cultural es que su lenguaje es cedido constantemente a los hombres, atribuyéndoselo todo a ellos, desde la «objetualización» hasta la calentura o la promiscuidad, como si tuvieran la exclusiva de abordar otros cuerpos con apetito y aprecio. Esto no quiere decir: «No hay nada que ver aquí, amigos, regresad a *El lamento de Portnoy* y *Hustler* y sabréis todo lo que hay que saber.» De haber sido ese el caso, no habría pasado gran parte de mi vida buscando obras sexualmente explícitas de mujeres y queers. De hecho, podría ser justo lo contrario: que gran parte de lo que consideramos heterosexualidad sea en realidad solo deseo; la gente y la cultura no tienen la exclusiva.

Cuando, por ejemplo, atribuimos a los hombres cisgénero todo el lenguaje vulgar, toda esa insistencia en las partes individuales del cuerpo (sí, incluso «separadas» del todo), todo el deseo de consumar, de estar encima, de penetrar o fetichizar, hacemos oídos sordos o juzgamos (creyéndonos mejores) aspectos reales de expresiones del deseo de las mujeres, las lesbianas y los queers, que no siempre encuentran expresión en un batiburrillo tentacular donde el género ha sido abolido y carece de poder. (Esto no es una novedad para los hombres homosexuales, pero puede estar un tanto prohibido en círculos «no masculinos».) Como Cherríe Moraga dijo una vez en una conversación con Hollibaugh, ella no acabó siendo gay porque «los hombres fueran unos cabrones», sino porque «¡sentía un tremendo deseo por las mujeres, me iba a morir si no me conseguía una pronto!». Hollibaugh responde preguntándose cómo iban a encajar las lesbianas «que querían tetas» en un paradigma sexual que consideraba inherentemente asqueroso el deseo voraz de partes del cuerpo de la mujer. Puede que esto no sea lo que algunas personas quieren escuchar, pero es lo que sucede cuando las mujeres hablan con franqueza sin arrepentirse.

Mientras escribo las palabras «placer» y «deseo», e incluso mientras defiendo que vuelvan a aparecer en las narraciones (y experiencias) de las vidas sexuales de las mujeres, tengo que admitir que los términos pueden ponerme de los nervios, aunque solo sea porque connotan una alegría no del todo acorde con la realidad sexual. Como ha escrito Berardi: «Aquellos que glorifican el deseo como si fuera una fuerza positiva no entienden la cuestión. El deseo no es una fuerza, sino un campo. Además, no es nada positivo, en realidad puede ser cruel, malvado, enrevesado, autodestructivo, escurridizo, destructivo y mortal.»

Como deja claro el relato de Hodson, conocer nuestros deseos (o actuar sobre ellos) no significa necesariamente descubrir su bondad esencial (o la de los demás). De hecho, puede implicar enfrentarse al hecho de que a veces deseamos (o deseamos parcialmente, o deseamos en la fantasía) lo que es peligroso, cuando no directamente destructivo. Puesto que actuar sobre tales deseos pueden provocar vergüenza o dolor *(¿por qué me hice eso, o por qué me pasó otra vez a mí?)*, puede ser más fácil desautorizar o desplazar completamente el deseo, en lugar de decir (tal como muchos queers han contribuido a que la gente diga): *A veces deseo un sexo que me destroce, que me haga pedazos. A veces deseo tener relaciones sexuales sin protección, aunque coquetee con contraer el VIH. A veces deseo un sexo que reproduzca mis peores traumas. A veces deseo tener relaciones con alguien que me repugna, incluso me asusta. A veces deseo sexo con alguien con el que claramente, por un millón de razones, no debería tener relaciones sexuales. A veces deseo causar dolor a otro. A veces deseo dolor. A veces deseo sexo hasta que lo tengo, y luego me repugna. A veces quiero renunciar a la carga de tener un papel activo, pase lo que pase.* Luego quizá tendría que lidiar con esos sentimientos recordando el mantra de Rubin: «Las fantasías son más voraces que los cuerpos.» Si tu cuerpo todavía está hambriento, puedes sopesar los pros y los contras de actuar según tus fantasías, y actuar a partir de ahí. Si actuar sobre ellos –aunque sea inconscientemente– te provoca repetidamente dolor o arrepentimiento, puedes investigar las raíces y ver si la comprensión de su etiología los invita a cambiar, o a que cambies tú.

Frente a tales desafíos, C. E. escribe: «Tratar de curarme el trauma acabó jodiéndome más porque comencé a preguntarme: "¿qué quiero? ¿Qué es lo que realmente quiero del sexo?" y al zambullirme en busca de mi impulso sexual dañado no pude encontrar nada, de verdad. [...] Qué aburrido esperar que al fondo de todo, con solo empujar un poco más, encontraremos algo bueno. Lo único que consiguió Sade fue un montón de cadáveres que nunca tuvieron lo que él quería.» ¿Y si suponemos, sin embargo, que nuestro deseo no tiene fondo, que no está en una caja negra en el fondo del mar? ¿Y si no hay nada único y previsible que queramos del sexo, ninguna Verdad que descubrir? ¿Y si aprender a observar lo cambiantes que son nuestros impulsos, identidades, curiosidades, desintereses o aversiones, ya sea en el transcurso de un encuentro o toda una vida, es nuestra auténtica misión? ¿Y si

141

no hay una sola verdad acerca de nuestros yos sexuales (por ejemplo, que es sumiso, pétreo, sádico, heterosexual, roto, curado)? ¿Acaso la mayor parte del sexo no queda en alguna categoría intermedia entre el maná del cielo y las pilas de cadáveres? ¿Acaso no desea avivarse, disiparse, morir, cambiar su curso, y resurgir, a menudo de maneras inescrutables?

También puede ser útil recordar que «placer» no solo significa «orgasmo», o el tipo de sexo que, por ejemplo, te hace sonreír. Dado que las chicas heterosexuales, estadísticamente hablando, todavía no reciben ni de lejos su justa porción de orgasmos, vacilo a la hora defender la vida sexual sin ellos. («Lamento mucho hablar como si fuera *Cosmopolitan*», escribe Michelle Tea después de internarse en el mundo del sexo heterosexual, «pero me quedé de una pieza al enterarme de que todas las quejas de las mujeres heterosexuales sobre los hombres siempre son *verdad*. ¡Realmente quieren follar sin condón! ¡Realmente todo gira alrededor de su pene! Realmente se corren demasiado rápido y luego, adivina: ¡tú también has terminado! *¡Aburrido!*») Pero vale la pena recordar que el placer es una categoría muy amplia, y que existen experiencias sexuales deseables y satisfactorias que no tienen un objetivo simple ni que se alcanza de manera predecible. Estoy pensando, en parte, en las lesbianas macho, muchas de las cuales obtienen placer al dar placer a sus parejas femeninas, en lugar de permitir que las toquen o que las complazcan directamente; en vidas eróticas profundamente activas principalmente a través del voyeurismo u otras formas de sexo a distancia; en un hermoso amante masculino que tuve una vez que nunca se corrió de verdad y nunca le importó; en personas con discapacidades que han tenido que redefinir qué significa la gratificación sexual para ellos y sus parejas; y en muchos más ejemplos. También estoy pensando en la autobiografía sexual de Catherine Millet, *La vida sexual de Catherine M.*, en la que, después de 186 páginas de hazañas sexuales meticulosamente relatadas y buscadas, Millet escribe: «No exagero si digo que hasta alrededor de los treinta y cinco años no consideré que mi propio placer pudiera ser la finalidad de una relación sexual.»

Seguramente algunos se apresurarán (como, de hecho, ya ha ocurrido) a compadecer a Millet por su falsa conciencia antifeminista (supuestamente confirmada cuando estampó su firma en la tristemente célebre carta anti-#MeToo que, en Francia, también firmó la actriz Catherine Deneuve).[9] No obstante, la autobiografía sexual de Millet –elegante y notablemente franca– abre la puerta a aspectos del sexo que hasta ahora se han expresado más bien poco, incluidos los deseos que no se reducen a «correrse». Aprecio particularmente que forje una relación femenina no negativa y no sumisa radicalmente abierta, como cuando dice: «Si soy dócil, no es porque me guste la sumisión [...] sino porque en el fondo me es indiferente el uso que se haga de los cuerpos.» En un mundo que tan a menudo presume de que todos se preocupan tanto, o se preocupan de la misma manera, por el uso, significado o importancia de su cuerpo y sus diversas partes, el agnosticismo sexual básico de Millet siempre me ha parecido un alivio enorme y vivificante.

Uno de mis momentos favoritos de *La vida sexual de Catherine M.* es cuando Millet y su amante Eric se enfurecen con un «pardillo» que conocen en un bar y que intenta avergonzar a Millet por su promiscuidad (ella es aficionada al sexo en grupo) diciendo que el bar «empezaba a "oler a corcho quemado"». Realmente no hay suficientes momentos, en la literatura o en la vida, en los que las mujeres –con el apoyo de un aliado masculino, nada menos– se alíen contra aquellos que las avergüenzan tachándolas de zorras. Lo siento por todas aquellas que se quejan de que en la vida las cartas están marcadas en contra de las chicas, las mujeres y los queers que reafirman su derecho al placer o el deseo. Casi todas mis amigas mujeres o queer que se permitieron explorar sus deseos mientras crecían fueron calificadas de putas o sufrieron acoso; tengo una hija en la escuela secundaria y otra en camino, así que conozco el paño (que a veces parece haber mejorado milagrosamente; en otras, deprimentemente inmutable). Transgredir y portarse como una putilla también significa algo completamente diferente para las mujeres blancas –cuya castidad artificiosa garantiza todo un orden racial– que para aquellas que han sido obligadas a una sexualización, transgresión y castigo injustos.[10]

Y, sin embargo, si quieres una realidad en la que quienes parezcan excepciones e intrusos sean los «pardillos», puedes encontrarla y vivirla. Obviamente, esto es más difícil –y con ello quiero decir, *mucho más difícil*– en unas circunstancias que en otras. Pero casi todos los queers que conozco que nacieron en un mundo intolerante y donde el acoso estaba a la orden del día acabaron encontrando a los suyos. Todo el mundo necesita modelos a seguir y amigos y socios, cosa que lleva tiempo, y a veces mucho tiempo. No sería lo que soy ahora sin esa caterva de personajes hilarantes, obscenos, mal hablados y desvergonzados que me han animado a lo largo de muchos años, algunos de ellos desde la escuela secundaria. Su ejemplo de cómo hacer picadillo rápidamente la estrechez de miras y el moralismo de los demás, cómo localizar, construir y habitar mundos que consiguen resistir o protestar –y algo más– contra el mítico Mundo Único, como solía llamar David Wojnarowicz a la opinión común, me ha servido de apoyo y me ha transformado, cambiando para siempre lo que he sido capaz de sentir y conocer.

Para mí Wojnarowicz fue una de esas personas, aunque no llegué a conocerlo; también Eileen Myles, a la que escuché por primera vez cuando tenía alrededor de dieciocho años, y a quien básicamente seguí desde esa noche. Todavía puedo ver el librillo verde en rústica de la colección Semiotext(e) de

Myles de 1991, *Not Me,* sobre la mesa en St. Mark's Books, todavía puedo verme cogiendo el volumen por primera vez, sin saber cuánta «libertad para» estaba a punto de precipitarse en mi mundo. Me deleitaba con frases como: «Recuerdo / que me entregaste el plato de pasta rojo / más hermoso que he visto. Era como tu coño / en un plato» o «Necesito / sexo whisky / y / lo consigo.» ¡Grandes platos de pasta como coños! ¡Sexo whisky que podrías querer y conseguir! Luego, en 1994, apareció «Robin», en *Chelsea Girls* de Myles: «Debía follarme a Robin. Ese era mi trabajo. Ella tenía el coño, la vagina más grande [...] en la que alguna vez he metido el dedo. Era grande y roja y necesitada. [...] Siempre he recibido quejas por ser basta, pero me parecía que podía meterle un palo hasta el fondo a esa mujer, una rama. [...] Menuda mujer, nunca había conocido un animal tan cachondo ni me había dedicado tanto a una mujer. ¿Quieres mi puño dentro de ti? Lo que sea, chilló, lo que sea.» Igual que Millet lleva su condón quemado como insignia, Myles convierte aquí la vagina grande, roja y necesitada en un icono de la sexualidad y el deseo. La cuestión no es si uno compartió o no los mismos deseos de Myles. La cuestión era su franco testimonio de fuentes de calentura y vitalidad que no se podía oír en otras partes. Hubo otros, por supuesto. Pero para mí fue «Robin» lo que me hizo saber que no habría –que no podía haber– vuelta atrás.[11]

Durante gran parte del inicio de mi edad adulta, quise sexo whisky y lo conseguí, y estaba (casi siempre) contenta con él. Estoy igualmente satisfecha de haber llegado por fin al sexo sobrio. Uno de los dones de la abstinencia es que nos exige responsabilidad por todas las bebidas que hemos tomado, sin importar nuestro género o sexualidad, ni nuestra situación vital. Esto no significa que uno sea responsable de las malas acciones que otros pueden cometer mientras uno está embriagado. Solo significa que, en última instancia, no nos beneficia responsabilizar a los demás de nuestras decisiones de tomar una sustancia (como en «me emborrachó»). Y aquí estoy de acuerdo con Kipnis, que considera que deberíamos hablar más abiertamente y con menos miedo del alcohol y el sexo, que deberíamos reconocer que beber en exceso, especialmente cuando se realiza con el objetivo de disminuir, si no eliminar, la coherencia, podría ser un síntoma del «progreso desigual hacia la emancipación de las mujeres (incluidas las ambivalencias sobre la responsabilidad de nuestra propia libertad)».

La ambivalencia de si somos responsables o no de nuestra propia libertad no significa que seamos estúpidos, autodestructivos, inútiles o queramos causar daño. Significa que somos humanos. Y ser humano consiste en parte en no querer siempre que todos los momentos de nuestra vida sean otra etapa en la larga marcha hacia la emancipación y la iluminación. También significa lidiar con los deseos de entrar o esquivar los cuartos oscuros.

Alcohólicos o no, casi todos los que beben lo hacen en parte para aliviar la terrible carga de la voluntad; bebemos en parte porque puede ser tan delicioso y emocionante como aterrador y terrible «dejar que las cosas ocurran», encontrarse en lugares y con personas que tu yo sobrio quizá no habría buscado o habría rechazado directamente. Esto puede ser especialmente cierto para aquellos que hemos sido socializados para tener miedo. Yo era una niña bastante medrosa, criada a la sombra del asesinato sexual de mi tía, y los problemas sexuales de mi rebelde hermana mayor. Así, hallé no poca euforia y alivio en arrojar mi cuerpo de veinteañera borracha sobre los caprichos de la noche neoyorquina y volver a casa regularmente a las tres de la madrugada con un fajo de dinero en efectivo que ganaba haciendo de camarera metido en el sostén o el zapato. El problema, por supuesto, es que la sustancia que te permite sentir esa libertad es la misma que

146

inhibe tu capacidad para desaparecer o protegerte cuando una situación se vuelve peligrosa o no deseada. No hay cura mágica para ese dilema; es un nudo con el que cada uno de nosotros debe lidiar. Solo nosotros podemos saber cuándo hemos tenido suficiente de ese criterio cuestionable que provoca la combinación de sexo y sustancias recreativas; en mi caso, hasta los treinta y tres no tuve suficiente. A veces lo pasé bien y otras mal (por suerte, no tuve ninguna experiencia catastróficamente mala). Pero siempre hice mi voluntad: fue lo que elegí, hasta que decidí elegir otra cosa. Lo sé: cuando estás bajo el influjo de alguna sustancia, a lo mejor tienes la impresión de no estar eligiendo nada. Pero una de las cosas que revela la abstinencia es que puedes elegir otro camino, aun cuando esta elección esté supeditada, paradójicamente, a renunciar a tu ilusión de control, de hartarte de ese tipo particular de libertad que la sustancia ofrece.

Lecciones queer

En los años transcurridos desde que comenzó el movimiento #MeToo, a menudo me he encontrado hablando con amigos queer que se sienten excluidos de esa cultura dominante que se centra en el binomio heterosexual de depredador masculino/víctima femenina, en la medida en que el debate parece eludir, una vez más, la experiencia y la perspectiva que los queers tienen que ofrecer. Las personas con las que he estado conversando por lo general no desean que se preste más atención a sus propias experiencias de acoso, discriminación, intimidación o incluso violencia. Más bien, tienden a manifestar que están más alerta para evitar que un punto de inflexión acabe en pánico sexual, como ha expresado Masha Gessen, en parte debido al hecho de que muchos de ellos mismos, en algún momento, han sido sospechosos o

147

se les ha acusado de deseos o comportamientos sexuales inapropiados, a menudo solo en virtud de su propia existencia. Tal experiencia tiende a hacer que los queers sean más susceptibles a la lógica paranoica que sostiene que expresar cualquier reparo a la lógica o métodos del #MeToo es un intento de preservar el *statu quo,* o, de manera más perversa, indica que cualquiera que exprese tales reparos puede representar un peligro.

A pesar de (o debido a) su conocimiento de esta historia, muchos queers han sentido la necesidad de ir con pies de plomo, por las razones que Jane Ward expone en un ensayo titulado «Bad Girls: On Being Accused» (Chicas malas: sobre ser acusadas):

> Todos estos malditos hombres. Estos hombres que manosean y amenazan y agreden a niñas, niños y mujeres. Por fin están siendo arrestados. Lo celebramos, dicen los comentaristas. Estamos furiosos, dicen. Todo experto tiene algo que decir sobre lo que nos ha sucedido: a nosotros los «supervivientes» de la cultura de la violación.
>
> Nosotros, al parecer, también actuamos con cautela, con estrategia. Hablamos entre susurros: *por favor no revolvamos las aguas hablando ahora de falsas equivalencias.* Nos estamos amonestando entre nosotros por miedo: *por favor, os ruego que os distraigáis de este poderoso manantial de verdades feministas, este imparable testimonio de violación y supervivencia, fijándoos en las áreas grises y las complejidades. Ahora no. Hay mucho en juego. ¡Esto por fin está funcionando!* Cuando estamos con alguien de confianza reconocemos estas complejidades, pero pedimos que no se pronuncien fuera de nuestras bien protegidas cámaras feministas, donde confiamos en que serán manejadas con sumo cuidado.
>
> Pero estas complejidades no son teóricas. Y no son privadas. Tampoco se hacen patentes solo en los ejemplos his-

tóricos más notorios, como las mentiras de Carolyn Bryant sobre Emmett Till, o el pánico al abuso sexual satánico en las guarderías de la década de 1980 y 1990, o las lesbianas ahora conocidas como las Cuatro de San Antonio, acusadas falsamente de abuso sexual a mediados de la década de 1990. [...] La complejidad –y con ello me refiero al hecho de que las reacciones aparentemente feministas de tolerancia cero a la agresión sexual suelen estar animadas por el racismo, el sexismo y la heteronormatividad, en lugar de obedecer a cualquier tipo de intervención feminista sustancial– es el hecho clave para muchas de nosotras, una discusión absolutamente imposible de compartimentar o posponer hasta un momento más conveniente.

A continuación Ward relata la historia de su pareja (femenina), una profesora de secundaria que fue sancionada en su instituto por «no conseguir garantizar un entorno sexual seguro» después de que se descubriera que dos de sus estudiantes se habían colado a escondidas en el aula durante el recreo para tener relaciones orales consensuadas. Ward relaciona este episodio con la larga historia de que las lesbianas «son siempre las primeras sospechosas cuando surge algún caso de mala conducta sexual (real o imaginaria); se les dice que se mantengan alejadas de los niños de otros parientes; que mantengan la distancia en vestuarios y baños y otros lugares donde las mujeres hetero no sospechan que pueda existir deseo por parte de personas del mismo sexo y sienten pánico si intuyen esa posibilidad», y así sucesivamente. Nos recuerda que «muchos queers, incluidas mujeres queers, son conscientes de que la vida queer significa arriesgarse a que te acusen de haber incomodado a otras personas, quizá incluso haciendo que se sientan violentadas por culpa de nuestro exceso sexual, nuestro hermetismo, imprevisibilidad o descaro. Por esta razón algunas no vilipendiamos enseguida al acusa-

149

do ni "creemos a todas las mujeres", porque ya hemos estado en el lugar del acusado, hemos amado al acusado y hemos visto a las instituciones fabricar y hundir a los acusados para proteger sus propios intereses».

Quizá haya quien tache estas preocupaciones de «un pánico moral causado por un pánico moral», o considere que quienes hablan en su nombre son defensores de malos actores, o posibles malos actores ellos mismos. Otros dirían que, debido a los avances en los derechos LGBTQ+, tales preocupaciones son esencialmente reliquias, y que los legados de la homofobia y la transfobia no deben usarse como excusa para ignorar la mala conducta de personas de cualquier sexualidad o género. Algunos dirán que «matices», «complejidad», «contexto» y «zonas grises» son eufemismos utilizados para socavar o distraernos de verdades más simples, acusaciones más simples y castigos más simples; hay quienes eliminarían el problema de las «víctimas colaterales» señalando que el arcén de la carretera está lleno de mujeres y queers que también lo fueron, por lo que es lamentable pero justo devolver el favor en una escala infinitesimalmente menor.

Tales actitudes tienen sentido cuando nos domina la ira que sentimos hacia personas que han hecho cosas inaceptables, y hacia los sistemas arraigados que han hecho horas extras para permitírselo o alentarlos. Pero la ira, si no se procesa, resulta un suelo particularmente pobre a la hora de cultivar compromisos políticos. Mariame Kaba, favorable a la abolición de las cárceles, explica:

> Así que una de las cosas de las que siempre hablo es de la importancia de que tus traumas individuales se transformen en compromisos políticos. Entonces tienes un trauma individual que experimentas y luego un compromiso político que podría separarte de ese trauma.
>
> He aquí un ejemplo de lo que quiero decir. Yo fui vio-

lada. Y me convertí en una reaccionaria. [...] Quería venganza. Eso fue importante. Tenía que procesarlo. Tenía que pasar por ese proceso. [...] Si me hubierais puesto en una mesa redonda y preguntado qué había que hacer con los violadores, habría contestado que matarlos. Esa habría sido mi respuesta. [...]

[Pero hay] que pensar en el compromiso político que creas a partir de la experiencia que has tenido, que es personal y dañina, y luego tienes que pensar en cómo aplicarlo de manera general a diversas personas y en contextos diferentes. [...]

Tenemos que crear una comunidad lo bastante fuerte como para poder decirles a nuestros amigos: eres un reaccionario de la hostia. [...] No vamos a extrapolar tus sentimientos de miedo e ira y convertirlos en una política que luego gobernará a un montón de otras personas que no te han hecho nada.

Mientras desarrollamos nuestros compromisos políticos, puede parecer una obviedad afirmar que solidarizarse con las prácticas sexuales no normativas nunca implica defender la coacción, el abuso o el acoso. Solo que, naturalmente, las cosas nunca son tan claras. Dado el elástico –y a veces idiosincrásico– despliegue de tales términos, cualquiera que se dedique a resistir la avidez del estado psiquiátrico-carcelario a la hora de definir y perseguir la desviación sexual, cualquiera que desconfíe del moralismo sexual en todas sus formas –incluyendo sus formas feministas– inevitablemente debe examinar atentamente cualquier ideología que pretenda saber qué es el sexo ético, es decir, qué se sale de sus límites y cómo se debe castigar a quien se salga de la norma. Incluso –o especialmente– cuando estamos sufriendo, vale la pena tomarse un momento para asegurarse de que nuestro dolor no se alía con nuestro puritanismo o nuestro afán de castigo, pues esa alianza refuerza las dicotomías viciadas de inocente/ culpable, peligroso/no peligroso, desechable/valioso, en las que se basa el estado carcelario.[12]

Aun cuando en general podamos estar de acuerdo con los objetivos de más reciprocidad y menos dominación, quedan cuestiones espinosas, que incluyen (pero no se limitan a) la edad de consentimiento, revelar si padeces alguna enfermedad de transmisión sexual, sexo sin condón, el trabajo sexual, la poligamia, los problemas legales, el consentimiento de las personas con discapacidad mental, así como «el sexo consentido entre empleados o estudiantes, los besos o caricias no deseados que terminan tan pronto como la parte no interesada dice que no, las proposiciones sexuales consideradas inapropiadas o poco profesionales por las instituciones, pero no por las personas involucradas, la presencia de sexo o deseo en lugares en que algunas personas preferirían que permaneciera al margen o entre personas a las que se ha disciplinado para que crean que no han de desearse entre ellas (el deseo interracial, queer, intergeneracional, etc.) y conflictos complejos entre personas que podrían tener un componente sexual», como resume Ward. El afán de crear prescripciones éticas (por no decir legales) uniformes acerca de cuándo las relaciones sexuales son inapropiadas o aborrecibles merece que el principio de variación sexual benigna le plante cara de manera contundente (y cuando digo contundente quiero decir contundente. Veamos, por ejemplo, el libro de Joseph Fischel *Screw Consent: A Better Politics of Sexual Justice,* donde el autor considera lo que el sexo en los márgenes sociales, incluyendo las prácticas bestiales, necrófilas, caníbales, podría tener que decirnos sobre la creación de nuevos modelos para la justicia sexual).

La abundante utilización mediática de la expresión «conducta sexual inapropiada» –imprecisa pero que siempre suena desagradable– para cubrir todo tipo de denuncia pública

152

ha proporcionado abundantes oportunidades de preocupación y vergüenza a los que permanecemos alerta a las difamaciones sexuales, sobre todo cuando vemos cómo la «conducta inapropiada» se convierte en «acoso» o incluso en «agresión» en titulares y conversaciones, como si se jugara a una variante peligrosa del teléfono estropeado. Entiendo de dónde procede, pero todavía me duele ver a la gente salivando ante la idea de que los hombres tiemblen de miedo cuando se enfrentan a la posibilidad de que un incidente sexual cuestionable de su pasado regrese para perseguirlos, sobre todo cuando tantas mujeres, queers y heterosexuales me han expresado alguna variación de «Uau, qué suerte que a nadie le importe una mierda mi pasado». Eso no suele significar que hayan participado en ninguna agresión ni en ningún abuso de poder *quid pro quo,* pero sí que coquetearon o tuvieron relaciones sexuales con alguien mucho más joven que ellas; o golpearon a alguien agresivamente; o intentaron besar o tocar a alguien sin saber a ciencia cierta si el otro lo deseaba; o se acostaron con alguien perteneciente a alguna categoría espinosa, como empleado, jefe, fan, profesor o estudiante; o mintieron y engañaron a la manera clásica; o ejercieron presión emocional sobre alguien o se comportaron imprudentemente en momentos de tensión; y muchas otras cosas.

Por estas razones, me quedo realmente estupefacta cuando la gente que hace un llamamiento en favor de una mayor intervención y/o vigilancia sexual institucional se muestra tan optimista o ignorante de la historia de esa intervención, e insinúan alegremente que los que no están de acuerdo con ellos son aspirantes a maltratadores o maltratadores encubiertos, y nunca parecen imaginar que un día les podría afectar a ellos, absolutamente convencidos como están de que su comportamiento ha sido impecable desde siempre. No parece preocuparles que, por ejemplo, los asistentes sociales enviados por el Estado para ratificar una adopción puedan considerar sexualmente peculiar lo que hay en sus estanterías o paredes; ni qué hacer si el arte «obsceno» de sus paredes los mete en problemas legales potencialmente serios; ni la plausibilidad de convertirse en chivo expiatorio en el lugar de trabajo si la institución necesita salir de una situación de pánico por culpa de alguna queja; ni cómo se sentirían si un material, una conversación o una crítica alarmante en su seminario (o una acusación sobre ellos hecha por tuit) condujera a que se les investigara a conciencia en su lugar de trabajo; ni si cada momento de su propia vida sexual o emocional ha sido verdaderamente irreprochable, y siempre lo será, sobre todo cuando se le aplican criterios cambiantes de aceptabilidad; ni si promueven objetivos feministas y queer para hacer causa común con los burócratas que sin pensar fomentan la moralidad sexual tradicional (como en muchas reuniones de profesores en las que he participado durante las que debatimos, con gesto imperturbable, si los líos amorosos entre estudiantes y profesores que acaban en matrimonio deben ser tratados de manera diferente a los que no).

El miedo a la lógica del «terreno resbaladizo» no es una excusa para no abordar el tema del mal comportamiento. Pero ver de cerca las situaciones anteriores me ha llevado a creer que, al abordarlas, nos debemos, tanto a nosotros mismos como a los demás, toda la especificidad y atención al contexto que podamos, y también procurar no dejar víctimas por el camino. De lo contrario, es probable que nuestros esfuerzos sean contraproducentes para las mismas personas a las que pretenden servir.[13] Lo que excluye cualquier ambigüedad acerca de si estamos protestando contra la jerarquía de género con el nombre de mala conducta sexual, pues esta confusión, cuando no queda clara o no se tiene en cuenta, puede volverse bastante peligrosa. El mensaje, reiterado por la fundadora de #MeToo, Tarana Burke, tras las acusaciones contra la profesora universitaria Avital Ronell y la activista de #MeToo Asia Argento, de que el género o la sexualidad de un perpetrador es irrelevante, ya que lo que aborda realmente el movimiento es «el poder y el privilegio», pretendía aclarar las cosas, pero en última instancia enturbió más la situación. Desde luego, hay momentos en que el poder y el privilegio que hay en juego corresponden a prohibiciones institucionales o legales (tal fue el caso de Ronell y de Argento). Pero aparte de tales circunstancias, determinar qué constituye el poder o el privilegio en cualquier encuentro entre dos adultos que consienten no es de ninguna manera un asunto fácil ni resuelto. Tampoco la cuestión de qué papel desempeñan –o deberían desempeñar– el poder o el privilegio en el sexo entre adultos que consienten, ni quién debería ejercer de árbitro.

Siempre alrededor del poder

En la Conferencia Barnard sobre Sexualidad de 1981, donde feministas antipornografía protestaron por la presencia de Hollibaugh, y también por la de Nestle, Rubin y Allison, Hollibaugh dijo lo siguiente sobre el papel del poder en el sexo:

> La verdad es que el estado actual de las cuestiones feministas ha exigido que las mujeres vivan fuera del poder en el sexo. Al parecer hemos decidido que el poder en el sexo es masculino porque conduce al dominio y a la sumisión, que a su vez se definen como exclusivamente masculinos. Casi toda nuestra teorización sugiere que cualquier excitación causada por el poder que sientan las mujeres es simplemente falsa conciencia. En la vida real esto obliga a muchas feministas a renunciar al sexo tal como lo disfrutan y obliga a un grupo aún mayor a pasar a la clandesti-

155

nidad con los sueños. Para muchas mujeres que no tienen idea de lo que podrían acabar queriendo, significa silenciar y temer los aspectos desconocidos de sus pasiones cuando comienzan a aflorar. Silencio, ocultación, miedo, vergüenza: es algo que siempre se ha impuesto a las mujeres para que no lleguemos a saber, y mucho menos a controlar, lo que queremos. ¿Nos lo impondremos ahora a nosotras mismas?

Décadas más tarde, #MeToo ha reavivado preguntas similares. Gran parte de este renovado análisis del poder ha sido sumamente importante, y ha resultado más claro cuando se ha centrado en el lugar de trabajo, donde las cuestiones de *quid pro quo,* acoso y represalia cobran gran importancia. Sin embargo cuando el análisis sale de esa esfera, vale la pena proceder con cautela y meditar un momento acerca de la premisa implícita de que el sexo «correcto» –el sexo más ético y justo y hacia el que todos deberíamos encaminarnos– es un sexo despojado de todas las relaciones de poder posibles.

El poder es parte integral de la sexualidad de algunas personas. Algunos lo dan por sentado; para otros, es un total anafrodisíaco. Por su parte, Hollibaugh da fe de que: «Mi propia sexualidad se basa fundamentalmente en el peligro. Así es como sienten su sexualidad muchas mujeres que conozco: siempre alrededor del poder y siempre alrededor del peligro.» (Uno podría dar su opinión sobre esta inclinación, pero tened en cuenta que los demás también pueden dar su opinión sobre la vuestra.) También está la dificultad de que, como ha dicho Fischel: «Las parejas sexuales rara vez están en un plano de igualdad; de hecho, es difícil entender lo que la igualdad podría significar.» Tal como lo ve Fischel: «Pretender regular el sexo en las relaciones de dependencia nos lleva a un dilema: o todo el sexo es inadmisible, ya que todos los diferenciales de poder fabrican funcionalmente el consentimiento, o hay que desechar la regulación, pues sostiene que todo el sexo resulta sospechoso, y esto no puede ser, ya que el sexo es bueno o divertido o mutuamente deseado a pesar de la asimetría de poder, y a veces por esa causa.»

Analizar la dinámica de poder de cualquier escenario concreto puede ser crucial a la hora de entender lo que sucedió y por qué. Eso no significa, sin embargo, que si existen elementos de poder –como siempre ocurre–, nuestra voluntad desaparezca, o que se haya dado un abuso de poder. El ejercicio de la voluntad es siempre una negociación de las posibilidades y presiones que intervienen; es imposible que haya «voluntad» o «libre albedrío» aparte de las redes de relaciones, que incluyen las relaciones de poder. Tampoco servirá para aplicar nuestras propias constelaciones de poder en la psicología de los demás, porque no atribuimos poder a las mismas personas o fuerzas, ni nos sentimos afectados por ese poder de la misma manera. No a todas las mujeres les agrada que les digan que ciertas personas inevitablemente tienen poder sobre ellas; las acusaciones de falsa conciencia o de tomar decisiones erróneas siempre corren el riesgo de subestimar a las mismas personas a las que se pretende cuidar.

Puede que algunos jalearan, por ejemplo, al cantante de la banda indie Pinegrove cuando –sin duda inspirado en el análisis del #MeToo sobre «los insidiosos aspectos del desempoderamiento»– publicó el siguiente mensaje en las redes sociales: «He coqueteado con las fans y en algunas ocasiones he mantenido relaciones íntimas con gente a la que he conocido en la gira. He llegado a la conclusión ahora de que eso no es apropiado, aunque comiencen ellas. Siempre habrá una dinámica de poder injusta en estas situaciones y no está bien que yo lo ignore.» Pero a mí me puso furiosa. Stephens Hall puede hacer lo que quiera, y tendrá poder si decide no tener relaciones con las fans por el motivo que sea (una razón importante, sin duda, es que había sido acusado de «coacción sexual no física» por parte de una ex; uno sospecha que Hall solo estaba haciéndose eco de las afirmaciones de la ex sobre su comportamiento). Pero hay un punto en el que la afirmación de una «dinámica de poder injusta» es simplemente una cosificación del poder (masculino), que (una vez más) desaparece o desconfía de la autonomía femenina (es decir, no se puede confiar en el deseo sexual de sus fans, «aunque comiencen ellas»). Si yo coqueteara con un tío superexcitada por su actuación carismática y me respondiera: «Lo siento, sé que esto es lo que crees que quieres, pero debido al poder implícito que tengo sobre ti a causa de mi privilegio de celebridad y género, es simplemente imposible que sepas lo que quieres», me quedaría lívida. Las personas en posiciones de poder relativo –ya sea por edad, situación social, por estar sobrias, etc.– sin duda se benefician de las posibles consecuencias de entablar una relación sexual moldeada por esta dinámica. (Estas consecuencias pueden ser un arma de doble filo: una y otra vez, he visto relaciones que comienzan en la adulación fracasar completamente cuando resulta que el objeto de adulación es un ser humano ordinario y necesitado, al que posteriormente rechaza la persona que lo había puesto en un pedestal.) Embarcarse en esta reflexión difiere de alimentar una seguridad reflexiva acerca de dónde reside el poder de manera inamovible, asumir que todas las formas de poder significan «poder sobre», o exigir una perspectiva consensuada acerca de qué formas de diferenciales de poder son aceptables entre adultos y cuáles no.[14]

El problema de demonizar el poder va mucho más allá de la esfera del sexo. Como explica J. K. Gibson-Graham:

> Cuando el poder se identifica con lo despiadado y dominante se convierte en algo de lo que la izquierda debe distanciarse para no verse comprometida ni asimilada (Newman 2000). [...]

158

Cualquier innovación política fructífera parece perpetuamente bloqueada o pospuesta porque requiere una relación completamente nueva con el poder. Tendrá que eludir el poder, ir más allá, aniquilarlo, transformarlo, pasar de manera radical de un poder controlador y dominante a otro empoderador y liberador (Newman 2000). Pero dado que mantenerse a distancia del poder es el signo distintivo del auténtico radicalismo, y el deseo está vinculado a la pureza de la ausencia de poder, el paso para volver a habitar el poder acaba pospuesto. Si vamos a dejar de ser víctimas y adquirir poder, si vamos a pasar de juzgar a imponer leyes, de protestar a crear proyectos positivos, también tenemos que modificar esa postura moralista que se aferra a una singular concepción del poder y bloquea la experimentación con el poder en sus muchas formas.

Sin duda, hoy en día hay muchas cosas que nos hacen sentirnos impotentes, y sin duda ciertos cuerpos sufren mucho más este hecho que otros. Pero encontrar el auténtico radicalismo en la pureza de la ausencia de poder no necesariamente conduce a nuestro empoderamiento, ni a un ejercicio más justo y responsable del poder. Sentir una convicción cada vez más aguda de nuestra impotencia a veces puede impedir que nos demos cuenta del poder que tenemos, incluso cuando pedimos cuentas a los demás. Tal como Jackie Wang, escritor y partidario de abolir la cárcel, ha expresado en un contexto diferente: «Cuando la gente se identifica con su victimización, tenemos que considerar críticamente si se está utilizando como una maniobra táctica para construirse a sí mismos como personas inocentes y ejercer el poder sin ser cuestionados.»

También nos beneficia examinar nuestro propio papel a la hora de otorgar poder, y toda inversión libidinal que podamos tener en ese juego. Siempre que oigo, por ejemplo, que la fama, el carisma, el talento o el éxito de un escritor (o artista o miembro de un grupo, etc.) le ha imbuido de cierto poder (a la manera del cantante de Pinegrove), me siento muy recelosa, en la medida en que esta ecuación me parece un fenómeno de género que normalmente va en una sola dirección. Es decir, que en ningún momento de mi vida literaria alguien me ha dicho algo parecido a: «Ahora debes tener todos los coños que quieres», como nos relata Ta-Nehisi Coates que le dijo una «anciana celebridad» del mundo de las letras después del éxito de *Entre el mundo y yo*. (Véase, también, las memorias de la música de rock Carrie Brownstein, *Hunger Makes Me a Modern Girl*, en la que resume una perogrullada conocida por las rockeras de todas partes: «La gente a menudo me pregunta sobre los *groupies* durante las giras, sobre si he tenido relaciones sexuales aleatorias y sin sentido y supercalientes. La respuesta es no. A todo. Nunca tuvimos *groupies*. Y tras esta frase escueta y triste quiero añadir que ojalá hubiéramos tenido, para poder escribir: "Sí, ¡por supuesto que teníamos *groupies*! Infinidad, incontables números de *groupies*. Una cornucopia de *groupies, groupies* que me salían de las orejas, *groupies* cada día. [...] En el caso de un hombre, el personaje se equipara con el poder; pero a una mujer el personaje la hace menos mujer, más distante e incognoscible, y por lo tanto amenazante.») Hay excepciones: existen *groupies* lesbianas y queer, y algunos heterosexuales valientes que se enamoran de mujeres poderosas y carismáticas. Pero dondequiera que la opinión común sostenga que el sexo exalta a los hombres y degrada a las mujeres, seguiremos presenciando una versión de esta dinámica. (Véase a Chrissie Hynde: «Un *groupie* masculino es un fan. No es lo mismo. Un *groupie* masculino no es alguien que te va a ofrecer una mamada.»)

La opinión común no es una fuerza separada de nosotros que actúa solo sobre nosotros. Su creación y manteni-

160

miento no son ajenos a nosotros. La idea de que un cantante (masculino) en un escenario o un escritor (masculino) con un Pulitzer tiene poder sobre nosotros, o las claves de nuestro reino creativo o profesional, no es un hecho objetivo experimentado de manera similar o aceptado por todos. Hay otras formas de percibir nuestra situación y proceder en ella, y muchas las forjaron aquellos que encontraron una salida a un callejón sin salida.[15]

Mi cuerpo no tiene nada que ver con tu cuerpo

Hace algunos años salía del metro de Astor Place y me topé con una Marcha de las Putas en el East Village de Manhattan. Por lo general, el espectáculo era una maravilla. No obstante, en años posteriores me encontré reflexionando sobre lo primero que vi en la calle: un grupo de mujeres jóvenes que llevaban cubrepezones y tejanos de talle bajo y una pancarta que decía MI CUERPO NO TIENE NADA QUE VER CON TU CUERPO. Si bien no me era desconocido, el eslogan parecía tan evidentemente falso en este contexto que me pareció casi cómico. Para empezar, la pancarta necesitaba unas cinco mujeres para sostenerla, de manera que cinco cuerpos se unieron para llevar una proclama que decía que los cuerpos que estaban allí no tenían nada que ver entre ellos. Además, la proclama se presentaba en una marcha que pretendía mostrar que los cuerpos tienen que ver con otros cuerpos, a través de una acumulación pública de carne escasamente vestida capaz de llamar la atención y detener el tráfico. Yo sabía que el «tu cuerpo» de la pancarta se refería supuestamente a algún enemigo o intruso imaginario, pero dado que cualquiera que lo leyera probablemente se sentiría interpelado por su llamada, la pancarta tenía el extraño efecto de atraerte a un diálogo solo para insistir en que en él eras irrelevante.

Eso me recordó, tal vez con cierta tristeza, el sexo propiamente dicho, una actividad en la que supuestamente participan dos o más cuerpos «conectados» y que puede reflejar de manera intermitente un drama en el que esos cuerpos afirman su independencia o alienación mutua.

El cartel también condujo a una paradoja en el corazón de la libertad sexual. Por un lado, tiene sentido pensar en la libertad sexual, tal como hacen Janet Jakobsen y Ann Pellegrini en *Love the Sin: Sexual Regulation and the Limits of Religious Tolerance,* como «la libertad de establecer relaciones humanas», en otras palabras, como la libertad de hacer algo, crear algo, ser algo, juntos. Por otro lado, destaca el hecho de que, en Estados Unidos, muchas de nuestras libertades sexuales más básicas y arduamente conseguidas (como el derecho a usar anticonceptivos, a abortar o a practicar la sodomía) se basan legalmente en los principios de la libertad individual derivados de un «derecho a la intimidad», improvisados a partir de enmiendas constitucionales y respaldados por casos judiciales en los que las relaciones protegidas siguen siendo bastante limitadas (por ejemplo, una pareja casada, una «mujer y su médico», una «pareja del mismo sexo»). Este enigma ha llevado a muchos a preguntarse lo diferente que podría ser nuestra concepción de la libertad sexual si la etiología de *Griswold v. Connecticut, Roe v. Wade* y *Lawrence v. Texas** derivaran de bases legales diferentes (si se anulan, es posible que algún día lo averigüemos).[16]

El conflicto entre entender la libertad sexual como algo que poseemos o a lo que aspiramos como individuos, y algo que hacemos y experimentamos juntos, nos lleva al corazón de la «cultura del consentimiento» y sus descontentos. Muchos

---

* En el primer caso, el Tribunal Supremo autorizaba el uso de los anticonceptivos en las parejas casadas; en el segundo, el derecho al aborto; y en el tercero eliminaba cualquier castigo contra la sodomía.

han observado la ironía del hecho de que la cultura del consentimiento en la universidad –con toda su cháchara sobre la autonomía individual, derechos, permisos, y contratos– ha florecido junto a la evisceración académica del sujeto autónomo liberal portador de derechos, y la celebración de conceptos como porosidad, interdependencia, interpenetración, «transcorporrealidad», vulnerabilidad e intersubjetividad. La feminista australiana Astrida Neimanis se centra en este fenómeno cuando escribe: «Recientemente he estado pensando en la paradoja a la que me enfrento como feminista: defender una autonomía de encarnación ("nuestros cuerpos, nosotros mismos"; "saca tus leyes de mi cuerpo", etc.) y también una vulnerabilidad ineludible y la encarnación compartida que la transcorporalidad subraya. Moverse entre estas paradojas es un desafío apremiante a la hora de pensar qué podría ser y hacer la encarnación.» Su argumento es bueno: en la medida en que la cultura del consentimiento contemporánea se basa en la teoría del contrato liberal y de los individuos liberales que la animan, siempre estará en tensión con el impulso de enfatizar nuestra naturaleza mixta, y las voluntades innumerables, ingobernables y a menudo invisibles que operan en un momento dado, hasta un nivel incluso celular.

Si algo nos enseñó Foucault sobre el sexo, es que el discurso que utilizamos para hablar de él desempeña un papel importante en la configuración de lo que creemos que es. (Él también demostró, en su análisis de la «hipótesis represiva» de la era victoriana, el tremendo placer libidinal que puede producir la represión o la demonización del sexo, especialmente por parte de los demonizadores.) Vale la pena, por tanto, considerar qué tipo de sexo, por ejemplo, produce o tiene como objetivo producir un modelo de «consentimiento afirmativo». Como lo expresa la estudiosa Tanya Serisier en «Is Consent Sexy?» (¿Es sexy el consentimiento?): «El modelo de consentimiento entusiasta [...] propone que el modelo de contrato verbal del sexo es la mejor manera –o incluso la única– para tener unas buenas relaciones sexuales, devaluando implícitamente otras formas de práctica o comunicación sexual. [...] La afirmación de que este tipo de consentimiento es el modelo de sexo sexy y ético supone que las personas que no se comportan de esta manera tienen algún problema.» Esto no significa necesariamente que tengamos que tirar el modelo a la basura. Solo significa que nos resulta beneficioso estar lo más alerta posible ante cómo se comporta y sus consecuencias no deseadas.

Al pensar en el consentimiento, muchos han señalado al BDSM como una subcultura con mucho que enseñar a los menos acostumbrados a confesar sus deseos y desviaciones. A mi modo de ver, las lecciones del BDSM tienen menos que ver con los contratos o palabras de seguridad *per se* (muchos profesionales dirán que esos límites no siempre funcionan como se proclama), y más con su manera de tratar el consentimiento como un portal que permite adentrarse en el trabajo real de deseo. (Por lo general, no solo «consientes» que te aten y te azoten, o que te pinchen el tejido erógeno; lo quieres, lo pides, a tu conveniencia. Tu deseo es la fuerza motriz, no una ocurrencia tardía o una conformidad; muy a menudo, es el pasivo quien debe saber lo que quiere.) Brown profundiza en el tema de la siguiente manera:

> Dado que «consentimiento» es un término tan crucial en los debates sobre sexualidad y pornografía entre las feministas, quiero aclarar que lo que yo sugiero es que cuando el consentimiento realmente importa, importa porque marca relaciones de subordinación. Sin embargo a menudo se usa –por desgracia, en mi opinión– para legitimar actividades en entornos relativamente igualitarios. Así, por ejemplo, la justificación que las feministas dan al sadomasoquis-

mo, afirmando que se basa en la naturaleza «consensuada» de la actividad, aborda de manera defensiva la preocupación de que la apariencia manifiesta de dominación o desigualdad sexual pudiera oscurecer el deseo mutuo de esa actividad. Pero esta defensa, en lugar de disipar la preocupación, probablemente la activa, precisamente despertando un espectro subterráneo de desigualdad en el idioma de consentimiento. ¿Por qué no decir «este es su deseo» en lugar de que «ella consintió en lo que puede parecer una violación»? ¿Por qué el consentimiento es el único lenguaje que tenemos para un mutuo acuerdo que no sea un contrato, y qué revela aquí el fracaso del lenguaje?

Tal como sugiere Brown, más allá del consentimiento y la subordinación legitimada se encuentran prácticas de libertad de nivel superior, como lo indica la afirmación todavía más radical de «Este es su deseo». (Pensemos también en las «Tres palabras mágicas» del columnista de temas sexuales Dan Savage, que anima a los heterosexuales a aprender de los homosexuales: «¿Qué te gusta?») Grace se queja de que Ansari le preguntaba una y otra vez: «¿Por dónde quieres que te folle?», una pregunta que, según Grace, le resultó difícil responder porque «ella no quería follar con él por ningún sitio». Entiendo que posiblemente él se saltó un paso crucial (o varios); entiendo que para ella pudo haber sido difícil indicárselo. Pero si alguien nos pregunta por nuestro deseo una y otra vez y no podemos responder, me parece que nos queda mucho por hacer. Puede que otros aprendan a ayudar en lugar de poner palos en las ruedas. Pero, en esencia, es una labor que nadie más puede hacer por nosotros. Y se debe en parte a que decir no es difícil, pero también lo es decir sí, especialmente si implica algo más o diferente que la aceptación.

Las historias verdaderas no existen

Quiero hablar un poco sobre el tiempo, la memoria, el sexo y la libertad; si pudiera (que sé que no puedo, al menos no del todo), me gustaría hablar de todo eso lejos de la imago misógina de la acusadora-arpía que supuestamente consiente (o al menos accede) en tener sexo por la noche y a la mañana siguiente (o diez años después) presenta cargos, y también lejos de la delicada cuestión de cómo, cuándo y de quién se puede uno fiar al rememorar los encuentros sexuales. Quiero hablar sobre el tiempo y el sexo y la memoria y la libertad porque me parece interesante que, probablemente porque el sexo puede tener la virtud de fijarnos en el momento presente, ofreciéndonos un escape momentáneo de las implacables garras de la creación de significado, a menudo es solo en retrospectiva como podemos aprehender las diversas fuerzas que originan una situación particular.

A veces, estas fuerzas parecen imbuidas de magia, como en: *¿Cómo acabamos encontrándonos? ¿Cómo supiste cómo me sentía? ¿Cómo tuve tanta suerte?* Otras veces, tienen un tinte más sombrío, tipo *¿Cómo pudo pasarme esto a mí (otra vez)?* Es posible ver en retrospectiva sucesos y elecciones y decidir que fuimos más libres de lo que suponíamos en ese momento, aunque apuesto a que más a menudo sentimos lo contrario. Vemos, en retrospectiva, cómo nuestras vidas y elecciones estaban determinadas, tal vez sobredeterminadas, por las fuerzas y pautas que nos han conformado hasta ahora, así como por las que modelaron a los demás con los que colisionamos. Mientras que a veces pensamos que este enredo nos hace «menos libres», también es posible que consideremos nuestra capacidad de evaluarlo y reevaluarlo con el tiempo una práctica de libertad en sí misma.

Reunir los diversos encuentros y tribulaciones de una vida en un relato que intente reformular el azar como karma siempre me ha parecido un tanto sospechoso. Esto es especialmente cierto cuando se trata de historias sexuales, ya que, sobre todo para las chicas, el relato de «van pidiendo guerra» siempre se esgrime para disfrazar el hecho puro y duro de que casi todas nos hemos visto sometidas a un tsunami de atención sexual no deseada antes incluso de llegar a la pubertad. (Mi propia preadolescencia fue de lo más anodina en este aspecto, pero todavía puedo ver con cinemática claridad la polla incircuncisa que asoma de los pantalones del traje de un hombre mientras me seguía, a mis diez años, por nuestra papelería local; todavía puedo escuchar la voz amenazadora del tipo que se me acercó, a mis doce años, en un chiringuito de la playa, y me susurró: «Todavía pareces lo bastante joven como para sangrar.») Tuve abundante sexo en la escuela secundaria, que en su mayor parte no me pareció fantástico ni terrible. Más tarde, como suelen hacer las estudiantes universitarias feministas, sometí mi historia a una reevaluación completa, y me quedé previsiblemente desorientada al darme cuenta de que las experiencias que en su momento había considerado consensuadas parecían salpicadas, en retrospectiva, de al menos cierto grado de coacción, principalmente de la variedad de la cabeza empujada-hacia-la-entrepierna mientras oyes las palabras «simplemente chúpala».

Y, sin embargo, mientras meditaba sobre mi principal fijación erótica de la secundaria, un chico muy aficionado a empujar la cabeza hacia la entrepierna y a humillarme de manera leve pero potente, también tuve que considerar el hecho de que conducía repetidamente casi cien kilómetros de ida y otros cien de vuelta para verlo, le mentía a mi madre sobre mi paradero cuando lo hacía, y luego evocaba obsesivamente los detalles de cada encuentro como acicate masturbatorio. En pocas palabras, no había ninguna historia verdadera que reflejara nuestra relación. Él a veces era grosero, pero yo era en gran medida el motor de la relación, y aportaba una impresionante cantidad de deseo, a menudo vergonzosamente no correspondido. En retrospectiva, comprendo que experimentaba con el masoquismo erótico mientras trataba de evitar cualquier autolesión o humillación verdaderamente desestabilizadora. Solo lo conseguí a medias, pero apenas tenía dieciséis años. Esas complicaciones fueron en parte lo que me llevó a renunciar a mi trabajo de enseñar a los estudiantes universitarios de primer año lo que era el consentimiento, ya que consideré que el programa no dejaba suficiente espacio para discutir el hecho voraz y turbulento del deseo femenino, que yo había experimentado como la fuerza más poderosa que atravesaba mi vida, pero que literalmente no tenía cabida en el programa, que se centraba principalmente en juegos de rol sobre cómo expulsar a un chico de tu dormitorio si un masaje se volvía sexual.

La interpretación nunca es una actividad estática; muy raramente una historia permanece inalterable a lo largo de toda una vida. A medida que nos hacemos mayores, a menudo nos encontramos con que nuestros relatos ya no funcionan; descubrimos que tenemos que cambiarlos, para que puedan aportarnos algo diferente y acomodar nuevos conocimientos e intuiciones. En este sentido no existe una historia verdadera. Esto no significa que todos los hechos sean intercambiables, ni que no todos tengamos derecho a contar nuestras propias historias. Solo significa que veremos los sucesos de nuestra vida de manera diferente en diferentes momentos, y que nuestra atracción, aversión o indiferencia hacia objetos, personas o acontecimientos siempre están condicionados por nuestro estado de ánimo.

Un famoso ejemplo de reevaluación constante es el de Monica Lewinsky, que ha revisado la historia de su romance con Bill Clinton en múltiples ocasiones a lo largo de los años, sobre todo inmediatamente después del movimiento

#MeToo. Su última versión me parece notable por varias razones, por lo que la citaré generosamente:

He vivido durante mucho tiempo en la Casa de la Luz de Gas, aferrada a mis experiencias tal como se desarrollaron a mis veinte años y despotricando contra las falsedades que me pintaban como una acosadora inestable y la Folladora en Jefe. La incapacidad de desviarme del guión interno de lo que realmente experimenté dejaba poco espacio a la reevaluación; me aferré a lo que «sabía». Muchas veces he tenido que enfrentarme a la incertidumbre de si fui una víctima o una manipuladora. (En 1998 vivíamos tiempos en los que la sexualidad de las mujeres era un marcador de su voluntad: «poseer el deseo». Y sin embargo yo veía que si de alguna manera me consideraba una víctima, abriría la puerta a los coros de: «Mira, simplemente te utilizó.»)

Enfrentarse a una creencia mantenida durante mucho tiempo (te aferras a ella como a una balsa salvavidas en medio del océano) significa desafiar tus propias percepciones y permitir que el *pentimento* de la pintura que está escondido debajo de la superficie emerja y se vea a la luz de un nuevo día.

Dado mi trastorno de estrés postraumático y mi comprensión del trauma, es muy probable que mi pensamiento en esta ocasión no estuviera cambiando de no haber sido por el movimiento #MeToo, no solo por la nueva lente que nos ha proporcionado, sino también por cómo ha ofrecido nuevas vías hacia la seguridad que surgen de la solidaridad. Hace apenas cuatro años, en un ensayo para esta revista, escribí lo siguiente: «Claro que mi jefe se aprovechó de mí, pero siempre me mantendré firme en este punto: fue una relación consentida. Si hubo "abuso" vino después, cuando me convirtieron en un chivo expiatorio para proteger su posición de poder.» Ahora me parece problemático que en algún momento los dos estuviéramos en una situación en la que se planteara el consentimiento. Por el contrario, el camino que conducía a ese lugar estaba plagado de abusos inapropiados de autoridad, posición y privilegio. (Punto final.)

Ahora, a los cuarenta y cuatro, estoy comenzando *(apenas comenzando)* a considerar las implicaciones de los inmensos diferenciales de poder entre un presidente y una licenciada en prácticas de la Casa Blanca. Estoy empezando a contemplar la idea de que en tales circunstancias la idea del consentimiento podría ser totalmente irrelevante. (Aunque los desequilibrios de poder, y la capacidad de abusar de ellos, existen incluso cuando el sexo ha sido consensuado.)

Pero también es complicado. Muy muy complicado. ¿La definición del diccionario de «consentimiento»? «Dar permiso para que algo suceda.» Y, sin embargo, ¿qué significaba ese «algo» en este caso, dada la dinámica de poder, su posición y mi edad? ¿Ese «algo» consistía en cruzar una línea de intimidad sexual (y luego emocional)? (Una intimidad que yo deseaba, con la limitada comprensión de las consecuencias de mis veintidós años). Él era mi jefe. Él era el hombre más poderoso del planeta. Tenía veintisiete años más que yo, con suficiente experiencia en la vida para saber cómo actuar. Él estaba, en ese momento, en el pináculo de su carrera, mientras que ese era mi primer trabajo después de la universidad. (Nota para los trolls, tanto demócratas como republicanos: nada de lo que he mencionado me exime de mi responsabilidad por lo sucedido. Me arrepiento todos los días.)

«Esto» (suspiro) es lo más lejos que he llegado en mi reevaluación; quiero ser reflexiva. Pero hay algo que sé con certeza: lo que me ha permitido cambiar, en parte, es saber que ya no estoy sola. Y por eso estoy agradecida.

170

Puedo imaginarme fácilmente a alguien animando a Lewinsky: ¡Oye, hermana, casi lo has conseguido! ¡Ya te has librado de la artimaña de que fue tu responsabilidad y tu placer! Solo tienes que nadar un poco más por esas agitadas aguas y llegarás a la orilla en la que lo único que queda es el abuso de poder de Clinton (esto, por supuesto, podría contaminar hasta el punto de borrar la torridez de tu aventura y la experiencia vivida, pero ese es el precio que hay que pagar para distinguir con claridad el «abuso de poder»). Pero lo que me encanta de su relato es su ambigüedad, su *«(apenas comenzando)»*, su interjección «Pero es complicado», su «(suspiro)», su reconocimiento de que «esto es lo más lejos que he llegado en mi reevaluación», cuando está claro que le sería muy fácil ganarse el aplauso depositando todas sus fichas en un solo número. En cambio, su «suspiro» marca cierta resistencia por su parte, una falta de voluntad para someterse al dogma que sostiene que «los objetivos eróticos complejos y ambivalentes no son tan buenos como los simples y estables» (Janet Halley). Me parece que se coloca en un lugar enormemente valioso, aunque incómodo. Igualmente importante: Lewinsky demuestra aquí que la resistencia puede coexistir con la gratitud por la solidaridad, la perspicacia y la protesta feministas, porque así es.

Después de todo, ¿quién puede decir que, después de años viviendo con el sambenito de «yo fui víctima del repugnante abuso de poder de Bill Clinton, y me doy cuenta ahora de que cualquier deseo o voluntad que sentía o consideraba como "mío" era un relato de hecho inventado, contaminado e ilusorio», Lewinsky no pueda sentirse diferente una vez más? Con el tiempo tendemos a cansarnos de nuestras historias; solemos aprender de ellas lo que tienen que enseñarnos, luego nos aburrimos de su lente singular. Considero la interpretación cambiante que hace Lewinsky de su historia una práctica de libertad por derecho propio, la reafirmación de una indeterminación que no se opone a la claridad. También sospecho que de alguna manera intenta preservar la parte de una experiencia que se niega a ser embalsamada o explicada: la parte más privada, como lo son muchos de nuestros recuerdos íntimos, como un inescrutable engrama cuyo derecho a no diagnosticar, justificar o comprender nunca nos reservamos.

El mito de la libertad

Hace ya tiempo que atribuyo la noción de que «las historias verdaderas no existen» al pensamiento budista, concretamente al budismo shambhala, una tradición que ha generado algunos de los textos que más me han inspirado como escritora y ser humano. *El mito de la libertad* de Chögyam Trungpa ha permanecido en mi escritorio mientras trabajaba en este libro, del mismo modo que la segunda mitad de ese libro, «Estilos de encarcelamiento», sentó las bases formales y mentales para un libro anterior mío, *El arte de la crueldad.* La alumna más famosa de Trungpa es la monja budista y escritora Pema Chödrön, cuyo libro *Cuando todo se derrumba: palabras sabias para momentos difíciles* ha sido un éxito de ventas desde 1996. (La frase «Las historias verdaderas no existen» es el título de un capítulo del libro de Chödrön *La sabiduría de la no-evasión,* un libro cuyo título solo subraya cierta actitud hacia el dilema de la falta de elección y la libertad que da forma a estas páginas.)

En 1993, Pema Chödrön concedió una entrevista a la revista budista *Tricycle* titulada «Ni correcto, ni incorrecto», que se centra en parte en la devoción que siente Chödrön por Trungpa, conocido, entre otras cosas, por acostarse con sus alumnas, beber en exceso y un comportamiento disoluto clasificado con la etiqueta de «sabiduría lunática». La entrevista de 1993 es anterior a nuestra era de avisos de contenidos, espacios seguros y cultura de la cancelación, pero su tema sigue siendo asombrosamente relevante. El entrevistador comienza preguntando a Chödrön: «Desde la muerte [de Trungpa] en 1986, ha surgido una creciente preocupación por el uso inadecuado de su autoridad espiritual, sobre todo con respecto al sexo y el poder. Hoy incluso algunos estudiantes que antaño fueron devotos de Trungpa Rinpoche lo ven de otra manera. Comportamientos que antes quizá se consideraban iluminados ahora se consideran incorrectos. ¿Ha habido algún cambio en su perspectiva?» A lo que Chödrön responde: «Mi imperecedera devoción por Trungpa Rinpoche radica en que me enseñó de todas las formas posibles que las cosas nunca se hacen de manera correcta ni incorrecta.» El entrevistador prosigue: «[Pero si] hace diez años hubiera sabido lo que sabe hoy [...] ¿habría querido que algunas de las mujeres con las que ha estado trabajando estudiaran con él, teniendo en cuenta su historial de abusos sexuales?» Chödrön sigue sin ceder, y dice que ella habría animado a los posibles estudiantes a «decidir por sí mismos quién crees que es este tipo». Ya al final de la entrevista, Chödrön le presenta al entrevistador una evaluación final: «Mi maestro personal no observó las normas éticas y mi devoción por él es inquebrantable. Así que me quedo con un gran *kōan*.»*

En la misma entrevista, Chödrön responde a una serie de preguntas sobre los espacios de seguridad. El entrevista-

---

* Un *kōan* es, en la tradición zen, un problema que el maestro plantea al alumno para comprobar sus progresos. Muchas veces el *kōan* parece un problema absurdo, ilógico o banal. Para resolverlo el novicio debe desligarse del pensamiento racional común y aumentar su nivel de conciencia para intuir lo que le pregunta el maestro, que está más allá del sentido literal de las palabras.

dor pregunta: «Se habla mucho en los círculos budistas de lugares "seguros" donde practicar, profesores "seguros", incluso entornos "seguros" en los que organizar congresos para profesores budistas. Y la idea de seguridad parece implicar garantías y previsibilidad, que las cosas se van a desarrollar de acuerdo con un plan. Esto parece muy diferente de su propia formación. ¿Cómo gestiona el deseo de los estudiantes de estar en un "lugar seguro" en la abadía?» A lo que Chödrön responde:

> Habíamos creado un programa en el que la gente se derrumbaba a diestro y siniestro. Con frecuencia, los estudiantes decían: Bueno, este lugar parece seguro para estar relajado. Así pues, el entorno era seguro, pero las enseñanzas eran amenazantes. [...] Una situación en la que nadie zarandea el bote y todo va como la seda no permite comprender prácticamente nada y lleva a intentar evitar el dolor, que es la principal causa de sufrimiento, la principal causa de saṃsāra. [...] Nunca vas a borrar la inconsistencia. Nunca vas a tener una imagen muy mona y perfecta sin desorden, no importa cuántas reglas inventes.

Me fascina la formulación, «el entorno era seguro, pero las enseñanzas eran amenazantes», ya que menciona una paradoja que encontramos en el meollo de gran parte de la creación y la pedagogía intelectual y artística, especialmente relevante para los que hemos dedicado gran parte de nuestra vida a la contemplación y creación de obras transgresoras, así como a apoyar y respetar a los estudiantes. Puedes esforzarte en crear un entorno seguro, pero si lo que pretenden las enseñanzas es zarandear, la gente se va a sentir zarandeada. Desde una perspectiva budista, esto no es malo, en la medida en que los budistas consideran que nuestros frecuentes intentos de evitar el dolor y la dificultad son precisamente lo que aumenta su fuerza y disminuye nuestra capacidad para abordarlos de manera eficaz.

Por supuesto, hay ocasiones en las que las advertencias están éticamente justificadas (si es que no son un requisito legal), en cuyo caso no importa que se les preste atención o no: advertimos de todos modos, por miramiento y precaución. Cada día paso alrededor del 95 % del tiempo advirtiendo a mis hijos sobre todo, desde los rayos ultravioleta hasta los taxistas chungos, pasando por el fentanilo, y rezo para que al menos parte de mi monólogo les entre en la sesera. Pero, para bien o para mal, no se puede advertir a nadie de todo ni de todos. Ojo con la heroína, con los estafadores, las sectas, incluso el puenting. Como sabe cualquiera que haya planeado o realizado una confrontación, exponer lo que consideras correcto e incorrecto (y cuál será tu ultimátum cuando la persona que presuntamente ha hecho algo malo no se ajuste a la opinión popular) se considera por lo general un intento de ayuda contraproducente y temerario, en el sentido de que puede disminuir la sensación de albedrío de una persona en lugar de dejarle espacio para crecer. Casi todos los profesores y padres (por no mencionar terapeutas, asistentes sociales, patrocinadores de AA, etc.) saben que dejar espacio para este crecimiento es primordial, aunque se interprete de manera rápida y superficial más como «protección» que como «cuidados». Este tipo de cuidados respeta la heterogeneidad y autonomía de los demás, y permite resultados indeterminados e incontrolables, por horribles que sean a veces. (La crianza de los hijos plantea un desafío especial, ya que el trabajo comienza como una protección pura y dura, que debe ir transformándose en una forma de cuidado compleja que vaya dejando más espacio, y no hay ninguna señal clara de cuándo y cómo se puede realizar dicha transición, ni instrucciones sobre cómo soportarlo.)

Las personas son diferentes entre sí, lo que significa que

buscamos y aprendemos de diferentes estilos de cuidado, pensamiento, pedagogía y experiencia. Debido a estas diferencias, no todos los estilos funcionan para todas las personas. Como explica Chödrön a su entrevistador: «Mis héroes son Gurdjieff, Chögyam Trungpa Rinpoche y Machig Labrum, el yogui loco de Bután. Me gustan los salvajes. Probablemente porque he invertido mucho en ser una buena niña, y siempre he recibido una respuesta positiva. Pero mis amigos y profesores siempre han sido los más salvajes y los adoro. Los buenos me aburren. No es que me aburran exactamente, pero no me hacen pensar. Soy el tipo de persona que solo aprende cuando la tiran por la borda y los tiburones me persiguen.» Siento una profunda afinidad con la caracterización que hace de sí misma, que es probablemente la razón por la que sus métodos (y los de Trungpa) han sido tan inspiradores para mí. Por supuesto, al no estar tan iluminada espiritualmente como Chödrön, es más probable que censure cierto comportamiento en términos moralistas cuando lo veo, y tampoco me veo jurando devoción eterna a alguien que se hace llamar Rey (como el hijo de Trungpa, Mipham Rinpoche –también conocido como el Sakyong–, que se vio metido en un escándalo del #MeToo mientras escribía este capítulo, y que intentaba volver a la vida pública cuando lo terminé).[17] Tampoco busco tanto desenfreno como antes: una envejece, ve que los tiburones se acercan, ay, sin haber sido invitados.

Es poco probable que la postura de Chödrön complazca a todos, y ella misma ha emprendido su propio viaje a lo largo de los años (en 2020, renunció a sus deberes en Shambhala, en parte debido al regreso del Sakyong a los suyos). Pero sigo felizmente obsesionada por su formulación: «Mi maestro personal no observó las normas éticas y mi devoción por él es inquebrantable. Así que me quedo con un gran *kōan.*» ¿Y quién no? Nuestro deseo de tratar a todos con compasión, bondad y clemencia y echar a los capullos nocivos por un acantilado es un gran *kōan*. Ejercer la libertad en un mundo reprimido, a menudo en circunstancias de mierda, es un gran *kōan*. Nuestro deseo de mantener el control sobre lo que le sucede a nuestro cuerpo y psique al mismo tiempo que buscamos experiencias de entrega y abandono es un gran *kōan*. Nuestro deseo de mayor protección por parte de las instituciones mientras insistimos en que salgan de nuestras vidas es un gran *kōan*. Nuestro deseo de correr el riesgo de descubrir las cosas por nosotros mismos sin dejar de estar básicamente protegidos es un gran *kōan*. Mantener un firme compromiso espiritual de «ni correcto, ni incorrecto» al mismo tiempo que haces que la gente confíe «en que cuando se hace daño a alguien habrá consecuencias» (como Chödrön escribió a la comunidad de Shambhala en una carta de 2018 referente al Sakyong) es un gran *kōan*. Como publicó en línea un maestro budista tras las represalias del Shambhala: «Oír que el Gurú puede ser una persona tan imperfecta nos da la oportunidad de renunciar a tantas expectativas de una vez por todas. Deja de buscar a alguien que te rescate. Céntrate en lo que *ocurre* en lugar de en lo que esperabas que ocurriera. Deja de desear que hubiera otro ahora.»

Otro ahora

Es tremendamente difícil, por supuesto, dejar de desear que hubiera otro ahora. C. E. da voz a esta frustración cuando escribe: «¿De dónde creen las viejas feministas que surgirá la diferencia? ¿Qué hay en este mundo que pueda crear el siguiente? Lo pregunto no para burlarme de ellas, sino porque sigo dándole vueltas con la esperanza de que la respuesta sea diferente, de encontrarla por azar algún día, y entonces todo irá bien. Pero no viene, ¿y ahora qué?»

¿Y ahora qué? Mientras escribo, varios estados están aprobando leyes draconianas que prohíben el aborto en todos los casos, cada uno con la esperanza de que las suyas abran la puerta a la anulación de la sentencia de *Roe v. Wade*, y que eso marque el comienzo de una nueva era de maternidad forzada, esta vez turboalimentada por los aparatos de encarcelamiento masivo. Michelle Goldberg pinta una imagen sombría de lo que podría caernos encima: «Es importante entender que no necesariamente nos enfrentamos a un retorno al pasado. La nueva ola de leyes antiaborto sugiere que unos Estados Unidos post-Roe no se parecerán al país anterior a 1973, cuando el tribunal decidió. Probablemente será peor.» C. E. amplía este pesimismo, añadiendo un poco de nostalgia a la mezcla: «Si hace miles de años había un modo de placer, una personificación y un uso de los genitales pregénero. [...] eso es ya totalmente irrecuperable. [...] [Ahora hay] solo un campo interminable de contacto, afecto, anhelo, supervivencia y relaciones de poder, producidas y mediadas por nuestras condiciones materiales.»

Llamadme loca, pero un «campo interminable de contacto, afecto, deseo, supervivencia, y relaciones de poder, producidas y mediadas por nuestras condiciones materiales», no me suena tan mal (sobre todo si imaginamos unas «condiciones materiales» más expansivas, incluso maravillosas, que en el sentido marxista). Parece un mundo en el que «la liberación allana el camino para unas nuevas relaciones de poder, que deben ser controladas por prácticas de libertad», un mundo en el que dejamos de medir el estado de nuestra liberación con el patrón de un ideal de sexualidad libre, estática y feliz, y nos entregamos a la experiencia, sabiendo que ciertas faltas de libertad y sufrimiento siempre formarán parte de ella, aunque nos esforcemos para disminuir su predominancia y fuerza. (Que podamos aceptar la inevitabilidad del sufrimiento mientras nos esforzamos para disminuirlo es otro gran *kōan,* quizá uno de los más grandes.)

Tal enfoque nos invita a dejar atrás los polos de preliberador frente a posliberador, negatividad frente a positividad, optimismo frente a pesimismo, utopía frente a distopía, y a tener en cuenta, en cambio, el hecho de que *no* todo va a ir bien, que nada ni nadie vendrá a salvarnos, y esto es algo tremendamente difícil y bueno a la vez. No necesitamos empeorar las cosas anhelando un pasado fantasmagórico e irrecuperable, ni asustarnos con imágenes de un futuro que siempre imaginamos que será peor. Podemos volver la vista atrás con gratitud en lugar de desilusión; podemos mirar hacia delante con curiosidad y determinación, imbuidos de lo que la gran artista feminista y defensora de la liberación sexual, la ya difunta Carolee Schneemann, denominó la «firme expectativa de grandes momentos que hemos de conquistar juntos». Como demuestra la exploración de esos grandes momentos que Schneemann llevó a cabo toda su vida –sin nunca dar la espalda a los momentos terribles–, tal convicción puede ser mucho más enriquecedora que nuestro futuro.

3. LA EVASIÓN DE LAS DROGAS

LA INTERSECCIÓN – PARA DISFRUTAR DE UNA DROGA SE
DEBE DISFRUTAR DE SER SUJETO – ME GUSTA HORRORI-
ZAR A LA GENTE – LA REHABILITACIÓN DE LOS ADICTOS –
LOS RUBIOS – ACCIONAR LA TRAMPA – PERSONAS NO HU-
MANAS – POR ABANDONO

La intersección

Hay muchas historias sobre por qué la gente consume
drogas. Algunas de estas historias tienen que ver con la libertad. Como por ejemplo: la gente toma drogas porque no se
siente libre, y las drogas hacen que se sienta más libre. O la
gente toma drogas porque quiere evadirse de su situación
complicada y dolorosa, pero lamentablemente acaba esclavi-
zada por la nueva carga de la adicción *(addictus* = «entregarse, rendirse; también, ser esclavo»). O la gente toma drogas
porque la libertad es difícil de soportar, y la adicción ofrece
un contrapeso a la insoportable levedad del ser. O la gente
toma drogas para liberar su mente, no solo del sufrimiento,
sino también de la percepción convencional, de la opinión
común. O las personas consumen drogas porque, al usar una
sustancia que ha sido prohibida, les parece que se están liberando de los límites de la ley. O como expresa Marcus Boon
en *The Road of Excess: A History of Writers on Drugs,* la gente
toma drogas porque siente (con lo que quiero decir sentimos) el deseo de estar colocados. Y una parte del deseo de
estar colocado es el deseo de sentirse libre, aunque sea brevemente, de la carga de la voluntad, la subjetividad, la sobera-

181

nía, la autonomía, la relacionalidad, incluso la fraternidad por la que generalmente suponemos que la gente anhela estar con otras personas. El impulso de tomar drogas nos dice lo contrario.

La relación entre las drogas, la adicción y la libertad me ha interesado mucho al menos desde principios de la década de 1990, cuando me topé con *Crack Wars: literatura, adicción, manía*, de Avital Ronell, uno de los primeros libros que me enseñó que teorizar puede ser un acto literario. En él, escribe Ronell: «La intersección entre la libertad, las drogas y la condición de adicto (lo que estamos sintomatologizando como "tomar drogas") merece un análisis interminable cuyas puertas fuertemente atrancadas solo una investigación solitaria puede abrir.»

Leí estas palabras alrededor de 1994, sin duda sentada en la escalera de incendios de mi apartamento con una botella de Jim Beam y un Camel, mirando hacia mi desolada esquina del Lower East Side llena de drogadictos. Acababa de cumplir los veintiuno, y había entrado en un ambiente inundado de drogas, sobre todo alcohol y heroína (esta última la evité, principalmente a base de la primera). Las «guerras de crack» del título de Ronell llevaban librándose casi una década; Bill Clinton acababa de aprobar la Ley de Control de Delitos Violentos y Aplicación de la Ley; el sida era la principal causa de muerte para los que tenían entre veinticinco y cuarenta y cuatro años. En ese contexto, el título de Ronell realizaba una extraña operación de dar gato por liebre, invocando, primordialmente para un efecto punk, la persecución intencional y cruel de los negros y la gente de piel morena que tenía lugar a través de «la guerra contra las drogas», para después desviarse bruscamente del tema y entrar en la literatura y la filosofía. Lo que para mí resultó fundamental entonces fue la proposición conjunta del libro de que las «drogas» –una categoría difusa y culturalmente inducida a la que

ningún grupo de moléculas pertenece de manera consustan-
cial sin una clasificación jurídico-política– nombraban una
estructura profunda situada en la base de nuestra cultura,
y estaban íntimamente ligadas a la pregunta de libertad.
Aunque muy influida por esa proposición, no la acabé de
entender (la legendaria opacidad de la escritura de Ronell
tampoco ayudó); casi tres décadas después, desde la abstinencia, en una época y un lugar muy diferentes, todavía estoy tratando de descifrarla.

«Para tener acceso a la cuestión de "tomar drogas", hemos
tenido que acudir al camino de la literatura», escribe Ronell al
comienzo de *Crack Wars*. Básicamente, yo voy a seguir el mismo camino, con algunos desvíos hacia la experiencia personal. En parte es una cuestión de gustos: con algunas excepciones (como la gran película de Peggy Ahwesh sobre la era
del crack, *Strange Weather),* no me gustan las películas sobre
drogas, que tanto se esfuerzan por transmitir desorientación
usando lentes caleidoscópicos, y las referencias a las drogas
de las canciones tampoco me parecen los portales adecuados
para reflexionar sobre sus «interioridades fractales», como
dice Ronell (aunque, si fuera una oyente más atenta, la música en sí misma probablemente podría proporcionarme ese
acceso). Principalmente seguiré el camino de los relatos literarios en primera persona, porque me gusta el relato literario
en primera persona. Pero también creo que Ronell va por
buen camino cuando dice que las obras literarias «siempre
han funcionado como fuentes de información, pero tampoco hay que engañarse: han servido a los filósofos porque tenían conocimiento de primera mano». He pasado décadas
escuchando este conocimiento de primera mano y siento deseos de contribuir al interminable análisis que merece.

Como corresponde a este ámbito, podríamos comenzar
con algunas advertencias. Sea cual sea el conocimiento de
primera mano que proporciona la literatura, no es sociolo-

183

gía. Dado que solo un puñado de consumidores de droga son o han llegado a ser escritores notables, utilizar su testimonio para obtener datos empíricos sobre la naturaleza de las drogas o la adicción no parece aconsejable (aunque tal vez no sea más desaconsejable que utilizar la literatura como fuente de información sobre cualquier otro ámbito). A pesar de la leyenda de inmediatez que con tanta frecuencia acompaña a la escritura sobre las drogas (como la historia de que Jack Kerouac escribió *En la carretera* colocado de speed a 100 palabras por minuto en un rollo de papel de 40 metros), la experiencia con las drogas es notoriamente difícil de representar, ya sea en el momento o en retrospectiva («Anoche resolví el secreto del universo, pero esta mañana lo he olvidado», bromeó Arthur Koestler una vez sobre un viaje de setas alucinógenas). Como Michael Clune, estudioso de la literatura y autor de una de las mejores memorias sobre el mundo de las drogas que he leído, *White Out: The Secret Life of Heroin*, explica (en *Writing Against Time):* «Es conocido el interés literario de la descripción de los sorprendentes efectos de las sustancias adictivas. Se comenta con menos frecuencia la curiosa divergencia de estas descripciones con los estudios empíricos de las experiencias de los adictos, para quienes el embotamiento de la percepción es una característica de la adicción a los narcóticos y al alcohol en el sensorio.» En otras palabras, los libros sobre las drogas, para convertirse en «buena literatura», necesitan ser estimulantes, sorprendentes y apasionantes, mientras que las experiencias narradas a menudo se caracterizan por la monotonía, la falta de atención y la inanidad. Esto, por sí solo, debería recordarnos la transformación que ha de ocurrir para que la experiencia se convierta en arte.

Otra advertencia: la literatura no es moralismo. Aquellos que se presentan como «contrarios a las drogas» (sea lo que sea lo que eso pueda significar) a menudo mezclan conteni-

184

do y calidad, e interpretan lo que William Burroughs llamó «Las mismas bobadas y la cháchara de siempre sobre la heroína» –es decir, «las mismas cosas repetidas un millón de veces y más cuando no vale la pena decir nada porque nunca pasa NADA en el mundo de la droga»–, como prueba de que no hay nada importante que descubrir en un viaje de LSD, un retiro de ayahuasca, una juerga de tequila o una siesta de heroína, en lugar de como prueba de que el libro que estás leyendo podría no ser tan bueno. A veces también acusan al escritor, o a sus admiradores, del pecado de estetizar o aportar glamour a algo que debería condenarse de manera rotunda.

Dado que la representación o estetización inevitablemente hasta cierto punto glamouriza ese mundo, a los propensos a sentir esa preocupación no les falta motivo. Véase, por ejemplo, la reseña del *New Yorker* de *White Out*, que sostiene que: «Cualquier crítico con sentido de responsabilidad social [...] tiene que tener algunos reparos a la hora de admitir que [*White Out* de Clune] es tan bueno.» Yo no me considero falta de responsabilidad social, pero tampoco siento tales escrúpulos. «Es tan absurdo estar "a favor" de las drogas como asumir una posición "contra" las drogas», escribe Ronell; y en general estoy de acuerdo. Esto no significa que sea insensible al sufrimiento catastrófico, a menudo letal, que pueden causar las drogas y la adicción, nada más lejos de mí. La pregunta es cómo no reprimir este sufrimiento y al mismo tiempo investigar con una mentalidad abierta «la intersección entre la libertad, las drogas y la condición de adicto».

Gran parte de la escritura sobre drogas es brutal y deprimente, especialmente cuando se absorbe en grandes cantidades (algo de lo que vuelvo a darme cuenta cada vez que doy una clase sobre el tema). El retrato gélido y sin redención de la adicción que pinta Burroughs en *El almuerzo desnudo*

–como cuando relata que si, durante una larga sesión de droga, un amigo iba a visitarlo, él «seguía allí sentado sin importarme que [esa persona] hubiese entrado en mi campo visual –una pantalla gris cada vez más confusa y más débil– ni cuándo fuese a salir de él. Si se hubiese muerto en el sitio, yo hubiera seguido allí sentado mirándome el zapato y esperando para revisarle los bolsillos. ¿Tú no?»– es característico del género, al igual que el reto de Burroughs al lector para que perciba sus propios defectos morales. El comportamiento descrito en los retratos de adicción es a menudo repugnante, como en la descripción que hace el músico de jazz Art Pepper de la violación de una mujer en sus épicas y devastadoras memorias de su época de drogadicto, *Una vida ejemplar,* una escena que sigue siendo el único relato extenso en primera persona de una violación que he leído nunca (casi nadie admite ciertos actos en letra impresa a menos que les parezca, como en el caso de Pepper, que ya no tienen nada que perder).[1] La certeza de la naturaleza inmoral de la embriaguez que nos presenta, digamos, Emmanuel Levinas –«La relajación producida por la embriaguez [...] es una supresión de la fraternidad, o un asesinato del hermano»– a menudo se atenúa o se silencia en la literatura sobre drogas, incluso cuando el relato termina en recuperación. Esta suspensión de la moralidad me parece desconcertante, poco común y, a veces, valiosa.

Última advertencia: al dar clases sobre textos relacionados con drogas a lo largo de los años, he notado que las reacciones de la gente están inevitablemente teñidas, al menos hasta cierto punto, de sus propias experiencias con sustancias o adicciones. Por extensión, lo mismo debe de ocurrirme a mí. Puede que ahora escriba desde la perspectiva de alguien que prefiere «Amar sin alcohol, drogas y locura, permanecer sobrio para una vida que es cada vez más rica», como lo expresó Deleuze, pero mi actitud hacia los libros sobre drogas probablemente se ha vuelto *menos* moralista con el tiempo (probablemente porque estoy menos a la defensiva) y más receptiva al humor y la sorpresa. Si celebro el género, no es porque ofrezca ningún plan de emancipación, ni por confirmar la trampa inevitable. Es por el intermitente escaparate que ofrece de nuestros impulsos conjuntos hacia la libertad y la falta de libertad, la consolidación y la disolución del yo, la interioridad y la sociabilidad, el control y el abandono, impulsos que nos recorren constantemente, pero que la escritura sobre las drogas tiene la discutible virtud de presentarse *in extremis*.

Para disfrutar de una droga se debe disfrutar de ser sujeto

Crack Wars no trata, como he mencionado, realmente del crack. Trata de «estar drogado» filtrado a través de la lente de Emma Bovary, la heroína decididamente poco heroica de la perversa novela de Flaubert de 1856, que fue juzgada por obscenidad en 1857, acusada de inyectar veneno en el cuerpo social. A pesar de que la única droga propiamente dicha de la novela es el arsénico con el que Emma se suicida (proporcionado por el farmacéutico emprendedor, detestable y anticlerical de la ciudad, Monsieur Homais), Ronell interpreta que la historia básicamente trata «de drogas malas», y de la angustia suicida y la violencia interiorizada. Al colocar a Emma Bovary y sus adicciones conductuales en el centro del solapamiento entre «libertad, drogas, y la condición de adicto», Ronell sugiere implícitamente que, de todas las fuentes de información disponibles, «EB» –con su maternidad tóxica, sus problemas alimentarios, su costumbre de leer libros malos, sus gastos excesivos, su religiosidad fallida, su romanticismo burgués, su adulterio histérico y su pulsión de muerte– es una rica fuente de investigación acerca de cuestiones acuciantes sobre la libertad, los cuidados, la nutrición, la ansiedad y la angustia que ha atraído a filósofos como Kant, Nietzsche o Heidegger. Apoyo este astuto gesto feminista, en el que un animal humano femenino es tratado, sin ostentación, como eje de la condición humana.

Este gesto no ha sido común. Si uno «sigue el camino de la literatura», el elenco más citado de personajes de la literatura de la embriaguez incluye a Antonin Artaud, Charles Baudelaire, Walter Benjamin, John Berryman, Charles Bukowski, William Burroughs, Jim Carroll, Carlos Castaneda, Samuel Taylor Coleridge, Aleister Crowley, Thomas De Quincey, F. Scott Fitzgerald, Sigmund Freud, Allen Ginsberg, Aldous Huxley, Denis Johnson, Jack Kerouac, Ken Kesey, Malcolm Lowry, Henri Michaux, Arthur Rimbaud, Jean-Paul Sartre, Hunter S. Thompson, Alexander Trocchi e Irvine Welsh. (Añadir a Emma Bovary a la mezcla puede no ser tan radical como podría parecer inicialmente, ya que es una creación de Flaubert.) Para los lectores de cierta generación, la lista anterior probablemente provoque una serie de palabras heroicas, como rebelión, búsqueda, salvajismo, experimentación, valentía, desafío, trascendencia. ¿Por qué sus libros se encuentran entre los más robados del mundo, a menudo verticales en el mostrador de la librería, como si las transgresiones que documentaron fueron de alguna manera contagiosas?

Adoro a muchos de estos autores, y a algunos profundamente. Pero nunca ha dejado de sorprenderme que sus obras sean tratadas como recipientes de la liberación del macho, incluso cuando, si los leemos por sus palabras y sentimientos reales, muchos describen experiencias de dependencia, fragmentación, humillación, compulsión y penetración abyectas, incluso explícitamente feminizadas. Escuchemos a Michaux, por ejemplo, escribir sobre la mescalina en términos que recuerdan una violación: «Había venido dispuesto a admirar.

Estaba confiado. Pero ese día mis células fueron pulverizadas, abofeteadas, saboteadas, sufrieron convulsiones. Las sentí acariciadas, sometidas a constantes desgarramientos. La
mescalina quería mi pleno consentimiento. Para disfrutar de
una droga hay que disfrutar de ser un sujeto.» Que tales tes-
timonios de sometimiento puedan transformarse tan fácilmente en ejemplos de emancipación viril merece nuestra
atención.

Tal como lo expresa la escritora Kate Braverman, que se
identifica como adicta a las drogas durante diecisiete años:
«Cuando los hombres se portan mal, escenifican la mítica
vida del artista. Cuando una mujer escribe sobre actividades
ilegales, se la considera una puta mentalmente enferma.»
Este doble rasero es obviamente exasperante; cuando nos lo
encontramos, puede resultar tentador darle la vuelta al
guión y subrayar, por un lado, la cualidad penetrada, neu-
tra, a menudo patética de lo que Burroughs llamó memora-
blemente «El álgebra de la necesidad» («Un yonqui es un
hombre que tiene una necesidad total de droga [...] en un estado de enfermedad total, de posesión total, y que no está
en condiciones de actuar de otra manera»), y, por otro, ido-
latrar a una nueva especie de mujer proscrita cuyo consumo
de drogas la impregna de influencia, frialdad y poder («¡Uau,
tío! Yo era yonqui. Y griega-o-ene-cu-u-i yonqui. El yonqui
era algo especial, algo grande, importante y heroico. Realmente brutal. Un nombre que significaba algo poderoso e
intrépido, como Annie Oakley o Wild Bill Hickock», escribe
Barbara Quinn en *Cookie,* las memorias de su época de drogadicta de 1971).

Tal inversión ofrece una gratificación inmediata. Pero al
final conduce a un callejón sin salida, en parte porque ignora
la dinámica –muy bien expresada por la difunta gran crítica
Barbara Johnson– de que los autores masculinos «que juegan
a la feminidad» nunca han supuesto un impedimento para la

consolidación del privilegio o prestigio. Al contrario: en su ensayo de 2000 «Género y poesía», Johnson señala que los bardos masculinos han dado testimonio durante mucho tiempo de la «fragmentación, la herida, o de la pérdida de la integridad y el control psíquicos» provocados por el amor romántico, y durante mucho tiempo se ha dado por sentado que este testimonio transmitía conocimientos profundos sobre la naturaleza del deseo. Pero cuando las mujeres describen algo análogo, se considera una prueba de una inestabilidad o masoquismo femeninos intrínsecos. No hay más que añadir drogas a la mezcla y ya nos acercamos a la «puta mentalmente enferma» (cf. Emma Bovary). Y si añadimos la raza, obtenemos el estereotipo de la mamá del crack o la mujer que intercambia servicios sexuales por droga: dos figuras que aparecen incesantemente en las representaciones masculinas del trauma o de tocar fondo, pero que rara vez hablan con su propia voz.

La literatura sobre drogas resulta a menudo profundamente patética en su esencia, lo que sin embargo magnifica la dinámica que describe Johnson. Extrañamente, cuanto más patética es la masculinidad que hay en juego, más heroica puede parecer (pensemos en la recepción de Karl Ove Knausgård, por ejemplo, que en *Mi lucha* explora nuevas profundidades de masculinidad patética, a menudo en relación con las humillaciones –y en un ejemplo indeleble, una desfiguración literal– provocadas por el alcohol). Como escribe Eileen Myles en un ensayo sobre el arte patético y el género: «El concepto [de lo patético] está claro cuando un hombre lo practica porque un hombre tiene que HACER ALGO para ser patético. No es una persona intrínsecamente patética, como lo es una mujer.» Una dinámica similar condujo a Johnson, en el auge de la deconstrucción, a preguntarse si la popularidad del concepto de «autorresistencia» (elaborado por Paul de Man, antiguo maestro de Johnson, y otros) fue «una de las pocas posturas viables que le quedaban a la clase dirigente masculina blanca».[2]

No creo que, al explorar la autorresistencia, los artistas o escritores masculinos estén necesariamente apuntando a asumir una de las pocas posturas que les quedan; me interesa muchísimo la masculinidad patética. Mi curiosidad radica en cómo podríamos salir de la trampa que describe Johnson: «Parecería que uno tiene que colocarse en el lugar del poder para que su autorresistencia sea valorada.» Escapar o rechazar esta trampa posibilita dos cosas: nos permite dejar constancia de la autorresistencia de aquellos que supuestamente son renuentes a ella, y nos permite dejar constancia de manera diferente de la autorresistencia de aquellos cuya condición de sujeto se presume *a priori* comprometida o caótica.

El uso de Johnson de la voz pasiva —«uno tiene que colocarse en el lugar del poder para que su autorresistencia sea valorada»— implica que es posible que tengamos que esperar a que cambie la cultura global antes de emprender tal reorganización. Pero ¿por qué esperar? Acerca de Baudelaire, Johnson pregunta: *¿Por qué es masoquismo masculino el secreto que la poesía lírica tiene el deber de proteger?* ¿Y si observamos algo similar en la literatura sobre drogas y dejamos el secreto fuera? Después de todo, parece bastante claro que cuando Michaux escribe: «Para disfrutar de una droga, hay que disfrutar de ser un sujeto», por «sujeto» se refiere a una entidad que se ha sometido a un poder superior, ya sea por la fuerza o por consentimiento (o alguna combinación de las dos), no al «otro tipo» de sujeto, también conocido como individuo soberano, imbuido de libre albedrío, con pleno control. Se podría argumentar que el comentario de Michaux es específico de la droga en cuestión (la mescalina); ciertamente hay algunas sustancias —a saber, las anfetaminas— que son conocidas por hacerte sentir «en la cima del mundo» en lugar de abrumado o a la deriva. (Para evitar la generalización sobre las drogas que me estoy permitiendo, Boon divide inteligentemente *The Road to Excess* en capítulos sobre narcóticos, anestésicos, cannabis, estimulantes y drogas psicodélicas, argumentando que cada droga ha producido su propio canon.) Pero como acaban sabiendo los adictos al speed, este sentimiento de «hacerse cargo» tiene una parte negativa, un bajón, que sabotea cualquier sensación henchida de soberanía y control que pueda proporcionar la droga, lo que nos lleva de nuevo al espinoso nudo de los dos significados opuestos de *subject* en inglés: sujeto y súbdito.

A menudo tratamos estos significados opuestos como un accidente que hay que ignorar o negar. Pero, como ha explicado el filósofo Étienne Balibar, estos dos mil años de «ir jugando históricamente con las palabras» de hecho podrían «proporcionarnos la pista para desentrañar el siguiente enigma: ¿por qué el mismo *nombre* que permite a la filosofía moderna pensar y designar la *libertad originaria* del ser humano –el nombre de "sujeto"– es precisamente el nombre que *históricamente* significó la supresión de la libertad, al menos una limitación intrínseca de la libertad, es decir, la condición de *súbdito*?».[3] No tengo una respuesta rápida a esta pregunta, salvo observar que la libertad adquiere su significado en relación con sus límites, y que la literatura sobre drogas proporciona un lugar valioso desde el que contemplar cómo se habita, a veces de manera maníaca, este enigma.

Me gusta horrorizar a la gente

Al final de *Crack Wars*, Ronell inventa su propia «Emma Bovary» para combatir verbalmente, junto a un puñado de otras mujeres ingobernables (Marguerite Duras, la Margarita de Fausto, santa Teresa de Ávila, la Irma de «El sueño de la inyección de Irma» de Freud), a varios pensadores europeos famosos por sus pontificaciones sobre la adicción, incluidos Ernst Jünger, Derrida, Heidegger, Freud, Nietzsche, Baudelaire y Benjamin. En un momento de este diálogo, la EB de Ronell dice: «Fumo para metabolizar mi angustia. En la esfera pública, es una provocación. Me gusta asustar a la gente. La gente aborrece los signos de narcisismo en la mujer. Una fuma para sí misma, incluso contra el otro.»

Este comentario nos lleva a uno de los estigmas más comunes que acompañan a las mujeres y la adicción: que la adicción hace descarrilar los deseos naturales de la hembra, que deberían circular adecuadamente alrededor de las necesidades y deseos de los demás. Esos cuidados, dice la historia, preservan los lazos que unen a la familia, la comunidad, la humanidad y la biosfera, incluso –o especialmente– si los hombres van por ahí destrozándolo todo. El patetismo peculiar de la adicción femenina consiste en que, como ha escrito la socióloga Elizabeth Ettore, reemplaza la norma culturalmente aceptable de la dependencia femenina (la dependencia como subordinación) por otra más denostada (la dependencia como adicción).

Visto así, una de las razones por las que el consumo y/o adicción a las drogas por parte de los hombres puede encajar tan fácilmente con el «viaje del héroe» –esa estructura narrativa ancestral definida por la búsqueda, las pruebas a superar, la transformación y el regreso triunfal a casa– es que el viaje del héroe es, por definición, una temporada *lejos* de la sociabilidad doméstica (incluso si el objetivo final es volver a ella), alimentada por una necesidad legendaria, casi irresistible, de «deambular» o «adquirir experiencia», en lugar de quedarse atrás y cuidar a los que están en el rancho. De esta manera, la cualidad desociabilizadora de la adicción –su tendencia a reemplazar el cuidar a los demás por preocuparse tan solo del próximo subidón– corresponde a ciertas expectativas comunes de masculinidad, ya sean heroicas, patéticas o incluso queer. (Véase, por ejemplo, la película *Pull My Daisy*, de Alfred Leslie y Robert Frank de 1959, en la que el pintor Larry Rivers interpreta a Milo, un hombre que se ve alejado de las ataduras de su entorno heterodoméstico por la jovial pandilla homoerótica siempre colocada de Allen Ginsberg, Gregory Corso y Peter Orlovsky; la película termina cuando Milo escapa para salir por la noche con los chicos mientras su esposa, que cuida a su hijo pequeño, llora a modo de protesta. «No llores. No hay por qué llorar», le dice Milo. «¿Qué sabes tú de por qué hay que llorar?», contesta ella. «Ya lo creo que sé por qué hay que llorar, y no es nada que tenga que ver con lo que está pasando en este momento», dice Milo, enojado, dándole una patada a una silla al salir. ¿Con quién, me preguntaba cuando era una joven poeta, se suponía que debía identificarme en ese caso?)[4]

Ese escaquearse choca con los estereotipos del macho sostén de la familia, de ahí la acusación contra el adicto (masculino) de que «no produce nada, nada verdadero o real» (Derrida), o que está del bando de los «que se aprovechan, no de los que crean nada» (a la manera de Mitt Romney, alrededor de 2008). Pero en verdad, los mitos del macho sostén de la familia y del errabundo están vinculados a través de un bucle ya trillado (recordemos la canción: «Señor, nací errante, / un hombre que trata de ganarse la vida y hacer todo lo que puede. / Y cuando llegue el momento de marcharme, / espero que entiendas / que nací errante»). Tal bucle produce conflicto, pero ni se acerca a la monstruosa valencia del espectáculo del «narcisismo femenino»: en el que EB fuma «para sí misma, incluso contra el otro». Y es especialmente así si la mujer en cuestión es madre o futura madre (es decir, casi todas las mujeres, a ojos de muchos).[5] Imaginad que Delphine Seyrig, la actriz que interpreta a la esposa sufriente en *Pull My Daisy*, decidiera unirse a los chicos, fumar hachís, beber una botella de vino barato e irse a pasar la noche en el Bowery, dejando a su hijo dormido en casa; la película cambiaría rápidamente, y pasaría de ser un desenfadado clásico beat a un aterrador retrato de la negligencia materna. La virtuosa actuación de Seyrig dieciséis años después en la obra maestra feminista de Chantal Akerman, *Jeanne Dielman, 23, quai du Commerce, 1080 Bruxelles*, es una interesante coda, en la medida en que esa película muestra al personaje de Seyrig llevando a cabo diligentemente tres días de tareas domésticas antes de matar a un hombre apuñalándolo de repente con unas tijeras.

Pensemos también en la narrativa más trillada del adicto varón negro que sale del aturdimiento de las drogas y despierta con una conciencia política renovada y sostenida (cf. Malcolm X, Iceberg Slim, D. Watkins, etc.), en comparación con la falta de un trillado arco narrativo de redención política o iluminación en el caso de la madre negra adicta, a pesar de su reiterada descripción en películas populares, desde *Boyz n the Hood* hasta *Jungle Fever, Losing Isaiah* y *House of Payne* a *Moonlight*. Estoy totalmente a favor de sustituir la drogodependencia por la acción política, pero es importante tener en cuenta que, cuando este viaje es sinónimo de «hacerse un hombre», la «lucha por la libertad» de la mujer adicta seguirá siendo para siempre «opaca, intraducible al léxico de lo político», como ha dicho Hartman sobre la difícil situación de las trabajadoras domésticas negras.

Dicha intraducibilidad se deriva de una injusticia y una inequidad radicales. Pero también puede indicar una salida, a pesar de su raíz nociva. Por lo menos, nos obliga a no ir tan deprisa y analizar nuestro instinto de convertir las luchas de todo tipo en narrativas heroicas de reconstitución personal o política. Nos invita a examinar un poco más lo que se ha desmoronado, lo que a su vez nos lleva a formular más preguntas sobre qué queremos construir exactamente, cuando algo se desmorona, para sustituirlo.[6]

En lugar de tocar fondo y rebotar enseguida hacia una subjetividad (re)consolidada, la literatura sobre drogas escrita por mujeres a menudo presenta un precipitarse más allá del fondo y emerge en otro lugar por completo distinto. Este plus puede ser bastante desgarrador, especialmente cuando el sexo forma parte de la ecuación, como suele ocurrir. Los directores de cine masculinos a menudo ilustran esta combinación presentando una figura femenina repulsiva y demacrada que se tambalea en la pantalla para vender sexo por drogas, o una forma femenina semiconsciente a la que alguien se folla sin piedad en un rincón; en películas hechas por hombres blancos –como en el doble percance del año 2000 de *Traffic* y *Réquiem por un sueño*–, una chica blanca colocada que mantiene relaciones sexuales con un hombre no blanco simboliza con repugnante regularidad una especie de degradación absoluta. Sin embargo cuando nos apartamos de esos espectáculos y nos atenemos a las mujeres, escuchamos diferentes sonidos. No son necesariamente agradables, pero tienen la virtud de expandir lo que anteriormente considerábamos aceptable o posible.

Uno de esos sonidos es el rechazo expreso de la empatía, la sociabilidad y la dependencia-como-subordinación. Como dice uno de los personajes de Anna Kavan, en un relato de la recopilación clásica y profundamente extraña de Kavan, *Julia and the Bazooka* (la bazuca es la jeringa): «Nunca he disfrutado de mi vida, nunca me ha gustado la gente. Amo las montañas porque son la negación de la vida, indestructibles, inhumanas, intocables e indiferentes, como yo quiero ser.» Personalmente, espero ser una persona cálida que afirma la vida y tiene fuertes lazos sociales, pero dada la rabia que habitualmente se prodiga a las mujeres que no consideran que están en este planeta para ser madres Tierra, regalar árboles, servir de pegamento social o de conciencia moral, el rechazo frío o insurgente de cualquiera de esos papeles puede ser una satisfacción estimulante que reorganice la opinión popular.

En el extremo más alejado de esta «negación de la vida» se encuentra la novela de Ellen Miller de 1999 *Like Being Killed,* en el que nuestra narradora –Ilyana Meyerovich, una psicótica gorda, erudita, «suicida, drogadicta, judía, menor de treinta años»– simultanea de manera activa las drogas y el sexo BDSM en busca de su campaña «autoexterminacionista» que lleva a cabo en el Lower East Side:

> Estaba haciendo exactamente aquello contra lo que Primo Levi advirtió: llevar a mi propia casa lo que se infligió a las personas que eran como yo en una catástrofe que pudo haber sido la mía. El mundo que había elegido habitar ahora se había apropiado de una historia de sufrimiento y exterminio que yo despreciaba con todas mis fuerzas, solo que ahora me había convertido en su instrumento. [...] La metanfetamina, conocida aquí como copilotos, se sintetizaba en Alemania y se administraba a los pilotos de la Luftwaffe antes de las operaciones relámpago. Göring era adicto a la heroína: un nombre comercial derivado de la palabra alemana *heroisch,* que significa heroico, un vínculo conceptual que persistía en las marcas disponibles por estas calles: Cojones, Valor. Heroína comercializada por Adolf von Baeyer, descubridor de barbitúricos como el Luminal, conocido aquí como Corazones Púrpura.
>
> No hubo solución final. La heroína era solo un arma y la adicción solo una estrategia, en una lucha que nadie ganó ni perdió, mientras se desplegaban las fuerzas. [...] Necesitaba algo totalizador –una campaña autoexterminacionista–, pero en lugar de ello me iba perdiendo por el desagüe, a veces me recuperaba un poco, pero me fui apagando, aguanté y después fui menguando.

A medida que Ilyana mengua por culpa de las drogas, su dolor personal, recorrido por el impulso de replicar la experiencia de violencia histórica de su familia judía, ese «perderse por el desagüe» se vuelve casi literal en la relación que inicia con un fontanero peludo y sádico que encuentra en el *Village Voice*. «Estaba en pleno bajón, y deseaba al fontanero –que llegó dos horas después de que lo llamara– para unirse al descenso.» Y ya lo creo que se le «une»: en su segunda visita a su sucio apartamento (ella ha estado cagando en la caja de arena del gato), él la amarra como a un cerdo, le suministra sus innumerables drogas, la amordaza con un paquete de cigarrillos, y le dice: «Quiero que estés tan colocada que ni siquiera sepas lo que te estoy haciendo.» Y eso es precisamente lo que sucede, a lo largo de muchas visitas posteriores y de páginas que cuesta leer.

No importa la insoportable pornografía de estas escenas, en las que intervienen cuchillos, una rueda de Wartenberg («No me toques la cara»), asfixia («Una vez me desmayé, pero cada vez acababa despertando, con cortes y quemaduras de cuerda en el cuello»), y cantidades casi fatales de drogas que le hacen ingerir por la fuerza, Ilyana no está satisfecha. Al final ella quiere armas. Y no es suficiente que el fontanero le sujete los labios vaginales con pinzas para la ropa y se la folle con su Colt, ni que luego se la folle por el culo con el arma, y que luego la obligue a hacerle una felación al cañón («El arma tenía un sabor salobre», nos informa Ilyana). Ella no quiere sentirse «como si la mataran»; quiere que el fontanero la mate. Pero como él no la mata, se enfada con él por defraudarla, y se encarga ella misma del asunto. «Le haría una mamada al arma que el fontanero nunca olvidaría», dice, antes de colocarse velozmente el arma en su boca y apretar el gatillo. Ella se orina encima, pero sigue viva; resulta que el fontanero había estado jugando con cartuchos de fogueo.

Miller es consciente del doble rasero con que se encuentra este tipo de escritura. En una entrevista de 1998, la entrevistadora le dice: «Puedo decir honestamente que nunca he leído escenas de sexo tan perturbadoras como estas. Estaba leyendo un fragmento acostada en la cama con mi novio, y estaba chasqueando la lengua y jadeando y exclamando: "¡Oh Dios mío, oh Dios mío!" y cuando me preguntó qué estaba leyendo, descubrí que ni siquiera podía decírselo. Ni me salían las palabras.» Miller contesta: «Bueno, la reacción a este tipo de escritura está muy marcada por el género. La gente está más dispuesta a tragar este tipo de cosas cuando las hacen los hombres, e incluso piensan que son cojonudos. Son aventureros. Cuando eres hombre, es una cuestión de valor; cuando eres mujer, es repugnante.» Pero Miller no se contenta con la simple inversión que transformaría lo abyecto en cojonudo o valiente. A ella le interesa cómo la búsqueda de la destrucción –estar «llena de costras y ensangrentada y cubierta de mierda, vómito, mocos y suciedad», estar destrozada, jodida, pero *todavía no muerta*– enlaza con la búsqueda espiritual de sentirse «parte de algo que es más grande que la suma de sus partes». «Retorcida como es, desencaminada y redirigida como está, estar con el fontanero es una búsqueda muy distorsionada de [Ilyana] de la felicidad», le dice Miller a su entrevistadora (a lo que la entrevistadora responde: *«Dios todopoderoso»).* Sin inmutarse, Miller continúa: «O del poder, o de la idea de existir en una relación, y no en una mónada del yo completamente aislada. Una cosa que no podemos negar de ella ni del fontanero es que saben lo que el otro quiere. Tampoco es que haya mucha gente en la vida de ella que haya estado dispuesta a prestarle ese tipo de atención. [...] Yo creo y espero que el lector crea que, en el caso de Ilyana, todo lo que hace, incluyendo las cosas más terribles, están animadas por algún tipo de deseo de redención.»

Lo creo, porque *Like Being Killed* me hace creerlo. Si

existe alguna liberación en sus páginas no radica en el éxito o el fracaso de la búsqueda de Ilyana (termina viva, lo cual, trágicamente, es más de lo que se puede decir de Miller, que murió de un infarto a los cuarenta y un años, dejando *Like Being Killed* como su única obra). Reside en la jocosa audacia de Miller a la hora de explorar el terrible y asombroso parentesco entre esa búsqueda de redención, compañía y reconocimiento; el dolor del trauma intergeneracional; y el deseo de autodestrucción. También se encuentra en la perseverancia con que Miller persigue este parentesco a través de las aguas más espeluznantes, atreviéndose a escribir cosas sobre las que otros podrían decir: *ni me salían las palabras* (sentí lo mismo al volver a teclear algunos de los pasajes anteriores).

Nuevamente, no todas las transgresiones son iguales: Dios sabe que el hecho de que algo sea difícil de leer o ver no significa que sea intrínsecamente valioso. Pero en este caso, los sonidos me parecen vitales y novedosos. Pero tampoco tan novedosos: como dice Ilyana en su soliloquio final sobre «como si la mataran», es un estado en el que, en tu hora más oscura, «todavía hay una violencia en ti que está inspirada y lucha»: «Y las voces de las mujeres que sufren de manera eterna, exquisita, se elevaron en el aire, resonando por encima y a través de mis palabras.» Poco importa si Ilyana/Miller se muestra sarcástica acerca de este coro de mujeres: siguen cantando, a pesar de todo.

La rehabilitación de los adictos

El enfoque de Miller es irónico pero operístico; para una sátira más pura centrada en el diagrama de Venn del sexo, las drogas, la abyección y la liberación, no conozco nada mejor que la novela clásica de Iris Owens *After Claude*, publicada en 1973, seis años después del Verano del Amor. En los

200

primeros dos tercios de *After Claude* tenemos a nuestra cáustica narradora, Harriet, engullendo vino y tranquilizantes, participando en numeritos sociópatas y lanzando chistes e insultos contra su amante francés, Claude, que lucha por arrancarla de su apartamento del Greenwich Village. El último tercio tiene lugar en el Hotel Chelsea, donde Claude finalmente ha abandonado a Harriet. «¿Alguna vez alguien había sido más irrelevante, había estado más excluida de la celebración humana?», se pregunta la adicta Harriet al despertar en un «colchón fino lleno de bultos [que] la había lisiado de por vida». Finalmente, Harriet se tambalea hacia la habitación de al lado, donde un aspirante a líder de secta llamado Roger lidera un harén estilo Manson de mujeres drogadas que compiten por su atención, tocan los bongos y miran la estática del televisor.

Owens podría haber usado su ingenio afilado simplemente para destripar una figura como Roger, un «hombre estilo feto, calvo prematuro, piel suave, ojos pálidos», que no lleva más que unos «Levi's sujetos a la cadera por un cinturón ancho, plateado y con hebilla», que divide su tiempo entre dar sermones sobre dejarse llevar y dedicarse al puro sadismo y la manipulación (ya conocéis el tipo). Pero en lugar de revelar su chanchullo para que Harriet aprenda algo, Owens pinta a Harriet embarcada en el viaje de Roger y a la vez necesitada hasta el punto de dar pena. La combinación subraya un principio sobre el que la exnovia de Owens, Emily Prager, en su introducción a una reimpresión de *After Claude,* dice que ella e Iris estaban totalmente de acuerdo: «no hay nada que conmueva tanto el corazón de una niña inteligente como la sonrisa del rostro de un sádico».

En la escena final de la novela, Roger habla con Harriet sobre cómo quitarle la ropa y provocarle un orgasmo frente al grupo: «Ahora, Harriet, quiero que observes cómo tu cuerpo se convierte en una masa indiferenciada de senti-

201

mientos. [...] Está empezando a liberarse de su espantosa fragmentación. Se está convirtiendo en una unidad, una simple y palpitante difusión de sensaciones. Adelante, juega con eso, confúndelo, muéstrale algo de amor. Mi hermosa muchacha libre y valiente, me hace tan feliz ver cómo te haces feliz. [...] Abre los ojos, mírame, cariño; déjame ver lo feliz que te estás haciendo [...] tú sola, por favor.» Mientras Harriet mira los ojos inyectados en sangre de Roger, «los bordes moteados de puntitos blancos, el rostro demacrado por un profundo cansancio», se corre, de manera estridente: «Tenía miedo de que los espasmos me poseyeran para siempre, y cuando empezaron a disminuir y debilitarse, cerré los ojos y probé si había alguno más.» Después, una de las chicas le pregunta a Roger: «¿Lo has grabado en cinta?» Cosa que, por supuesto, ha hecho. Harriet está enojada y humillada, pero aun así, le ruega a Roger que la lleve con él a su «Instituto» en Vermont. «Por favor, Roger», le suplica. «Quiero ser un pájaro. Quiero volar contigo.» Él se niega, dejando a Harriet sola una vez más. La novela termina con Harriet en su habitación: «Abrí un paquete nuevo de Marlboro y miré los círculos marrones y blancos. No tenía ningún pensamiento, solo una vaga conciencia de estar allí escuchando y esperando.»

En una entrevista sobre cómo surgió *After Claude,* el escritor Stephen Koch dice que él mecanografiaba todo lo que Owens conseguía garabatear cada semana, ya que Owens tenía una «capacidad para dejarlo todo para otro día, para la indolencia y la inacción, superior a todo lo que había visto en alguien con tanto talento». Pero Owens nunca permitió que Koch viera o escribiera la escena final del Hotel Chelsea. «No estoy muy seguro de por qué», dice. «Ni siquiera puedo especular. Excepto que fue por ella, todo. La escena final era esencial. No podía no incluirla. Su papel fue tremendamente importante.» No puedo saber por qué Owens no dejó que Koch la mecanografiara, pero su negativa a que nadie viera esa conflagración de liberación y humillación antes de que se publicara para mí tiene sentido. La escena ridiculiza diabólicamente la idea de liberación que supone verte en manos de unos tipos asquerosos que te animan a que te masturbes mientras lo graban y te dan vino y hierba, al tiempo que se niega a ofrecer un simple modelo de liberación feminista en su lugar.

Al igual que con *Like Being Killed*, cualquier sentimiento de libertad que imparta *After Claude* no se deriva del viaje del narrador, sino de la escritura de Owens, de su ingenio intransigente e insubordinado y su voluntad de no permitir que Harriet se deje engañar y a la vez dé tanta lástima que habite un lugar más allá de la lástima. Que dejemos a Harriet contemplando sus cigarrillos parece adecuado en la medida en que se han convertido en un talismán tanto de rebelión como de servidumbre: cuando está a punto de marcharse, Roger le dice a Harriet que no fume, quitándole su último cigarrillo y rompiéndolo en pedazos (una de sus chicas le dice a Harriet que Roger considera que los cigarrillos comerciales son una «costumbre asquerosa»). Si Harriet abandona los cigarrillos, es obedeciendo la orden paternalista de Roger; si los recoge, continuará enfermando, ya que desde hace muchas páginas la han convencido de que está sufriendo un infarto. (Según Koch, Owens –fumadora empedernida– durante mucho tiempo había sentido terror a desarrollar un cáncer de pulmón, que al final acabó padeciendo; murió una semana después del diagnóstico.)

Hay muy poco en *After Claude* que parezca «sincero», pero su línea final –«No tenía ningún pensamiento, solo una vaga conciencia de estar allí escuchando y esperando»– me conmueve. Se hace eco de la última línea de *Like Being Killed*, en la que Ilyana se sienta junto a su amiga, que se está muriendo de sida, «y nos dimos la mano en medio del aire, entre nuestras sillas, sin apretar, como una tambaleante pasarela de carne suspendida sobre un barranco... durante mucho tiempo». En lugar de lograr la redención o caer en una desdicha irreversible, hay una pausa, una suspensión. Nos sentamos con nuestros narradores en un silencio incómodo y emotivo, y luego se despiden. No hay manera de saber qué va a ocurrir después.

Por mucho que admire el agudo ingenio de Owens, el retrato de Miller de la autodegradación radical, o la afirmación de Ronell, a través de EB, de que le gusta «horrorizar a la gente» (una ampliación, quizá, del comentario de Ronell de que uno de sus eslóganes motivadores es que una mujer debe ser «como un grano en el culo»), siempre me ha acechado la sospecha de que intentan convertir el sufrimiento o la monstruosidad de la adicta en una especie de modelo de conducta. Aun cuando se rechacen las relaciones de cuidado o vínculo que parezcan obligadas o limitadoras, reemplazarlas por un compulsivo consumo de drogas no suele ser una receta para la liberación. Algunos críticos han intentado argumentar lo contrario: véase, por ejemplo, la defensa que hace Karen Kopelson de algo que ha denominado la «rehabilitación de la adicción», donde podríamos considerar «el uso de las drogas (en las mujeres) y/o la adicción como una especie de ejercicio personificado de libertad»: «Defender las propiedades emancipadoras de la adicción y el consumo de drogas puede parecer inaceptable, incluso imposible. [...] La "razón", sin embargo, es una lógica masculinista hegemónica por excelencia, y la circunscripción de las potencialidades es lo que los despliegues de los excesos feministas siempre han tenido como objetivo transgredir.»

Aprecio el espíritu desobediente de este argumento. Por desgracia, además de ceder a los hombres el dominio de la «Razón», se basa en la oposición entre la libertad y una abstinencia concebida como una «servidumbre obligada a los valores supremos de moderación y control», una interioriza-

204

ción del «ideal regulador de la propia libertad». Está muy bien darse cuenta de cómo, cuándo y por qué ciertas formas de libertad podrían convertirse en reguladores por derecho propio. Pero el hecho de considerar la abstinencia simplemente como una «sumisión obligada a la abnegación total/ abstinencia» me parece limitado hasta el absurdo, al igual que la fe de Kopelson en que cualquier desafío a la «lógica hegemónica, masculinista» automáticamente engendra un saludable opuesto.

Los intentos de revisar y revalorizar el comportamiento patologizado y criminalizado de mujeres rebeldes (como en el libro de Saidiya Hartman de 2019 *Wayward Lives, Beautiful Experiments)* pueden ofrecer modelos inspirados de práctica rehabilitadora (aun cuando, como Hartman deja claro, no considere *Wayward Lives* un texto de liberación sexual: «la desafiante insistencia en actuar como si uno ya fuera libre» de Graeber no constituye, para Hartman, ninguna liberación). Por desgracia, cuando se trata de drogas, la práctica rehabilitadora se topa con serios baches. El más importante es que aquellos que están bajo el yugo de la adicción no suelen distinguir entre el desafío de las normas y los valores que podríamos considerar que vale la pena desafiar y la violación de los principios éticos por los que quizá sentimos aprecio. Como le dijo una vez Owens a Prager (en una noche en que fueron muy criticadas): «Siempre que sientas el deseo de hacer el bien, corre en dirección contraria.» Creo que lo decía en serio.

Adictas famosas que también son iconos feministas –como Courtney Love o Billie Holiday– podrían encarnar para los espectadores formas esenciales de desobediencia, huida y exceso; es lo que siempre me han parecido ambas cantantes. Pero no necesitamos introducir grandes confusiones contradictorias en una máquina y extraer liberación o fracaso; no necesitamos transformar sus luchas en un «ejercicio personificado de la libertad», sobre todo si hacerlo implica refutar su propio testimonio. (Pensemos, por ejemplo, en el quejumbroso discurso «Quiero la cura» que Holiday le soltó al juez que estaba a punto de condenarla a trabajos forzados en una penitenciaría de Virginia Occidental por posesión de heroína, o sus comentarios en su autobiografía: «Las personas que consumen drogas son personas enfermas. [...] Imagínese que el gobierno persiguiera a los enfermos de diabetes, pusiera un impuesto a la insulina y acabara vendiéndose en el mercado negro, les dijera a los médicos que no podían tratarlos [...] y luego los enviara a la cárcel. Si hiciéramos eso, todos sabrían que estábamos locos. Sin embargo, hacemos prácticamente lo mismo todos los días de la semana con las personas enfermas adictas a las drogas.» Podemos saludar el exceso, la astucia y el poder de Holiday, junto con su valiente intento de huir de los policías racistas que durante tantos años se esforzaron por destruirla —«Me van a arrestar en esta maldita cama», dijo de los policías de narcóticos que la acosaban, y tenía razón: fue acusada por un gran jurado y la esposaron a su cama del hospital mientras agonizaba, a los cuarenta y cuatro años— sin elevar su adicción a un ejercicio de libertad que ella misma no reconocería.) [7]

Como sugiere el legendario problema de Iris Owens (Koch la califica de «una especie de monstruo» con una «veta sádica muy marcada»), los placeres de los comportamientos socialmente perturbadores o éticamente transgresores pueden ser mucho más fáciles de soportar y celebrar en la página o el escenario que en la «vida real», un fenómeno subrayado por la demanda presentada contra Ronell en 2018 —a la que tanta publicidad se dio— en virtud del Título IX contra la discriminación sexual en la educación, cuando uno de sus alumnos de posgrado la acusó de cuidados pedagógicos tóxicos y acoso sexual. Mientras el caso circulaba por las noticias, incluso en la portada del *New York Times,* muchos vili-

206

pendiaron con entusiasmo a Ronell tachándola de narcisista, patológicamente frágil, sexualmente incoherente, incluso una mujer vampírica cuya idea de ser un grano en el culo la había llevado a abusar del poder en lugar de desafiarlo *(«"EB", c'est moi»?)*. Las tropelías profesionales de Ronell me parecían reales. Pero esa ansia voraz de humillarla públicamente fue instructiva, en la medida en que demostró con qué rapidez la celebración de mujeres pensadoras y artistas que exploran los extremos y la transgresión puede convertirse en rechazo santurrón cuando su relación con esas cosas resulta estar contaminada, por no mencionar lo rápido que prodigamos nuestra censura sobre los vivos mientras adoramos con entusiasmo lo transgresor imaginario o muerto.[8]

La tendencia a celebrar ciertas formas de transgresión solo desde lejos o en abstracto tiene cierto sentido: inevitablemente interpretamos los actos de rebelión de manera diferente según nuestro punto de vista, y nuestra distancia de esos actos en el espacio y el tiempo. La atracción o el apetito de muchas personas por el caos —yo misma incluida— es mucho mayor cuando se da en el «arte» en lugar de en «la vida», o cuando se trata de desconocidos en lugar de íntimos. Todo esto me parece bien. Lo que ya no me parece tan bien es celebrar ciertos comportamientos como «ejercicios personificados de libertad», para luego expresar disgusto y censura cuando nos enfrentamos a ejemplos vivos de cerca. Como mínimo, tal reacción debería recordarnos la dificultad de las cosas difíciles, sobre todo las drogas.

Los rubios

El género literario de las «memorias de drogadicción» en general ha sido muy de blancos, y, cuando no lo es, muy masculino.[9] Las razones que hay detrás de esta situación son numerosas y complejas, y probablemente tengan algo que ver con la propensión de los escritores blancos a presentar su experiencia desconectada de las fuerzas socioeconómicas y políticas que suelen ser de lo más evidentes para los demás; tal propensión conduce a la creación de obras más fácilmente clasificables como «memorias de drogadicción».[10] Pero mientras que las narrativas de drogadictos blancos podrían parecer, a primera vista, desprovistas de conciencia racial, tras analizarlas más atentamente, la mayoría parecen saturadas de la ansiedad de ser blancos, así como de un despliegue estratégico (aunque inconsciente) de tropos racializados que «afloran sin cesar cuando nos ponemos a observar atentamente», como dice Toni Morrison en *Jugando en la oscuridad.*

En el caso de *Crack Wars,* ni siquiera tiene que ir más allá del título, que sirve de señuelo para resaltar su propia sintomatología caótica. Pues sean cuales sean los horrores que las transgresiones que Emma Bovary/EB/Ronell podrían provocar, palidecen en comparación con la brutal persecución y castigo de los negros patrocinada por el Estado, incluidas las madres negras, que caracteriza la Guerra contra las Drogas.[11] Sin embargo, sea cual sea el malestar, la repugnancia y la ira que he sentido por este motivo, con el tiempo se ha agudizado mi interés por *Crack Wars.* Porque al arrojar a EB a la caldera de combustión de la «guerra contra las drogas», Ronell suscita ciertas preguntas sobre la relación entre las chicas blancas y la construcción racializada de drogas y transgresión, preguntas que en su mayoría quedan sin respuesta en *Crack Wars,* pero que abren la puerta a una investigación posterior.

Muchas mujeres blancas, dada su falta de acceso al espacio público y de dinero propio antes de la década de 1960, consumían drogas recetadas por médicos, ya fuera como pacientes internos en entornos residenciales (como fue el caso de Kavan), u obteniendo medicamentos de manera fraudulenta en entornos médicos (cf. el infame entorno de gente enganchada a las pastillas inmortalizado en *El valle de las muñecas* de Jacqueline Susann).[12] Pero en cuanto la mujer blanca tuvo que ir a comprar a la calle, sus relatos literarios comenzaron a reflejar la dinámica racializada que durante muchos años ha conformado el mundo criminalizado de las «drogas». Algunos evidencian un entusiasmo fetichista, como en la autobiografía gélida y tramposa de Ann Marlowe *Cómo detener el tiempo: la heroína de la A a la Z:* «Comprar drogas ilegalmente alimenta la fascinación de la clase media por la calle. Por fin estás ahí fuera, con la gente que acojona, y ya no les tienes miedo, sino que te unes a ellos.» (La combinación del entusiasmo de Marlowe por estar «ahí fuera, con la gente que acojona» y su elitismo descarado –durante el día era una ejecutiva de Wall Street, y por la noche recorría Alphabet City en busca de material– a menudo es totalmente repugnante, aunque posee la discutible virtud de proclamar lo que otros dicen con eufemismos.) En los casos de chicas blancas con más conciencia social y astucia, como la narradora en primera persona de la autoficción de Michelle Tea *Black Wave,* hay más conciencia de sí mismas y más malestar político, aunque ambas cosas en última instancia se ven limitadas, para bien o para mal, por el poder de la droga: «Por un segundo Michelle se preguntó si podía pillar alguna enfermedad de la pipa de cristal quemada de un adicto empedernido al crack, pero había aprendido que en tales situaciones esas preguntas espantosas podían conducir al racismo, al clasismo, a todo tipo de juicios primitivos, así que uno no pensaba demasiado. Simplemente aceptabas la pipa desportillada con su cuenco carbonizado e inhalabas.»

Ya sea aceptado o rechazado, el tropo más común es el de «la blancura» como identidad espiritual o culturalmente deficiente que los blancos anhelan dejar atrás, ya sea por los propios efectos desestabilizadores de las propias drogas, o por medio de la «compañía –relativamente– interracial» en la que puedes acabar por la compra y el consumo (pensemos no solo en «la gente que acojona» de Marlowe, sino también en «El negro blanco» de Norman Mailer (1957), el hípster blanco que opta por vivir en barrios marginales no blancos que la imaginación cultural asocia con la liberación, el placer y las drogas, ya sea un fumadero de grifa en Tánger, un club de jazz en el bajo Manhattan o una ceremonia chamánica en México). Este impulso es un elemento básico de la literatura sobre drogas blanca y «marginal», desde Rimbaud a Ginsberg pasando por Kerouac, Burroughs o Paul Bowles. (Aunque es muy común que aquí surja cierta envidia, erotismo o encaprichamiento con el Otro fantaseado, en esta tradición también existe un racismo directamente frío y hostil: véase el horror que sentía De Quincey por el así llamado Oriente de donde provenía su opio, o el indisimulado y errático racismo de *Una vida ejemplar* de Pepper; podríamos considerar esta envidia y antagonismo como la otra cara de la misma moneda invisible.)

Una temporada en el infierno de Rimbaud (1873) proporciona una especie de Ur-texto para el primitivismo blanco de vanguardia y la corriente del «negro blanco» del siglo posterior. Rimbaud comienza con una descripción de su propia blancura y su linaje –«De mis antepasados galos tengo el ojo azul pálido, la estrecha mollera y la torpeza en la contienda. Mi atavío parece tan bárbaro como el suyo. Pero no engraso mi cabellera con manteca»– antes de adentrarse en espasmos de odio por la raza blanca, Europa y el cristianismo. Entonces anuncia: «Mi jornada está concluida; abandono Europa. El aire marino abrasará mis pulmones; los climas perdidos me curtirán. Nadar, triturar la hierba, cazar, especialmente fumar; beber licores fuertes como metal hirviente –tal como hacían esos queridos antepasados en torno

210

a la lumbre. Regresaré, con miembros de hierro, oscura la piel, furiosa la mirada.» Rimbaud llega incluso a decirles a sus interlocutores que su blancura parece un caso de identidad errónea: «Nunca pertenecí a este pueblo; jamás fui cristiano; soy de la raza de los que cantaban en el suplicio; no comprendo las leyes; no tengo sentido moral. [...] Soy una bestia, un negro.» Promete «abandonar este continente» y «entrar en el verdadero reino de los hijos de Cam». No parece casualidad que este deseo se correlacione con el deseo de «especialmente fumar; beber licores fuertes como metal hirviente» y emprender una «desorganización prolongada, sin límites y sistematizada de todos los sentidos» (una frase que retomó un siglo más tarde Jim Morrison, un devoto de Rimbaud).

En qué sentido Rimbaud entró alguna vez en «el verdadero reino de los hijos de Cam», nadie lo sabe con certeza. Pero se fue de Europa, primero a Java, luego a Chipre, finalmente a Abisinia, donde traficó con armas y café durante una década hasta su muerte, a los treinta y siete años. En 1936, Artaud tomó un rumbo parecido: dejó Europa en busca de los rituales del peyote de los tarahumaras de México. Derrida caracteriza la misión de Artaud en México de la siguiente manera: «Existía el proyecto de descubrir el sistema de normas y prohibiciones que constituyen la cultura europea, y sobre todo la religión europea. Albergaba la esperanza de que las drogas mexicanas permitieran la emancipación del sujeto; pusieran fin a ese sometimiento que, desde el nacimiento, de alguna manera había expropiado al sujeto; y, sobre todo, pusieran fin al concepto de sujeto.»

Buscar poner «fin al concepto de sujeto» suena más intelectual que, digamos, la prosa púrpura, el lamento de chico blanco de Kerouac de *En la carretera:* «En la noche lila caminaba con todos los músculos doloridos entre las luces de la 27 y Welton en el barrio de color de Denver, deseando ser un negro, sintiendo que lo mejor que el mundo blanco me había ofrecido no era suficiente éxtasis para mí [...] no había vida suficiente, ni alegría, ni subidones, ni oscuridad, ni música, ni suficiente noche. [...] Deseé ser un mexicano de Denver, o incluso un pobre japonés con exceso de trabajo, cualquier cosa menos aquella cosa tan deprimente: un "hombre blanco" desilusionado.» Al final, sin embargo, dudo que las visiones sean tan diferentes. A pesar de los intentos frenéticos (y, hay que decirlo, locos) de Artaud por «acabar con el juicio de Dios» (y la insistencia de Rimbaud –de la que supuestamente se retractó de su lecho de muerte– en que «nunca había sido cristiano»), ambos parecen firmemente sometidos a una interpretación particularmente blanca de una «pérdida del jardín de Edén»: «una extraña nostalgia», como lo expresó Baldwin en un ensayo sobre Mailer (en el que Baldwin también comenta este pasaje de Kerouac), de un momento mejor, en comparación con el cual el presente resulta insoportablemente breve, ya sea porque no hay «vida suficiente, ni alegría, ni subidones, ni oscuridad, ni música, ni suficiente noche» o por el deseo de que América vuelva a ser grande.

¿Qué decir? Uno podría simplemente responder a este pasaje de Kerouac como hizo Baldwin: «Esto es una completa bobada, por supuesto: si lo consideramos objetivamente, y una bobada ofensiva, además; no me gustaría estar en la piel de Kerouac si alguna vez estuviera lo bastante loco como para leer esto en voz alta desde el escenario del Teatro Apolo de Harlem.» Y así es. Quiero decir que es fantástico darse cuenta de lo jodido que es ser blanco, aunque al estilo *Bailando con lobos:* abandonemos el colonialismo del colono blanco y vayámonos a vivir con los nativos; pero lo que es jodido por antonomasia es suponer que tu emancipación, tu «libertad y diversión», se encuentran en las culturas (o en las culturas fantaseadas) de los pueblos no blancos que tú o tus antepasados habéis colonizado, saqueado, demonizado, en-

212

carcelado, asesinado e incautado durante siglos; qué irritante llevar a cabo esta búsqueda de emancipación espiritual mientras el sistema de justicia penal trabaja horas extras para asegurarse de que otros no blancos paguen el precio de manera desproporcionada. Los partidarios de la mentalidad de que América vuelva a ser grande imaginan su Edén perdido como una tierra gobernada inequívocamente por la supremacía blanca, y promueven la ficción de que los negros y los demás morenos son la causa de su caída y sufrimiento; los partidarios de la mentalidad de «hombre blanco desilusionado que desea ser negro» parecen sufrir una resaca diferente pero relacionada, como por ejemplo: *Se suponía que todo era tan estupendo: la Ilustración, las colonias, la Constitución, el salvaje Oeste, la Confederación, ser una superpotencia en la posguerra... Así pues, ¿por qué me siento tan mal? ¿Por qué no puedo alcanzar el éxtasis, «la alegría y los subidones», que creo merecer? ¡Quizá EXISTE una especie de libertad específica para aquellos que han sufrido la esclavitud, y quizá es mejor y más profunda que la que yo tengo! ¡Tal vez debería perseguir también esa!* Esta es la puesta en escena de «El negro blanco» de Mailer, donde Mailer argumenta que, debido a la amenaza de aniquilación atómica, los hípsters blancos por fin saben algo del peligro y el pavor que ha caracterizado la «vida de los negros» durante siglos («Cualquier negro que desee vivir debe convivir con el peligro desde el primer día, y ninguna experiencia puede ser jamás casual para él, ningún negro puede pasear por la calle con la total seguridad de que la violencia no le afectará en su paseo», escribió Mailer hace más de sesenta años).

Los que están atrapados por ese fetichismo no han diagnosticado erróneamente la profundidad de su enfermedad (motivo por el cual el ensayo de Mailer es tan ofensivo y tan difícil de enterrar). Pero es habitual que no reconozcan que la semilla del problema se sembró hace mucho tiempo, con la invención del concepto de «lo blanco», que implica la proyección sobre los cuerpos negros y morenos de toda la irracionalidad, desobediencia, paganismo y rebelión abierta que constituyen el envés, o el «exterior», de la así llamada sociedad civil y razón. Con una proyección así, la racializada Guerra contra las Drogas (y su hermano gemelo, el encarcelamiento masivo) era solo cuestión de tiempo, la última manifestación de un hábito de siglos de antigüedad. Como escribió Derrida: «Las lumbreras de la Ilustración *(Aufklärung)...* son en sí mismas una declaración de Guerra contra las Drogas.»

El impulso de transgredir, de apartarse de los límites normativos del yo, la ley y la sociedad –para «permitir la emancipación del sujeto», incluyendo la resistencia al yo y la aniquilación del ego– son deseos humanos duraderos y legítimos, compartidos por personas de todo tipo, en todos los lugares y a través del tiempo. La manera de transitar este problema no puede consistir en esperar a que se extinga. Pero debemos afrontar de manera honesta que cuando se les ha aplicado un patrón racializado el resultado ha sido catastrófico, de manera más crucial y cruel para las personas negras y morenas, y también para los blancos. Así pues, antes de unirse al entusiasta estribillo de «Rock N Roll [N-gger]», en el que Patti Smith (basándose claramente en Rimbaud) une y celebra todo tipo de marginados, desde Jesucristo hasta Jimi Hendrix y Jackson Pollock, pasando por «también mi abuela» bajo la rúbrica de «n-gger», podríamos pararnos a pensar un momento y escuchar esta historia. La cuestión no es decidir si cancelar o no a un artista o una canción; las canciones son poderosas por una razón. (En parte tiene que ver con las posibilidades anárquicas y a menudo reprimidas de la identificación interracial, como quedó explícito en, digamos, los escritos de Baldwin sobre Joan Crawford y Bette Davis en *The Devil Finds Work* (1976), o la colección de ensayos de Hilton Als de 2014 *White Girls,* que toma como premisa

214

la identificación de Als, como hombre y negro, con las mujeres blancas, y se propone explorar las complejas identificaciones interraciales de figuras como Eminem y Richard Pryor.) Se trata de abordar la construcción histórica de la transgresión, los desafíos de las incómodas alianzas en la búsqueda de liberación y desafío, y la cuestión de lo que los blancos pueden o deben hacer (o no deben) cuando reconocen que los sistemas que han construido o heredado dañan, degradan y también matan.[13]

No puedo hablar de la influencia que Rimbaud o Artaud ejercieron en la gente y los lugares que visitaron, pero estos encuentros tienden a seguir un determinado guión, un guión que se desarrolló lúcidamente en la historia de la chamana mazateca María Sabina, que se hizo famosa en la década de 1960, después de que R. Gordon Wasson, un banquero de JP Morgan convertido en etnomicólogo, publicara un artículo en 1957 en la revista *Life* sobre el conocimiento que tenía Sabina de los hongos que poseían psilocibina, que provocó que un aluvión de extranjeros desearan encontrarla.

Al principio, Sabina dio la bienvenida a los visitantes que llegaban a su casa de México en busca de experiencias alucinatorias transformadoras. (Ella llamaba a sus visitantes –entre los que se incluían Mick Jagger, Bob Dylan, Keith Richards y John Lennon– «los rubios».) Pero, como recuerda Sabina en su notable autobiografía oral, *La vida,* los rubios finalmente tuvieron un efecto ruinoso no solo en la comunidad de Sabina sino en los propios hongos. «Desde el momento en que los extranjeros llegaron a buscar a Dios», dice, «los *niños santos* perdieron su pureza. Perdieron su fuerza; los extranjeros los echaron a perder. Desde entonces ya no sirvieron para nada. Aquello ya no tenía remedio.» Los tratos de Sabina con los rubios le trajeron también otras formas de sufrimiento: fue perseguida por la policía mexicana por narcotráfico, su casa fue incendiada, presumiblemente por sus vecinos de Mazatac, como castigo, creía, por su decisión de entregar «el secreto ancestral de nuestra medicina nativa a los extranjeros».

Como curandera, Sabina estaba sobre todo consternada porque los extranjeros vinieran en busca de Dios en lugar de intentar curar enfermedades. «"Venimos en busca de Dios", decían. Me costó explicarles que las vigilias no se hacían por el simple deseo de encontrar a Dios, sino con el único propósito de curar las enfermedades que padece nuestro pueblo.» Es posible que, para Derrida, lo que le reprochamos al consumidor de drogas es que busque «experiencia sin verdad», pero Sabina le añade un giro importante: que una experiencia con drogas nos aporte una «verdad real» o una «verdad falsa» puede no tener ninguna importancia si la búsqueda de la verdad en sí, ya sea concebida como «Dios», «el secreto del universo», o el «exceso cósmico», o algo más, es simplemente *la búsqueda errónea*. La claridad de Sabina a este respecto, junto con su ingenio como narradora, hace que *La vida* sea un libro especialmente generoso y mordaz, como en el siguiente pasaje: «Un joven extranjero que vestía ropas multicolores y sandalias quería regalarme un perro grande y bonito. Le dije que no quería un perro, que no tenía dinero para mantenerlo. ¿Qué iba a comer el animal? ¿Mierda? El joven extranjero comprendió mi situación y se llevó al perro.»

Sin embargo, dice Sabina que si pudiera empezar de nuevo, habría compartido igual su sabiduría con los rubios, «porque no hay nada malo en eso». En su autobiografía nadie queda como un santo, ni su comunidad indígena, ni el gobierno mexicano, ni su familia íntima, ni la propia Sabina; ni trata a los extranjeros, incluido R. Gordon Wasson, como pecadores. Casi siempre tan solo llama a los rubios «estúpidos» e «irrespetuosos». Las capas de sufrimiento, violencia y explotación que encontramos en la historia de Sabina describen una historia colonial y un legado de pobreza rural de siglos, repleto de otras causas de sufrimiento, como maridos que engañan a sus mujeres y abusan de ellas y hombres que matan por celos, venganza, y embriaguez (en cierto momento un borracho le dispara tres veces, después de lo cual ella es curada por primera vez por «un sabio-en-medicina», también conocido como un médico occidental –Salvador Guerra–, del que al principio desconfía, aunque después se siente tan agradecida que insiste en que él tome unos hongos, como un intercambio de sabidurías curativas). Cristiana devota, Sabina repetidamente vincula los hongos con Cristo y la Iglesia, a la que jura obediencia absoluta: «Los *hijos* son la sangre de Cristo. [...] Siempre he tenido respeto por todo lo que tiene que ver con Dios. Obedezco a los sacerdotes. También obedezco las palabras de las autoridades municipales. Son los jefes. Ellos nos gobiernan.»

Por estas razones, a pesar del profundo sufrimiento de su historia, y a pesar del hecho de que sigue un guión destructivo endémico a tales encuentros, *Mi vida* no es tanto una historia con una evidente lección moral (a saber, que ese particular encuentro con los rubios, ese particular intercambio de sabiduría, nunca debería haber sucedido y debería estar prohibido que suceda otra vez) como una reflexión sobre la tragedia y la comedia, y, hasta cierto punto, la inevitabilidad de la contaminación y la intersección multicultural de alto riesgo. La complejidad moral de su historia sigue siendo fundamental, ya que la saga sigue adelante, aunque con diferentes personajes, lugares, y drogas.[14]

No suele ser agradable el sonido de los blancos al dar voz a su recelo de que los sistemas que les han procurado la dominación también han extraído algo vital en ellos, los han jodido de una manera que perciben en toda su magnitud, pero que les cuesta entender o articular. (O al menos, ya no es agradable: Rimbaud, Artaud, Mailer, Kerouac, etc., se convirtieron en gigantes literarios en parte por dar voz a ese recelo.) Lo único que yo digo es que deben (o debemos) seguir resolviendo el problema, y que la literatura sobre drogas ofrece un lugar fructífero, aunque a menudo repulsivo, para escuchar la sintomatología. Mientras escucho, me gusta recordar a Sabina y su severa crítica de los estúpidos cabrones que vinieron y lo echaron todo a perder, y su convicción firme, casi inconmensurable, de que ciertas formas de sabiduría pertenecen a todos.

Accionar la trampa

En 2008, el escritor español Paul Preciado publicó un libro de teoría disparatada en la tradición de *Crack Wars* titulado *Testo yonqui: sexo, drogas y biopolítica*. En lugar de elegir una sola droga (como el crack o los opiáceos) como la droga insignia de nuestro tiempo, argumenta Preciado que todos somos, de manera consciente o inconsciente, sujetos de un nuevo orden económico posfordista llamado «farmacopornismo», una fusión de farmacia y sexualidad que lo abarca todo, desde la Viagra hasta las hormonas sintéticas pasando por los ISRS (inhibidores selectivos de la recaptación de serotonina), los antipsicóticos, las benzos, el fentanilo, el Ritalin, el tecno-esperma, la tecno-sangre, los antibióticos, el FIV, el trabajo sexual, la píldora, Grindr, las novias que se piden por correo o el porno en internet. Preciado se muestra deliberadamente indiferente a los matices de las sustancias individuales, o incluso a si todo lo anterior se puede calificar de «sustancias» *per se,* y se interesa más por cómo nuestros deseos, subjetividades y cuerpos alimentan la maquinaria farmacopornográfica, y a su vez son alimentados y moldeados por ella. *Testo yonqui* oscila entre densos capítulos teóricos y secciones autobiográficas que siguen tres hilos principales:

una tórrida relación amorosa entre Preciado y la escritora y cineasta Virginie Despentes (también conocida como «VD»), la muerte por sobredosis del amigo de Preciado, el escritor Guillaume Dustan (alias «GD»), y la inmersión inicial de Preciado en la testosterona, descrita en la introducción del libro como «una experiencia política cuya duración exacta fue de doscientos treinta y seis días y noches y que continúa hoy bajo otras formas».

Contrariamente a gente como Wilhelm Reich, quien imaginó nuestra «potencia orgástica» como una fuerza de liberación, Preciado considera «la fuerza (real o virtual) de la excitación (total) de un cuerpo –una fuerza que Preciado llama *potentia gaudendi*– como lo que alimenta el farmacopornismo, la versión más reciente del capitalismo. La postura de Preciado es esencialmente foucaultiana: no hay forma de escapar de la trampa farmacopornográfica: estás en ella solo por ser un sujeto biopolítico deseante. Pero puedes hackearlo desde dentro: «Tu memoria, tu deseo, tu sensibilidad, tu piel, tu polla, tu dildo, tu sangre, tu esperma, tu vulva, tus óvulos... son las herramientas de una posible revolución *gender-copyleft.*» Para que esta postura no suene demasiado «un tanto hegemónica, un tanto subversiva», como podría haber dicho Sedgwick, vale la pena observar que se hace eco de la trampa de estar vivo en general; «accionar la trampa en la que inevitablemente nos encontramos», como Judith Butler dijo una vez de la performatividad de género, es una descripción justa de nuestra condición mortal. (En la cita completa, Butler hace una distinción entre este estado y la libertad: «[Esta] performatividad [...] no es libertad, sino una cuestión de cómo accionar la trampa en la que uno está de manera inevitable.» Puede que otros filósofos lo vean de manera diferente. Por ejemplo, Brian Massumi: «La libertad no tiene que ver con romper o escapar de nuestras limitaciones. Tiene que ver con convertirlas en grados de libertad. No podemos escapar de nuestras limitaciones. No hay cuerpo que pueda escapar de la gravedad. [...] La libertad siempre surge de la limitación: es una conversión creativa de la misma, no una huida utópica.»)

Como sugiere su título, *Testo yonqui* ofrece una teoría maximalista de la adicción, en virtud de la cual uno puede convertirse en un yonqui de cualquier cosa, desde la comida hasta el sexo, las compras y las redes sociales, pasando por la política, los videojuegos, los smartphones, las relaciones, las recetas de drogas para hacer ejercicio, las hormonas y los propios grupos de ayuda en 12 pasos. Esta teoría general de la adicción se ha convertido en una obviedad casi indiscutible de nuestro tiempo, cerrando la boca a casi todos sus disidentes. Uno de esos disidentes fue Sedgwick, la cual, en su ensayo de 1991 «Epidemics of the Will» (Epidemias de la voluntad), expuso sus reservas sobre las teorías maximalistas de la adicción (antes de que se publicaran *Crack Wars* o *Testo yonqui).* Sedgwick argumenta que, si uno introduce «no solo todas las formas de ingestión de sustancias, sino todas las formas de comportamiento humano en la órbita de la adicción potencial», corre el riesgo de promover –incluso sin darse cuenta– cierta «propaganda del libre albedrío», en la que el espectro constante de las compulsiones insalubres origina su contraestructura: una voluntad heroica, ética, saludablemente libre en constante necesidad de despertar, salvación, purificación o liberación. Sedgwick localiza esta «propaganda del libre albedrío» en los últimos escritos de Nietzsche; también lo encuentra en el trabajo del psiquiatra libertario Thomas Szasz, un feroz crítico de la psiquiatría coercitiva y «el estado terapéutico» y acérrimo defensor de algo que Szasz llamó «nuestro derecho a las drogas».

Como comprendió Szasz, existen dos modelos de drogadicto: el primero imagina al adicto como un «niño estúpido, enfermo e indefenso, que, tentado por los traficantes, los compañeros y los placeres de las drogas, sucumbe al señuelo y pierde el autocontrol» (estilo Burroughs o Holiday); el segundo lo ve como «una persona con un absoluto autocontrol, que, como Adán, elige la fruta prohibida como forma elemental y básica de enfrentarse a la autoridad» (al estilo de Ann Marlowe). Estos dos modelos, escribió Szasz, «enmarcan dos perspectivas morales distintas», donde cada una ofrece una estrategia moral distinta: «Si nos ponemos de parte de la autoridad y deseamos reprimir al individuo, lo trataremos como si fuera una víctima indefensa e inocente de una tentación irresistible. [...] Si nos ponemos del lado del individuo y deseamos refutar la legitimidad y rechazar el poder de la autoridad para infantilizarlo, lo trataremos como si tuviera el control de sí mismo, como si fuera el ejecutor de decisiones responsables.» Ambas posiciones tienen su lógica, dice Szasz. Lo que tiene *menos* lógica —que él llama «confuso en principio y caótico en la práctica»— es el intento de «tratar a las personas como adultos y niños, como personas libres y no libres, cuerdas y dementes» al mismo tiempo. (Libertario, Szasz prefería el segundo modelo, y se opuso con vehemencia a los intentos de controlar el comportamiento de los consumidores de drogas o los enfermos mentales, incluso si su comportamiento les perjudica.)

Tratar a las personas como «libres y no libres» puede complicar la formulación de políticas o argumentos legales (las feministas estarán familiarizadas con tales debates gracias a la teoría del Síndrome de la Mujer Maltratada, y su controvertida aplicación a prostitutas y víctimas del tráfico sexual). Pero, como filosofía cotidiana, la noción de que somos libres y no libres me parece tan fundamentalmente incontestable como banal. (Althusser: *«No hay sujetos excepto por y para su subyugación.»)* Irónicamente, mientras los polemistas se ven atrapados en la suposición de que todo tiene que ser de una forma u otra, los adictos en recuperación todos los días sortean la paradoja de ser libres y no libres frente a una sustancia, como se refleja en el doble énfasis que ponen los programas de 12 pasos en el desamparo y la decisión diaria y permanente de no consumir (como se refleja en eslóganes del tipo «Centrémonos en el día de hoy» y «Si no la tocas, no te la meterás»).

El poder y el placer de *Testo yonqui* derivan de su aceptación de lo que es «confuso en principio y caótico en la práctica», del brío con que navega entre la cordura y la locura, la libertad y la no libertad, la compulsividad y la libertad, junto con su extravagante manera de socavar sus sólidas teorías, incluyendo la teoría maximalista de la propia adicción. Como en *Like Being Killed* y *After Claude*, la liberación que ofrece no reside en ningún proyecto de huida ni en reclamar una capacidad de intervención sin límites, sino en cómo nos muestra lo que es lidiar con la paradoja y la contaminación y disfrutar con ello de una manera rebosante de energía y experimentación. Es sobre todo una hazaña afectiva: debido al tono precipitado de *Testo yonqui,* su voluntad de contradecirse, y sus espontáneas y a menudo cómicas incursiones autobiográficas, no funciona solo mediante la argumentación, que es lo que lo sitúa fuera del ámbito del mundo académico propiamente dicho (un campo conocido por expresar posibilidades liberadoras en un lenguaje que a menudo las estimula entre poco y nada).

A pesar del título del libro, a medida que el «protocolo de intoxicación voluntaria» con testosterona de Preciado continúa (y el adjetivo «voluntario» ya chirría con el «yonqui» del título), el deseo expreso de Preciado de volverse adicto a la testosterona permanece exasperantemente insatisfecho. «Me gustaría haber podido caer en alguna adicción, tener la seguridad de agarrarme definitiva y químicamente a algo», escribe Preciado. «En el fondo, yo esperaba que la testosterona fuera esa sustancia. Engancharme no a una subjetividad, sino a la modificación que produce insertar un objeto sin voluntad en mi propio organismo.»[15] El hecho de que la testosterona no consiga «ser esa sustancia» puede tener que ver con el hecho de que, en cuanto hormona sintética/esteroide anabólico, la testosterona no posee las mismas propiedades adictivas que, por ejemplo, los narcóticos. Pero, de nuevo, tampoco las poseen ir de compras ni el zumba. Finalmente, la cuestión de «adicto» o «no adicto», «atrapado» o «libre», acaba siendo una especie de espejismo; una vez que conseguimos ver más allá, aparecen temas más sugestivos. Uno de ellos tiene que ver con el género inclasificable. En un momento, Preciado reflexiona: «Si no acepto definirme como transexual, como "disfórico de género", entonces deberé admitir que estoy enganchado a la testosterona. [...] Esas son las opciones biopolíticas que se me ofrecen: o me declaro transexual o me declaro drogadicta y psicótica.» Pero esto es absurdo: un Preciado binario y ventrílocuo lo rechaza incluso mientras ensaya sus términos. Él sabe que es posible no ser adicto a la testosterona ni transexual tal como lo define el estado; su libro trata sobre cómo ocupar ese espacio, sobre cómo negarse a ajustarse a los protocolos de género prescritos y al mismo tiempo negarse a ser descartado como «drogadicta y psicótica». También tiene que ver con cierto binarismo de género en relación con la libertad y los cuidados que durante mucho tiempo ha obsesionado a los círculos queer, que alinearían a las lesbianas con los «cuidados» (mutuos, la preocupación por el bienestar del mundo, por sus perros, etc.), y a los hombres homosexuales con la «libertad» de tipo despreocupado, incluso imprudente (fiesta, promiscuidad, drogas, etc.). Este binarismo asoma la cabeza en los escritos de Preciado sobre GD, un drogadicto empedernido y VIH positivo defensor de la libertad sexual radical (incluidas prácticas controvertidas como el sexo sin condón) a quien Preciado describe con admiración como «el máximo

223

representante francés de una forma de insurrección sexual a través de la escritura».

Testo yonqui comienza con la noticia de la muerte de GD: «5 de octubre: Tim me anuncia tu muerte llorando»; esa misma noche, devastado por el dolor, Preciado lleva a cabo una «videopenetración» en homenaje a él, en la que Preciado se filma afeitándose la cabeza y la zona púbica, haciéndose un «bigote de marica» con vello pegado al labio superior, y penetrándose sus orificios inferiores. Luego se toma una dosis de testosterona y le dice al recién fallecido GD: «Esta testosterona es para ti, este placer es para ti.» El deseo de «travestirme en [GD]», para conectar con él a través de la testosterona y el sexo, está claro; lo que queda por analizar son los cismas en esa gemelación. Estos cismas se hacen evidentes en el contraste entre la erudición contundente, e incluso logorreica, de Preciado, y la postura de GD como bufón hedonista, dispuesto a burlarse de los esfuerzos y convicciones de Preciado (cf. Sillman: «con la bata, la lengua entre los dientes, el pincel en posición, dándolo todo»). En cierto momento, Preciado evoca una conversación que tuvo una vez con GD, en la que le habla de un proyecto de historia trans que espera que GD apoye financieramente y publique:

> Me dices que qué coño tengo yo que decir sobre esas mariconadas, que tú creías que yo no era como las otras tías, que a mí lo que me interesaba era follar, pero que ahora te das cuenta de que soy en realidad como cualquier otra lesbiana, que hago de enfermera política de cualquiera que me encuentro. Te digo que no soy lesbiana, que soy trans, que soy un tío, que el hecho de que no tenga una bio-polla de mierda como la tuya no significa que no sea un tío. Te digo: deja de tratarme como escoria simplemente porque te crees que soy una tía. Me dices que te doy

224

pena, vergüenza, que no cuente contigo para publicar esas
mariconadas, que lo que tengo que hacer es llamar a *Têtu* y
hacer un reportaje. Me dices todo eso mientras te descojo-
nas. No quiero llevarte la contraria. No quiero enfadarme
contigo porque si tú no me publicas quién va a publicar
mis libros, pero realmente te odio mientras me hablas.

La obra políticamente comprometida y fruto de una
abundante investigación mediante la cual los intelectuales
«no hombres» deben demostrar habitualmente su seriedad
y talla intelectual está aquí desprovista de aceptación fálica:
la política es ahora vergonzosa y las lesbianas son «enfermeras
políticas» incapaces de abordar las auténticas «mariconadas»
de follar, de la libertad y el placer (véase *Dans ma chambre* de
GD: «El sexo es lo principal. Todo gira a su alrededor: la
ropa, el pelo corto, ser guapo, el equipamiento adecuado, lo
que tomas, lo que bebes, lo que lees, lo que comes, no puede
ser demasiado pesado cuando sales, de lo contrario no po-
drás follar»). En lugar de defender su proyecto de historia
trans o rechazar los términos sexistas que intervienen, Preciado está enfadado sobre todo porque GD ha juzgado erróneamente su género: bio-polla de mierda o no, Preciado es un
TÍO, y por lo tanto debe ser tratado con respeto (no como
una mierda, como presumiblemente hay que tratar a las se-
ñoras). Porque Preciado teme no poder conseguir los fondos
y el poder publicar su libro en otro lugar, y frente al menosprecio de GD, trata de evitar el conflicto: «No quiero llevarte la contraria.» Hay cosas que cambian, y otras que no.

Escuchar a dos escritores que se identifican como masculinos discutir sobre si uno de ellos debería ser tratado
como una mierda porque lo han confundido con una chica
no es exactamente revolucionario. Pero esas escenas adquie-
ren una valencia diferente cuando las comparamos con la relación de Preciado con VD, una feminista directa cuya proli-

jidad artística, fervor sexual y ferocidad general convierten la dicotomía de drogadicto follando/cuidados esmerados de GD en algo aburrido y retro. He aquí, por ejemplo, el relato de Preciado de uno de sus primeros encuentros sexuales:

Ese día, en la misma habitación que Karen y Raff, follamos a pelo por primera vez. Su pelvis se pega a mi pelvis, su vulva se engancha a la mía, nuestros sexos se muerden como las bocas de dos perras que se reconocen. Mientras follamos siento que toda mi historia política, que todos mis años de feminismo avanzan directamente hacia el centro de su cuerpo, se derraman sobre ella como encontrando en su piel su verdadera única playa. Mientras me corro encima, borbotean a mi lado Wittig y Davis, Woolf y Solanas, la Pasionaria y Kate Bornstein. Ella está cubierta por mi feminismo como por una eyaculación fina, como por un océano de purpurina política.

La euforia –y el reconocimiento– que experimento al leer tales pasajes no tiene que ver con su descripción del sexo como refuerzo de una política (como en «el feminismo es la teoría; el lesbianismo es la práctica» de Ti-Grace Atkinson) ni como una fuerza antitética o aniquiladora de la política (como en el modelo Leo Bersani - Lee Edelman - Gustave Dustan), sino con su sexo iluminado, festoneado incluso, por la política, imaginado aquí a través de imágenes poco comunes y amplias como *fluir, burbuja, diafonía* y *destellos*. Tal descripción constituye un intento tal vez sin precedentes de representar la presencia material de la propia vida política durante el acto de follar en una especie de éxtasis irónico.

Preciado intenta proyectar su relación con VD como una forma de adicción: «Resulta evidente que mi relación con V. pertenece al tipo de relaciones que se modelan bajo la forma de la adicción. *Dependere:* estar atado a. He hallado mi droga, y, como todas las drogas, esta es al mismo tiempo cercana e inalcanzable.» Pero, si bien la aventura pudo haber tenido elementos de adicción y codependencia (como ocurre con casi todas las historias tórridas), el marco adictivo parece de nuevo casi intencionalmente inadecuado. Preciado da fe del deseo de un «objeto que no tiene voluntad», pero al elegir a VD, obtiene la antítesis: VD es una bola de demolición de la idea de la musa muda, y de hecho a lo largo de *Testo yonqui* está escribiendo su propio libro, *Teoría King Kong,* un manifiesto eléctrico sobre la violación de VD, «sobre su época de puta, sobre por qué el siglo XXI será feminista o no será»: «La espalda muy recta, el pelo enmarañado de roquero rubio, en cada mano un anillo. [...] Yo leo sus capítulos recién acabados, los recibo como bebés aún dormidos que se despiertan por primera vez ante mis ojos. La *kiff.* Reconozco la voz que me excita, la voz que me folla: una voz de adolescente punk que ha aprendido a hablar con un programa de producción de género de cis-hombre, una mente aristocrática de loba futurista que habita un cuerpo de puta, una inteligencia de premio Nobel encarnada en un cuerpo de cachorra callejera».

La emoción de ver bailar el formidable intelecto de Preciado junto a VD cuando se juntan en «un momento fractal, al borde de una tragedia tecnogriega: ella acaba de empezar a salir con tías, yo acabo de empezar a tomar testosterona», son precisamente «las mariconadas»* que quiero leer. La comunión sexual e intelectual que encuentran juntos no queda

---

* En realidad, la autora dice aquí *«queer stuff»,* o sea, «el rollo queer» que quiere leer. El problema es que el traductor al inglés del libro de Preciado ha traducido «mariconadas» por *«queer stuff»,* que, aparte de no ser lo mismo, no tiene, ni de lejos, la connotación despectiva del español.

circunscrita por los mandatos de la «enfermera política» ni se alinea con una libertad que se asemeja a una pulsión de muerte. Tiene un sonido nuevo, un sonido que, como suele ocurrir con los sonidos queer, llora y rinde homenaje a sus precursores mientras cambia de forma y avanza. De ahí el discurso final de Preciado junto a la tumba de GD, en el que se despide de una determinada forma de insurrección y anuncia el nacimiento de otra: «Si estuvieras todavía vivo, seguramente nos odiarías a V y a mí, con un odio caliente y sedoso como una polla que no se empalma, porque sabrías que ella y yo juntas somos la revolución en marcha.»

Personas no humanas

El deseo frustrado de Preciado de engancharse a una «sustancia sin voluntad» podría tener que ver con las propiedades específicas de la testosterona, la fuerza imparable de VD, y/o la ambivalencia de los propios impulsos de Preciado hacia la dependencia y dominio. Pero también es probable que tenga que ver con la inestabilidad de la propia dicotomía sujeto/objeto, una inestabilidad que la literatura (y la experiencia) sobre drogas ha sabido revelar de manera harto conocida. Una y otra vez, los consumidores aportan la sensación de que las sustancias, lejos de ser «un objeto que no tiene deseo», tienen sus propias inclinaciones, sus propias exigencias, incluso parecen imbuidas de algo que podríamos llamar voluntad, libertad o deseo («La mescalina quería mi pleno consentimiento»). Para transmitir esta sensación, los escritores recurren con frecuencia a la personificación, como en la salmodia de Sabina sobre los *«niños santos»*, o cuando Holiday se lamenta de la pérdida de su «amante».[16] De hecho, si la literatura sobre drogas es tan extrañamente atractiva se debe en parte a que los propios libros son también «objetos mudos» capaces de hechizarnos o exigirnos cosas: la ambigüedad, en la experiencia de las drogas, de quién o qué está haciendo qué a quién, encuentra un espejo en la propia experiencia de leer (de ahí la antigua desconfianza del poder embriagador de la palabra escrita, desde *La República* de Platón hasta el juicio por obscenidad contra *Madame Bovary*, como formas amenazadoras de *pharmakon)*.

Resulta tentador menospreciar el antropomorfismo como tropo literario mediante el cual los escritores se esfuerzan, a menudo sin mucha fortuna, en hacer que las drogas cobren vida como personajes. Sin embargo, la frecuencia con la que las drogas cobran vida en la literatura sobre drogas también nos invita a reflexionar si las drogas cobran vida porque las drogas *están* vivas. Todo ese antropomorfismo podría ser una forma de hacer honor a la idea de que las drogas son algo más que materia inerte, lo que la politóloga Jane Bennett llama «materia vibrante», o lo que el teórico de la ecología Timothy Morton llama «gente no humana». Si tiene sentido hablar de materia vibrante o personas no humanas con voluntad o libertad propia es un tema que se debate desde hace mucho tiempo desde el punto de vista científico, filosófico y espiritual. Pero si, como dice la física feminista Karen Barad, toda la materia «siente, conversa, sufre, desea, anhela y recuerda», puede que realmente no exista ese «objeto que no tiene voluntad», otra razón por la que fracasa el deseo de Preciado de que podamos encontrar algo así.[17]

Para los que están acostumbrados a que la humanidad reafirme su voluntad y poder sobre la naturaleza, que conciben como una colección de objetos inertes y mudos, la experiencia de lidiar con las «exigencias» de esos objetos puede ser algo desorientador y caótico («Había venido dispuesto a admirar. Estaba confiado. Pero ese día mis células fueron pulverizadas, abofeteadas, saboteadas, sufrieron convulsiones»). Para quienes están acostumbrados a pensar en las fuerzas no humanas –y a tratar con ellas– de otra manera, nuestra vulnerabilidad a ser desposeídos o interpenetrados por ellas –y la consiguiente necesidad de negociar con y en relación con ellas– ya no supone una gran sorpresa. Un pasaje del libro de Anthony McCann *Shadowlands,* de 2019, en el que McCann rastrea los conflictos entre los miembros de la milicia derechista y la tribu Burns Paiute en el Noroeste del Pacífico, deja clara esta diferencia. Una arqueóloga tribal llamada Dianne Teeman le dice a McCann: «Si tomamos una planta, o parte de una planta, siempre hacemos una ofrenda o pedimos permiso. Necesitamos respetar la libertad de las plantas.» Posteriormente McCann contrasta esta noción de libertad con la manera de entenderla de los miembros de la milicia (y de muchos estadounidenses), que consideran que «la libertad es para las personas y sus propiedades, y para las corporaciones y el dinero». No hace falta decir que estas dos nociones de libertad están en franca contradicción.

La literatura sobre drogas a menudo sirve como depósito de esta sensación de sobrecogimiento ante la fuerza de las personas no humanas reprimida en otros textos. En *White Out,* Clune está realmente obsesionado con las propiedades talismánicas de la heroína y sus significantes (lo mismo ocurre con Art Pepper en *Una vida ejemplar,* aunque en términos menos filosóficos o científicos). Para Clune, es el «tapón blanco» de ciertos viales de heroína lo que actúa como fuente de fijación: «Podríais pensar que la blancura del tapón blanco no es tan importante. [...] Pero la primera vez que la probé venía en un frasco con un tapón blanco, y su blancura me mostró el secreto mágico de la droga.» (De nuevo, no hay que buscar mucho para descubrir aquí un discurso sobre la blancura, aun cuando lo que significa exactamente en *White Out* siga siendo opaco.) En otra parte, Clune ha expresado su interés por la investigación neurológica reciente que demuestra que una simple señal (por ejemplo, ver un tapón blanco) puede ocasionar aumentos repentinos de dopamina en el cerebro, creando, para el adicto, un preocupante ensamblaje de materia vibrante.[18]

Saber que respondemos físicamente a cosas que no hemos ingerido ni tocado no tiene por qué cosificar o magnificar los sentimientos de impotencia o falta de libertad. Al igual que la disciplina de la fenomenología, que nos pide que consideremos que fenómenos como la intención, la orientación y la propiocepción estructuran nuestra experiencia del mundo, ese conocimiento puede ayudarnos a sondear la misteriosa naturaleza de nuestra imbricación, que no se detiene en nuestra piel ni en lo humano. A partir de aquí, podríamos ver que el *pathos* de la adicción a las drogas no es necesariamente algo que sustituya un amor natural por otros seres humanos por un amor antinatural por un objeto frío y mudo, sino que revela nuestra porosidad hacia los no humanos: el apetito que nos despiertan y nuestra vulnerabilidad ante ellos. Si uno intenta dejar las drogas, resulta fundamental descubrir cómo gestionar esta porosidad sin perder la fe en que «si no la tocas, no te la meterás».

Quizá irónicamente, Clune no explora tanto esa permeabilidad en *White Out* como en *Gamelife,* un libro autobiográfico posterior sobre lo que supone crecer inmerso en el mundo de los videojuegos. Excepto en el caso de un memorable salto temporal hacia delante, *Gamelife* evita meticulosamente evocar el consumo de heroína de Clune cuando era adulto, y en cambio medita sobre el vínculo entre el mundo de los ordenadores, los juegos y «esa cosa ajena a la que llamamos naturaleza o Dios». En un pasaje doloroso, cerca del final del libro, en el que la madre de Clune trata de que se una al mundo de sociabilidad humana de la que se ha excluido (y del que ha sido dolorosamente excluido), ella le dice: «El significado de tu vida es la calidad de tus relaciones humanas, Michael. ¡Mi terapeuta lo dice, lo dice la Biblia, todo el mundo lo sabe, Michael! Cuando *morimos,* lo único que importa es la *calidad* de nuestras *relaciones humanas.* [...] Ahora apaga este *maldito* juego y empieza a pensar en cómo *conseguir caerles bien* otra vez a esos niños.»

La madre de Clune no califica de manera explícita los videojuegos de adicción (una idea que ha preocupado a Clune en otro libro).[19] Pero su consejo coincide con una idea imperante en algunos círculos de rehabilitación (y expresada en una popular charla TED de 2015 por el periodista Johann Hari), que lo opuesto a la adicción no es la abstinencia, sino la conexión humana. Pero Clune no cree que «lo único que importa es la *calidad* de nuestras *relaciones humanas»,* o al menos no totalmente. En la última página de *Gamelife,* después de otra devastadora humillación social, Clune se dedica a describir el asombroso color del cielo, «el cielo mágico», en mayo de 1989, su decimotercer año. Después recuerda el consejo de la madre, y esta vez agrega: «Las personas tienen un corazón rojo y cálido, cierto. Pero también hay otro corazón. Un corazón que se mueve a través del tiempo. Un corazón hecho de la materia perdurable de las montañas o las estrellas. O de los píxeles. O del cielo. [...] Cuando muera, recordaré el color del cielo.» Por supuesto que queremos que Clune tenga amigos y un corazón rojo palpitante y que cuando esté en el lecho de muerte albergue muchos recuerdos en los que amó y fue amado. Pero también actúa aquí como emisario del mundo de los números, las estrellas, los píxeles y el cielo, para recordarnos que nuestro corazón es humano y extraño a la vez. (Sabina nos recuerda un poco lo mismo: «Tomo el *Pequeño-Que-Brota* y veo a Dios. Lo veo brotar de la tierra. Crece y crece, grande como un árbol, como una montaña. Su rostro es plácido, bello, sereno como en los templos. Otras veces, Dios no es como un hombre: es el Libro. [...] un libro blanco, tan blanco que resplandece.») Podemos animar a Clune a apagar «ese maldito juego» –y, más tarde en la vida, a dejar los tapones blancos y todo el daño que han causado–, pero tampoco lo estamos alentando exactamente a intercambiar su maravillosa sensibilidad para lo no humano por *relaciones significativas con otras personas*. Lo estamos alentando a encontrar una manera de respetar el poder de esa sensibilidad sin fingir que controla, ni exponerse a más sufrimiento. A veces, esto significa aprender a no mezclarse con ciertas personas no humanas.

Por abandono

Cerca del final de *Testo yonqui*, Preciado escribe: «Mi género no pertenece ni a mi familia ni al Estado ni a la industria farmacéutica. Mi género no pertenece ni siquiera al feminismo, ni a la comunidad lesbiana, ni tampoco a la teoría queer. [...] No me reconozco. Ni cuando estoy en T., ni cuando no estoy en T. No soy ni más ni menos yo. [...] Es fundamental no reconocerse.» Este no reconocimiento puede ser, como afirma Preciado, «condiciones de emergencia de lo político como posibilidad de transformación de la realidad». (También es el efecto de algunas drogas, especialmente aquellas que provocan disociación.) Pero nadie está diciendo que siempre sienten bien, o que tal desorientación conduzca de una manera directa o cierta a un cambio a mejor. Como Butler deja claro en su escrito sobre el dolor, el desconocimiento y la crisis nerviosa a menudo van de la mano de una sensación profunda y desestabilizadora de desconcierto y pérdida. Para Butler, así es como debe ser. «Afrontémoslo», escribe. «Nos deshacemos unos a otros. Y si no, nos estamos perdiendo algo.»[20]

Esta sensación del «yo» desaparecido («Creo que "te" he perdido solo para descubrir que "yo" tampoco estoy», escribe Butler) es sin duda una de las formas de «emancipación del sujeto» buscada por Artaud y otros. Pero no se encuentra necesariamente, o no solo, en las alturas trascendentes. También puede llegar en el estado conocido coloquialmente como «tocar fondo». La gente a veces piensa en tocar fondo como un lugar de libertad, aunque solo sea la libertad de «no tener nada que perder». Pero el problema del adicto es que, por muchas pérdidas importantes que haya acumulado, siempre le queda algo que perder: la posibilidad de colocarse. Puede que su vida esté hundida por completo, pero la voz de la adicción le aconseja que puede volver a recuperarse... después de *solo una vez más*. O se promete que *esta vez* será diferente, esta vez, en lugar de acercarlo a la destrucción, será lo que arregle la situación.

No tenemos por qué seguir aguantando esta forma de pensar. La expresión tibetana *ye tang che,* que significa «totalmente cansado» o «totalmente harto», resulta relevante en este caso. Según Chödrön: «[*Ye tang che*] describe una experiencia de completa desesperanza, de perder completamente la esperanza. Es un punto importante. Este es el principio del principio.» Dicha desesperanza poco tiene que ver con el despliegue de un régimen de abnegación o abstinencia: esa «forma reguladora de la libertad» que algunos imaginan que es la abstinencia (los que hacen los 12 pasos llaman a este modo «borracho seco»). Tampoco equivale a reforzarse uno mismo como individuo libre «con pleno autocontrol, alguien que toma decisiones responsables», como dirían Szasz y otros devotos del libre albedrío. Es una suerte de libertad que uno no puede perseguir directamente, por un acto de voluntad, sino que hay que acceder a ella de manera indirecta, a través de la renuncia, el abandono. No es una consolidación de la personalidad, ni un refuerzo de la autoestima ni de la identidad. No es la revelación de que tu vida «importa». Es más una resta, mediante la cual tanteamos cierta desnudez, la desnudez de la propia vida desnuda.

«Quién soy tiene poco que ver con la adicción y la rehabilitación», escribe Clune casi al final de *White Out*. «Quién soy no es lo primero que necesito saber para mejorar, sino quizá lo último.»

Este desinterés está relacionado con lo que los budistas llaman «el truco de la no-elección». La mayoría de las religiones tienen algo de este truco integrado en ellas: la sensación de que, una vez que has vislumbrado la gracia o estás abierto a ella, o a la honestidad radical o al camino noble o a la voluntad de Dios o a la cordura básica, o a lo que quieras, la elección ya está hecha. Puedes darle la espalda, pero ya no te puedes engañar más; incluso en una recaída o una fechoría, te perseguirá la llamada que una vez escuchaste. El truco, como explica Chödrön, es que «nosotros creemos que tenemos la opción de comprometernos o no con la cordura, pero el hecho es que esa opción no ha existido nunca. Es un truco compasivo, un truco que nos ayuda a darnos cuenta de que realmente no hay salida». Este truco de la no-elección está, a su vez, relacionado con lo que Trungpa llamó «el mito de libertad». Esta frase no significa que la libertad sea un mito, que no exista. Más bien, el mito es que se accede por medio de la voluntad o la huida, más que mediante una aceptación radical, que incluye alguna variedad de desesperación.

Por la razón que sea —no finjo entenderlo— la abstinencia, sobre todo el momento de «decidir» dejar de beber, me concedió más intimidad con esta forma particular de libertad que casi cualquier otra experiencia que he tenido, y ciertamente más que cualquier bebida o droga que haya tomado, no importa lo liberadora que me pareciera en ese momento (y a menudo lo parecía, y de hecho a menudo lo era). Después de todo, la dolorosa paradoja de algunas sustancias, al menos para algunas personas, es que brindan acceso a sentimientos de libertad, alivio, sociabilidad o comprensión, pero ese acceso se puede transformar, a veces sin previo aviso, en una aguda sensación de bloqueo, desesperación o alienación. (Cuando la gente sobria te dice que son las drogas o el alcohol los que los dejan, y no al revés, por lo general lo dicen de manera literal.) En otras palabras, las drogas nos pueden provocar una sensación de libertad casi inigualable a la vez que, con el tiempo, disminuyen el espacio de nuestra vida para ejercer la libertad. Esta dinámica se hace palpable en la negociación cada vez más intensa del adicto entre el deseo de alivio y abandono, por un lado, y los esfuerzos obsesivos por autorregularse y dosificarse por otro (cuentan las copas, las dosis, los fondos disponibles, las horas, los días o los meses que llevan limpios, etc.). A medida que estos esfuerzos se revelan cada vez más vanos, persisten más que nada por su inevitable transgresión y los reproches que uno se hace, y se entra en un ciclo repetitivo, en el que el deseo de acallar el ego o la voluntad incita una versión hinchada de uno u otro, cuyo imperativo es justificar la misión de consumir.

Como muchos bebedores, pasé mucho tiempo tratando de dosificarme (marcaba las botellas con cinta adhesiva, me tomaba algún respiro reparador, me comparaba de manera positiva con los que estaban más descontrolados, algunos de los cuales eran mis clientes en el bar, algunos de los cuales eran los amigos íntimos que había elegido). Pero la simple idea de *no volver a beber nunca* parecía absolutamente imposible, una triste e insostenible negación de toda convivencia. Pasé tanto tiempo rechazando esa idea que, cuando finalmente se abrió paso en mi mente, pareció proceder de otra parte. Flotó hacia mí en forma de una sola frase que escribí en la solapa de atrás del libro que sostenía en mi mano cuando llegó: *No beberé más.* El alivio de escribirlo –y lo que significaba– fue total, nunca había sentido algo así. Me aterraba lo que pudiera significar. Pero viniera de donde viniera, supe, mientras lo escribía, que era verdad. Fue un voto al que me sentí suturada, casi a mi pesar.

Para que no parezca que ese momento fue como la agradable pluma de un dios benévolo que bajó flotando, debo añadir que, el día anterior, había despertado en una residencia rural para escritores con una resaca de vino barato espantosa, que estaba deprimida y me habían roto el corazón, que me despreciaba tanto por algunos encuentros sexuales recientes que me habían asqueado, que mientras caminaba hacia la tienda (para comprar más vino, seguramente) experimenté el impulso casi incontenible de arrojar mi cuerpo al tráfico. En ese momento, que al parecer también salió de la nada, una frase diferente entró flotando en mi cabeza, casi con la misma fuerza: *No seguiré viviendo.* Conseguí cruzar la calle y llamar a un amigo (increíblemente, todavía había teléfonos públicos) que me escuchó mientras yo lloraba. Ahora me parece evidente que la frase del día siguiente llegó como correctivo y para desplazar la primera.

En una entrevista sobre la abstinencia, Clune explica su relación con la libertad de la siguiente manera: «Cuando eres adicto, si eres capaz de imaginar la vida sin drogas, simplemente te parece un páramo aburrido, interminable y carente de placer. Un desierto. Pero, a decir verdad, liberarme de esa rutina, de esa depresión, de esa desesperación, me supone cada día un colocón. Y luego solo hay que abrir la puerta a todos los placeres cotidianos de la vida.» De no haberlo llegado a experimentar por mí misma, no le habría creído. Porque, llegados a cierto punto, es el consumo lo que garantiza la monotonía, y la abstinencia lo que equivale a lo indeterminado o lo desconocido. Como dice Butler sobre el duelo —yo considero la primera fase de la abstinencia una forma de duelo, en la medida en que implica abandonar un yo, un pasado o formas de esperanza o de afrontar las cosas de las que antes parecíamos incapaces de prescindir—, implica «aceptar sufrir una transformación (tal vez debería decirse *someterse* a una transformación) cuyo resultado total no se puede saber de antemano». Es algo que puede ser muy doloroso. Pero rechazarlo puede serlo aún más.

Es muy difícil hablar de tales revelaciones sin recurrir a un marco moral, incluso religioso, como en: el consumidor fue a buscar a Dios, pero lo buscó en los lugares equivocados, lo engañaron los simulacros y terminó enganchado a un ídolo falso, tal vez incluso a un demonio. Carl Jung, en una carta de 1961 a Bill Wilson –que, casi todos coinciden en reconocer, contribuyó a que Wilson decidiera convertir Alcohólicos Anónimos en un programa espiritual–, nos presenta este relato al comparar el ansia de alcohol al deseo de «unión con Dios». Y concluye: «Verás, "alcohol" en latín es *"spiritus"*, o sea, que utilizas la misma palabra para la experiencia religiosa más elevada y para el veneno más depravado. Por tanto, la fórmula útil es: *spiritus* contra *spiritum*». Un centenar de años antes, Emerson –un predicador que no ejercía– abordó el asunto en más términos seculares: «Lo único que buscamos con un deseo insaciable es olvidarnos de nosotros mismos, sorprendernos en una situación indecorosa, perder nuestra sempiterna memoria y hacer algo sin saber cómo ni por qué. [...] La senda de la vida es maravillosa. Se recorre mediante el abandono. [...] Los sueños y la embriaguez, el uso de opio y el alcohol son la apariencia y la falsificación de este genio oracular, y de ahí que atraigan peligrosamente a los hombres.» Hace mucho que me encanta este pasaje porque reconoce que el deseo de «olvidarnos de nosotros mismos, sorprendernos en una situación indecorosa», hacer nuevas cosas sin saber cómo ni por qué, vivir en el abandono, no es el problema. El problema es de método y de efectos secundarios. Lo cual nos lleva de vuelta a Burroughs, quien, a pesar de su legendaria condición de drogadicto, siempre se tomó la molestia de recordarnos que «cualquier cosa que se pueda hacer químicamente se puede hacer de otras formas».

La diferencia entre las formas de abandono que revitalizan y aquellas que frustran –por no mencionar el deseo de elegir las primeras sobre las segundas– es algo que uno debe llegar a conocer por sí mismo (razón por la cual AA considera el alcoholismo una enfermedad autodiagnosticada). Al considerar la compleja relación entre el consumo de drogas y la literatura sobre las drogas, Boon hace un análisis similar: «El hecho de que las personas sigan volviéndose adictas a los narcóticos después de generaciones y generaciones de literatura escrita por adictos, sugiere que, para muchas personas, solo el testimonio personal forjado a través de la experiencia conduce al conocimiento.» Es fácil lamentar esta situación (especialmente como progenitor, un sujeto que a menudo parece definirse por su esperanza de poder transmitir sus conocimientos, o porque el amor que siente será capaz de conquistarlo todo). Pero el hecho innegable es que nadie puede descubrir por nosotros qué placeres pertenecen a una «*experiencia sin verdad*» (Derrida), y cuáles tienen valor de verdad (o algo que valga la pena); nadie puede averiguar por nosotros qué tipo de abandono es maravilloso y cuál es dañino (o demasiado dañino para merecer la pena); nadie puede determinar por nosotros cuándo una estrategia de liberación se ha convertido en una trampa. Como sugiere el lema *Que tengas la suerte de tener una rehabilitación lenta,* esa proximidad constituye un nudo al que le resulta beneficioso un paciente proceso de desentrañado, que puede durar toda una vida.

4. DE POLIZÓN EN TREN

El Museo Travel Town del Ferrocarril

Al ser mi hijo, para mí es como el primer niño que ama un tren. Durante los últimos dos años, además de pasar horas mirando en YouTube lo que solo puedo describir como vídeos conceptuales de trenes de vapor que atraviesan pueblos de los Estados Unidos rurales en tiempo real (primero ves el humo, después esperas y esperas y esperas a que el tren pase a toda velocidad), él y yo hemos pasado mucho tiempo juntos en Travel Town, un callejón sin salida de Griffith Park, donde han ido a parar locomotoras increíblemente grandes. La primera parada es siempre el tren más grande y más negro, el Engine 3025, el primero que hay estacionado en el depósito. Subimos las empinadas escaleras –las ruedas de tracción se cuentan entre las más grandes jamás construidas–, para que pueda sentarse en la cabina y convertirse en Jim, el heroico maquinista del clásico *Choo Choo* de Virginia Lee Burton, uno de los innumerables libros para niños, en su mayoría escritos por mujeres blancas en la primera mitad del siglo XX, en el que hay que atrapar un tren sin control con nombre o pronombre femenino, llevarlo de vuelta al taller con una pesada cadena, y convencer-

241

le de que para él no hay mejor trabajo en la tierra que servir a Jim.

Una vez dentro de la cabina, mi hijo coloca la mano izquierda en el acelerador, saca la derecha por la ventanilla, y, salvo para una pausa ocasional para alimentar el ténder con carbón y agua imaginarios, conduce ese tren con un entusiasmo que rara vez le he visto en la distancia corta. *¡CHU-CHU, CHU-CHU!, ¡¡DUNGA, DUNGA, DUNGA!!,* grita, mientras atravesamos una campiña imaginaria con el viento imaginario surcándole los cabellos. Dios se apiade de la criatura que espera su turno mientras él conduce. «El maquinista necesita su espacio», dice, mostrándoles la palma de su mano, todavía no tiene tres años.

Casi cada vez que vamos juntos a Travel Town, pienso: «No he sido más feliz en toda mi vida.» A veces lo digo en voz alta, ya sea a él o para mí o al aire indiferente. Es una de las cosas que he aprendido de la felicidad: cuando la experimentas, es bueno decirlo. De esa manera, cuando posteriormente, presa de la depresión o la desesperación, digas: «Nunca he sido feliz», habrás dejado un testimonio audible a tu paso que indica lo contrario.

«El fin del mundo ya ha ocurrido», escribe Timothy Morton. No solo eso, dice Morton, sino que «podemos ser asombrosamente precisos sobre la fecha en que terminó el mundo. [...] Fue en abril de 1784, cuando James Watt patentó la máquina de vapor, momento en el que comenzó a depositarse carbono en la corteza terrestre, es decir, la humanidad pasó a ser una fuerza geofísica a escala planetaria». Esta era –nuestra era– que se define por el impacto humano en la tierra se conoce generalmente como *Antropoceno*.[1]

No es que yo no tuviera ya reservas sobre los trenes de vapor: además de la narrativa antifeminista antes mencionada (que contiene en su interior un potente recordatorio del deseo de la locomotora –femenina– de funcionar libremente), casi todos los libros de trenes de nuestra casa exaltan el papel del ferrocarril en lo que se sigue eufemísticamente llamando «la colonización del Oeste americano», omitiendo alegremente las masacres que provocó. No es que yo no sepa, o no supiera, el papel que desempeñó el trabajo esclavo o no remunerado en la construcción del ferrocarril, o el papel que ha jugado a la hora de posibilitar la extracción, transporte, consumo y venta de combustibles fósiles durante los últimos dos siglos, todo lo cual seguramente será recordado –si queda alguien para recordarlo– como un ejemplo práctico de miopía, explotación y codicia humanas.

Y, sin embargo, aquí estoy, viendo cómo mi hijo finge conducir el tren en reposo, admirando su hermosa cara, su boca abierta ante las máquinas que tanto adora, de las que no sabe nada más de lo que una criatura humana de apenas tres años puede saber: son tremendamente grandes y poderosas; hacen mucho ruido; escupen asombrosas nubes de humo negro; y cuando se ponen en marcha transmiten una sensación de libertad –de velocidad, de transformación, de despedida, huida, anonimato, prisa–, ya vayas montado en una o las veas pasar a toda velocidad. (Puedes sentir esta extraña reciprocidad a través del minivapor que da vueltas por el parque, desde el cual saludar a los demás, ya sea un pasajero o un peatón, es en cierto modo irresistible.) Aquí estoy, todavía sintiendo la sensación sin precedentes (al menos en mi vida) de felicidad simple y absoluta al presenciar la felicidad simple y absoluta de otra persona, al contemplar un nuevo comienzo en este mundo, mientras las palabras *El fin del mundo ya ha ocurrido* pasan por debajo de la escena como un subtítulo.

Lo que mi hijo y yo estamos haciendo, ¿forma parte de este final, aun cuando los dos lo percibamos como un comienzo? ¿Hay algún nuevo comienzo que no contenga las semillas de su final? «Cuando das a luz a un niño, si realmente quieres aferrarte a la vida, no deberías cortar el cordón umbilical cuando nace», escribe Trungpa. «O presenciarás la muerte de tu hijo o él presenciará tu muerte. Quizá esta sea una forma muy sombría de ver la vida, pero sigue siendo verdad.» Totalmente insoportable, totalmente vulgar.

Una de las vejaciones intelectuales y emocionales de la crisis climática es que no acabamos de saber muy bien si nuestro momento es vulgar o excepcional. A lo largo de la historia, los sabios nos han advertido contra la ilusión de que este período que vivimos en la Tierra es algo extraordinario, recordándonos que todas las formas de vida, incluida la vida del planeta en sí, siempre han ido acompañadas del espectro (y la realidad) de la impermanencia y la extinción. «¿No somos especialmente importantes porque nuestro siglo es? Nuestro siglo y su singular holocausto, sus poblaciones de refugiados, sus exterminios totalitarios en serie; nuestro siglo y sus antibióticos, los chips de silicio, los hombres en la Luna y los empalmes genéticos?», escribe Annie Dillard. «No, no lo somos y no lo es. Estos tiempos nuestros son tiempos vulgares, un fragmento de vida como cualquier otro. ¿Quién puede soportar escuchar algo así, o quién puede pensar algo semejante?» Por otro lado, nos encontramos con la noticia realmente sorprendente, que los científicos del clima y ecologistas divulgan a cualquiera que quiera escucharlos, de que nuestro comportamiento de los últimos doscientos cincuenta años ha provocado una sexta extinción masiva, con un millón de especies en vías de extinción dentro de las próximas décadas, y nuestro destino está vinculado a los de ellas, percibamos o creamos en ese vínculo o no.[2] Sí, anteriormente ya se dieron extinciones masivas, incluyendo unas cuantas ocasiones en las que el dióxido de carbono inundó la atmósfera. Pero en la historia de la vida animal de los casi cinco mil millones de años de la Tierra, ha habido solo unas cuantas, y ninguna se pudo prevenir, como se puede (o se podía)

244

prevenir esta; ninguna fue provocada por una sola especie (sin mencionar una especie con la capacidad de dirigir la amenaza hacia sí misma). Los últimos sesenta años han sido particularmente brutales: mientras la máquina de vapor y la fundación de la moderna industria petrolera puede que hayan marcado el comienzo de la quema de combustibles fósiles a gran escala, más de la mitad de todas las emisiones de CO_2 se han liberado desde 1988, mucho después de que científicos del clima –y los ejecutivos de las empresas petroleras– supieran que estas emisiones terminarían atrapadas por la atmósfera («el efecto invernadero»), causando un calentamiento irreversible.[3]

Entonces, aunque nadie quiere ser uno de los incautos de Dillard –ebrios de la ahistórica y espiritualmente insensata convicción de que nuestra era posee un significado especial–, parece igual de estúpido (por no mencionar genocida y geocida) hacer caso omiso de los hechos extraordinarios de nuestra época, que, cuando se permite que ocurran, provocan sobrecogimiento (así como miedo, dolor, ira y otros sentimientos difíciles de soportar). Aun cuando siguiéramos el sabio consejo de Dillard, tampoco solucionaríamos el problema. Podemos consolarnos pensando que la Tierra o el universo continuarán sin nosotros. Tal como lo ha expresado el teórico Andrew Culp: «la detonación combinada de todas las armas nucleares sería como una cálida brisa de verano para Gaia», aunque dicha perspectiva no necesariamente nos ayuda a descubrir cómo enfrentarnos a la «triste imagen del futuro de la vida, incluida la vida humana», que, según la Academia Nacional de Ciencias, nos espera, ni cómo cambiar de rumbo. Si cuando se patentó la máquina de vapor nuestro destino quedó marcado, quizá resulte apropiado que una de las metáforas más comunes de nuestra situación actual sea la de estar amarrado a un tren descontrolado.

¿Es de extrañar que tantos prefieran ir en el tren de polizones? ¿Que eviten mirar de cara allí donde nos dirigimos, y se conformen con vivir un día más? ¿Es de extrañar que la versión de la libertad por la que tantos parecen cautivados hoy en día sea de naturaleza nihilista, impulsada por la impotencia, la negación, el escapismo o la indiferencia, en lugar de abrazar una visión que imagine la posibilidad de una coexistencia, una ayuda mutua y una supervivencia a largo plazo, e incluso crea realmente en ella? Si consideramos casi cualquier otro problema –los estragos del capitalismo, el racismo, un desastre medioambiental más contenido–, podemos argumentar que el hecho de que las cosas empeoren forma parte de su mejoría, una especie de «el momento más oscuro justo antes del alba». No suelo creerme tales argumentos, pero aun cuando lo hiciera, no se aplican al calentamiento global. Podemos albergar la esperanza de destruir ciertos sistemas o ideologías y construir un mundo mejor a partir de sus cenizas, pero no podemos destruir nuestra atmósfera y luego reconstruirla. Todos los tópicos del mundo sobre la paciente labor que requieren la democracia o la justicia social se vienen abajo ante nuestro actual dilema ecológico, que es, como dice el activista climático Bill McKibben, «la primera prueba cronometrada que han tenido los seres humanos». Aunque dejemos de emitir CO_2 hoy mismo, existe cierto grado de calentamiento que ya no va a desaparecer, cuyos efectos continuarán durante décadas, si no siglos.[4] Por lo tanto, la cuestión ya no es evitar que se produzca el cambio climático, sino «la mitigación y la adaptación»: mitigación del daño que ya hemos activado, evitando, mediante una rápida descarbonización, un nuevo aumento de la temperatura; y la adaptación a los cambios que el calentamiento ya acarrea de manera inevitable. Si no emprendemos pronto una mitigación más seria, dentro de una década, según la mayoría de los expertos, la tarea de adaptación será exponencialmente más difícil. Con el tiempo, puede que incluso sea imposible.

Son hechos difíciles de aceptar. Resulta tentador, cuando nos enfrentamos a ellos, recurrir a la fantasía apocalíptica, mediante la cual todo el experimento (o planeta) humano se apaga en un destello y una explosión indoloros. Tales fantasías nos ahorran imaginar la esforzada labor que requieren la mitigación y la adaptación, por no mencionar comprometernos con ellas. La fantasía de un apocalipsis distribuido por igual en todo el mundo también nos libera de abordar el hecho de que las personas que siempre sufren los peores efectos y en primer lugar seguirán siendo las mismas –como ya está ocurriendo–, lo que convierte ese nihilismo de «más vale disfrutar del desastre» en un ejemplo más de cómo el riesgo y el sufrimiento recaen sobre los hombros de los más vulnerables.[5] Como ha dicho la filósofa belga Isabelle Stengers, en lugar de provocar «el mítico y repentino fin del mundo», es más probable que el calentamiento global sea «un proceso largo» en el que «nuestros hijos y los hijos de nuestros hijos tendrán que ir tirando y vivir en las ruinas tecnológicamente sofisticadas de nuestros sueños». ¿Qué más, uno podría preguntarse, es Travel Town?

«Game over»

Escribí los párrafos anteriores hace varios años. Dispusimos de cinco años para frenar las emisiones de CO_2: ya no los tenemos; cinco años más de emisiones se han depositado en la atmósfera, con una tasa que no deja de subir. No sé qué va a ocurrir cuando estas palabras se impriman, pero apostaría a que no habrá sucedido ningún cambio radical. Nunca había resultado tan doloroso el tiempo que tardamos en escribir un libro, esa *paciente labor de dar forma a nuestro afán de libertad,* nunca había sido tan patentemente *baladí.* A mi hijo ya no le interesan los trenes: hace mucho que regalamos su montón de trenes Thomas meticulosamente coleccionados; la semana pasada, cuando fuimos en bicicleta al estacionamiento del zoológico de Los Ángeles, que está justo en la esquina viniendo de Travel Town, me dijo que ni siquiera recordaba el lugar. Y yo que había imaginado que sería un recuerdo imborrable. (Habíamos ido al aparcamiento del zoológico porque habíamos oído que estaba completamente vacío por culpa de la pandemia; allí lo vi, ahora que tenía ocho años, derrapar en la gigantesca extensión de cemento, practicando para ponerse de pie sobre los pedales, acelerar. Como no había nadie más, dejé que se quitara la mascarilla para que pudiera sentir la brisa en la cara.)

No pasa un día sin que me pregunte cómo he podido dar a luz a un ser tan alegre, tan resistente, tan optimista. *¡No te preocupes tanto, mamá, que si no la vida no es divertida!*, me dice. O: *¡No te preocupes, mamá, ¡yo me encargo!* Esto último suele decirlo con toda la confianza y perspectiva de alguien que ya sabe qué terreno pisa. Incluso estando embarazada tuve la viva impresión de que ya controlaba la situación: mi hijo tenía un problema que preocupaba a los médicos; después de cada cita en la que la gente de fuera se quedaba preocupada, le preguntaba: *Oye, ¿estás bien ahí dentro? ¡BAM! ¡BAM!*, me contestaba con dos patadas. Todavía da patadas.

Una vez le pregunté a un psiquiatra si creía que el hecho de que él me tranquilizara de esa manera indicaba que yo le había transmitido demasiada ansiedad, lo que le había obligado a cuidar de mí en lugar de al revés (algo de lo que acusé a mi madre durante mucho tiempo, y probablemente de manera injusta, y juré no repetirlo si alguna vez me convertía en madre). El psiquiatra me dio una respuesta totalmente sorprendente: que a lo mejor mi hijo estaba hablando solo para aprender lo que era el coraje, la supervivencia y a consolarse. *¡Imagínese, no siempre está hablando con usted!* Se relaciona consigo mismo. *Tiene un yo.* Le habla. Su ansiedad y preocupación, por apabullante que le parezca, no es ni será su todo. *Qué alivio.*

No supone ningún alivio saber que tendrá que encontrar una forma de vivir en las «ruinas tecnológicamente sofisticadas de nuestros sueños» (aunque eso suena mejor que fuego, fuego y más fuego, como suele ocurrir en California, desde donde escribo). Pero produce cierto consuelo saber que esta situación no es necesariamente extraordinaria, en la medida en que invertir en sueños siempre ha invitado a su ruina. *Optimismo cruel,* lo llama el teórico Lauren Berlant. A medida que mi hijo crezca, su capacidad innata de coraje, supervivencia y consuelo sin duda se pondrá a prueba: la otra noche, antes de acostarse, me preguntó con una inquietud inusual: *Mamá, ¿es cierto que si no dejamos de usar gasolina la Tierra se calentará tanto como Venus y me matará?* Aunque prácticamente me había pasado meses casi sin pensar en otra cosa que en el calentamiento global, todavía no se lo había mencionado. Mientras me esforzaba en dar con la respuesta correcta, le eché un vistazo rápido a las galeradas que había recibido recientemente del último libro de Roy Scranton, *We're Doomed. Now What?,* cuyo índice de contenidos incluía un ensayo final titulado «Criar a una hija en un mundo condenado»: página 305. Pasé de inmediato a la página 305, pensando que podría encontrar algo que me sirviera. Pero la página 305 estaba en blanco, excepto las palabras: «Ensayo a incluir en la versión final de *We're Doomed. Now What?*» Justo en ese momento, mi hijo interrumpió mi ensueño para subir la apuesta, y preguntó: *¿O simplemente me dispararán?* Finalmente me apresuré a tranquilizarlo de ambas preocupaciones sin movilizar el optimismo cruel, pero rápidamente se cansó de mi término medio. Me dio una palmadita en el brazo y dijo: *Está bien, mamá. Si ocurre eso, desapareceremos juntos. Habremos tenido una buena vida.* Esta vez, sin embargo, tenía lágrimas en los ojos.

Para bien o para mal, la cuestión de lo que nos decimos unos a otros –y lo que nos decimos a nosotros mismos– se ha convertido en un elemento básico en el discurso sobre el calentamiento global. Es un terreno lleno de preocupaciones narrativas, ya sean de género (¿Estamos viviendo un apocalipsis? ¿Una historia de terror? ¿Una tragedia? ¿Una fábula? ¿Una farsa? ¿Una tipología?), relatos del origen («Fue en abril de 1784 cuando James Watt patentó la máquina de vapor»), el problema de no saber cómo termina o se desarrolla la historia (los estudiosos del clima no disienten sobre el calentamiento, pero debaten cuestiones de «tempo y modo»), incluso el valor del propio relato (¿Vale la pena contar o escribir historias a medida que disminuye la probabilidad de que en un futuro tengan lectores? ¿Qué pueden decirnos las historias de hombres mucho más antiguos acerca de nuestra crisis actual? ¿Cuál es la relación entre relato y adaptación, o relato y evolución?), etc.

Es lógico, en la medida en que el calentamiento global, como la narrativa, es un problema temporal. Es el resultado de la acumulación, a lo largo del tiempo, de dióxido de carbono en la atmósfera terrestre, donde ha llegado por la acción de millones de seres humanos que han actuado individual y colectivamente a lo largo de cientos de años, quemando un material que ha tardado millones de años, millones de vidas y muertes, en acumularse. Si uno se sintiera compasivo, podría decir que la tragedia del calentamiento global es en parte una tragedia de codicia, y en parte una tragedia de la mente humana –o, de algunas mentes humanas–, el fracaso a la hora de comprender o preocuparse por el tiempo profundo.[6] (Ambas cosas están, por supuesto, relacionadas: preocuparse únicamente por la superación personal no suele coincidir con preocuparse por el futuro o por honrar el pasado, aunque a algunos pueblos les ha resultado más fácil que a otros fusionar esos objetivos.)

No he leído la versión final del libro de Scranton, pero supongo que no es probable que prediga, ni para sus lectores ni para su hija, la «posibilidad de que en el futuro las cosas cambien», sino que nos anime a «aceptar con nobleza la irreversibilidad de la extinción humana junto con la de abundantes especies con las que está inextricablemente unida». Estas no son palabras de Scranton, sino del politólogo William Connolly, con las que describe la actitud de *game over* compartida por algunos estudiosos del clima –quizá un número cada vez mayor–, como Guy McPherson, que predice que la extinción humana llegará antes, mucho antes de lo que algunos esperan; la estimación conservadora de McPherson es que será en 2030, el año en que mi hijo cumplirá dieciocho años, nueve años después de la primera publicación de este libro.

Connolly se muestra crítico con McPherson, no por la inverosimilitud de las afirmaciones de este, sino más bien por el hecho de que «McPherson aún no le ha explicado a ninguna persona mayor cómo informar a sus hijos, pareja, estudiantes, nietos y amigos de Facebook de que se avecina un futuro tan implacable». La teórica Donna Haraway se hace eco de esta crítica cuando dice que esa actitud de *game over* «tiene mucho sentido en medio de esa sexta gran extinción mundial», pero le preocupa su efecto desmoralizador en otros, incluidos los jóvenes, como sus alumnos. «Existe una fina línea», escribe Haraway, «entre reconocer el alcance y la seriedad de los problemas y sucumbir al futurismo abstracto y sus efectos de suprema desesperación y su política de suprema indiferencia.»

Cuando siento miedo o recelo, leo a estos escritores y pienso: «Una fina línea», desde luego. ¿De verdad que lo único que podemos hacer ya es deliberar sobre la manera correcta o incorrecta de comunicarnos las noticias a nosotros y a los demás, incluidos aquellos de cuyos cuidados o futuro nos sentimos más responsables? Estos pensadores, ¿practican su propia negación preocupándose más por el «efecto desmoralizador» de las malas noticias en nuestros hijos, nietos, estudiantes y otros, que por las malas noticias en sí mismas? En qué punto estoy obligada a darme cuenta de que mi deseo de malas noticias –«No se ande con rodeos, doctor»– refleja mi propio anhelo de poner fin a la indeterminación, de dejar de moverme por ese interregno entre nacer y morir, de poner fin, por tanto, al problema de la vida.

Por mucho que deseemos que nos den las noticias sin rodeos, nadie necesariamente tiene que darlas. Nadie, ni siquiera McPherson, sabe exactamente lo que contiene el futuro (lo cual, desde luego, *no* es lo mismo que decir que no sabemos nada y por lo tanto no deberíamos hacer nada; siempre actuamos basándonos en las mejores explicaciones, las mejores opciones, las mejores intenciones). Nuestro momento presente es doloroso en parte, como dice Haraway, porque «sabemos demasiado y demasiado poco», un dilema epistemológico que puede empujarnos a «sucumbir a la desesperación o la esperanza». «Sucumbir a la esperanza» puede sonar extraño para aquellos condicionados a creer que la esperanza es la única manera de actuar correctamente. Pero cada vez más parece que una esperanza y una desesperación implacables pueden ser las «dos caras de la misma moneda emocionalmente inmadura y con demasiados privilegios», como ha dicho Mary Annaïse Heglar, que escribe sobre justicia climática. Ahora que estamos prácticamente seguros de que la temperatura de la tierra se elevará en al menos dos grados Celsius, el llamamiento de Hegler para que el movimiento climático «ocupe el espacio del centro» tiene mucho sentido. Nos aleja del binomio «jodido» o «no jodido», y nos lleva a pensar en el calentamiento global como «un problema que empeora con el tiempo si seguimos emitiendo gases de efecto invernadero, y que se puede mejorar si dejamos de emitirlos», como ha dicho David Wallace-Wells. Esto significa que, como dice Wallace-Wells, «no importa cuánto se caliente, no importa hasta qué punto el cambio climático transforme el planeta y la forma en que vivimos en él: en la próxima década puede que aumente el calentamiento y el sufrimiento, o puede que disminuyan los dos. Depende de nosotros, y siempre será así». De nuevo, se trata de problemas difíciles. Pero saber que hay *algo* que todavía «depende de nosotros, y siempre será así» puede inyectar una medida de libertad en una situación que nos hacer sentir a casi todos estrangulados.

Por si sirve de algo –y creedme, sé que el esencialismo de género no siempre sirve de algo–, me parece interesante que las numerosas mujeres que escriben sobre el clima, especialmente las mujeres de color, casi nunca participen de este estilo de pensamiento o sentimiento de *game over* común a los «cenizos» (Hegel los llama «des-nihilistas»), aun cuando su comprensión del problema –y a veces su experiencia– sea igual de grave o más.[7] Tiene sentido en la medida en que el temor a un apocalipsis que venga a transformar o destruir nuestro modo de vida seguro, cómodo y con suerte heredable no puede sino ser indicativo de un determinado nivel social, racial o nacional, para el cual el colapso de la civilización no ha sido más que una amenaza novedosa o hipotética en lugar de algo que ya ha ocurrido. «Si el Antropoceno proclama una repentina preocupación por la exposición a daños medioambientales de las comunidades liberales blancas, lo hace a raíz de historias en las que estos daños se han exportado a sabiendas a comunidades negras y latinas bajo la rúbrica de civilización, progreso, modernización y capitalismo», escribe Kathryn Yusoff en *A Billion Black Anthropocenes or None*. «Podría parecer que el Antropoceno ofrece un futuro distópico que lamenta el fin del mundo, pero el imperialismo y los colonialismos (los colonos) actuales han aniquilado mundos enteros a lo largo de su existencia.» Después de siglos de exportación, podría parecer grotesco dar la vuelta a la tortilla y buscar orientación sobre el duelo y la supervivencia en aquellos cuyo pasado y presente han sido devastados por el imperialismo, el colonialismo, la degradación ambiental y la esclavitud.[8] Con mayor razón, por tanto, no se trata tanto de buscar orientación *per se,* sino de dejar que aquellos que más saben cómo vivir más allá del *game over* lideren el camino.

La mansión de las libertades modernas

Una de las terribles ironías de habernos negado a actuar sobre las advertencias de los científicos del clima durante todo este tiempo es que, como dice McKibben, hubo un momento –y no hace tanto– en que cambiar de rumbo habría sido relativamente indoloro, habría requerido mucho menos sacrificio, conmoción y «falta de libertad» que ahora. Al haber rebasado sin necesidad ese punto y reducido a una cuestión de años el tiempo que nos queda para hacer frente al problema, hemos logrado asegurarnos de que las intervenciones necesarias provoquen mucha más conmoción y aporten menos soluciones al problema, con unas pérdidas y un sufrimiento mayores que si hubiéramos actuado antes. (McKibben ha señalado que nuestra respuesta nacional al COVID-19 ha seguido un curso parecido.)[9]

A medida que un problema se vuelve más difícil de resolver, ignorarlo se vuelve aún más tentador. Si lo ignoramos el tiempo suficiente, acabará volviéndose irresoluble. Renunciar entonces puede producir cierta ilusión de alivio, en el sentido de que, al menos por un momento, da la impresión de liberarnos del tormento de nuestros esfuerzos fallidos. Pero ese alivio no puede durar, ya que el problema no resuelto continuará creando problemas y causando sufrimiento. Este sufrimiento rara vez se percibe como libertad.

En 2011, Naomi Klein asistió a la Sexta Conferencia Internacional sobre el Cambio Climático del Instituto Heartland, «la principal reunión de aquellos que se dedican a negar el abrumador consenso científico de que la actividad humana está calentando el planeta», e informó sobre el discurso de libertad que pudo escuchar allí. Como dice Klein, los miembros del Instituto Heartland creen seriamente –o al menos eso dicen– que el cambio climático es «un complot para robar la libertad de los estadounidenses». Como dijo al público un miembro de alto nivel: «Pueden creer que se trata del clima, y mucha gente lo cree, pero eso no es razonable. [La cuestión es que] ninguna sociedad libre se haría a sí misma lo que la agenda [del calentamiento global] exige.» De acuerdo con esta lógica, aun cuando el calentamiento global no fuera un nefasto engaño «colectivista» o chino (como muchos de sus miembros creen que es), *tampoco* habría que abordarlo, pues una auténtica «sociedad libre» optaría por seguir un rumbo suicida antes de aceptar las modificaciones «asesinas de la libertad» en la extracción o el consumo de combustibles fósiles necesarias para abordar el problema. (Como era de esperar, Klein informa que la retórica de *Libertad o muerte* abunda en Heartland, a menudo proyectada a través de la lente del apego a los electrodomésticos. «Tendrán que matarme para quitarme el termostato de las manos», declaró un participante. El COVID ha suscitado un sentimiento similar, y no solo desde los extremistas: tal como Trey Hollingsworth, miembro de la Cámara de Representantes por Indiana, le dijo a un periodista radiofónico en abril de 2020: «Cuando hay que elegir entre la pérdida de nuestra forma de vida como estadounidenses y la pérdida de vidas estadounidenses, la postura del gobierno estadounidense siempre consiste en decir que tenemos que elegir lo segundo.»

255

Ojalá esa pérdida –de vidas, de especies, de regiones habitables– quedara restringida a aquellos que la han aceptado, pero, ay, nuestra interdependencia no tiene límites.)

Se podría argumentar que, en tales encuentros, el discurso filosófico sobre la libertad –como el de la «Semana de la libertad de expresión» planificada y luego abandonada por activistas de la derecha en la Universidad de California en Berkeley en 2017– es deliberadamente poco serio, poco más que un medio para dar cobertura intelectual y pseudocientífica a los ejecutivos del petróleo y del gas mientras amasan una fortuna tras otra (como era de esperar, la industria del petróleo financia el trabajo de muchos de los «realistas climáticos» presentes en Heartland). Incluso se podría argumentar que Heartland actúa como un troll dentro de un troll, en el sentido de que el negacionismo climático de la derecha es en sí mismo una especie de timo: durante décadas Exxon y otros gigantes petroleros han estado al corriente de la ciencia del calentamiento global... *y la han creído*. La diferencia es que tomaron la decisión estratégica de inculcar el negacionismo climático en los demás con el fin de ganar más tiempo para perforar y vender, una decisión que McKibben llama «el engaño más trascendente en la historia de la humanidad».[10]

Klein, sin embargo, está dispuesta a tomarse en serio el debate sobre la libertad que le presentan en Heartland, en parte porque cree que sus miembros comprenden la naturaleza del problema mejor que los «capitalistas verdes». En el Instituto Heartland tienen razón, dice Klein, al afirmar que el cambio climático no es realmente un «problema». Más bien, dice, «el cambio climático es un mensaje, nos dice que muchos de los ideales más preciados de nuestra cultura ya no son viables». Esos ideales –compartidos por personas tanto de la derecha como de la izquierda, explica Klein– implican un paradigma de civilización basado en el progreso y la expansión, en lugar de un paradigma basado en una comprensión y respeto por los límites naturales, incluidos los límites de la inteligencia humana y los parámetros materiales y planetarios que hacen posible la vida humana. Según Klein, el cambio climático contiene una dura lección para la libertad: que la única forma en que los humanos pueden seguir practicándola es dejar de conceptualizarla como un desafío a sus límites, y reinventarla como la práctica de adaptarse a las diversas limitaciones materiales que dan a nuestra vida su forma y viabilidad. Me parece correcto. El hecho es que nuestros cuerpos solo pueden sobrevivir dentro de una estrecha gama de condiciones. Tal como lo expresa McKibben: «Cuando la temperatura [supera] los treinta y cinco grados Celsius y la humedad [es] superior al 90 %, incluso en "zonas bien ventiladas y con sombra", la sudoración se ralentiza y los humanos pueden sobrevivir solo "unas pocas horas, cuyo tiempo exacto lo determina la fisiología individual".»[11] Independientemente de nuestras impresionantes reservas de ingenio y resistencia, por muchos trajes burbuja que un diseñador de vestuario imagine que podremos utilizar algún día en el fabuloso terrario de Marte, a pesar de las celebridades que hacen viajes de campo para experimentar la ingravidez en las instalaciones de Gravedad Cero, a pesar de los ejecutivos de Google que intentan subir su conciencia a la nube, no podemos escapar ni escaparemos de las limitaciones que constituyen los parámetros de nuestra existencia mortal, como son nuestra necesidad de agua, comida, aire, refugio y amor, ni veo por qué querríamos hacerlo. Aceptar tales limitaciones y trabajar con ellas, en lugar de esperar a que nos libere de ellas algún artilugio tecnológico imprevisible, la intervención divina o cualquier superhéroe, exige una concepción de la libertad más sensata, y algunos podrían decir que más adulta. (Massumi: «No hay manera de escapar de las limitaciones.

Ningún cuerpo puede escapar de la gravedad. Las leyes son parte de lo que somos, intrínsecas a nuestra identidad. [...] La libertad siempre surge de las restricciones: es una conversión creativa de las restricciones, no una huida utópica de ellas.»)

La división entre los que quieren perforar y perforar y los que quieren que se tomen medidas urgentes sobre el clima, a menudo se presenta como una lucha entre los que valoran la libertad (imaginada como la libertad de excavar lo que uno quiera, obtener el beneficio que quiera, consumir lo que quiera, hacer lo que a uno le dé la gana en cualquier momento) y aquellos que valoran las obligaciones (imaginadas como el deber de ser buenos administradores de la Tierra, convivir responsablemente con los millones de formas de vida cuyo destino está vinculado al nuestro, tener en cuenta el bienestar de las generaciones futuras). El problema de este binomio es que se corre el riesgo de reducir las «obligaciones» a la intimidación moral, y la «libertad» a un hedonismo fácil y egoísta. Tampoco ayuda aprovechar la coyuntura del momento para difundir algunos de los tropos y mitos más agotados –y tóxicos– de la libertad, o para experimentar con sus próximas iteraciones. Podríamos imaginar, por ejemplo, la *restricción* como una opción, como la restricción necesaria para *no* extraer el 80% del combustible fósil que queda bajo tierra con el fin de mantener las condiciones de la vida humana actual. (Obviamente, la veneración de la restricción significa cosas distintas y se aplica de maneras distintas dependiendo de las circunstancias: por ejemplo, no podemos y no debemos esperar que los pobres se «abstengan» de vivir de la única manera de que disponen.) Tal como deja claro el estado de adicción, saciar de manera repetitiva y compulsiva nuestros deseos inmediatos rara vez conduce a la emancipación. Y, sin embargo, antes de burlarnos de los que encuentran la libertad en el aire acondicionado, conducir en solitario, los envoltorios desechables, las pajitas de plástico, las hamburguesas o viajar frecuentemente en avión, podríamos observar que somos muchos los que tenemos sentimientos y apegos similares: el objetivo es inventar nuevas normas que parezcan apetecibles –deseables, incluso– para la gente, no para avergonzarlos por su catexis a las comodidades y formas de vida que compartimos.

Repensar la libertad en el contexto del cambio climático también nos invita a considerar cómo el propio concepto –como todos los conceptos que de manera itinerante han preocupado a la mente humana– ha sido moldeado no solo por fenómenos humanos (la esclavitud, la tecnología, las distintas formas de gobierno, etc.), sino también por los materiales y fuerzas no humanos con los que nos hemos estado asociando, conscientemente o no. El ensayo de 2009 del historiador Dipesh Chakrabarty, «The Climate of History: Four Theses» (El clima de la historia: cuatro tesis), resulta instructivo aquí, en el sentido de que en él Chakrabarty nos pide que contemplemos toda la historia moderna de la libertad en su contexto geológico:

> En ninguna discusión sobre la libertad del período posterior a la Ilustración encontramos conciencia alguna de la influencia geológica que los seres humanos han ejercido a través de procesos estrechamente ligados a su adquisición de libertad. Los filósofos de la libertad se preocuparon sobre todo, de manera comprensible, por cómo los humanos escaparían de la injusticia, la opresión, la desigualdad o incluso la uniformidad que les imponían otros humanos o sistemas creados por los humanos. El tiempo geológico y la cronología de las historias humanas seguían sin relacionarse. Esta distancia entre los dos calendarios, como hemos visto, es lo que los científicos del clima afirman ahora que se ha desmoronado. El período que he mencionado, desde 1750 hasta ahora, es también el momento en que los seres

humanos abandonaron la leña y otros combustibles renovables y se pasaron al uso a gran escala de combustibles fósiles, primero el carbón y luego el petróleo y el gas. El cimiento de la mansión de las libertades modernas lo constituye la constante expansión del uso de los combustibles fósiles.

El pensamiento de Chakrabarty resulta aquí tentadoramente poroso, en la medida en que señala una relación temporal y estructural entre el uso de combustibles fósiles y la «mansión de las libertades modernas» sin precisar su naturaleza exacta. (La expresión «mansión de las libertades modernas» puede chirriar, ya que está hablando de los mismos doscientos cincuenta años que conocieron el apogeo de la trata transatlántica de esclavos, la colonización, la contaminación industrial, etc. Pero Chakrabarty sabe todo esto, así que imagino que la mansión que tiene en mente es la suma total del discurso generado por los seres humanos sobre la libertad durante este período, no la distribución equitativa de la misma.)

Por fortuna, otros historiadores y eruditos han llenado gran parte de los vacíos. *Carbon Democracy: Political Power in the Age of Oil,* de Timothy Mitchell, ofrece una perspectiva histórica del desarrollo conjunto de la democracia moderna y el petróleo para demostrar cómo «los combustibles fósiles contribuyeron a forjar tanto la posibilidad de la democracia moderna como sus límites». «Más que un estudio de la democracia y el petróleo», escribe Mitchell, «[este libro] se ha convertido en un estudio sobre la democracia *como* petróleo.»[12] Como dice Mitchell, los combustibles fósiles crearon las condiciones que posibilitaron que las personas se reunieran, organizaran y desafiaran las formas oligárquicas de gobierno, dando paso a la política democrática moderna, incluida la política revolucionaria. Pero en la medida en que estos movimientos han tendido a considerar los límites ecológicos como algo extrínseco a su causa, e imaginado el futuro como un «horizonte ilimitado de crecimiento», tampoco ellos han sido capaces de alejarnos de la exasperante situación en la que nos encontramos ahora, donde los gobiernos democráticos parecen incapaces de tomar las medidas necesarias para evitar un calentamiento catastrófico.

La vinculación de la democracia moderna con los combustibles fósiles no significa necesariamente que tengamos que dejar lo primero para poder desengancharnos de lo segundo (me lo recuerdo cada vez que derivo hacia la fantasía ecofascista, como por ejemplo: *¿Y si permitiéramos que un dictador ecologista ocupara el poder un intervalo* <u>*minúsculo*</u> *de tiempo, el tiempo suficiente para obligarnos a todos a dejar de emitir* CO_2, *y así tener la oportunidad de llevar a cabo* <u>*algún*</u> <u>*otro*</u> *experimento de gobernanza humana?).* Como aclara Mitchell, que las formas de energía conformen nuestra política no significa que la *determinen*. Cuanto más atentos estemos a esta dinámica, más podremos enfrentarnos a ella de manera reflexiva e inventiva, y combatir la proposición de que «el edificio de soluciones a las necesidades energéticas futuras es también la construcción de nuevas formas de vida colectiva». (A esto se refiere Haraway cuando dice: «Es importante qué materia utilizamos para pensar en otras materias; importa qué historias contamos para contar otras historias; importa con qué nudos anudas otros nudos; qué pensamientos piensan los pensamientos. [...] Debemos pensar que debemos pensar.»)

Hasta la fecha, todos hemos pensado en la libertad moderna con petróleo, lo hayamos pretendido o no. El carbono impulsa las mismas herramientas mediante las cuales nuestros pensamientos, nuestras voces y cuerpos alcanzan los de los demás; impulsa nuestros debates públicos sobre la naturaleza de la libertad, la autonomía, la justicia y el autogobier-

261

no, desde las protestas callejeras hasta comités de congresos y guerras en Twitter. Incluso impulsa la manera de amar a nuestros hijos: «Algún día debo contarle a mi hijo lo que he hecho», escribe la científica climática de la NASA Kate Marvel. «Mi vida cómoda y segura es en gran parte fruto del motor de combustión interna. Los combustibles fósiles impulsan los trenes que nos llevan a la playa, las fábricas que fabrican su cubo de plástico y su pala, las luces que apago cuando le doy un beso de buenas noches. [...] Al final, soy responsable de los gases que están cambiando el clima y, al criar a mi hijo en la comodidad y en los privilegios, le estoy transmitiendo esa responsabilidad y esa culpa.» Aun cuando nuestra comprensión del tiempo profundo sea mínima (como creo que es la mía), creo que *algo* en nuestro interior percibe el abismo fundamental que se abre entre los millones de años que tardaron en acumularse los combustibles fósiles y la alucinante velocidad con la que los hemos extraído, consumido y excretado. El sobrecogimiento que sintió mi hijo en Travel Town estaba justificado: *deberíamos* sentirnos sobrecogidos por la energía que hemos generado quemando el tiempo profundo en un abrir y cerrar de ojos. Nuestros propios cuerpos han sido moldeados por esta fuerza a través de la velocidad de los aviones, los trenes, los automóviles y las cibermonedas, todo lo cual se ha convertido en parte integral de nuestra concepción de la libertad. A menudo consideramos que la libertad significa libertad de movimientos: ya sea la libertad de dejar atrás una situación desagradable por otra (con suerte) mejor; la libertad de dejar atrás unos orígenes limitados y forjar nuevos parentescos en un lugar más grande, incluso más anónimo; la libertad de elegir lo desconocido sobre lo conocido. La conciencia capitalista, la abolicionista, la queer y la revolucionaria se han basado por igual en tales sueños y deseos, algunos de los cuales me son muy queridos.

Después de todo, crecí en California, donde mi libertad

adolescente era sinónimo de conducir mi Volkswagen de 1976 por la carretera; después de una larga estancia sin coche en Nueva York, desde entonces he regresado al evangelio de la conducción solitaria (o había vuelto antes de la pandemia; ahora mi coche acumula polvo en el camino de entrada, que resulta ser su propia forma de libertad: la libertad de no tener que ir a ningún lado, que vibra incómoda junto a la sensación de que no hay donde ir). Durante los muchos años que viví en Nueva York –e incluso ahora, en mi melancólico exilio de la urbe–, siempre escuchaba en mi corazón las palabras del poeta Frank O'Hara de «Meditaciones en una emergencia»: «No tienes por qué salir de los confines de Nueva York para encontrar toda la vegetación que deseas. Yo no puedo disfrutar ni de una brizna de hierba a menos que sepa que hay una parada de metro a mano, o una tienda de discos, o alguna otra señal de que la gente no se *arrepiente* totalmente de vivir.» El trabajo remunerado que llevo en el mundo es exclusivamente cultural, y me gusta así; los únicos dos trabajos que he tenido de verdad han sido el de camarera/ barman y profesora/escritora. Aprecio el anonimato y todo lo que ofrecen las metrópolis, no siento un amor especial por «lo local», y no albergo ninguna fantasía anticivilización de «volver a la tierra». Ni siquiera trabajo en el jardín. Como escribió una vez el teórico británico Mark Fisher en un espasmo de honestidad cosmopolita: «Que levante la mano quien quiera renunciar a su barrio residencial y pubs anónimos y volver al barro orgánico del campesinado. O sea, que levanten la mano todos los que realmente quieren volver a las territorialidades, familias y pueblos precapitalistas. Que levanten la mano, además, aquellos que realmente creen que este deseo de una totalidad orgánica restaurada es *extrínseco* a la cultura capitalista tardía, y no un componente totalmente integrado a la infraestructura libidinal capitalista.» Intimida, pues, además de estimular, preguntarse qué puede suceder y sucederá con nuestra concepción de la libertad cuando comencemos a pensarla, a sentirla, a vivirla lejos de muchos de nuestros fetiches y hábitos actuales. Pero este experimento es necesario y valioso, ya que solo una visión fundamentalmente nostálgica y claustrofóbica de la libertad insistiría en seguir aliada a una tecnología de producción de energía, especialmente si la dependencia continua de esa tecnología garantiza nuevas y dolorosas restricciones y nuevas formas claustrofóbicas de sufrimiento. (No hablo de cosas abstractas: hoy escribo con todas las ventanas de mi oficina cerradas con cinta adhesiva y con toallas debajo de las puertas para bloquear el humo de los peligrosos incendios forestales que se filtra por todos lados. *Debemos pensar que debemos pensar.*)

La buena noticia para los que no han levantado la mano es que la «poscivilización» no se parecerá ni tendrá por qué parecerse a la «precivilización» ni a la «anticivilización». Como Bruno Latour ha dejado claro, la oposición entre lo local y lo global está ya muy gastada: «El planeta es *demasiado estrecho y limitado* para el globo de la globalización; al mismo tiempo, es *demasiado grande,* infinitamente demasiado grande, demasiado activo, demasiado complejo para permanecer dentro de las estrechas y limitadas fronteras de cualquier localidad.» El cambio climático ha revelado que las acciones locales causan efectos globales, y que esos efectos globales se experimentan invariablemente de manera local. En lugar de seguir pensando en términos de local/global –o derecha/izquierda–, Latour argumenta (creo que de manera convincente) que sería más fructífero pensar en términos de Terrestre/Fuera-de-Este-Mundo, donde Fuera-de-Este-Mundo significa abandonar incluso la pretensión de una tierra compartida y un futuro común, y la subsiguiente misión de «*desembarazarse de todas las cargas de la solidaridad lo más rápido posible*», y Terrestre significa una voluntad de «bajar a la Tierra», aceptar nuestra compleja situación, trabajar con ella y con los demás. El enfoque de Latour nos anima a superar los debates cada vez más anticuados sobre la libertad en los que se habla de gobierno grande contra gobierno pequeño, totalitarismo contra democracia, y empezar a reflexionar sobre la libertad de manera ecológica, lo que implica tener en cuenta las limitaciones y posibilidades de nuestro entorno compartido, sin esperar a que un muro, un foso, los etnoestados, los refugios contra el apocalipsis, los tesoros ocultos o las naves espaciales nos aparten de ella.

Nada de esto sonará novedoso para cualquiera que se haya internado en el feminismo, el pensamiento ecologista, poscolonial o indígena, todos los cuales han señalado desde hace ya mucho tiempo, aunque desde distintos ángulos, los diversos errores intelectuales, ecológicos y éticos –también conocidos como catástrofes– que han surgido de la arrogancia de un individualismo limitado y separado de una Naturaleza superior y supuestamente inactiva.[13] «Muchos humanos, sobre todo los que cayeron bajo el hechizo seductor del pensamiento de la Ilustración occidental, insistieron durante siglos en que existían en un plano muy por encima del vulgar mundo material que los rodeaba, porque su ontología era de creación y autocreación. Los humanos eran sujetos, nunca objetos», escribe el historiador Timothy LeCain. «Sin embargo, ¿qué sucede cuando el pensamiento y la creación de los humanos no tienen como resultado trascender la naturaleza sino un abrupto descenso de regreso a ella? Esto es precisamente lo que ocurre con el calentamiento global antropogénico.» A lo largo de esos mismos siglos, sin embargo, muchos humanos *han sido tratados* como objetos. Y, lo que es más, esos objetos resistieron y resisten (cf. el comienzo del libro de Moten *In the Break:* «La historia de la negritud da fe del hecho de que los objetos puede resistir y resisten»). Resisten no solo ante sus amos, sino también frente a las ideas de libertad o humanidad que se basan en la dominación o en trascender el vulgar mundo material con el que repetidamente se alían. (De aquí el argumento de Hartman en *Scenes of Subjection*, según el cual el sujeto abstracto y universal del liberalismo siempre se ha basado en la «sustancia carnal» de los sujetos castigados con el fin de lograr y mantener su «esplendor etéreo», una construcción que garantiza injusticia incluso cuando promete liberación.)

Actuar sobre esta imbricación –al igual que actuar sobre los cuidados– es más difícil que simplemente profesar fidelidad al principio: la relación amo-esclavo también es una forma de imbricación. Pensemos, por ejemplo, en cómo la idea de «vivir éticamente», de la física feminista Karen Barad, definida como en todo momento «tener en cuenta los fenómenos de imbricación intrínsecos a la vitalidad del mundo y ser sensibles a las posibilidades que podrían ayudarnos a nosotros y al mundo a florecer», se mezcla con la observación de Morton de que «debido a la interconexión, siempre parece que falte alguna pieza. Que algo simplemente no cuadra. Es imposible ser compasivos con todos por igual. Ser amable con los conejitos significa no ser amable con los parásitos del conejito». Este no-acabar-de-entender-algo-exactamente significa que siempre habrá momentos de desacuerdo, ya sea sobre el «nosotros» que ha de florecer (¿el conejito o el parásito del conejito?), el significado de «florecer», etc. Incluso si el tipo de libertad que más valoramos es la variedad de «nadie es libre hasta que todos son libres», tal interdependencia no puede evitarnos difíciles compromisos, dilemas éticos con resultados imperfectos y a veces incluso brutales. Nuestra imbricación es sobre todo compleja, y la complejidad conduce a la dificultad. Esa dificultad es más fácil de soportar en cuanto reconocemos que nuestro deseo de resolverla de una vez por todas también podría significar que ya no deseamos formar parte de ella.

266

Nuestros hijos y los hijos de nuestros hijos

Dada la extraña situación temporal en la que nos encontramos actualmente, en la que nuestras acciones pasadas han provocado cierto calentamiento cuyos efectos hemos empezado a experimentar, a medida que nos precipitamos hacia unos efectos significativamente más intensos en un futuro no tan distante (con la aterradora posibilidad de una aceleración descontrolada), no es de extrañar que muchas de las personas que escriben y piensan sobre el clima se hayan acabado planteando la vertiginosa idea del futuro en sí. La mayoría de las veces, este planteamiento obedece a la figura del niño. Yo mismo realicé tal invocación en las primeras páginas de este capítulo, en parte porque parecía «natural», y en parte para preparar el terreno para más preguntas.

Muchos movimientos que pretenden «hacer del mundo un lugar mejor», de Black Live Matters a Viernes por el Futuro, pasando por Standing Rock y Never Again o Families Belong Together,* enmarcan sus acciones como un servicio a los niños y a los no nacidos. («Este momento requiere que garantices tu propia libertad», dijo la activista de Black Lives Matter Tamika Mallory en un discurso de 2020, a raíz del asesinato de George Floyd. «Y la libertad de tus hijos, naci-

---

* Standing Rock es un movimiento de protesta contra un oleoducto que comenzaría en Dakota del Norte y acabaría en el sur de Illinois, y cruzaría los ríos Misuri y Mississippi. Never Again es una frase asociada con el Holocausto y otros genocidios. Se origina en un poema de Yitzhak Lamdan de 1927, donde aparece la frase «Never again shall Masada fall!» (¡Masada nunca volverá a caer!), y se refiere al asedio de Masada, donde un grupo de judíos rebeldes resistió a los ejércitos romanos, suicidándose en masa antes de permitir su captura. Families Belong Together es un movimiento que lucha para que puedan volver a reunirse las familias inmigrantes separadas en la frontera de México por la política de la administración Trump en 2018.

dos y por nacer.») En otras palabras, recurren al futurismo reproductivo, definido por el teórico queer Lee Edelman en su polémico *No al futuro* como la doble idea de que hay un futuro que podemos y debemos mejorar, y que el Niño es su emblema. *No al futuro* se postula provocativamente contra esta ideología, proponiendo que el *«queerness* dé nombre al bando de aquellos que *no* "luchan por los niños", el lado que queda fuera del consenso mediante el cual toda la política confirma el valor absoluto del futurismo reproductivo». Muchos han recogido el guante de la provocación de Edelman; algunos, para disentir (véase, por ejemplo, el difunto José Muñoz, que argumentó apasionadamente que «los queers no tienen otra cosa que futuro», y denominó la postura antifuturo de Edelman «la última resistencia del hombre blanco gay»); otros, para ampliar su lente a cualquier novela, película, campaña medioambiental, discurso político o decisión personal donde se pueda detectar y censurar el futurismo reproductivo.[14]

Dado que los homosexuales han sido castigados durante mucho tiempo, a menudo de forma violenta, por ser percibidos como amenazas o ajenos al futurismo reproductivo –y teniendo en cuenta cuánto parentesco y cultura han podido construir fuera de él–, es razonable que una rama de la teoría queer dedique parte de su atención a descubrir y poner en valor las «temporalidades queer» reprimidas u ocluidas por normas hetero. En *In a Queer Time and Place* de Jack Halberstam (2005), por ejemplo, encontramos un concepto que denomina «tiempo reproductivo», en todas sus micro y macromanifestaciones: «El tiempo en familia se refiere a la programación normativa de la vida diaria (acostarse temprano, levantarse temprano) que acompaña a la crianza de los hijos. Este horario se rige por las necesidades imaginadas de los niños, y se relaciona con las creencias sobre lo que es un niño saludable y un entorno saludable para su crianza. El momento de la herencia se refiere a una visión general del tiempo generacional dentro del cual los valores, la riqueza, los bienes y la moral se transmiten a través de los lazos familiares de una generación a la siguiente.» En «Lectura paranoica y lectura reparadora», Sedgwick aborda los peligros de la «temporalidad paranoica» –la «rigidez narrativa defensiva y empecinada [...], en la que no se puede permitir que el ayer se distinga del hoy, y el mañana ha de seguir aún más en esa línea»–, que considera intrínseca a la «narrativa generacional, que se caracteriza por una regularidad y repetitividad claramente edípicas: le sucedió al padre de mi padre, le pasó a mi padre, me está pasando a mí, le pasará a mi hijo, y le pasará al hijo de mi hijo». En *Staying with the Trouble,* Haraway propone el eslogan del antifuturismo reproductivo: «¡Crea afinidades, no niños!», mediante el cual intenta fusionar la capacidad queer de crear parentesco no biológico con preocupaciones ecológicas sobre la superpoblación y el antropocentrismo.

Tal teorización ha sido básica a la hora de reconocer, a veces legalmente, formas de parentesco y temporalidad no basadas en la familia heterosexual, privatizada, blanca, nuclear o incluso humana. Por desgracia, sin embargo, como sucede a menudo en el mundo académico, tales críticas a veces se han deslizado hacia un rechazo instintivo de cualquier cosa que parezca contaminada por el futurismo reproductivo, que incluye, en este momento, a casi todas las fuerzas importantes implicadas en la lucha climática, que en parte está liderada por los propios niños. (Pensemos en la activista adolescente Greta Thunberg, quien, junto con otros quince niños, presentó una denuncia oficial ante el Comité de las Naciones Unidas para los Derechos del Niño contra los países que no cumplen con los objetivos de reducción de emisiones concertados en el Acuerdo de París; el Movimiento Amanecer, «un ejército de [...] los jóvenes normales y corrientes asustados por lo que significa la crisis climática para las personas y los lugares que amamos»; los veintiún jóvenes demandantes en *Juliana v. los Estados Unidos,* una demanda de 2015 que alega que la inacción del gobierno de los Estados Unidos en la ciencia climática «deliberadamente discrimina en contra de los niños y las generaciones futuras al ejercer su autoridad soberana sobre el espacio aéreo de nuestra nación y los recursos de combustibles fósiles federales para el beneficio económico de las actuales generaciones de adultos»; los miles de niños que han salido a la calle formando parte de la Juventud por el Clima; y más.) Como suele suceder cuando los adultos deben escuchar a niños reales en lugar de esconderse detrás del pábulo del futurismo reproductivo (o la bravuconería punk de su antítesis de no-futuro), las verdaderas dificultades del debate intergeneracional pasan a primer plano.[15]

En este contexto, la negativa de Edelman a «[renegar de] la fidelidad a un futuro que siempre compramos a expensas nuestras», o el lamento de Lauren Berlant de 1997 de que «una nación concebida para ciudadanos adultos ha sido reemplazada por otra imaginada para fetos y niños», o la ocurrencia de Andrea Long Chu de que «tener un hijo, igual que la heterosexualidad, es una idea muy estúpida. [...] Los niños son un cáncer», empiezan a sonar más anticuados que vanguardistas, en la medida en que cosifican la división entre niños y adultos, donde los adultos son la categoría privilegiada. En otras palabras, es difícil entusiasmarse con el queer como fuerza que viene a «romper nuestra fe fundacional en la reproducción del futuro» (Edelman) cuando el cambio climático está logrando el mismo objetivo con un efecto catastrófico. Preguntemos a los niños de *Juliana v. Estados Unidos* qué piensan del fin de la regularidad y la repetición generacionales; preguntemos a los niños que presentaron una demanda ante la ONU si el problema real es que hemos imaginado un mundo concebido exclusivamente para «fetos y niños»; preguntemos a cualquiera cuya patria o sustento ha sido destruido por el cambio climático qué les parece el hecho de que su ayer no se vaya a parecer a su mañana. La cuestión no es que el futurismo reproductivo tuviera razón desde el principio, y que ahora que los queers son mejor recibidos en su grey, nos lo tengamos que tragar con patatas. Se trata más bien de que esas réplicas no son todas iguales: los activistas medioambientales que recurren al futurismo reproductivo no quieren reproducir el mismo mundo que nos trajo la desigualdad radical y la devastación ecológica. Quieren un mundo que reproduzca las mismas o similares condiciones de habitabilidad que otros animales humanos han podido disfrutar durante los últimos once mil quinientos años. Asimismo, aunque está muy bien decir (como afirma Rebekah Sheldon en *The Child to Come*) que tenemos que aprender a vivir «sin la exigencia de la seguridad y el rostro suplicante del niño que es su justificación», esta seguridad tampoco es igual para todos. La lucha contra el cambio climático –como la lucha por la justicia racial, con la que está indisolublemente unida– tiene muchísimo que ver con una demanda de mayor seguridad, en la medida en que se trata de reducir la amenaza de muerte o extinción para aquellos que se exponen a ellas de manera desproporcionada, ya sea a manos de la policía, los incendios del Amazonas o una marea creciente. No es de extrañar, por tanto, que ciertos grupos queer hayan comenzado a cambiar de rumbo: por ejemplo, el colectivo Parlamento de los Cuerpos, cuya cumbre más reciente tuvo lugar en Bergen, Noruega, afirmó que su objetivo era averiguar «cómo redefinir nuestras alianzas con los que ya no están vivos [...] [y asumir] la responsabilidad de aquellos que ya no están, o todavía no están, aquí», o el Instituto de Ecología Queer (IQECO), «un organismo colaborativo» cuya «misión es crear un espa-

271

cio para imaginar colectivamente un futuro equitativo y multiespecie».

A estas alturas he perdido la cuenta de cuánta gente me ha confiado su impresión de que, dado que tener hijos es una «elección», ¿por qué habría que dispensar un «trato especial» a quienes opten por procrear (créditos fiscales, horarios especiales que les favorezcan en el trabajo, guarderías para todos, etc.)? En respuesta a esa impresión –que involuntariamente se hace eco de la presión de la derecha para dejar sin fondos a los servicios sociales, incluida la educación pública–, los escritores de opinión de todo el planeta han redactado diversas peticiones explicando por qué deberíamos preocuparnos por los niños, sobre todos por los niños de otros. Estos argumentos varían según el compromiso del escritor: a veces los niños importan porque son los ciudadanos del futuro; a veces son los portadores de la tradición de un pueblo desaparecido u oprimido; a veces son futuros contribuyentes; a veces son futuros revolucionarios; a veces son nuestros futuros enfermeros y cuidadores domésticos. Si estos argumentos convencen a alguien para que se preocupe más por los hijos de otros o las vidas futuras en general, estupendo. Pero me parecen un poco extraños, en el sentido de que siempre me ha parecido que los niños son importantes simplemente porque sí: ellos son nuestros semejantes, aunque más pequeños y con niveles de necesidad diferentes. No son una especie distinta; ya existen, y son el futuro. De hecho, fueron nosotros, *son* nosotros, aunque tendamos a olvidarlo (y al decir olvidarlo, quiero decir olvidarlo, en el sentido winnicottiano de que cuando la educación es buena el bebé olvida la experiencia de su crianza, mientras que el deber de los padres es seguir recordando al bebé). La defensa de los no nacidos se ha convertido en un negocio comprensiblemente arriesgado. Pero no existe razón alguna por la que los antiabortistas deban impedirnos reconocer y valorar la continuidad entre la vida real y la posible (una continuidad que para mí a veces personifica el hecho asombroso, aunque abiertamente biológico, de que un bebé que nace con útero ya tiene todos los óvulos que tendrá, lo que significa que los óvulos que algún día podrían convertirse en nietos de una madre gestante ya han vivido dentro de ella).

Cuidar del nonato no significa insistir en que nazca todo lo que aún no ha nacido. Significa aceptar que, para cuando haya terminado de leer este párrafo, unos doscientos cincuenta bebés más habrán nacido a un futuro que no existía cuando lo empezaste. Así que antes de que disfrutemos de esa sublime indiferencia ante lo que nos sucederá, podríamos reconocer que la indiferencia ante su destino no es diferente de verter un montón de residuos tóxicos que sin la menor duda envenenarán a quien entre en contacto con ellos, y luego sostener que, como no vas a conocer personalmente a las personas enfermas o no estarás viva cuando enfermen, o porque simplemente no te gusta esa gente de todos modos, especialmente los niños que lloran en los aviones, no tienes ninguna obligación hacia ellos. Uno no necesita ser un defensor de la personalidad fetal, los *baby showers,* la Disneyficación de Times Square, o el tratamiento de seres presentes y futuros como éticamente idénticos para reconocer que esta lógica es moralmente absurda.

La crisis climática no puede esperar a que hayamos purgado a la gente de su apego presuntamente erróneo al futurismo reproductivo. No puede esperar a que todo el mundo haya adoptado el lema «¡Crea afinidades, no niños!». Ahondar en la convicción –muy común en círculos académicos y de izquierda– de que, si pudiéramos ponernos de acuerdo en cómo enmarcar correctamente la cuestión (o si al menos todos pudiéramos estar de acuerdo en qué marcos desechar de manera definitiva), estaríamos más cerca de forjar las colaboraciones habitables necesarias para la convivencia y la supervivencia, se ha convertido en una pérdida de tiempo que no podemos permitirnos. En lugar de buscar un marco singular que movilice a la gente para enfrentarse a los problemas climáticos, probablemente nos resultaría más beneficioso sentirnos más cómodos con la diversidad, poner en práctica lo que Félix Guattari imaginó alguna vez (tal como lo resumen los traductores al inglés de *Las tres ecologías*) como «una pluralidad de grupos dispares [que se unen] en una especie de desunión unificada, una solidaridad pragmática sin solidez».

En relación con una disputa ecológica en Manggur, Indonesia, que llevó a partidos con prioridades y puntos de vista muy diferentes a oponerse a una compañía maderera, escribe Connolly: «El ensamblaje emergente no se convirtió en una unidad, y mucho menos en una comunidad; se convirtió en un complejo de intereses, preocupaciones y perspectivas críticas cambiantes, con algunos momentos destacables de afinidad y comunalidad. Todos, por ejemplo, se opusieron a la empresa maderera, pero algunos perseguían un ideal de vida salvaje, mientras que otros buscaban conservar los bosques como lugares vivos de intersección humano-bosque-animal-planta. Ni siquiera la victoria les pareció lo mismo a todas las partes involucradas.»[16] *Ni siquiera la victoria les pareció lo mismo a todas las partes involucradas:* este tipo de disonancia no significa que algo saliera mal. Significa que las personas son diferentes. Dado que cerca de la mitad de los habitantes de los Estados Unidos han acabado alineándose con un negacionismo climático (y/o su gemelo, el survivalismo de yo-primero) tan intenso que algunos están dispuestos a tomar las armas contra la descarbonización, vamos a necesitar mucha ayuda y sabiduría a la hora de sortear estas diferencias. Pocas de estas personas están a punto de descubrir un sentido de la ecojusticia queer y multiespecie. Pero es posible que acaben pensando que también vale la pena luchar por la libertad de no perder tu hogar, tu salud, tu sustento, tu suministro de alimentos, o el futuro de tus hijos y los hijos de tus hijos. Puede que también tengan algo que enseñarnos sobre la libertad, los cuidados y la restricción que todavía no sabemos, incluso –o sobre todo– cuando pensamos que ya lo sabemos.

¿Qué ha hecho el futuro por mí?

Cuando los economistas se enfrentan al calentamiento global, se embarcan en un proceso llamado «descontar el futuro», en el que se «sopesan los beneficios de la gente del futuro y los costos que soportan las personas en el presente». Al considerar el futuro, se le puede atribuir una tasa de descuento alta o baja: como explica el investigador del clima David Hodgkinson: «Si un análisis de coste-beneficio utiliza una alta tasa de descuento, descuenta los beneficios futuros en un alto grado, y les da poco peso a los intereses de las personas futuras.» Si usa una tasa de descuento baja, entonces la generación actual está llamada a «hacer sacrificios urgentes por el bien de las personas del futuro». Los economistas y los políticos básicamente se han esforzado mucho en descontar el futuro y atribuir «un menor peso a los intereses humanos cuanto más lejos están en el futuro solo por el hecho de que existen en el futuro». Como explica Hodgkinson: «La idea imperante a nivel internacional a la hora de actuar contra el cambio climático parece ser: "¿Por qué debería preocuparme por las generaciones futuras? ¿Qué han hecho por mí?"» No creo que haga falta señalar el conflicto entre esta visión dominante y la que propondría –como hace la Constitución de los iroqueses (Haudenosaunee)– que debemos «mirar y escuchar por el bienestar de todo el pueblo y teniendo siempre en cuenta no solo el presente, sino también a las generaciones venideras, incluso aquellas cuyos rostros todavía están

275

debajo de la superficie de la tierra: el no nacido de la futura Nación».

Moverse entre los extremos de no estar obligado con nadie y estar obligado con todos no es cosa fácil. Aun cuando nos inclinemos hacia lo segundo, nuestras ambiciones se enfrentan a graves cuestiones de escala y capacidad, sin mencionar el hecho de que, cuando se trata de cuidados, es imposible contentar a todo el mundo. «Ser amable con los conejitos significa no ser amable con los parásitos del conejito.» Es más, el intento de instar a la gente a «pensar en la especie» sin tener en cuenta las dificultades con las que podrían toparse a la hora de satisfacer las necesidades de su parentela más próxima plantea sus propios problemas éticos (razón por la cual una organización como Just Transition Fund, un grupo dedicado a las comunidades más directamente desestabilizadas por la transición del carbón, recalca que «las soluciones más sostenibles son impulsadas por la comunidad, desarrolladas por los más afectados, y elaboradas desde cero»).[17]

En el ámbito de la negociación climática, el problema de las obligaciones variadas de hecho tiene un acrónimo: CBDR-RC, las iniciales en inglés de la ONU para «responsabilidad común pero diferenciada y capacidades respectivas». Las negociaciones CBDR-RC, que pretenden abordar el hecho de que las naciones tienen historias distintas y presentan retos distintos a la hora de reducir las emisiones de carbono, desempeñan un justo papel en cualquier cumbre internacional sobre el cambio climático. Dichas negociaciones son notoriamente espinosas y contribuyen a presentar el cambio climático no solo como un «problema endemoniado», definido en 1973 por los profesores Horst W. J. Rittel y Melvin M. Webber como un problema de «innumerables causas, difícil de describir y sin una respuesta correcta», sino como un «problema superendemoniado», definido en 2012 por los profesores Kelly Levin, Benjamin Cashore, Steven Bernstein y Graeme Auld como un problema endemoniado con cuatro características añadidas: «el tiempo se acaba; los que causan el problema también buscan brindar una solución; la autoridad central necesaria para abordarlo es débil o inexistente; y, en parte como consecuencia, las respuestas normativas descuentan el futuro de forma irracional». Los investigadores afirman que estas cuatro características adicionales «se combinan para que diseñar cualquier política se convierta en algo "trágico"».

Ante esta dificultad –o para los que ya están metidos en ella, esta tragedia–, algunos pensadores y escritores han comenzado a tomar un rumbo completamente diferente, pidiéndonos que cuestionemos la creencia instintiva de que «la supervivencia siempre es mejor que la no supervivencia», como ha dicho Morton, que considera que esta preferencia por la supervivencia a toda costa es el núcleo de algo que él llama «agrilogística», modalidad que, según él, se desarrolló en Mesopotamia al final del Pleistoceno/comienzo del Holoceno, cuando los humanos pasaron de ser cazadores-recolectores nómadas a establecerse como agricultores. Con el tiempo, la agrilogística se amplió, «y finalmente necesitó las máquinas de vapor y la industria para alimentar su proliferación». En esta versión de la historia, la máquina de vapor no señala el comienzo de una nueva forma de pensar o de existir, sino el momento en el que un hábito o lógica mucho más antiguos encontraron expresión en una fuente de energía capaz de dejar una huella geológicamente transformadora.

Como la agrilogística es anterior al capitalismo industrial en miles y miles de años, Morton –junto con algún otro politólogo y científico de la tierra– considera que el capitalismo industrial es más un síntoma que una causa de nuestra difícil situación actual. Ciertamente no faltan villanos responsables de nuestra tesitura (un elenco definitivo de personajes toma forma después de 1965, cuando la Asociación Estadounidense para el Progreso de la Ciencia le comunicó al presidente Lyndon Johnson las causas y efectos de la acumulación de CO_2 en la atmósfera). Pero también vale la pena tener en cuenta la lente más amplia utilizada por Morton, Chakrabarty y otros –junto con la opinión provocadoramente compasiva de Chakrabarty de que nuestra situación actual es algo que nos hemos encontrado «sin comerlo ni beberlo»–, aun cuando contradiga la costumbre de culpar al capitalismo de todo.

Si la agrilogística se desarrolló como un medio para que los humanos pudieran garantizar mejor su seguridad y supervivencia, y también nos ha llevado a la crisis actual, entonces, como sostiene Morton, «surge una paradoja de supervivencia: el intento de sobrevivir a cualquier precio [...] es precisamente la dinámica del asesinato-suicidio». Ante tal paradoja, Morton cree que haríamos bien en desprendernos de nuestro apego al axioma de que «existir es mejor que cualquier cualidad de la existencia» (o, más concretamente, que «la existencia humana siempre es mejor que cualquier cualidad de la existencia»). Quiere zarandear nuestra incuestionable adhesión a la idea de que «no importa si tengo más hambre, estoy más enfermo o más oprimido, por debajo de estos fenómenos, mis hermanos y yo nos regeneramos constantemente, y por eso nos negamos a tener en cuenta la muerte».

Estoy preparada para cualquier experimento mental que tenga en cuenta la realidad de la muerte y desestabilice nuestra convicción instintiva de que la supervivencia del *Homo sapiens* es lo que más importa. Pero creo que nadie debería sentirse muy cómodo con los intelectuales blancos del primer mundo –yo incluida– que se ponen a cavilar acerca de qué condiciones de vida merecen su prolongación y qué formas de sufrimiento (ya sea hambre, enfermedad, opresión o las diversas privaciones que ciertos pueblos han impuesto a otros) descalifican la perpetuación de una vida. A veces la gente elige la muerte antes de continuar en una situación de opresión grave, para evitar la casi seguridad de un destino espantoso, o para salvar la vida de otro. Pero cuando alguien toma esa decisión meditada en nombre de otro, o de un grupo demográfico, con justicia se llama asesinato o genocidio.

Muchas ramas del pensamiento ecológico radical se adentran en ese territorio, en la medida en que lidiar con las amenazas sistémicas de la biosfera tal como la conocemos a menudo exige considerar la humanidad y el planeta con una distancia que puede provocar cambios de paradigma y propuestas profundamente perturbadoras. La supervivencia (y, algunos dirían, la reproducción) son (posiblemente) instintos básicos; los filósofos se distinguen por pedirnos que reconsideremos y recalibremos nuestros comportamientos instintivos, ayudándonos a imaginar –a sentir, a saber– que las cosas podrían ser de otra manera. Podríamos ser de otra manera. Nuestra manera de habitar el planeta podría ser otra. Nuestra actitud hacia la muerte, incluida nuestra propia muerte individual o la de nuestra especie, podría ser de otra manera. Nuestra actitud hacia el futurismo reproductivo podría ser diferente. Nuestra actitud hacia formas de vida no humanas podría ser distinta. Nuestra experiencia, distribución y conceptualización de la libertad y la obligación podría ser distinta. A pesar de nuestro instinto de preservar la «civilización» (cf. el espíritu de Elon Musk, que, según él, ha sacado de Isaac Asimov: «Deberíamos emprender un conjunto de acciones que perpetúen la civilización, minimicen la probabilidad de una edad oscura y reduzcan la duración de esta edad oscura, si es que acaba dándose»), vale la pena cuestionarse si su conservación debe ser nuestro objetivo *a toda costa*. Estoy de acuerdo en que los problemas que se nos plantean son inconcebibles, a menos que estemos dispuestos a experimentar con el tipo de perspectiva que la estudiosa medioambiental Laura Watt define cuando dice: «Aunque el cambio climático está cambiando las cosas de manera nueva e impredecible, no tengo la menor duda de que el planeta Tierra sobrevivirá, y que varios aspectos del mundo biológico se adaptarán y evolucionarán en consecuencia. El cambio ocurrirá, como se da siempre, y esos cambios no son necesariamente "buenos" ni "malos" en un sentido no humano; ¿es mejor o peor que predominen los mamíferos sobre los dinosaurios? Da igual: son solo resultados diferentes. Lo que tiñe al cambio climático de un color aterrador es la posibilidad muy real de que no sobrevivamos, aunque, de nuevo, ¿es mejor o peor que no haya nadie para verlo? Desde nuestra perspectiva, es peor, pero por lo demás es solo otro posible resultado de un planeta en permanente transformación.»

El truco consiste en aprender a moverse entre los experimentos mentales abiertos llevados a cabo por Morton, la ecuanimidad de la visión global que demuestra Watt y el apasionado espíritu de lucha de una activista como Heglar, como cuando declara: «Aunque solo pueda salvar una pizca de lo que es precioso para mí, esa será mi pizca y la valoraré mucho. Si puedo salvar solo una brizna de hierba, lo haré. Construiré un mundo con eso. Y viviré en él y para él.» Oscilar entre estas perspectivas no es solo un ejercicio intelectual. Implica dejar que nos inunde un amor brutal, y experimentar lo que se siente cuando ese mismo amor nos salpica en lugar de inundarnos.

Sentimientos desagradables, reconsiderados

Si hablamos con alguien sobre el calentamiento global durante un par de minutos es probable que nos salga con alguna variación de «Soy incapaz de afrontarlo». Es demasiado deprimente, demasiado abrumador, demasiado inconcebible, demasiado triste, demasiado aterrador, demasiado inimaginable. Lo entiendo. En realidad, no creo que podamos o debamos ser capaces de contemplar sin inmutarnos vivir −por no hablar de provocar− una sexta extinción en masa que con el tiempo puede acabar con la vida en la Tierra tal como la conocemos, incluidos «nuestros hijos y los hijos de nuestros hijos». Teniendo en cuenta lo mucho que exige diariamente del tiempo y el corazón de la gente, parece bastante justo preguntar: ¿cuándo *es* el momento adecuado para afrontar los sentimientos de ansiedad, miedo, rabia, dolor e impotencia relacionados con el clima: sentimientos que, cuando se experimentan en su totalidad, amenazan con ser muy profundos y paralizarnos? Sobre todo porque, como sabe cualquier estudioso de la ansiedad, catastrofizar sobre el futuro incognoscible no es una actividad muy productiva ni feliz, y contribuye sorprendentemente poco a fortalecer nuestra capacidad para enfrentarnos a las cosas. ¿Y a quién le importa realmente cómo nos sentimos, de todos modos, cuando lo que deberíamos hacer realmente es pasar a la acción? ¿Por qué diablos, en esta coyuntura temporal concreta, debería seguir pensando en mis sentimientos en lugar de presionar para que entre en vigor el New Green Deal, abogar por la reducción del consumo de plástico y carne, estar al servicio de los que son más vulnerables que yo, o simplemente protestar de manera furiosa?

La relación inversa entre la escala del problema climático y nuestra dificultad para involucrarnos con él emocionalmente no es solo una ironía cruel, u otra oportunidad para discutir sobre las relaciones correctas entre el personal y lo político. Es una de las características estructurales de la crisis. Así pues, me centro aquí en los sentimientos, especialmente los desagradables, no solo porque creo que se interponen en el camino de algo que nos gusta llamar «acción» sino también porque, si «actuamos» a tiempo para evitar un aumento de temperatura catastrófico o no –y podría ser muy bien que no–, siguen siendo importantes, en la medida en que dan forma a la experiencia de nuestras vidas, determinan cómo tratamos a los demás y deciden cómo podemos «convivir con el problema», y a veces incluso determinan si somos capaces de hacerlo.

Todos nos enfrentamos a lo que significa «conocer» el calentamiento global, incluso mientras lo estamos viviendo. Como señalan Edward Morris y Susannah Sayler de Canary Project, «conocer» es distinto de «creer», ya que, según ellos, la verdadera creencia estimularía la acción, y sin embargo no actuamos. (Ayudaría, por supuesto, saber con más certeza qué acciones emprender, o poseer una idea de colectividad en la que abocar nuestras acciones individuales.) Como dice Morris: «La fe es una función del sentimiento. Solo podremos creer en el cambio climático –con lo cual *no* me refiero a un objeto de investigación creado estadísticamente, ni siquiera al hiperobjeto, sino al coste en términos de dolor que provocará el cambio climático– cuando nos abramos a él emocionalmente. Cuando nos desgarre.» Él y Sayler han descrito este despertar como una especie de ruptura o trauma. Los que han soportado la peor parte del trauma relacionado con el clima ya conocen este despertar; los que no, se enfrentan a una especie de paradoja, en la que el continuo rechazo a que te desgarre en nombre de los demás podría ser precisamente lo que garantice que el trauma relacionado con el clima acabe alcanzándolos.

Y, sin embargo, una vez que te ha desgarrado, ¿entonces qué? ¿Quién o qué se supone que nos va a ayudar a transitar esta ruptura? ¿Cómo podemos aprender a entrar y salir de estas ráfagas de sentimiento para no quedar subsumidos por su intensidad ni vernos impulsados a reprimirlo?

Reivindicar la legitimidad de los propios sentimientos

–incluidos los sentimientos desagradables– puede ser importante, sobre todo cuando te hacen luz de gas. Y de una manera real, incluso en un sentido literal, a todos nos hacen luz de gas literalmente, en la medida en que nuestros así llamados líderes desde luego *no* nos dicen la verdad acerca de nuestro presente o futuro ecológicos. Como afirma el manifiesto del Proyecto Montaña Oscura, un grupo de artistas y escritores dedicados a la «incivilización» radicado en el Reino Unido: «Oímos hablar a diario del impacto de nuestras actividades en "el medio ambiente" (que, al igual que "naturaleza", es una expresión que nos aleja de la realidad de nuestra situación). Diariamente oímos mencionar también muchas de las "soluciones" a estos problemas: soluciones que normalmente implican la necesidad de un acuerdo político y una aplicación juiciosa del genio tecnológico humano. Dice el relato que las cosas podrían estar cambiando, pero no hay nada a lo que no podamos enfrentarnos, amigos. Quizá necesitemos movernos más deprisa, con más urgencia. Ciertamente, necesitamos acelerar el ritmo de la investigación y el desarrollo. Aceptamos que debemos volvernos más "sostenibles". Pero todo irá bien. Seguirá habiendo crecimiento, seguirá habiendo progreso: estas cosas continuarán, porque tienen que continuar, de manera que no pueden hacer otra cosa que seguir adelante. Aquí no hay nada que ver. Todo irá bien.» A lo que el Colectivo replica: «No creemos que todo vaya a ir bien.»

Yo tampoco creo que todo vaya a ir bien. En realidad no conozco a nadie que piense que todo irá bien, ni a nadie que pueda decir, con el semblante serio y el corazón sincero, que vamos a dejar atrás un planeta sano y habitable que alimentará el milagro de la biodiversidad y a nuestros hijos y a los hijos de nuestros hijos. Pero la desesperación y la depresión no son las únicas respuestas posibles a este hecho, por muy sensatas que puedan ser. La desesperación exige una parte desproporcionada de nuestro pensamiento y sentimiento, ya que es «lo único que se puede entender, explicar y justificar ampliamente» (Stengers). Tiene, o parece tener, un valor de verdad del que carecen la dicha, el optimismo y la felicidad.[18] Cuando el optimismo y la felicidad se apoderan de nosotros parecen una bobada: cuando se nos revelen los verdaderos horrores del pasado, el presente o el futuro –las amargas, crueles e inevitables realidades de la vida y la muerte– lamentaremos cualquier sentimiento infantil e ilusorio de libertad, paz o bondad que alguna vez, en nuestra ingenuidad, albergamos.

Hace ya tiempo que los académicos y activistas intentan explotar sentimientos desagradables como la depresión, el miedo, el pánico, la paranoia, la rabia, los celos y la vergüenza por su valor político.[19] Culp, por ejemplo, lamenta que «casi todos los críticos serios consideren que el más feo de nuestros sentimientos compartidos no es apto para algo tan noble como la liberación», y sostiene que utilizar las emociones negativas como base de una liberación compartida es una posibilidad «solo visible para aquellos que han renunciado a la ilusión de que las emociones positivas sacan lo mejor de la gente». Estoy de acuerdo en que uno debe experimentar los afectos negativos y no evitarlos. Pero me parece que existe una diferencia básica entre aceptar su existencia –sentir curiosidad por ellos, darles cancha, despatologizarlos, entender su causa y su energía potencial, no tratarlos como enemigos que hay que purgar de nuestras vidas psíquicas o colectivas– y creer que son lo más en radicalismo o utilidad, o imbuirles una especie de verdad o valor de uso que exagera su significado y solidez. Los hábitos mentales tienden a producir más de los mismos hábitos mentales; el sentimiento negativo no es diferente. Y aunque es posible que afectos positivos no siempre saquen lo mejor de las personas (signifique lo que eso signifique), la idea de que los sentimientos negativos sí lo consiguen desmiente toda mi experiencia (por no mencionar a esas personas que los alimentan alegremente).

Los estudiosos Ann Cvetkovich, Moten y otros han observado que gran parte de la depresión y la negatividad parece coagularse en lugares donde la gente aparentemente «hace lo que le gusta», incluido el mundo del arte, los círculos de activistas o la universidad. Como dice Culp: «Los sentimientos positivos se arremolinan a través del vórtice del distrito financiero de Manhattan y los rascacielos de Goldman Sachs. Los sentimientos negativos actúan en los trabajos temporales, pero también en los comités de congresos feministas. Al igual que la ambivalencia de cualquier otra forma de poder, el sentimiento no es una virtud, sino un diagnóstico.» Así, los asistentes a los mítines de Trump parecen sentirse bastante bien, tal vez incluso *realmente* bien, aunque vale la pena considerar si el placer y la desinhibición conseguidos a base de chivos expiatorios, nihilismo y odio se pueden considerar, y hasta qué punto, buenos sentimientos. En lugar de intentar identificar ámbitos especialmente miserables, me parece más fructífero observar simplemente que hay mucha miseria en todas partes, junto con una infradesarrollada capacidad de preguntar, cuando las cosas no nos gustan, qué podríamos hacer para que mejoraran.[20] En cuyo caso tiene sentido plantear cuestiones estructurales sobre qué condiciones deben modificarse para que algo malo acabe pareciéndonos mejor, al tiempo que analizamos esos malos sentimientos para ver si son realmente tan inamovibles o inevitables como suponemos. Lo primero es difícil, porque cambiar las condiciones y las estructuras es complicado; lo segundo es difícil porque implica reconocer que puede haber cosas en nuestros malos sentimientos a las que nos hemos habituado, y detestamos darnos por vencidos, incluso cuando insistimos en que eso es precisamente lo que pretendemos.

No se trata de una simple perversidad. Es difícil desafiar

las poderosas fuerzas de la ansiedad y la paranoia porque, como dijo Freud, son básicamente formas de defensa. («La gente se vuelve paranoica por cosas que no puede soportar», escribió Freud, indicando por qué nunca podemos eliminar por completo la paranoia y la ansiedad de nuestra psicología.) Nos preocupa que, si la situación se nos va de las manos, signifique que no la estamos evaluando correctamente, que estamos negando amenazas reales. Nos preocupa que, si no alimentamos nuestra ansiedad, cualquier amenaza nos pille por sorpresa, y esa sorpresa sea insoportable (¡hola, extinción en 2030!). Nos preocupa que, si aceptamos de manera radical «las cosas como son», nos acabemos deslizando hacia la represión, la autocomplacencia o la inacción (la crítica izquierdista habitual al budismo y otras formas de meditación). Pero la paranoia, la desesperación y la ansiedad no suelen ayudarnos a «convivir con el problema» ni a profundizar en la comunión con nuestros semejantes. De hecho, tienden a cosificar un sentido de individuación ya doloroso, y dirigir nuestra imaginación hacia lo peor que pueda imaginar, como si ensayar nuestros peores miedos disminuyera nuestro sufrimiento futuro. Mi amplia experiencia personal me ha enseñado que no es así. En cambio, me he dado cuenta de que es una forma totalmente comprensible y en extremo eficaz de mitigar cualquier liberación, expansividad o placer de que disfrutemos en el momento presente, hasta el punto de hacerlos desaparecer.

Política y terapia

En 2014, Guy McPherson se convirtió en un especialista titulado en la recuperación de la aflicción, y desde entonces ha hecho carrera ayudando a las personas a aceptar su inminente extinción. McPherson enmarca esta aceptación como una forma de libertad: la única libertad que nos queda. En una charla de 2019, citó a Viktor Frankl, superviviente de un campo de concentración: «A un hombre se le puede quitar todo menos una cosa: la última de las libertades humanas: elegir tu actitud en cualquier conjunto de circunstancias, elegir el propio camino.» McPherson argumentó que nuestro último acto de libertad debe ser elegir una actitud que nos permita vivir «plenamente [y] con urgencia, con la muerte en mente» a medida que nuestra especie abandona el escenario.

La trayectoria de McPherson, de científico del clima a especialista diplomado en la recuperación de la aflicción, puede que sea más explícita que la de otros, pero muchos intelectuales, sobre todo aquellos cuyo trabajo se centra en el cambio climático, han comenzado a inclinarse –cuando no a abrazar completamente– hacia el papel de guía terapéutico. El libro de Morton *Ecología oscura,* por ejemplo, lleva al lector a un viaje tipo *Libro tibetano de los muertos* a través de las muchas capas de complejos sentimientos que la «ecología oscura» puede producir: «Por lo general, no pasamos de la primera oscuridad, y eso si nos molestamos en ello. En este libro vamos a intentar llegar a la tercera oscuridad, la dulce, a través de la segunda oscuridad, la extraña. No tenga miedo.» Berardi también ha sido bastante explícito sobre este giro, argumentando que «en el futuro la política y la terapia serán la misma actividad. La gente se sentirá desesperada y deprimida y se dejará llevar por el pánico porque no podrá afrontar la economía del poscrecimiento, y porque extrañarán la identidad moderna en disolución. Nuestra misión cultural será atender a esas personas y encargarnos de su locura, y mostrarles cómo adaptarse, de una manera dichosa y posible. Nuestra misión consistirá en crear zonas sociales de resistencia humana, concebidas como zonas de contagio terapéutico.»

Como ya he dejado claro, soy escéptica ante la idea de

convertir cada vez más ámbitos de la vida (la enseñanza, el activismo, el arte) en cuidados y terapia; como siempre, sospecho que hay más entusiasmo en los hombres que adoptan esta causa, en la medida en que al hacerlo no suscriben esa expectativa de cuidados o curación que aún persigue a las mujeres en todos los ámbitos. Muchos hombres parecen bastante cómodos en el papel de gurú, tal vez porque los coloca en la posición de fingir que saben: presentarse como una fuente autorizada para el diagnóstico y el tratamiento puede ser una demostración de habilidad, así como, o en lugar de, una prestación de ayuda. Al mismo tiempo, me parece muy bien que, cuando se trata del calentamiento global –además de otras crisis graves a las que nos enfrentamos, que ya van acumulándose–, nadie soporte la carga solo; las dislocaciones resultantes sin duda trastocarán nuestros roles y relaciones (la experiencia de dar clase durante la pandemia del COVID-19 lo ha dejado muy claro).

Superar la primera oscuridad de la conciencia ecológica es muy fácil de decir, pero no tanto de hacer. Me da vergüenza admitirlo, quizá porque todavía no lo entiendo del todo, pero los meses que pasé investigando y escribiendo este capítulo estuvieron acompañados de ataques de nervios somáticos diagnosticados repetidamente –para mi tremenda irritación– como «relacionados con la ansiedad». Fue como si, después de pasarme el día leyendo sobre la extinción en masa, el racismo ambiental y los océanos moribundos, mi atención y mi ansiedad se volcaran de manera inconsciente hacia un objeto más local –mi cuerpo– y provocaran espasmos oculares, dolor en el pecho, picores en la piel, vejiga hiperactiva, dolor de mandíbula, trastornos gastrointestinales, mareos, etc. Cuando no estaba obsesionada con mi propio cuerpo, me preocupaba la salud y seguridad de mi hijo. Me ponía a llorar sin motivo. Me sentía, como mucha gente después de conocer esos hechos en profundidad, como una Cassandra enloquecida, sin poderme creer que nadie –incluida mi propia familia, o yo– pudiera pasar ni una mínima parte del día recalentando el café, viendo el Abierto de Estados Unidos por televisión, quejándose de la acumulación de emails sin contestar o dando la tabarra a los compañeros de trabajo. Ver a nuestros así llamados líderes no solo impedir y retrasar cualquier medida, sino conspirar malévolamente para empeorar las cosas, era –y sigue siendo– como estar atrapada en una telaraña de demencia ruinosa, un auténtico mundo al revés, donde todo, desde cientos de miles de muertes por COVID hasta la violencia policial, pasando por el desempleo masivo, el envenenamiento del aire y el agua envenenada, nos llega reflejado como algo «fabuloso» y «hermoso».

Si esto era convivir con el problema, no puedo decir que me gustara. De hecho, parecía algo bastante solitario. Porque aunque muchos de nosotros pensamos constantemente en el clima y tenemos nuestras opiniones, la verdad es que nadie quiere hablar del tema, y muy a menudo yo tampoco. Gritarles a los demás que participen en el debate puede terminar reforzando la propia alienación («El círculo polar ártico alcanzó 38 ºC el sábado, la temperatura más alta de la historia. La máxima media de junio es de 20 ºC. En medio siglo, la temperatura media ha subido 3,1º. ¿Es que nadie se entera?», ha tuiteado hoy un periodista, claramente en plena desesperación).

En retrospectiva, mi fijación por mi cuerpo no fue solo un desplazamiento patológico. Lidiar con nuestras circunstancias colectivas como especie amplifica el dilema en el que se halla cada uno de nosotros como ser mortal, algo que puede llegar a superarnos incluso en un buen día. Lo que tememos que le ocurra a nuestro planeta o a nuestra especie es lo que ya sabemos que nos ocurrirá a nosotros y a todos aquellos a quienes amamos. Es duro.

Ninguno de estos sentimientos ha desaparecido exactamente, pero veo un poco más claro cómo eran, o cómo son: intentos fallidos de pasar la primera oscuridad sin la ayuda de las habilidades o la solidaridad que nos pueden impedir hundirnos en el torbellino del sufrimiento individualizado. La buena noticia es que esas habilidades, esa solidaridad, existen. A veces solo hay que sufrir lo bastante –en tiempo o intensidad– para verse obligado a buscarlo, o reconocer su existencia.

De polizón en tren

Muchos de quienes escriben sobre el clima han argumentado que los artistas desempeñan un papel fundamental a la hora de imaginar futuros posibles, ya sean distópicos o utópicos. Arguyen que no podemos construir un mundo desestructurado por la energía del carbono o el crecimiento sin fin a no ser que lo hayamos imaginado primero; o a la inversa, necesitamos imágenes de los futuros que más queremos evitar para asustarnos. El novelista Amitav Ghosh presenta este mismo argumento en *The Great Derangement*, donde pide «un arte y una literatura transformados y renovados» que se relacionen más directamente con el cambio climático, una llamada de la que se han hecho eco desde Stengers («Tenemos que aprender a contar otros relatos, ni apocalípticos ni mesiánicos [...]. Relatos que, junto con Haraway, yo llamaría de ciencia ficción») hasta el Proyecto Montaña Oscura, que incluye a Paul Kingsnorth, novelista británico y «ecologista en recuperación» («Creemos que el arte debe mirar más allá del límite, enfrentarse al mundo que se avecina con mirada firme y afrontar el desafío del ecocidio con un desafío propio: dar respuesta artística al desmoronamiento de los imperios de la mente»), pasando por Scranton («debemos construir [...] arcas culturales, para transportar la sabi-

290

duría en peligro. [...] El destino de las humanidades, al enfrentarnos al fin de la civilización moderna, es el destino de la propia humanidad»).

Por mucho que entienda estas llamadas a inventar o salvaguardar relatos que nos ayuden a reflexionar y comprender nuestras circunstancias con compasión, imaginación, humor, solidaridad y dignidad, creo que también vale la pena «salirse del guión», como ha aconsejado Chödrön: de todos los guiones, incluidos los «progresistas», que depositan sus esperanzas en que el arca de la historia avanza hacia la justicia. Porque en algún momento de nuestra vida, si vivimos lo bastante, empezamos a sentir de una manera visceral lo que siempre hemos sabido intelectualmente: que nuestra esperanza de vida no nos permitirá asimilar todo el relato. De hecho, puede que no haya ningún relato completo. Tal vez no haya ni siquiera relato. Puede que nuestro cerebro esté programado para producir relatos como un medio para organizar el tiempo y el espacio, pero eso no significa que el relato sea el único método que tenemos para experimentar nuestra vida.

Es difícil abandonar el libreto −por no hablar de nuestra fe inquebrantable en un tiempo lineal− cuando cada día ves cómo se te vuelve el pelo blanco y eres testigo de la asombrosa disolución de los casquetes polares. Es difícil cuando tu hijo te pregunta a quemarropa cómo hemos llegado a este desastre, y cómo −o si− vamos a salir de esta. «Dime cómo termina», le pregunta repetidamente la hija de la escritora Valeria Luiselli a su madre a lo largo del libro que escribió sobre los niños que buscan asilo en la frontera entre Estados Unidos y México. «A veces invento un final, uno feliz», escribe Luiselli. «Pero casi siempre solo digo: todavía no sé cómo termina.»

En lugar de recurrir al relato, a menudo me encuentro volviendo a determinado cuadro que se evoca en las primeras páginas del libro de Harney y Moten *Los abajocomunes*. (Los cuadros tienen que ver con el relato, pero, en la medida en que están encuadrados en su tiempo, ofrecen una especie de pausa o suspensión.) Los autores explican el título de su libro invocando una clásica escena de película del Oeste americano, donde –como ha observado el politólogo Michael Parenti– el asentamiento colonial se describe invariablemente como rodeado de fuerzas hostiles y agresivas («los nativos»). Esta inversión es clave para la reformulación por parte del colono de su propio colonialismo invasor y asesino como acto de autodefensa. Pero a Moten y a Harney no les interesa simplemente reparar las inversiones. «El fuerte estaba realmente rodeado», escriben, «sitiado por lo que todavía lo rodea, las tierras comunales que hay más allá y debajo –muy anteriores– del recinto.» Su misión –y la nuestra, si su «nosotros» es de hecho «nosotros» (y creo que puede serlo, aunque no sin algunos problemas; esa es la profunda generosidad y, para algunos, la controversia de su obra)– es «la autodefensa del entorno frente a la desposesión repetida y selectiva por obra de la incursión armada de los colonos». En una entrevista al final de *Los abajocomunes,* Moten y Harney describen la idea de ese espacio que queda «debajo» de los bienes comunales, habitado por los desposeídos, también conocido como *el entorno,* como «el primer tren de mercancía al que saltamos». Después de eso, dice Moten, «comenzamos a ir de polizones».

«Ir de polizón en tren»: la práctica de los vagabundos de viajar entre dos vagones de un tren de mercancías en movimiento para que no los capturaran los empleados del tren o la policía. Es una expresión que aparece a menudo en el blues, ese laboratorio fundacional que permite que cualquier sentimiento se vincule a cualquier objeto, transmutando el dolor en sustento y creando zonas de resistencia social y contagio terapéutico. Véase, por ejemplo, esta letra de Robert

Johnson: «Me voy esta mañana, tengo que ir de polizón. / Nena, me han maltratado, nena, y no me importa morir.»

Ir de polizón en tren significa que estás fuera del radar de las autoridades. También significa que no puedes ver hacia dónde te diriges. Tal vez estás en un tren fuera de control que se dirige hacia un muro de hormigón. Quizá te diriges a un futuro que es simplemente imposible imaginar desde el presente. Tal vez la vida sea mejor en la siguiente parada; tal vez no. «Visto desde el futuro, ¿podría ser que los humanos no fueran más que los polinizadores de una civilización de máquinas aún por llegar?», se preguntan Robin Mackay y Armen Avanessian en su introducción a *Accelerate: The Accelerationist Reader*. ¡Menuda idea! No viviré lo suficiente para descubrirlo, y vosotros tampoco.

Una de las ventajas de ir de polizón, o de salirse del guión, es que los demás sentidos del tiempo pueden volverse más palpables, incluida la sensación de tiempo *plegado* o *intergeneracional,* lo que las estudiosas feministas Astrida Neimanis y Rachel Loewen Walker han llamado «tiempo denso»: «una extensión transcorpórea entre el presente, el futuro y el pasado». El «tiempo denso» no es un tiempo reproductivo ni un tiempo queer *per se,* aunque admito que lo percibo así muy a menudo, cuando miro a mi hijo y contemplo todos los seres y edades que ha atravesado plegados uno encima del otro. (Mi madre me dijo una vez que, cuando iba a buscarme a la plaza de nuestro pueblo, a veces se quedaba momentáneamente confusa al pensar qué tipo de cuerpo estaba buscando: ¿un cuerpo de niña pequeña? ¿Un cuerpo adolescente? ¿Un cuerpo de preadolescente? Cuando me lo contó pensé que se le había ido un poco la pinza, pero ahora me doy cuenta de que solo estaba aludiendo a esa clase de tiempo denso que experimento constantemente estos días, cuando mi hijo me explica por qué un perrito caliente no se puede congelar o en qué se diferencia un reino de un mundo en Minecraft, y me distraigo observando que sus ojos son exactamente iguales a cuando era un bebé y mamaba, en todo ese tiempo desordenado pasado en la mecedora del jardín. Mi conjetura –mi esperanza– es que, a medida que envejezco, el tiempo se hará más denso.)

Todos los tipos de cuidado –excepto tal vez el del hospicio, aunque este también, a su manera– guardan una relación tácita y abierta con el futuro: alimentas a alguien para que no crezca desnutrido; tratas una herida para que no se infecte; riegas semillas con la esperanza de que crezcan. No es que en los cuidados no haya presente, ni que ese cuidado en el presente quede invalidado cuando el resultado deseado no fructifica. Es más bien que, en los cuidados, el tiempo se pliega: uno atiende los efectos de acciones pasadas, intentando mitigar el sufrimiento presente y hacer lo que pueda para reducir u obviar el sufrimiento futuro, todo a la vez. En lugar de preocuparnos de cuánto valor asignar al futuro, u oponer la libertad del momento a un futuro preocupado por las obligaciones, o dedicarnos al trabajo de hospicio planetario, podríamos reconocer que «vivir plenamente el presente» siempre implica tomar decisiones sobre disminuir o aumentar el sufrimiento futuro. Siempre conlleva *abundancia temporal,* expresión extraída del hermoso y doloroso ensayo *Time Lived, Without Its Flow,* de la poeta-filósofa Denise Riley, en el que Riley relata la inesperada muerte de su hijo adulto. Al final de su libro, Riley describe esta abundancia temporal maternal como una «abundancia elaborada, dinámica, silenciosa y temporal, aun cuando esto también es abundancia en la pérdida». *Una abundancia, incluso en la pérdida:* esto me suena bien, aun cuando nos desgarre.

En un intento de jugar con nuestro sentido del tiempo, tal vez con la esperanza de que seamos conscientes de la sensación de tiempo plegado, denso o intergeneracional, Morton a menudo se dirige a su lector como si fuera un viajero en el tiempo: «Ahí estabas, metiendo carbón en tu máquina de vapor, ese gran invento patentado en 1784 que Marx saluda como el impulsor del capitalismo industrial. La misma máquina que Paul Crutzen y Eugene Stoermer saludan como la instigadora del *Antropoceno*», escribe. «Ahí estás, girando la llave de ignición de tu coche. Y te vas dando cuenta poco a poco. Eres miembro de algo desperdigado por todas partes. A esto se le llama *especie*. [...] Mi llave de ignición es estadísticamente insignificante. [...] Pero sube un nivel y sucede algo muy extraño. Cuando amplío estas acciones e incluyo miles de millones de llaves de ignición y miles de millones de palas de carbón, lo que está ocurriendo exactamente es que estamos perjudicando al planeta. Como miembro de esta especie soy responsable del Antropoceno.»

Bueno, pues aquí estamos de nuevo, echando carbón en el ténder, o, en el caso de mi hijo, imitando el movimiento entre las ruinas. Le encantan los trenes y ya no le importan los trenes, un viento artificial le alborota su pelo de bebé, y el viento real le da en su cara de niño ya mayor mientras cruza a toda velocidad el aparcamiento vacío por la pandemia. Yo estoy a su lado, descubriendo, por millonésima vez, la verdad de la alegría, y cómo palpita con su impermanencia, responsabilidad y dolor. Casi con toda seguridad, ya casi se ha cortado el cordón umbilical. Pero si puedo imaginarme educándolo, y educándome a mí misma, para trabajar por nuestro entorno –las tierras comunales que hay debajo y más allá, lo que es *ya y futuro a la vez*–, si podemos amar toda la miseria y la libertad de vivir, y, en la medida de nuestras posibilidades, no nos importa morir, entonces mi corazón se siente menos destrozado, más envalentonado. Como si así tuviera que ser. Morton dice que quiere «despertarnos del sueño de que el mundo está a punto de acabarse, porque la acción en la Tierra (la Tierra real) depende de ello». Durante mucho tiempo no supe a qué se refería. Ahora sí.

EPÍLOGO

Toda escritura, incluso la que intenta abordar el «ahora», termina abordando el «no ahora», aunque solo sea porque el momento de la composición no se corresponde con el de la publicación o difusión. Esto es en parte el poder de la escritura. También le ocasiona al escritor ciertas ansiedades temporales. Entre las mías, la principal es el miedo a morir antes de terminar un proyecto; hablando con los demás he comprendido que este miedo no es del todo infrecuente. Los libros anhelan tanto la complicación como la resolución, con lo que escribir es como echar una carrera al tiempo que sigues una ruta cada vez más tortuosa, en la que llegar parece algo inverosímil. Otra ansiedad común implica fantasear —y me refiero sobre todo con una imaginación catastrofista— con los posibles futuros que podrían recibir tu obra en el mundo. Por lo general, esto adquiere la forma de ansiedad sublunar por la recepción, pero en otras ocasiones —como es nuestro momento actual, en que se proyecta una sombra sobre la idea del propio futuro humano— las ansiedades se acrecientan y alcanzan un territorio más vertiginoso.

Comenzar este libro al inicio de la era Trump y terminarlo durante una asoladora pandemia de la que, mientras escribo, aún no se le ve final, me ha permitido preguntarme largo y tendido a qué clase de mundo podría ir a parar (y, debido al cambio climático, qué tipo de mundo vendrá después). Aun cuando una ponga poco o ningún empeño en «perpetuar su nombre o sus ideas», o en la fantasía de que escribe como consuelo o baluarte contra el dolor de la muerte individual o colectiva, sigue habiendo un problema, un problema que Denise Riley descubrió cuando estuvo dos años sin poder escribir después de la muerte de su hijo: «Al parecer, no puedes sentir el más mínimo interés por la actividad de escribir a menos que poseas alguna sensación de futuro. El acto de describir implicaría cierta idea del paso del tiempo. Narrar implicaría al menos un atisbo de "y luego" y "después de eso".»

A pesar de mi prolongada resistencia beckettiana a la narrativa, o de mi atracción por la idea de Beckett de que cada palabra que escribimos es «una mancha innecesaria en el silencio y la nada», la observación de Riley todavía me toca la fibra sensible. Después de todo, la convicción de «"y luego" y "después de eso"» forma parte de dónde estamos ahora –un «epílogo»–, una designación que significa proponer una idea de recapitulación y orientación temporal, pero en realidad no significa más que más palabras después de otras palabras, todo parte de un flujo de pensamientos que permanece inacabado y no se detiene.

En su ensayo de 1844 «Experiencia», Emerson espacializó este dilema: «Nos despertamos y nos encontrarnos en una escalera; hay escaleras debajo de nosotros, que parecen haber ascendido; hay escaleras encima de nosotros, muchas, que van hacia arriba y desaparecen.» A lo mejor ese estado intermedio es crónico en nosotros, pero sin duda lo he notado –tal como se me había prometido– de manera más viva en la mediana edad, que es la que habito en la actualidad, y la que habitaba Emerson cuando escribió «Experiencia». (También acababa de perder a su hijo de cinco años, Wallie.)

La sensación de estar atrapados en una escalera –en el tiempo, en la mediana edad, en nuestros cuerpos, en el dolor, en la historia, en el duelo–, capaces de ver el significado y la importancia de nuestras vidas y nuestra época tan solo a través de un cristal un tanto turbio, resulta bastante familiar. Ciertamente ha tenido algunos defensores. Pero no es la única interpretación de nuestra situación, ni el único tiempo en el que nos movemos. Como nos ha recordado la filósofa italiana Rosi Braidotti (entre otros),[1] también está el futuro anterior, un tiempo verbal notable porque evoca un futuro anterior al futuro, una pequeña burbuja en el tiempo –un pliegue, o una trampilla– desde la cual tiene sentido decir, como hace Braidotti: «Usted habrá cambiado», «habrán luchado por la justicia» o «habremos sido libres». Braidotti denomina a tales afirmaciones «recuerdo nómada».

Recuerdo nómada. ¿Qué podría significar? ¿De qué lugar, tiempo o hablante proceden tales afirmaciones? ¿Qué tipo de abundancia temporal nos permite recordar lo que aún no ha ocurrido? ¿Me conmueve *Habremos sido libres* porque ofrece un premio de consolación, un tipo de moral del esclavo, o porque siento en ella una verdad ineludible? ¿Emana de un hablante que alberga la esperanza –de hecho, lo sabe– de que esas afirmaciones pronunciadas en el presente sean capaces de moldear el pasado y el futuro? ¿Es una seguridad que surge de quién-sabe-dónde (¿la otra vida?), similar al estribillo fugitivo de Moten y Harney: «Si te preguntan, diles que volamos»? ¿Éramos nosotros? ¿Lo somos ahora?

Unos años antes de «Experiencia», Emerson escribió, en «El erudito americano»: «Este momento, como todos, es muy bueno, si sabemos qué hacer con él.» Esta propuesta inspiradora y a veces irritante me ha proporcionado no poca provocación y sostén desde que la leí por primera vez hace más de dos décadas, cuando fue tema de discusión durante mi examen oral de posgrado. Mi examen tuvo lugar unas semanas después del 11 de septiembre, una época en la que nuestro edificio, situado delante del Empire State Building, fue repetidamente evacuado por amenazas de ántrax y de bomba.

Se hace difícil evocar ahora lo terrible que fue esa época, sobre todo cuando los malos presentimientos pronto quedaron subsumidos en otros malos presentimientos acerca de las guerras de Afganistán e Irak (y ahora que la ciudad de Nueva York ha padecido una nueva ola de sufrimiento colectivo y muerte, de COVID-19). Pero recuerdo que fue un momento espantoso. *¿Puede ser muy bueno esta vez?*, nos preguntábamos en voz alta mi comité y yo en nuestra sala de seminarios de moqueta gris, y cada uno de nosotros observaba pequeños montículos de tiza en polvo, preocupados por que pudiera ser ántrax. ¿Qué significaría *«si sabemos qué hacer con él»*?

Después de mi examen, debatimos la manera más segura de volver a casa. Algunos profesores dijeron que no se habían acercado al metro, pues mucha gente había quedado enterrada viva en los túneles; otros, obsesionados con las imágenes de personas cubiertas de cenizas y sangre a las que se veía perseguidas por la calle por un meteoro de escombros, insistieron en que el tren era más seguro. Yo me contaba entre el primer grupo, así que después del examen inicié el largo recorrido a pie de regreso a Brooklyn. «No importa lo que esté pasando en el mundo, deberías señalar la ocasión comprándote algo bonito, como una pluma estilográfica», aconsejó un profesor, una sugerencia que pareció tan ridícula como amable (desde entonces he dispensado un consejo similar).

Aquel día sentí que se me revolvía el estómago, igual que meses después del 11 de septiembre. Nunca había experimentado la sensación (y espero no volver a experimentarla) de estar físicamente cerca de miles de personas asesinadas recientemente. Su olor. Mientras emprendía el largo camino a casa, le di vueltas al axioma de Emerson una y otra vez. Su superficial despreocupación o frialdad me recordó ciertas enseñanzas budistas, como la que dice que «este momento es el maestro perfecto», una enseñanza que realmente puede cabrear a la gente (*¿este cáncer?, ¿este accidente de coche?, ¿verme separada de mi hijo?, ¿este tiroteo de la policía?, ¿esta guerra injusta?, ¿esta sexta extinción?, ¿esta pandemia?*). El hecho de que ciertas experiencias sean inseparables de estas proposiciones resulta, sin embargo, parte integral de su desafío, como lo es el hecho de que algo pueda ser un maestro perfecto y al mismo tiempo tener como resultado nuestra muerte (una definición, ay, de la vida misma).

Debemos pensar que debemos pensar. Mientras pensamos, podríamos recordar que es importante no solo con quién y qué decidimos pensar; también importa con qué espíritu elegimos pensar. Tal como lo expresa el equipo feminista de geógrafas económicas J. K. Gibson-Graham: «El espíritu de nuestro pensamiento es una decisión ética, como lo es la elección de técnicas y prácticas de pensamiento.» Sin duda, esta decisión ética se complica por el hecho de que, como también dice Gibson-Graham: «Todo pensamiento está condicionado por el sentimiento.» Si nuestros sentimientos moldean nuestro pensamiento y no elegimos exactamente nuestros sentimientos, ¿cómo diantres podemos elegir el espíritu de nuestro pensamiento?

Hay mil formas en las que el espíritu de mi pensamiento se siente determinado, a veces sobredeterminado, por mi demografía, mi momento histórico, mi naturaleza, mi educación, los medios tecnológicos con los que lo produzco y lo distribuyo, la gente con la que me relaciono y los previsibles caminos de mi mente. Estas inclinaciones nunca están del todo bajo nuestro control (ay de la que crea lo contrario). Sin embargo, el hecho de que gran parte de lo que pensamos y sentimos sea espontáneo, habitual y vaya ligado a fuerzas más poderosas que nosotros, ya sean nuestras tradiciones, nuestra época o nuestro temperamento, no nos ha de llevar a pensar que es algo predeterminado. Ser conscientes de las opciones que tenemos en tales asuntos es una práctica de libertad, y una práctica que merece nuestro tiempo.

Pensar en voz alta con los demás, como he intentado hacer aquí, es una de esas prácticas. Se trata de un proceso continuo e incluso dialéctico, en el sentido de que implica permitir que uno mismo sea interpenetrado y transformado al tiempo que conserva la capacidad para discriminar y reivindicar. No hace falta estar de acuerdo. Exige que no nos abandonemos unos a otros. Usar el lenguaje discursivo al servicio de tal objetivo es complicado, en la medida en que, al tratarse de monólogos de lenguaje discursivo, simula conocimiento. Pero pensar en voz alta es algo distinto del mero argumento, la intimidación o la persuasión. Implica analizar el poder que ciertas ideas tienen sobre nosotros como individuos, una cultura, una subcultura o incluso una especie, y permitir que se ventilen, se adapten y se liberen, para que no quedemos involuntariamente encadenados a ellas (como puede suceder con la propia «libertad»).[2]

En cuanto a la gran noche final de la liberación, tampoco tengo grandes esperanzas. De hecho, mi paciente labor en los ámbitos del arte, el sexo, las drogas y el clima (podría haber habido más, pero la limitación engendra placer) ha fortalecido mi respeto por las complejas y continuas prácticas de libertad, cuidados y restricción, así como por los desafíos de «convivir con el problema». Al mismo tiempo, mientras concluyo este proyecto, puedo escuchar fuera, literalmente, el sonido de las revueltas que han ido llenando las calles durante todo el verano, y su insubordinada cordialidad me ha inundado de esperanza y gratitud a lo largo de lo que de otra manera habría sido una época desgarradora y aterradora. La aparición de una asamblea pública y cacofónica al servicio de la libertad y los cuidados por igual, en medio de un período de aislamiento tan intenso (es decir, la vida bajo la orden de «quedarse en casa», en el que nuestra capacidad de tocarnos ha quedado radicalmente restringida), ha servido para recordarnos el poder incontenible del espíritu liberador, y también la abundancia temporal de ese espíritu: cómo se vincula con luchas anteriores, cambia de forma para adecuarse al presente y tiene la capacidad de transformar el futuro.

Mientras los comentaristas se mantienen ocupados pronosticando lo cerca que estamos de caer por un acantilado u otro, o calculan las probabilidades de si este momento servirá (o, mejor dicho, si conseguiremos que sirva) de portal a los cambios que tanto queremos y necesitamos –si, de hecho, es un buen momento que sabremos aprovechar–, el valor de abandonar esta reñida carrera entre la esperanza y el miedo nunca me ha parecido tan evidente.³ Porque aunque este momento no ofrezca todo lo que queremos –¿y qué momento lo ha ofrecido?– o aunque las cosas empeoren radicalmente a partir de aquí, no es como si el portal vaya a cerrarse y volvamos a confinarnos dentro de Matrix, esperando lúgubremente un *deus ex machina* que nos brinde otra oportunidad. Tendremos que seguir adelante –*habremos seguido adelante*– con nuestro amor, estudio y lucha, la trinidad venerada por Robin D. G. Kelley, en la que cada elemento es inseparable de los demás, y cada uno está dispuesto a mantenernos a flote si los demás flaquean.

En cuanto a obtener la libertad «en dos, tres segundos» y desprendernos de «todo el dolor y el arrepentimiento por el pasado [...] toda la incertidumbre y el miedo por el futuro», no puedo decir que eso me haya sucedido todavía. De hecho, una de las sorpresas de este libro fue que centrarme en la libertad me llevó a enfrentarme sin tregua con la ansiedad, uno de los adversarios más formidables de la libertad. Quizá tampoco debería haberme sorprendido: una de las lec-

303

ciones de la interdependencia es que no se puede llegar a conocer una cosa sin conocer a sus hermanos o su entorno. No iba a ser la primera pensadora (o humana) en descubrir el inquietante parentesco –aunque potencialmente fértil– entre la libertad y la ansiedad, aunque tuviera que aprenderlo de nuevo por mí misma.[4] Pero puedo decir que, a través de repetidas digresiones, a menudo dolorosas, he aprendido qué hábitos mentales conducen a aumentar el pánico, nos encogen más el corazón (el temor a escenarios o sorpresas desagradables; el deseo feroz de protegerse del dolor, la enfermedad o la muerte; los intentos de controlar lo que mengua nuestra capacidad para conseguirlo), y cuáles conducen a la inmensidad, al espacio vacío, el cielo azul, o como quieras llamarlo, el silencio y la nada al final de la escritura y de todo lo demás. No sabía lo que sentiría al abrirme a esa vastedad, y tampoco lo sé ahora. A veces estoy segura de que no lo sabré hasta que muera. Pero no busco una pulsión de libertad que sea sobre todo una pulsión de muerte; todo eso llega bastante pronto. Hasta entonces, quiero involucrarme del todo: todo corazón, sin evadirme.

AGRADECIMIENTOS

Las siguientes personas me ayudaron a sentir, pensar o escribir este libro: Hilton Als, Matthew Barney, Brian Blanchfield, Ian Bonaparte, Carrie Brownstein, Tisa Bryant, Judith Butler, Andrew Culp, Lenny Dodge-Kahn, Mark Epstein, Bill Forsythe, Miguel Gutierrez, Conner Habib, Claire Haiman, Bill Handley, Laura Harris, Saidiya Hartman y Cathy Park Hong, Miranda July, Wayne Koestenbaum, Dawn Lundy Martin, Mike Mills, Fred Moten, Eileen Myles, Janet Sarbanes, Milagros Saxon, Lee Anne Schmitt, A. L. Steiner y los valientes interlocutores de mis seminarios de Literatura de la Adicción, Esperanza y Miedo, y Teoría y Crítica. Carolee Schneemann me infundió inspiración antes de su fallecimiento, al igual que David Graeber, a quien nunca conocí, pero cuya obra y espíritu me alentó en todo momento. Larga vida a su fe inusual en el placer, la conversación y el futuro.

Quiero manifestar mi especial gratitud a Eula Biss, Michael Clune, Christina Crosby, Jack Halberstam, Josh Kun, Anthony McCann, Ed Morris y Danzy Senna por los importantísimos comentarios en momentos críticos, y a Ben Lerner, por su inimitable inteligencia y amistad a cada paso del camino. Gracias también a la Fundación MacArthur, por sus generosas donaciones de dinero y de tiempo; a David St.

John, por crear las condiciones para un buen trabajo, en todos los sentidos de la expresión; a Michal Shavit y Jared Bland, por todos sus contribuciones y apoyo; a Frances Lazare, por su indispensable asistencia editorial en la hora final; y a Michael Taeckens, por su aportación a que este libro encontrara su camino en un mundo conmocionado.

Por último, muchas gracias a Ethan Nosowsky, así como a Fiona McCrae, Anni Liu, Katie Dublinski, Marisa Atkinson y todas las demás buenas personas de Graywolf, por respaldar este proyecto hasta el final, mejorándolo, y creando un hogar tan hospitalario para el pensamiento; a PJ Mark, por dieciséis años de asesoramiento impecable y apoyo incansable; y a Harry Dodge, por todo el cariño y toda la filosofía en la cocina.

NOTAS

1. Muchos han relacionado el amor y la libertad en lugar de oponerlos: véase «Love as the Practice to Freedom» de bell hooks, en el que hooks afirma que «en el momento en que optamos por amar comenzamos a avanzar hacia la libertad»; la vinculación que hace Foucault de «prácticas de la libertad» con el «cuidado de uno mismo»; el foco que el filósofo y educador brasileño Paulo Freire pone en «el acto de amor» como compromiso con «la causa de la liberación».

2. A. L. Steiner, correspondencia personal, 6 de agosto de 2016.

3. Véase Manolo Callahan, «[COVID-19] (Insubordinate) Conviviality in the COVID-19 Cojuncture». Gracias a Fred Moten por llamar mi atención sobre ese artículo.

4. Véanse los comentarios de Ammon Bundy de marzo de 2020 sobre el coronavirus: «[Este virus] está siendo explotado en todos los sentidos por personas dentro y fuera del gobierno que quieren quedarse con lo que no les pertenece. ¡Rezo para que seamos bastantes los que despertemos, nos levantemos y pongamos la libertad por encima de la seguridad en todos los casos!» Véase también el comentario del historiador Jelani Cobb en su cuenta de Twitter en abril de 2020: «Los manifestantes por la reapertura siguen diciendo "Vive libre o muere". Alguien debería decirles que las dos cosas no son mutuamente excluyentes.»

5. Este método se hace eco del de Eric Foner, tal como lo describe en la introducción a *La historia de la libertad en EE. UU.*: «En lugar de ver la libertad como una categoría fija o un concepto predeterminado, lo veo como un "concepto esencialmente disputado", que por su propia naturaleza es objeto de desacuerdo. El uso de dicho concepto presupone automáticamente un diálogo continuo con otros significados en competencia.»

6. Véase *The Psychic Life of Power* de Butler, pp. 17-18; véase también la discusión de Moten sobre este punto en *Black and Blur*, p. 29.

7. Véase *Estados del agravio* (1995), de Wendy Brown, en el que Brown explica cómo los programas políticos progresistas que exigen que el Estado «refuerce los derechos e incremente los privilegios de las personas socialmente vulnerables o desfavorecidas: personas de color, homosexuales, mujeres, especies animales en peligro de extinción, humedales amenazados, bosques milenarios, los enfermos y los desamparados» puede que estén más moldeados por el *resentimiento* nietzscheano (es decir, «la venganza moralizante de los impotentes» contra los poderosos) que por «el sueño de la democracia: que los humanos podrían gobernarse a sí mismos gobernando juntos». Véase también *La libertad es una batalla constante,* de Angela Davis, donde Davis nos recuerda de manera útil: «Aparece un movimiento de libertad, y luego se le intenta reducir para que encaje en un marco más pequeño, el marco de los derechos civiles. No es que los derechos civiles no sean tremendamente importantes, pero la libertad es más amplia que los derechos civiles.»

8. Para obtener más información sobre la libertad en el trumpismo, véase el ensayo de Lauren Berlant «Trump, or Political Emotions», publicado justo antes de que Trump fuera elegido en 2016: «Trump es libre. Puedes verlo obrando de manera calculadora, pero no parecen importarle las consecuencias de lo que dice, y escuchas a sus seguidores disfrutando de la misma sensación de libertad. Véanse las brillantes entrevistas en *Full Frontal* de Samantha Bee, donde los asistentes a la Convención Nacional Republicana repiten una y otra vez: estamos a favor de Trump porque no es políticamente correcto, la corrección política ha dañado a

los Estados Unidos, y piensas: *la gente se siente tan poco libre*. [...]
Quieren un poco de justicia, pero principalmente buscan liberarse
de la vergüenza. Después de todo, los derechos civiles y el feminismo no tienen que ver solo con la ley, sino con los modales, y también las emociones: esos "grupos de interés" aparecen y rechazan
lo que parecen las reacciones espontáneas y arraigadas de la gente.
Se avergüenza a la gente o pierde su empleo, por ejemplo, cuando
solo se burlan un poco para divertirse. Lo antipolíticamente correcto significa "no tengo libertad".» Para un análisis más detalla-
do de la libertad como licencia y su relación con la dominación,
véase la aportación de Wendy Brown a Brown, Gordon y Pensky,
Authoritarianism: Three Inquiries in Critical Theory.
   9. Algunos otros ejemplos de este enfoque, procedentes de esferas distintas:
   • En el frente de la política electoral convencional, el lin-
güista George Lakoff ha escrito sobre la necesidad de que los
demócratas «formulen y nombren» la versión de la libertad
que representan, es decir, esa libertad que sugiere que sin recursos públicos como «carreteras, puentes, el sistema de carreteras interestatales, el alcantarillado, el suministro de agua, los
aeropuertos y el control de tráfico aéreo, la Reserva Federal,
una oficina de patentes, educación pública para tus empleados, la salud pública, la red eléctrica, las comunicaciones por
satélite, internet [...], el aire limpio, agua limpia, alimentos y
productos seguros, seguridad pública, acceso a la educación
y a la asistencia sanitaria, la vivienda, el empleo», no podemos
ser verdaderamente libres. «Los republicanos hablan constantemente de libertad», dice Lakoff, «pero los demócratas son la
verdadera fiesta de la libertad y hay que decirlo.» Estoy seguro
de que muchos críticos (izquierdistas) del Partido Demócrata
no estarían de acuerdo con esta valoración, y verían en ella
una versión diluida de la libertad imaginada por Marx (o incluso por los socialdemócratas), pero evolucionada...
   • En el campo de los estudios LGBTQ+, Janet Jakobsen
y Ann Pellegrini han argumentado (en *Love the Sin*) que «al
desplazar el terreno del debate de un enfoque restringido a los
"derechos" a la libertad, esperamos cambiar un movimiento

[el movimiento LGBTQ] que, en su forma actual, en realidad solo va en contra de algo (la discriminación), para que pase a defender algo de manera activa y sin vergüenza (la libertad)».

• La libertad desempeña un papel destacado en el pensamiento anarquista: como escribió Mijaíl Bakunin: «Soy libre solo cuando todos los seres humanos que me rodean, hombres y mujeres, son igualmente libres. La libertad de los demás, lejos de limitar o negar mi libertad, es por el contrario su condición necesaria y su confirmación. Me volví libre en un sentido auténtico solo en virtud de la libertad de los demás, y cuanto mayor sea el número de gente que me rodea y mayor y más profunda y amplia su libertad, más grande y profunda se vuelve mi libertad.» Al aceptar como algo fundacional que la libertad es, en el fondo, un fenómeno social, en la medida en que «la libertad de una persona invade necesariamente la de otra», el anarquismo considera los malabarismos entre el deseo individual y el bien común una tensión positiva, «una parte creativa e inherente a la existencia humana», que hay que afrontar mediante el uso de metodologías como la democracia directa y la toma de decisiones por consenso con el fin de crear «una sociedad libre de individuos libres» (véase el libro de Cindy Milstein *Anarchism and Its Aspirations*).

10. El sociólogo Orlando Patterson explora este vínculo en *Slavery and Social Death,* donde, después de más de mil páginas, llega al «inquietante descubrimiento» de que «un ideal acariciado en Occidente muy por encima de todos los demás [la libertad] surgió como consecuencia necesaria de la degradación de la esclavitud y el esfuerzo por negarla». Esto lleva a Patterson a lo que él denomina «un enigma extraño y desconcertante: ¿debemos valorar la esclavitud por lo que ha producido, o debemos cuestionar nuestra concepción de la libertad y el valor que le damos?». Saidiya Hartman aborda de manera incisiva esta cuestión en *Scenes of Subjection* al ofrecer un relato meticuloso y horroroso de cómo los blancos usaban el discurso de la libertad para volver a esclavizar a los negros recién liberados en el período de la Reconstrucción y, posteriormente, demostrando no solo cómo las formas de servi-

dumbre, la privación de derechos y la subyugación violenta llegan bajo una apariencia de liberación, sino también cómo el sujeto liberal «libre» se construye sobre «los denigrados y despreciados, los castigados y los que acarrean diversas maldiciones corporales», la «sustancia carnosa que permite que lo universal alcance su esplendor etéreo».

11. Véase Lordon, *Capitalismo, deseo y servidumbre*. Véase también la idea de Marx de la «doble libertad» del trabajador: «Para la conversión de su dinero en capital, por lo tanto, el dueño del dinero debe encontrarse en el mercado con el trabajador libre, libre en un doble sentido: el de que como hombre libre puede disponer de su fuerza de trabajo, que es su propia mercancía, y que por otro lado no tiene otra mercancía para vender, le falta todo lo necesario para la realización de su fuerza de trabajo.»

12. Ciertamente, otros pueblos y movimientos han desempeñado un papel en este debate: véase, por ejemplo, *Unequal Freedom* de Evelyn Nakano Glenn, en el que la autora analiza la historia de los mexicanos y anglosajones en el suroeste, y los asiáticos y los haoles de Hawái, junto con la historia de los negros y los blancos en el sur de Estados Unidos. Véase también Foner, *Story of American Freedom*, sobre el conflicto entre la idea de libertad de los nativos americanos, que «se centró en preservar su autonomía cultural y política y retener el control de las tierras» (p. 51) y la noción de colono blanco/Destino Manifiesto de esa libertad, que implicaba aniquilar esa autonomía. Pero, debido a la especial centralidad material, jurídica y filosófica de la esclavitud y su existencia posterior en la historia de los Estados Unidos, el binomio negro/blanco ha estructurado y dominado durante mucho tiempo el discurso de la «libertad».

13. La autora y activista adrienne maree brown aborda este punto en *Activism Pleasure: The Politics of Feeling Good* (2019). Véase también la expansión del trabajo en «Black joy», como en el proyecto de Kleaver Cruz con ese nombre; véase también el libro de la performer y escritora Gabrielle Civil, *Experiments in Joy*.

14. Véase Berlant, «Trump, or Political Emotions». Véase también *Depression* de Ann Cvetkovich.

15. En una asombrosa carta a Baldwin, publicada en el *New*

Yorker en 1962, Arendt vierte un jarro de agua aún más fría sobre el «evangelio del amor» de Baldwin. «En política», escribe Arendt, «el amor es un extraño, y cuando se inmiscuye no se logra nada más que hipocresía. Todas las características que recalca en los negros: su belleza, su capacidad de alegría, su calidez y su humanidad, son características reconocidas de todas las personas oprimidas. Surgen del sufrimiento y son las posesiones de las que están más orgullosos todos los parias. Por desgracia, nunca han sobrevivido ni cinco minutos a la hora de la liberación. El odio y el amor siempre van de la mano, y ambos son destructivos; solo te los puedes permitir en la esfera privada y, como pueblo, siempre y cuando no seas libre.» (Moten también analiza esta carta: véase *Black and Blur*, pp. 84-88.)

Arendt rechaza aquí la afirmación de que los pueblos oprimidos poseen un conocimiento especial, una afirmación que, cuando se filtra a través de un registro teológico, a menudo toma la forma de «sufrimiento redentor». Tal como lo describe el historiador británico Paul Gilroy en *Atlántico negro*, el sufrimiento redentor toma lo que «inicialmente se consideraba una maldición» (como «la maldición de la falta de vivienda o la maldición del exilio forzado») y se lo apropia. Dicha apropiación, señala Gilroy, es «un elemento habitual en la teología de Martin Luther King, Jr., que argumenta que el sufrimiento negro no solo tiene un sentido, sino que ese sentido podría exteriorizarse y amplificarse para que pueda ser beneficioso para el estado moral de todo el mundo». Después de la Segunda Guerra Mundial proliferaron afirmaciones similares sobre la experiencia judía, que fueron precisamente lo que Arendt rechazaba (Arendt consideraba peligroso tratar a cualquier grupo como una brújula moral indiferenciada, de alguna manera menos susceptible a la banalidad del mal o las seducciones del poder).

También se dice que ese conocimiento especial recorre el pensamiento feminista, o al menos la tendencia que considera a las mujeres como más proclives a la relacionalidad, la intimidad y los cuidados que hacia el mito insensible de la libertad individual. Mientras que algunas feministas argumentan que las mujeres necesitan practicar más la individuación y mostrar una preocupación menos compulsiva por los demás a fin de encontrar y habitar una autonomía más funcional para sí mismas, otras han abogado por una revalorización cultural del «trabajo femenino» de criar o cuidar a los otros, argumentando que representa una forma de conocimiento (o, desde una perspectiva económica, un trabajo no remunerado) que cohesiona la sociedad y proporciona los lazos que hacen que la vida valga la pena. Algunas feministas, hay que decirlo, han rechazado por ingenua y esencialista la sugerencia de que las mujeres posean una bondad ética especial capaz de redimir un mundo enfermo (véase, por ejemplo, *Split Decisions,* de la jurista Janet Halley, donde vitupera el feminismo orientado a los cuidados de la psicóloga Carol Gilligan y la jurista Robin West).

16. Moten, correspondencia personal, 9 de octubre de 2016.

17. Véase Marcus y Schwartz, «Does Choice Mean Freedom and Well-Being?». Véase también *Desarrollo y libertad* de Amartya Sen.

18. Por supuesto, uno también puede «sentirse bien» mientras recrea, digamos, la ocupación del colono blanco, tal como lo analiza Anthony McCann en sus escritos sobre la ocupación del Malheur Wildlife Refuge de Oregón por parte de Ammon Bundy y sus seguidores. En un artículo de 2016 titulado «Sovereign Feelings», McCann escribe (de manera especulativa) sobre los ocupantes: «Deben de haberse sentido muy bien ahí. Aun cuando en realidad no supieran gran cosa del lugar, aun cuando estuvieran (y lo estaban) básicamente perdidos, todavía es un lugar increíble y debe haber sido genial estar allí. Dejemos de lado, por el momento, la cuestión de qué es un lugar, o de qué es estar perdido, o estar perdido en un lugar; vamos a ceñirnos a los sentimientos, aun cuando el lugar sea un sentimiento, e incluso perdido es cómo se siente uno a menudo, mientras encuentra su camino hacia los sentimientos. El solo hecho de estar allí debe haber sido estupendo, en ese paisaje, allí donde se encontraban, en un territorio recién liberado, recién inventado, trazado por las líneas de su actividad, de sus sentimientos. Después de todo, no solo estaban allí, sino que eran esa tierra, y esta, esa cosa nueva, estaba contenida en esa enormidad reluciente.»

19. «Cuanto menos seguro estás de ti mismo», ha dicho Mo-

ten, «más posible es sentirse en comunión» (véase «The Black Outdoors», una conversación pública con Hartman). Tales ideas sobre la relación entre la individualidad y la comunión son comunes a múltiples tradiciones espirituales, como el budismo Mahayana, que considera que el yo individualizado es una ilusión que se interpone en nuestra comprensión de la unidad. Los biólogos también se esfuerzan por recordarnos que, en la biosfera, «solo hay una verdad inmutable: ningún ser es puramente individual; nada se contiene solo a sí mismo. Todo está compuesto de células extrañas, simbiontes extraños, pensamientos extraños. Por ello, cada forma de vida parece no tanto un guerrero individual como un pequeño universo que da vueltas de manera extravagante a través de la vida igual que las luciérnagas orbitan a nuestro alrededor en la noche. Estar vivo significa participar en permanente comunidad y reinventarse continuamente como parte de una inconmensurable red de relaciones» (Weber, *Matter and Desire,* p. 36).

1. LIED

1. Véase «The New Politics of Care», de Gregg Gonsalves y Amy Kapczynski. Véase también la edición de verano de 2020 de la *Boston Review,* titulada *The Politics of Care,* con colaboraciones de Robin D. G. Kelley, Gregg Gonsalves y Amy Kapczynski, Walter Johnson, Anne L. Alstott, Melvin Rogers, Amy Hoffman, Sunaura Taylor, Vafa Ghazavi, Adele Lebano, Paul Hockenos, Paul Katz y Leandro Ferreira, Shaun Ossei-Owusu, Colin Gordon, Jason Q. Purnell, Jamala Rogers, Dan Berger, Julie Kohler, Manoj Dias-Abey, Simon Waxman y Farah Griffin. Véase también la obra de la politóloga Deva Woodly, que explica: «Los cuidados, aquí, no son un mero sentimiento. Tampoco indican una postura de deferencia o mimos. En cambio, los cuidados son un valor pragmático, que exige proveer lo que es necesario para la salud, el bienestar, el mantenimiento y la seguridad, prestando mucha atención para hacer las cosas correctamente y evitar daños o riesgos innecesarios. Así pues, la política de los cuidados comienza con la convicción de que las cuestiones de la experiencia vivida y

314

la realidad de nuestras experiencias deben centrarse en nuestra política.» Véase también «Fierce Care» de Manolo Callahan y Annie Paradise.

Para una crítica de una «política de los cuidados», véase *La fuerza de la violencia,* de Judith Butler, donde escribe: «Aunque es importante revalorizar la vulnerabilidad y dar paso a los cuidados, ni la vulnerabilidad ni los cuidados pueden servir de base a una política. [...] Si, por ejemplo, por ética o política de los cuidados nos referimos a que el desarrollo de una actitud humana carente de conflictos puede y debe dar lugar a un marco político para el feminismo, entonces hemos entrado en una realidad bifurcada en la que nuestra agresión desaparece de la escena o se proyecta sobre los demás.»

2. Véase *In the Wake* de Sharpe: «Quiero pensar en los "cuidados" como en un problema para el pensamiento. Quiero pensar en los cuidados conscientes como en un problema para el pensamiento y del y para el no/ser negro en el mundo. Dicho de otra manera, *In the Wake: On Blackness and Being* es una obra que insiste en –y pone en práctica– que el pensamiento necesita cuidados ("todo pensamiento es pensamiento negro") y que el pensamiento y el cuidado deben tomar conciencia.» Sharpe realiza una útil distinción entre esta «labor consciente» y la clase de cuidados paternalistas y controladores que emanan de «los regímenes de vigilancia impuestos por el Estado»: «Desde el eufemismo de los niños separados por la fuerza de sus padres y entregados al "cuidado" estatal, pasando por leyes como la "política más allá de la puerta de entrada" en los Países Bajos –que obliga a la gente, a menudo no blancos, a abrir sus puertas al control estatal y la intrusión–, por los experimentos médicos y la alimentación forzosa a los que están en huelga de hambre, que, por ejemplo, rechazan la comida para protestar por su detención *y también* por las condiciones en las que se realiza esta. Todo esto y más se lleva a cabo bajo la rúbrica de los cuidados. Sin embargo yo quiero encontrar una manera de aferrarme a unos cuidados que sean una forma de sentir y sentir para y con, una forma de atender a los vivos y a los moribundos.»

3. Obviamente, tener esto en cuenta chirría con el credo de «tu arte y tu ética son uno» establecido en, digamos, «The Black

Arts Movement» (1968), de Larry Neal, donde escribe: «El Movimiento del Arte Negro cree que tu ética y tu estética son uno. Que las contradicciones entre ética y estética en la sociedad occidental son sintomáticas de una cultura agonizante.»

4. Para obras sobre la «crisis de la atención», véase *Forced to Care*, de Evelyn Nakano Glenn, «Contradictions of Capital and Care», de Nancy Fraser, y *El pueblo sin atributos*, de Wendy Brown. Para obras feministas sobre una «ética de los cuidados», véase la psicóloga Carol Gilligan *(In a Different Voice)*, la filósofa Nel Noddings *(Caring)*, la politóloga Joan Tronto *(Moral Boundaries)* y la filósofa Sara Ruddick *(Maternal Thinking)*. Respecto a los autocuidados en círculos activistas, véanse las palabras a menudo citadas de Audre Lorde (de *A Burst of Light*, de 1988): «Para mí los cuidados no son autocomplacencia, son autoconservación, y eso es un acto de guerra política», y documentos como el panfleto *Healing in Action* publicado por Black Lives Matter: https://blacklivesmatter. com/wp-content/uploads/2017/10/BLM_HealinginAction-1-1.pdf

5. Molesworth proporciona los siguientes ejemplos: «Los talleres terapéuticos de Simone Leigh con mujeres del movimiento en el New Museum de Nueva York [...]. El espectáculo elegíaco de Karon Davis "Pain Management" en la galería Wilding Cran de Los Ángeles, y el festival de funk espiritual de Lauren Halsey "Kingdom Splurge (4)" en el Recess de Nueva York; los álbumes elocuentemente reparadores de Dev Hynes y Solange; y el surgimiento de la Rebuild Foundation de Chicago y el Underground Museum de Los Ángeles (que ofrecen yoga y meditación, respectivamente, como parte de sus programas).» De acuerdo con la tradición radical negra, instituciones como el Underground Museum y la Fundación Rebuild (también agregaría Art + Practice de LA a la combinación) ofrecen servicios como capacitación laboral, servicio de guardería, apoyo a la vivienda, educación y residencias de apoyo a la juventud, además de la programación de exposiciones artísticas.

6. Que Muñoz considere las performances de Jack Smith –que él consideraba «ricos tesoros antinormativos de potencial queer»– como fundacionales, incluso cuando Muñoz dice que inicialmente se sintió «perturbado por lo que podría describirse

316

como [sus] aspectos orientalizantes y tropicalizantes», demuestra que la desidentificación, para Muñoz, no estaba predeterminada ni sobredeterminada por la filiación demográfica; eso seguía siendo una cuestión de interpretación, sobre la que los críticos podrían disentir y disentirán.

7. La presunción de que el arte es siempre una fuerza alegre para el bien, o un inevitable beneficio para una comunidad, ha sido fuertemente contestada por campañas intestinas contra la gentrificación del vecindario, como la que libraron los grupos de Los Ángeles Defiende Boyle Heights y la Alianza Contra el Lavado Artístico y el Desplazamiento de Boyle Heights; véase también las feroces protestas contra la filantropía tóxica en el mundo del arte, como la que llevó a cabo el grupo PAIN Sackler de la artista Nan Goldin, o el colectivo activista Descoloniza Este Lugar. Véanse también las protestas derivadas del movimiento #MeToo, que han atraído una saludable atención a diversas formas de maltrato que se han protegido con la etiqueta de arte (por ejemplo, los tocamientos no deseados en sesiones de teatro de improvisación, o las denuncias de malos tratos en el plató, como han relatado las actrices Maria Schneider *(El último tango en París)* o Uma Thurman *(Kill Bill),* donde Thurman alegó que había bordeado la crueldad).

En cuanto a los argumentos sobre el arte como estado de excepción, véase el ensayo de George Orwell de 1944 sobre Salvador Dalí, «Nota sobre Salvador Dalí», en el que Orwell escribe: «Se verá que lo que reclaman los defensores de Dalí es una especie de *beneficio del clero.* El artista debe estar exento de las leyes morales que obligan a la gente corriente. No hay más que pronunciar la palabra mágica "Arte" y se disculpa todo. Se disculpan los cadáveres en descomposición con caracoles arrastrándose sobre ellos; se disculpa dar patadas a niñas en la cabeza; incluso se disculpa una película como *L'Âge d'Or.* También se disculpa que Dalí hiciera carrera en Francia durante años y luego se escabullera como una rata tan pronto como Francia estuvo en peligro. Siempre que puedas pintar lo suficientemente bien como para pasar la prueba, todo te será perdonado. Podemos ver lo falso que es esto si lo ampliamos a los crímenes ordinarios. [...] Si Shakespeare regresara a

317

la tierra mañana, y se descubriera que su diversión favorita era violar a niñas en vagones de ferrocarril, no deberíamos decirle que siga adelante con la excusa de que a lo mejor escribe otro *Rey Lear*. [...] Deberíamos ser capaces de poder pensar a la vez que Dalí es un buen dibujante y un ser humano repugnante. [...] De la misma manera, debería ser posible decir: "Este es un buen libro o un buen cuadro, y debería ser quemado por el verdugo público."» Por muchas veces que lea este ensayo, no puedo entender cómo Orwell, el escritor que inventó la expresión de «la Policía del Pensamiento», se preocupe aquí tan poco por distinguir entre pintar cosas grotescas y «violar niñas en vagones de ferrocarril»; lo único que se me ocurre es que lo que estaba en juego en la Segunda Guerra Mundial y la ira de Orwell hacia Dalí por dejar Francia nublaron su razonamiento. (Gracias a Cameron Lange por llamar mi atención sobre este ensayo.)

8. De los que firmaron la carta de Black, Christina Sharpe es una de las pocas que se ha mostrado dispuesta a apoyar un argumento para destruir el arte como arte. Como Sharpe explicó en una entrevista en *Hyperallergic* de 2017 sobre la polémica de Schutz: «Puede existir un llamamiento ético para destruir algo. [...] Hay ciertas respuestas éticas –con las que puedes estar de acuerdo o no– que reclaman la destrucción de ciertos tipos de representación.» Puede que no esté de acuerdo con Sharpe sobre la eficacia de tales respuestas, pero su postura al menos me parece más honesta que intentar privar a ciertas obras de arte de su condición artística para justificar su supresión o destrucción.

9. Esto no quiere decir que la supresión o la expulsión nunca sea una respuesta adecuada; desde luego, yo no permito obras que impliquen lesiones no consensuadas de los cuerpos de otras personas, una disminución de la autonomía física de los demás (como encerrar a la gente en el aula o en un teatro), o suscitar miedo a sufrir daños corporales (como blandir armas o réplicas realistas de armas). La historia de Chris Burden, que en 2005 tuvo que dimitir de la UCLA porque un estudiante utilizó un arma en una performance, resulta aquí relevante; véase Boehm, «2 Artists Quit UCLA over Gun Incident». Algunos pensaron que la postura de Burden era hipócrita, ya que el mismo Burden se hizo famoso por

318

su obra *Shoot Piece* de 1971, en la que orquestó que le dispararan en el brazo en una galería. Pero considero de la máxima importancia las distinciones entre *Shoot Piece* de Burden y el número del estudiante, en el que jugaba a la ruleta rusa delante de la clase, luego salía de la habitación y se pegaba un tiro (nadie resultó herido).

10. Para la cita de Powell, véase Andrew Marantz, «How Social-Media Trolls Turned UC Berkeley into a Free-Speech Circus».

11. Un ejemplo de la tiranía de la falta de contexto se puede encontrar en un artículo de opinión de 2019 del escritor Walter Mosley, titulado «Why I Quit the Writer's Room», en el que Mosley describe cómo, después de usar la palabra *nigger* mientras contaba una historia que le había contado una vez un policía blanco, un compañero de trabajo hizo una denuncia anónima contra él a Recursos Humanos; las autoridades académicas llamaron a Mosley y le dijeron que no podía volver a pronunciar esa palabra en el trabajo, bajo ninguna circunstancia, lo que le llevó a dimitir.

12. Esto puede ocurrir incluso con un discurso de odio real; véase, por ejemplo, la columna del *New York Times* de Charles Blow del 31 de mayo de 2018, titulada «The Moral High Ground», en el que Blow escribe: «Los comentarios racistas no hieren mis sentimientos. Para nada. Sin embargo, me encuentro con que la gente asume que son hirientes, tanto para las personas que los lanzan como para aquellos que sienten empatía por el dolor que perciben.» Su argumento –que refuerza con citas de Toni Morrison– es que los comentarios racistas, más que decir nada sobre quien los recibe, reflejan la ruindad moral de la persona que los pronuncia, y que la retórica del daño destruye esta distinción crucial al suponer que los comentarios racistas degradan a sus destinatarios en lugar de a quienes los pronuncian. Obviamente, esta respuesta es característica de Blow, y no tiene por qué ser compartida por nadie. Pero su argumento sirve de recordatorio de que puede haber una diversidad de respuestas emocionales y éticas al discurso nocivo.

13. Véase Janet Halley, *Split Decisions.*

14. Las circunstancias de *Scaffold* diferían de las de la pintura

de Till que hizo Schutz de varias maneras fundamentales: la obra de Durant fue una gran instalación escultórica visible para el público desde lejos, por lo que se convirtió en parte de la vida de las personas sin que estas pudieran elegir; la tierra pública cercana a la obra se convirtió en un punto de reunión no solo para los que protestaban contra la pieza sino también para los neonazis y otros fanáticos, cuya ideología aborrecía Durant; un grupo específico de personas —los dakota— se sintieron negativamente afectados por la presencia de la pieza, y le pidieron a Durant que abordara el problema directamente con ellos; los dakota tenía una organización específica a través de la cual podían hacerlo (un consejo de ancianos); tanto Durant como el Walker Art Center estuvieron de acuerdo en que no se había sabido calcular bien el posible efecto de la pieza en la comunidad antes de instalar la escultura; la escultura ya se había instalado en muchas ocasiones en todo el mundo antes de llegar al Walker, por lo que esta no era la primera ni la única vez que se veía; la práctica artística conceptual de Durant, politizada desde hacía mucho tiempo, lo predispuso a mostrarse abierto a una negociación que podría permitirle incorporar la decisión para destruir la obra y transferir los derechos de propiedad intelectual a la tribu como parte de su práctica habitual; etcétera.

15. Cuando das clase en una escuela de arte, acabas esperando ese momento del semestre en que un estudiante se enfurece: «¿Por qué estamos haciendo arte y hablando de él, cuando hay cosas más acuciantes que hacer en y para el mundo?» A menudo este grito llega con el matiz: «¿Por qué estamos hablando o haciendo ESTE tipo de arte [generalmente abstracto o formalista u oscurantista, o cualquier otro arte que al estudiante no le gusta] cuando hay cosas más acuciantes que hacer en y para el mundo?» Cuando esto sucede, suelo decir que si tu meta principal en la vida es estar al servicio directo de los demás, probablemente deberías quitarte la bata y dejar de intentar hacer una mejor pintura al óleo. Sin embargo, si quieres o necesitas ampliar tus horizontes y ser más variado, podría consolarte con los sentimientos expresados en el libro de autoayuda para artistas de Beth Pickens, *Your Art Will Save Your Life,* cuyas «Preguntas frecuentes sobre ambientes políticos opresivos» contienen los siguientes diálogos especulativos:

¿Debo dejar de hacer arte y en su lugar ir a la facultad de derecho o presentarme a un cargo público? No. Los artistas tienen que hacer arte porque así es como procesan el estar vivo. En mi experiencia, cuando los artistas dejan de trabajar, se deprimen, les entra ansiedad y están insatisfechos con la vida. [...] Al pensar en hacer arte y todas las demás posibilidades, hay que eliminar la expresión «en su lugar». *Dedicarse al arte hoy en día, ¿es algo trillado o egocéntrico?* ¡De ninguna manera! Primero, por lo que acabo de decir: necesitas crear tu obra porque te ayudará a procesar el momento en que vivimos, lo que te ayudará a vivir tu vida. Segundo, el arte ayuda a *otras* personas [...] a vivir *sus* vidas. El colectivo «nosotros» necesita arte en todas las formas independientemente de los cambios políticos. *¿Debería dedicar mi práctica al arte abiertamente político?* Si quieres practicar un arte abiertamente político, ¡hazlo! Si no es así, ¡no lo hagas! Puedes llevar a cabo muchas aportaciones activas, públicas y políticas; tu práctica creativa no es más que una.

16. En cuanto a los viejos antagonismos entre artista y público, artista y crítico, artista y mecenas, artista y época, artista y comunidad, artista e institución, véase el ensayo muy breve de 1937 del compositor Arnold Schoenberg sobre su lucha por navegar entre las olas de la demonización y la deificación que saludaron su trabajo durante décadas; el ensayo se titula de manera reveladora «Cómo volverse un solitario».

17. Por poner un solo ejemplo: en 2018, se contrató a una performer para dar clase durante un semestre en el Pratt Institute of Art. Poco antes de que comenzara el semestre, la profesora que la contrató fue a ver el espectáculo de la artista en el Joe's Pub de Manhattan, y no estuvo de acuerdo con un momento del espectáculo en el que le pareció que fracasaba a la hora de satirizar el ser blanco. Al día siguiente, la artista recibió un correo electrónico que decía que ya no se le permitía dar su clase. Cuando la artista presionó a la profesora para que le explicara su decisión, esta dijo que su prioridad era proteger a sus estudiantes, y que la performance la había llevado a creer que la artista era alguien de quien

había que proteger a sus alumnos. No importó que la artista fuera conocida por tener una carrera de décadas en la que siempre llevaba las cosas al límite (es de suponer que ese era el motivo por el que la habían contratado); no importó el mensaje que su despido mandó a otros artistas que trabajaban precariamente en el Instituto; no importó el mensaje que se enviaba a los estudiantes: que utilizar el poder institucional para despedir a un artista basándose en una reacción crítica a su obra (fuera del campus) era preferible a intentar incrementar su capacidad para el compromiso, la desidentificación o la crítica: el contrato se terminó, pero con un email. (Lamentablemente, cuando se trata de profesores adjuntos, esto es perfectamente legal.)

18. Este fue el argumento de Zadie Smith en su ensayo «Getting In and Out», en el que medita sobre el cuadro de Till que pintó Schutz y sobre la película de Jordan Peele *Get Out:* «Cuando los argumentos de apropiación están ligados a un esencialismo racial no más sofisticado que las leyes de mestizaje anteriores a la Guerra de Secesión, bueno, entonces nos dirigimos rápidamente al absurdo. ¿Hannah Black es lo bastante negra como para escribir esta carta? ¿Son mis hijos demasiado blancos para enfrentarse al sufrimiento de los negros? ¿Cómo de negro hay que ser para ser lo bastante negro? ¿Aún cuenta un "ochavón"?» Que tales preguntas fueran recibidas con un abundante debate en línea sobre la propia situación racial de Smith parecía demostrar su argumento. Debo señalar aquí que el propio Jared Sexton no está de acuerdo con la idea de que la carta de Black se basa en o reifica tales distinciones. En su carta a *Harper's* en respuesta al ensayo de Smith, escribe: «Hannah Black no es archisegregacionista, y mucho menos una simpatizante nazi. Tampoco lo es ninguno de las casi tres docenas de artistas y profesores universitarios negros que firmaron la carta abierta que se oponía al cuadro de Emmett Till pintado por Schutz y presentado en la Bienal de Whitney de 2017. Están versados en la teoría crítica relevante. Un lector atento de la carta de Black se dará cuenta de que no presenta ningún argumento esencialista. De hecho, la única persona, que yo sepa, que ha recurrido al lenguaje de la raza biológica ("birracial", "cuarterón", "negro baquelita", *"café au lait"*) en esta polémica es la propia Smith, aunque de manera sarcástica.»

19. Véase, por ejemplo, un artículo de 2018 de Wes Enzinna en *Mother Jones* sobre el movimiento para desradicalizar a los supremacistas blancos, en el que Enzinna documenta cómo ese trabajo a menudo se lleva a cabo de manera meticulosa e individual, lejos de la bola de nieve de Twitter o del teatro del enfrentamiento callejero. «Enfrentarse a los supremacistas blancos online y en las calles puede ser personalmente gratificante y políticamente acuciante», escribe Enzinna. «Sin embargo [...] los activistas de la desradicalización argumentan que gran parte de lo que la izquierda cree saber sobre hacer callar a los extremistas racistas está fuera de lugar. Cuando se trata de transformar a los individuos, la denuncia puede contrarrestar la desradicalización en lugar de acelerarla. Si eso le parece una rendición, considere que algunos investigadores que estudian los grupos de odio piensan que deberíamos considerar el extremismo violento no solo como un problema de ideología, sino también como un problema de adicción. [...] La incómoda verdad es que la mejor manera de reformar a los matones racistas podría ser, precisamente, ofrecerles lo que no están dispuestos a ofrecer a los demás, y precisamente lo que muchas personas, en este momento político polarizado, consideran que menos merecen: empatía.»

20. Véase «Capitalism's Crisis of Care» de Nancy Fraser, donde explica que «Ni la naturaleza ni las capacidades reproductivas sociales son infinitas; ambas pueden estirarse hasta un punto de ruptura». Véase también el trabajo de Berardi sobre el agotamiento del capitalismo cognitivo, en *El trabajo del alma* y «Schizo Economy».

21. Pienso, por ejemplo, en la exigencia de los manifestantes del Instituto de Arte Contemporáneo de que los administradores del museo presentaran el *cuerpo literal* de Schutz delante de ellos, como si el museo tuviera o debiera tener el poder de producir su cuerpo. («Contaste que no hará falta que Dana esté presente físicamente en su charla. Para justificarlo afirmaste que el artista no tiene que hablar, y citándote a ti, Eva [Respini, conservadora jefe del IAC], dijo que "las preocupaciones artísticas más generales del artista no se reducen a esta pintura". Esta línea de defensa no asume la estructura de poder que obliga a tal responsabilidad.»)

En tales conflictos, ayuda decir con claridad si el objetivo es la comedia política o el diálogo ético. Si la meta es la comedia política, entonces el numerito de la falsa disculpa por la pintura de Till, enviado a publicaciones nacionales con el nombre de Schutz (desde su dirección de correo electrónico), fue eficaz (aun cuando la piratería y la suplantación presentaran sus propios problemas éticos). Pero si el objetivo era avanzar hacia el diálogo ético, ese truco no es más que una parodia. El diálogo ético nos pide que afrontemos el hecho de que los demás no suelen pronunciar las palabras exactas que queremos escuchar. Hablan con sus propias palabras. A menudo, ni siquiera se acercan a lo que queremos escuchar, por muchas razones históricas y personales. (Algunas veces, optan por no decir nada.) Todo eso puede ser terriblemente frustrante –exasperante, incluso– y sin embargo no podemos evitar desear que desaparezca, como tampoco podemos evitar desear nuestra desaparición mutua.

Y aquí estoy profundamente en desacuerdo con Sarah Schulman cuando anima a sus lectores de *Conflict Is Not Abuse* a no aceptar un no por respuesta y desafiar los límites establecidos de los demás cuando afirman que ya no desean que se contacte con ellos ni continuar una conversación, especialmente si dicha solicitud se realiza online. («Hay veces en que personas enfadadas, supremacistas o traumatizadas envían correos electrónicos diciendo: "No contactes conmigo." Quiero afirmar aquí, para que conste, que nadie está obligado a obedecer una orden unidireccional que no se ha debatido. [...] Cuando los adultos dan órdenes mientras se esconden detrás de la tecnología, se están comportando de manera ilegítima.») Tal como muchos programas de 12 pasos han ayudado a comprender a algunas personas, la excesiva insistencia de la persona en cumplir el «deber de reparar» –mucho menos exigente que otros deberes– es poco probable que llegue muy lejos si viola los límites establecidos del otro, o parece probable que cause algún perjuicio. Así que claro que no tienes que «obedecer» a alguien cuando te dice que no quiere tener nada que ver contigo, pero has de saber que es probable que el efecto no sea una conversación productiva, sino que te bloqueen o se emita una orden de alejamiento.

22. En un ensayo de septiembre de 2020 titulado «Reflections on *Scaffold* after Three Years», Sam Durant revisó sus declaraciones iniciales sobre la voluntad y el poder, y dijo lo siguiente: Contrariamente a algunas de mis declaraciones anteriores, en las que afirmé haber tenido una importante influencia, ahora lo veo como un malentendido de la dinámica entre los participantes en la mediación. Quiero ser claro ahora, para no dar la impresión de que era un actor influyente, o que de alguna manera tenía el control y ejercía un poder sustancial de toma de decisiones durante todo el proceso de mediación. Todo lo contrario, mi poder era relativamente menor mientras los ancianos dakota negociaban con la administración del Walker, representantes del estado de Minnesota y de la ciudad de Mineápolis sobre el destino de *Scaffold*. No lo digo para rebajar mi condición de miembro de la población dominante (es decir, un hombre blanco que se beneficia de las condiciones del *statu quo* de la supremacía blanca), sino para distinguir la especificidad de mi posición como artista y forastero dentro de un grupo de personas que tenían relativamente más influencia *en esa circunstancia concreta*. También quiero dejar claro que los ancianos dakota ejercieron su poder con autoridad, y que fueron cualquier cosa menos víctimas. Esto se puede entender claramente en el sentido de que tanto los dakota como el estado de Minnesota consiguieron lo que querían, la eliminación de la escultura y el fin de las protestas, respectivamente. Mi intervención consistió principalmente en aceptar la eliminación de la obra y transferir los derechos de autor de *Scaffold* al pueblo dakota. Esto no es insignificante. Y no constituye una supresión de mi libertad de expresión, como algunos han propuesto, pues acepté libremente las condiciones anteriores.
23. Dichos principios podrían incluir: los más directamente perjudicados deben ser los más involucrados en su resolución; las partes afectadas deberían escuchar las historias de los demás siempre que sea posible; víctimas y perpetradores por igual necesitan compasión y cuidados; el objetivo final del proceso es la reintegración del delincuente en la comunidad y no su destierro (véase http://restorativejustice.org/#sthash.eoh1btIH.dpbs). Aplicar tales

principios al reino del arte suscita problemas desde el inicio, en el sentido de que la justicia reparadora depende de que todos estén de acuerdo en que ha habido daños (generalmente, un delito evidente); cuando se trata de arte, no suele haber tal consenso. Además, la justicia reparadora se basa en participar en una estructura acordada para facilitar la interacción y la resolución; las ventanas emergentes de museos dirigidos por conservadores y administradores a la defensiva, acompañados de manifestantes enojados, rara vez encajan en este proyecto (otra razón por la que la reunión privada de Durant con los ancianos dakota fue tan singular y productiva). Durant describió esta reunión más tarde, en una entrevista: «Había un grupo del Walker, los ancianos dakota y yo. Fue un círculo ceremonial. Desde su perspectiva, fue una sesión espiritual y no política, lo que permitió cierto tipo de diálogo, tal vez uno más abierto y honesto. Fue muy emotivo.»

24. Todas las citas de Brown en este párrafo proceden de una charla de marzo de 2017 titulada «Populism, Authoritarianism, and Making Fascism Fun Again», que Brown pronunció en el Instituto Internacional UCSD.

25. Se puede oír este enfoque en la descripción de Natasha Lennard del placer estético y libidinal que experimentamos al ver un vídeo del neonazi Richard Spencer recibiendo un puñetazo en la cara: «La experiencia trascendental de ver a Roger Federer jugar al tenis, escribió David Foster Wallace, era de "belleza cinética". La precisión de ballet de Federer y su dominio del tiempo, al límite de lo que parece posible para un cuerpo humano, era una forma de genio corporal. Lo que Foster Wallace vio en un Momento Federer, lo veo en un vídeo del neonazi Richard Spencer recibiendo un puñetazo en la cara. [...] Cualquiera que disfrute al ver videoclips de nazis aporreados (y hay muchos) debería saber que están viendo la táctica de bloque antifascista por excelencia: pura belleza cinética.» Estos relatos sirven de poderoso recordatorio de que cualquier animal humano, sin importar su afiliación política, puede vigorizarse libidinal y estéticamente mediante la violencia, y transmutar esa excitación en virtud.

26. Véase *La promesa de la felicidad* de Ahmed.

27. Véase Icebox Project Space, https://iceboxprojectspace.

com/killjoys-kastle-2019. Véase también Mitchell y McKinney, eds., *Inside Killjoy's Kastle*.

28. De nuevo, esto tiene que ver con la dinámica del poder, en el sentido de que no se me ocurren demasiados artistas contemporáneos que pierdan el tiempo atacando a los vulnerables; solo me viene a la mente la comedia, que se interna en este territorio con cierta regularidad. Breves y excelentes textos introductorios sobre el tema del humor, la posición del sujeto y la dinámica del poder son el ensayo de Gerard Koskovich sobre el humor sobre el sida titulado *Conventions of Power/Strategies of Defiance: Queer Notes on AIDS Humor;* véase también la introducción de Paul Beatty a la antología de 2006 *Hokum: An Anthology of African-American Humor.* Además, aunque el arte puede provocar procesos de excitación y descarga, es importante fijarse en que no todos estos estados son iguales: tal como el neuropsicólogo Allan Schore (entre otros) ha investigado, el tipo de excitación asociada con, digamos, los mítines en los que las multitudes se enfurecen contra los enemigos que sirven de chivos expiatorios, puede cosificar procesos de disociación y fragmentación en lugar de producir la descarga.

29. La distinción que hace John Berger entre las dos «caras del arte» en su famoso ensayo «El pájaro blanco» resulta aquí relevante: «Hace varios años, al considerar la cara histórica del arte, escribí que juzgaba una obra de arte por si ayudaba o no a los hombres del mundo moderno a reclamar sus derechos sociales. Me aferro a esa definición. El otro rostro trascendental del arte plantea la cuestión de la naturaleza del derecho ontológico del hombre. [...] El rostro trascendental del arte es siempre una forma de oración.»

30. El escrito de Foucault sobre los cuidados del yo hace uso del imperativo de Delfos «Conócete a ti mismo», y caracteriza los cuidados como el proceso por el cual los individuos «efectúan por sus propios medios, o con la ayuda de otros, cierto número de operaciones en sus propios cuerpos y almas, pensamientos, conducta y forma de ser, a fin de transformarse y alcanzar un estado de felicidad, pureza, sabiduría, perfección o inmortalidad». En ese modelo, el cuidado estético sería una de las tecnologías básicas de la ética de Foucault.

31. Otro binomio de este tipo podría ser el que enfrenta libertad y disciplina, limitación, o forma, en el arte o en otro cam-

po. Esta idea, predominante a lo largo de la década de 1960, generó un valioso correctivo en el ensayo de 1972-1973 de la feminista Jo Freeman «The Tyranny of Structurelessness», en el que la autora explica cómo cualquier grupo de personas que se unan formarán algún tipo de estructura; la verdadera pregunta es en qué medida esa estructura se formaliza y se hace transparente. Comprender la inevitabilidad de la estructura o la forma resulta fundamental tanto en el arte como en el activismo, tal como dejaron claro los primeros experimentos modernistas con *vers libre* y *parole in libertà* (al igual que gran parte del arte conceptual, procedimental y escénico de la década de 1960 y 1970). La forma no se opone a la falta de forma, o a lo informal: surgen una de otra, dependen una de otra. Como escribe Trungpa: «No puedes tener forma si primero no hay falta de forma, si no reconoces o percibes la falta de forma.» Véase también la entrevista de Fred Moten al final de *The Undercommons:* «La forma no es la erradicación de lo informal. La forma es lo que surge de lo informal. [...] Lo informal no es la ausencia de forma. Es lo que da forma. Lo informal no es lo informe.» Liberarnos del pensamiento dualista en este aspecto nos salva de los argumentos que dan por supuesto, por ejemplo, que si uno cree que la tiranía es una forma de gobierno injusta e indeseable, hay que purgar el arte de todos los elementos tiránicos (también conocido como «la falacia imitativa»).

32. Véase «Spotlight Essay: Nicole Eisenman», *Tea Party,* 2012, de Kelly Shindler, donde escribe: «Varios historiadores del arte han comenzado a expresar la idea de un "formalismo queer" en la obra de [Nicole] Eisenman, Amy Sillman, Harmony Hammond, Scott Burton y otros»; después Shindler rastrea el concepto en «Draw a Picture, Then Make It Bleed» de Julia Bryan-Wilson, «Queer Formalisms: Jennifer Doyle and David Getsy in Conversation» de J. Doyle y D. Getsy, y «Notes on Queer Formalism» de William J. Simmons. Véase también la exposición del Museo Hammer, en 2015, *A History of Refusal: Black Artists and Conceptualism,* la exposición comisariada por Ligon en 2017 *Blue Black* en la Pulitzer Arts Foundation y la exposición comisariada por Adrienne Edwards en 2016 *Blackness in Abstraction* en la Pace Gallery.

33. Véase Bradford: «Me fascina el hecho de que el movi-

miento en pro de los derechos civiles despegara al mismo tiempo que se desarrolló la abstracción en Estados Unidos. Jackson Pollock había aparecido en *Life* solo unos años antes del asesinato de Emmett Till en Mississippi. Mi trabajo, por tanto, rebota entre los problemas sociales y la historia del arte abstracto. No soy ningún portavoz de temas sociales, pero me interesan. Intento mantener un pie en la historia del arte y el otro en la parada del autobús.» Esta concurrencia en las páginas de la revista *Life* tiene un corolario aún más concentrado en una noticia del mundo del arte de 2015, cuando una radiografía del cuadro de Kazimir Malévich de 1915 *Cuadrado negro* –generalmente considerado el primer cuadro abstracto de la historia modernista, y un icono del arte formalista– reveló una broma racista garabateada en una esquina del lienzo por Malévich, que dice «Combat de Nègres dans une cave pendant la nuit» (Negros peleando en un sótano por la noche), una referencia a una broma de Alphonse Allais, un célebre humorista francés de la época. Si alguien necesita alguna prueba directa de que la partición entre abstracción/formalismo y el «contenido» desordenado –de cuerpos, de identidades– siempre ha sido una fantasía, la radiografía ha hablado.

34. Mi pensamiento aquí está influido por el artículo de Lisa Guenther «Like a Maternal Body».

35. Para ser justos, el entrevistador se estaba concentrando, aunque no intencionalmente, en el mismo problema que Nancy Fraser, Wendy Brown y Elizabeth Warren (en *The Two-Income Trap)* señalan hace tiempo: si todos los progenitores trabajan o aparecen de alguna otra manera en la esfera pública, ¿quién diablos va a recoger a los niños? En un país que sufre unos servicios sociales deficientes, un familiarismo privatizado y una división del trabajo por género que ya no funciona en una economía (como mínimo) de dos ingresos, casi todas las familias se ven obligadas a lidiar todos los días con estas cuestiones, resolviéndolas de manera ingeniosa y, a menudo, inadecuada. El dinero es evidentemente fundamental: tal como lo describe Fraser, básicamente «ahora tenemos una organización dual del trabajo de cuidar a la familia en la que aquellos que pueden permitirse tener servicio doméstico simplemente pagan por ello, y los que no hacen de tripas corazón

para cuidar de sus familias, a menudo porque trabajan cuidando al primer grupo, y a menudo con salarios muy muy bajos y prácticamente sin ninguna cobertura». El COVID-19 ha puesto al descubierto y aniquilado incluso esta organización de los cuidados precaria e injusta: véase «In the Covid-19 Economy, You Can Have a Kid or a Job. You Can't Have Both», de Deb Perelman.

36. La evocación de la polémica de Schutz sobre la maternidad y la empatía interracial resultó particularmente dolorosa e instructiva: al pintar a Till –y al titular su cuadro *Ataúd abierto*–, Schutz se colocó en una posición análoga a Mamie Till, la madre de Emmett, que insistió en que el ataúd quedara abierto para que «el mundo [pudiera] ver lo que le hicieron a [su] pequeño». Este posicionamiento adquirió un sesgo aún más inquietante cuando, después de que estallara la polémica, Schutz envió una declaración para el texto enmendado del muro del Whitney que decía en parte: «No sé lo que es ser negro en Estados Unidos. Pero sé lo que es ser madre.» La elisión de lo que es ser una madre negra subraya la dificultad, por no decir la imposibilidad, de contar con la maternidad como categoría de experiencia compartida. Sexton lo desarrolla cuando escribe: «[Schutz] olvida que su empatía maternal interracial hacia Till-Mobley no mitiga el hecho de que ella es una mujer blanca que pinta un niño negro asesinado, de manera infame, por iniciativa de una mujer blanca. Su empatía se embrolla con esa iniciativa.»

37. Véase el libro de 2019 del filósofo Martin Hägglund *This Life: Secular Faith and Spiritual Freedom,* en el que sostiene (siguiendo a Marx) que la base de una sociedad socialista democrática más justa radica en determinar la diferencia entre «el reino de la libertad» y «el reino de la necesidad», y en incrementar el primero al tiempo que reducimos las exigencias del segundo. Que filósofos contemporáneos como Berardi o Hägglund recurran a esta división, y clasifiquen el «arte» como perteneciente al reino de la libertad, no es sorprendente. Hägglund colocaría alegremente el cuidado de los niños en «el reino de la libertad». (Su argumento es que el cuidado de los niños, aunque ocasionalmente es oneroso, cuenta como «un fin en sí mismo» y, por lo tanto, es «un compromiso» en lugar de una «necesidad». A lo que las madres de todo el mun-

do, desde aquellas que se dedican al trabajo doméstico hasta las que no tienen acceso adecuado a los derechos reproductivos, pasando por las que simplemente trabajan siguiendo el edicto de devoción ordinaria de «el no *no* existe», contestan: *¿Cómo?* No será una gran sorpresa, por tanto, que en sus 443 páginas, el libro de Hägglund no cite a casi ninguna pensadora femenina, ni que en el índice no haya ninguna entrada para «maternidad», aunque tiene una considerable para «paternidad».) Aunque su punto de vista se basa en el binomio necesidad y libertad, Hägglund reconoce que «eliminar el trabajo socialmente necesario no es ni siquiera el objetivo comprensible de una vida libre, ya que la cuestión de dónde trazar la distinción entre necesidad y libertad debe seguir siendo una cuestión viva para cualquiera que lleve una vida libre». Lo que quiero señalar es que esto pone en entredicho las ventajas de considerarlo al lado de las historias raciales y sexuales que le dan forma desde su raíz.

38. Cómo clasificar el trabajo estético ha sido durante mucho tiempo un tema de debate, y los propios artistas tienen opiniones muy distintas sobre el tema. Algunos, como el grupo contemporáneo, W.A.G.E. (las siglas en inglés de Artistas que Trabajan y la Economía Global), abrazan plenamente la idea de que los artistas son «fuerza de trabajo» o «trabajadores culturales», y exigen una compensación por «hacer del mundo un lugar más interesante», como dice W.A.G.E. (una opinión que se hace eco de la de la Art Workers' Coalition de la época de Vietnam, o del Federal Art Project de la época del New Deal, o incluso del permanentemente acosado National Endowment for the Arts). Otros se resisten ferozmente a que el discurso capitalista asimile el trabajo estético, y prefieren considerarlo algo que se distingue de la lógica del mercado o la trastoca (esto es más fácil de hacer, claro está, cuando nadie paga por tu obra).

A pesar de un mercado de arte malsanamente inflado en sus niveles más altos –un escenario ridículo lleno de ferias de arte internacionales y coleccionistas multimillonarios que ha llevado a muchos a condenar el arte como una actividad contrarrevolucionaria, solo para el 1 % de la población–, sigue vigente el hecho de que la mayor parte del arte que se crea no se vende, e incluso cuando se vende, rara vez lo hace a precios que se correspondan con un salario justo por lo que se refiere al tiempo y trabajo dedicados a su producción. En el imaginario colectivo, sin embargo, lo contrario a menudo sí es cierto: es notorio que el arte transmuta los objetos cotidianos –un urinario, pintura para casas salpicada, un plátano pegado con cinta adhesiva a una pared– en fortunas indignantes e irritantes. Esto puede suceder. Pero con la misma frecuencia (si no con mucha más frecuencia), el arte funciona más como la poesía, que devalúa el material que toca. Como lo expresó el poeta Charles Bernstein: «Un trozo de papel sin nada tiene un valor económico. Si imprimes en él un poema, este valor se pierde.» Para leer más sobre el tema, véase el imperecedero estudio de Lewis Hyde *El don*, en el que Hyde elude el mencionado binomio sobrevalorado/infravalorado para considerar que el arte ocupa un doble papel, que circula tanto en una economía del regalo no alienada y no mercantilizada como en una economía de mercado alienada y mercantilizada, donde la condición del arte es la de «regalo» –en el sentido de que es un regalo ofrecido al artista por fuerzas incognoscibles y un regalo que el artista ofrece al mundo–, y eso es lo que hace que el arte sea arte. Véase también la reconsideración del debate por parte de Eula Biss en *Having and Being Had.*

2. LA BALADA DEL OPTIMISMO SEXUAL

1. A pesar de la reputación de «sexo positivo» de muchos queers, esta actitud cuenta con un firme precedente en el campo de la teoría queer: Lauren Berlant y Lee Edelman llevan años preguntándose «lo que significaría pensar o incluso desear la experiencia del sexo sin optimismo». Véase su libro en coautoría, *Sex o The Unbearable.*

2. Donegan y Wypijewski se centran en las personas heterosexuales, pero los argumentos en contra de la cultura gay dominante y el «lavado de imagen rosa» hacen una crítica similar: «[El orgullo gay] es básicamente publicidad comercial en todas partes.» Son las palabras de un gay que cita *The Guardian* en un artículo

de 2016 titulado «Too Straight, White and Gay Corporate: Why Some Queer People Are Skipping SF Pride»: «Yo lo llamaría Gay Inc. No somos más que otra cosa que la gente puede comprar.» Para ampliar este argumento a la política global, véase *Ensamblajes terroristas: el homonacionalismo en tiempos queer* (2007), de Jasbir Puar, que vincula la asimilación gay y el consumismo con la cultura blanca, el imperialismo occidental y la guerra contra el terror, creando «una fusión de la homosexualidad con la agenda probélica y proimperialista de los Estados Unidos», que Puar llama «homonacionalismo».

3. Goldberg utiliza esta cita de Flynn en su artículo «The Problem with Idolizing Sexual Liberation».

4. Véase «Why Complain?» de Sara Ahmed, una entrada de su blog *feminist killjoys* (aguafiestas feministas), en el que Ahmed describe las virtudes de la denuncia de la siguiente manera: «Una denuncia puede convertirse en tu manera de vivir contigo misma, porque una denuncia es un intento de abordar lo que está mal, no de hacer frente a algo; no dejes que ocurra; no dejes que siga ocurriendo. Presentas una denuncia como una forma de hacer algo. Y el resultado: una denuncia puede ser una forma de *no hacer nada*. Mucha gente que presenta una denuncia no lo hace porque considere que obtendrá justicia o alguna otra resolución del problema, aunque, por supuesto, las expectativas de las diferentes personas que participan en el proceso son distintas. Un comienzo puede ser un rechazo: *te niegas a hacer frente a una situación que es injusta.*» Estoy de acuerdo con todo esto. Lo que aquí pretendo es establecer una distinción entre reconocer la ocasional necesidad de presentar una denuncia y valorarlo como un hábito mental.

5. Véase el «realismo sexual» según la teoría de Joseph Fischel, jurista experto en igualdad de género, que sostiene que «las opciones [no solo las sexuales] se ven siempre constreñidas por las circunstancias, pero, no obstante, son opciones». Hacer hincapié en este aspecto obviamente difiere del punto de vista de Andrea Dworkin y Catherine MacKinnon, que se centra en cómo, debido al control del patriarcado sobre la psique de las mujeres, algunas de sus decisiones no se pueden considerar de ninguna manera como tales. Véase la discusión de Fischel al respecto en *Sex and Harm in the Age of Consent*.

6. «Thinking Sex: Notes for a Radical Theory of Sexual Politics», de Gayle Rubin, se publicó en 1984. A medida que avanzaba la década, el sida plantearía algunos desafíos a su teoría de la variación sexual benigna, y los liberacionistas sexuales acérrimos (como los miembros fundadores de Sex Panic!, Allan Bérubé, Christopher Murray, Douglas Crimp, Kendall Thomas, Michael Warner, Gregg Gonsalves y Dennis Davidson) se enfrentarían a figuras como Larry Kramer, Andrew Sullivan, Michelangelo Signorile y Gabriel Rotello. Este último argumentaba que la «variación sexual» en la promiscuidad y el sexo inseguro no puede considerarse benigna si contribuye a la propagación de una enfermedad mortal.

7. Katherine Angel también ha señalado este punto: véase su artículo del 14 de febrero de 2020 «Sex and Self-Knowledge: Beyond Consent»: «Al instar a las mujeres a sentirse seguras y hablar con claridad de sus deseos sexuales, el discurso del consentimiento corre el riesgo de negar el hecho de que las mujeres a menudo son castigadas precisamente por esa postura sexualmente segura y resuelta que se les pide que adopten. Y, lo que es más, las exhortaciones a que una mujer sea positiva y tenga confianza en sí misma –la insistencia en una afirmación desafiante– tienen un punto débil: la falta de confianza, la inseguridad o el desconocimiento acaban viéndose como algo desagradable, abyecto y vergonzoso. Toleran poca vulnerabilidad o ambivalencia. Y convierten en inadmisible la experiencia de no saber lo que uno quiere, para empezar.»

8. Véase *Sexual Fluidity: Understanding Women's Love and Desire*, de la socióloga Lisa Diamond, donde Diamond sigue la pista de casi cien mujeres que en algún momento afirmaron haber experimentado «atracción por personas del mismo sexo», y encuentra una asombrosa variabilidad en sus deseos e identificaciones en el transcurso de una década: muchas se alejan de las nociones fijas de orientación sexual y gravitan hacia una idea del deseo dependiente del contexto.

9. Esta carta tenía como objetivo contrastar el supuesto puritanismo del feminismo del #MeToo con un compromiso con la «libertad sexual», que para los autores de la carta incluye algo que

ellos denominan la «libertad de molestar» *(la liberté de déranger)* de los hombres.

10. Las distintas iteraciones del movimiento SlutWalk –y las reacciones que ha provocado– en todo el mundo, desde América Latina a la India pasando por Singapur, Israel, Canadá, Corea del Sur o Australia, ofrecen una rápida y fascinante introducción a perspectivas culturalmente distintas sobre tildar a las mujeres de putas, culpar a las víctimas y el aspecto de las mujeres en la esfera pública. Véase Teekah *et al.,* eds., *This Is What a Feminist Slut Looks Like.*

11. En un ensayo que celebra la reimpresión de *Chelsea Girls* de Myles, Michelle Tea declara lo mismo: «Me obsesioné con Eileen Myles a base de leer un gastado ejemplar de *Yo no,* un libro de poemas de color verde brillante que fluía en delgadas columnas. Eran poemas que leía tan a menudo y de manera tan obsesiva que los versos a menudo suenan en mi cabeza como una canción. Cualquiera puede volver la vista atrás y preguntarse qué habría pasado si hubieras ido a la universidad, si tus padres no se hubieran divorciado, o si te hubieras mudado a la tierra de las mujeres de Arizona en lugar de a la California urbana. Me pregunto cómo habría sido mi vida de no haber leído a Eileen Myles. No puedo imaginarme quién sería o qué estaría haciendo exactamente.» Mientras tanto, Myles ha seguido adelante, como en «Tapestry» de 2006, una pieza originalmente rechazada por la revista *Vice* en la que Myles cataloga las vicisitudes de las muchas vulvas que han conocido: «Los clítoris eran todos diferentes. El suyo era más grande. Parecía de goma, como porno. Ya había visto un coño como el de ella, pero no tan de cerca. Era como poner un labio vertical. Quiero decir, si tenías la cabeza allí. Era una especie de sendero labial, en realidad no es su clítoris, son sus labios lo que estoy describiendo, lo que de niña solía describir como mi encía. Mi encía exterior. La suya era muy femenina y grande, sin complicaciones, un camino rojo hacia un pequeño botón hinchado. [...] Una mujer le dijo a su amante que tenía el coño gordo. Era cierto: los labios externos eran blandos y gordos. Carnosos. Sus labios internos estaban regularmente sanos y su clítoris era una pequeña patata roja. Sin embargo, era el guardián de uno de los co-

ños más ávidos que he conocido. [...] Una mujer pequeña que tenía un coño como de encaje que ella odiaba. Sobre su clítoris había esa especie de *frottage*. En lugar de capucha tenía una gran mantilla.»

12. Véase el proyecto «No One is Disposable: Every Day Practices of Prison Abolition», de Dean Spade y Tourmaline. En la parte 3 de esta serie de vídeos («What About the Dangerous People»), Tourmaline se basa en el trabajo de la abolicionista de las prisiones Ruth Wilson Gilmore para explicar la importancia de la idea de que «nadie es inocente. No hay personas violentas y no violentas. Siempre hacemos cosas –todos nosotros juntos– que perjudican a los demás. Relacionarse con los demás significa, en parte, que en algún momento alguien perjudicará a otro. [...] No existe la dicotomía entre gente inocente y gente culpable. La lógica del Estado, del sistema penitenciario, exige esa idea [...] para poder justificar todo tipo de estructuras y procesos, como la vigilancia policial, las cárceles, el encarcelamiento, la deportación».

13. Vicki Schultz, en nombre de un grupo de profesores de derecho, escribe en «Open Statement on Sexual Harassment from Employment Discrimination Law Scholars» (publicado en el Simposio #MeToo de la *Stanford Law Review* en 2018): «Las investigaciones muestran que las empresas a veces utilizan el presunto acoso como pretexto para despedir empleados por razones menos nobles, como la orientación sexual, la raza o la edad. Abordar la expresión sexual de manera tan ardorosa invita al cinismo y a reacciones violentas contra las iniciativas para combatir el acoso. No promueve la igualdad para las mujeres, y consigue que las personas LGBTQ, los hombres de color y otros grupos considerados excesivamente sexuales sean vulnerables a un castigo desproporcionado y a la pérdida de empleo.»

14. Véase *Conflict Is Not Abuse* de Sarah Schulman, en el que Schulman diferencia entre la «lucha por el poder» y el «poder sobre [algo o alguien]».

15. «Aquellos que encontraron una salida a un callejón sin salida» es una reformulación de Emily Hobson de la descripción de los izquierdistas gays y lesbianas en *Lavender and Red* (p. 8). En cuanto a esas otras formas, estoy pensando en *affidamento*, un tér-

mino feminista italiano para que las mujeres «confíen» unas en otras a la hora de conseguir lo que quieren, para crear mutuamente un espacio político, social o creativo. *Affidamento* se diferencia de las versiones homosociales del «trabajo en red» en que el trabajo conjunto de las mujeres históricamente no ha conducido a una acumulación de poder en el sentido habitual y jerárquico de la palabra (de hecho, se podría argumentar que ha llevado a lo contrario). Pero en el sentido de la palabra que más me interesa –el impulso, la determinación y la fuerza imaginativa necesarias para hacer que sucedan cosas nuevas, para reorganizar las actuales distribuciones de lo sensato– es la única alternativa.

16. También vale la pena recordar que, como ha dejado claro Dean Spade, gran parte de lo que queremos y necesitamos con respecto a la libertad sexual excede las definiciones legales: véase *Una vida «normal»*, de Spade.

17. Véase la historia de portada de Andy Newman en el *New York Times* sobre la conducta sexual inapropiada en la comunidad Shambhala: «"El Rey" del Budismo Shambhala destronado por una denuncia de abusos.»

3. LA EVASIÓN DE LAS DROGAS

1. En *Alma encadenada,* Eldridge Cleaver relata haber violado a mujeres blancas y negras, pero habla del tema en términos generales, sin relatarle al lector escenas concretas. La sensación de Cleaver de no tener nada que perder probablemente tenía que ver con el hecho de que ya había cumplido condena por violación; Pepper también pasó gran parte de su vida entrando y saliendo de la cárcel.

2. Véase la discusión de Johnson sobre la resistencia al yo y «la resistencia a la teoría» en la obra de Paul de Man en «Deconstruction, Feminism and Pedagogy». La pregunta más general de Johnson –menos acuciante ahora que en 1987, con repercusiones que van mucho más allá del género– es si, dado que «la resistencia al yo y la incertidumbre *de las mujeres* ha formado parte de lo que garantizaba su falta de autoridad y su invisibilidad», la misión del feminismo no debería implicar la «superación de la resistencia al

yo», o si es mejor que el feminismo abandone tal objetivo, aunque eso entrañe una reivindicación menos exigente de la autoridad y la visibilidad.

3. Véase «Subject and Subjectivation» de Balibar. Balibar añade: «Si la libertad significa libertad del sujeto, ¿es porque hay, en la "subjetividad", una fuente original de espontaneidad y autonomía, algo irreductible a las limitaciones objetivas y determinaciones? ¿O se trata más bien de que la "libertad" solo puede ser el resultado y contrapartida de la liberación, la emancipación, el *ganar* la libertad: una trayectoria inscrita *en* la textura misma del individuo, con todas sus contradicciones, que comienza con el sometimiento y siempre mantiene una relación interna o externa con eso?»

4. Para complicar más aún la dinámica de género de *Pull My Daisy*, nos presenta a la famosa pintora Alice Neel como «la madre del Obispo», una seria matrona vestida de negro cuya personalidad contrasta vivamente con la vida iconoclasta y bohemia de Neel. Más complejo aún: la propia Neel alterna entre bastidores el papel de artista y madre, algo que se detalla, a veces dolorosamente, en un documental de 2007 sobre ella realizado por su nieto, *Alice Neel*.

5. De haberlo considerado, Derrida quizá habría descubierto que lo maternal llevó su famosa pregunta «¿Qué tenemos en contra del drogadicto?» a un frenesí moral y judicial, como ha dejado dolorosamente claro esa exageración de acusaciones contra mujeres embarazadas por delitos relacionados con las drogas, desde las guerras del crack hasta la crisis de los opiáceos. A fines de la década de 1980, se llevaron a cabo cientos de enjuiciamientos penales por drogas contra madres o mujeres embarazadas, acusándolas de «asalto con arma mortal» (el arma es el crack, la víctima es el feto) y tráfico de drogas, por el suministro de drogas a un bebé a través del cordón umbilical durante los sesenta o noventa segundos que transcurren entre el parto y el corte del cordón umbilical. No hace falta decir que estos enjuiciamientos se distribuyeron de manera desigual por raza: un estudio de 1989 realizado en clínicas públicas y privadas reveló que, aunque las mujeres negras y blancas embarazadas regularmente se sometían a pruebas de uso de drogas

por igual, y que el número de mujeres blancas, de hecho, era un poco más alto –15,4 % para las blancas y 14,1 % para las negras–, las mujeres negras tenían casi diez veces más probabilidades de ser denunciadas y procesadas (véase Loren Siegel, «The Pregnancy Police Fight the War on Drugs»). En la era de los opiáceos, la guerra conjunta contra las mujeres embarazadas y las drogas continúa: en Alabama, un estado con leyes particularmente punitivas para las madres, 479 madres que acaban de dar a luz y mujeres embarazadas han sido procesadas desde 2006 por «poner en peligro químico al niño», incluida Casey Shehi, que fue encarcelada por tomar medio Valium durante el embarazo. Las penas por tales cargos son «excepcionalmente severas: de uno a 10 años de prisión si su bebé no sufre efectos nocivos, de 10 a 20 años si el bebé muestra signos de exposición o daño y de 10 a 99 años si el bebé muere» (véase Nina Martin, «Take a Valium, Lose Your Kid, Go to Jail»).

6. Este sería el argumento de Hortense Spillers, en «Mama's Baby, Papa's Maybe: An American Grammar Book», sobre la pulverización de las estructuras de parentesco provocada por la esclavitud, una pulverización que, como dice Spillers, en el caso de los afroamericanos aniquiló tanto la postura patriarcal como la matriarcal, liberando la propia diferencia de género de su significado normativo. En el análisis de Spillers, la posición maternal blanca es ocupada por «un género femenino *patriarquizado,* que, desde cierto punto de vista, es el único género femenino que existe», mientras que la posición maternal negra no tiene «integridad simbólica», ya que la esclavitud y sus secuelas han provocado una «crisis sin paliativos» en «el léxico habitual de la sexualidad, incluida "la reproducción", "la maternidad", "el placer" y "el deseo"».

7. Véase «The Hunting of Billie Holiday», de Johann Hari.

8. Véanse, por ejemplo, los sucesivos artículos de Andrea Long Chu de 2018 ridiculizando a Ronell, su exprofesora, y celebrando a Valerie Solanas, quien disparó contra varias personas, entre ellas Andy Warhol.

9. Para la literatura sobre las drogas y el alcohol que vincula explícitamente la lucha colectiva y personal, véase la obra de Malcolm X, Iceberg Slim, D. Watkins, George Cain, Ray Shell, Piri Thomas, Sherman Alexie y otros. En el ámbito de lo ficticio/ale-

górico, Toni Morrison y Octavia Butler han analizado repetidamente el tema de las drogas en su obra (véase, por ejemplo, *La parábola del sembrador* de Butler, que contiene una droga llamada Pyro, que produce a quien la toma placer sexual cuando provoca un incendio, y una droga llamada Parateco, que causa en quien la toma la capacidad de hiperempatía; en el caso de Morrison, véase *Sula*, donde el personaje de Eva tiene que lidiar con el amor que siente por su hijo drogadicto, Plum, al que finalmente quema vivo antes de presenciar su lenta muerte por adicción). En cuanto a autobiografías, se me ocurren muchos libros clásicos de mujeres de color que dan testimonio de las adicciones de otros (en su mayoría hombres) como eje central del libro (véase *Mi hermano* de Jamaica Kincaid, *Men We Reaped* de Jesmyn Ward, *Crazy Brave* de Joy Harjo, *When My Brother Was an Aztec* de Natalie Diaz), pero hay menos relatos en primera persona de adicción o rehabilitación (aunque las antologías eclécticas como la de Palmer y Horowitz, eds., *Sisters of the Extreme: Women Writing on the Drug Experience,* complican un poco tales generalizaciones). Véase también la obra reciente de escritores como Tao Lin y Ottessa Moshfegh, que contribuye a crear un nuevo canon de literatura sobre drogas, en la que los productos farmacéuticos recetados (como Klonopin, Percocet, Ambien, Adderall, Tylenol 3, Oxicodona, Xanax y Ritalin) desempeñan un papel protagonista; véase también la obra reciente de Michael Pollan, Ayelet Waldman y Chris Rush para una reflexión más reciente sobre las drogas psicodélicas.

10. Gracias a Tisa Bryant por sus ideas y su conversación sobre este punto.

11. Décadas después de que Nixon declarara la Guerra contra las Drogas en 1971, su exjefe de política nacional, John Ehrlichman, le dijo al escritor Dan Baum que el objetivo de esa guerra habían sido siempre los enemigos de Nixon: «La campaña de Nixon de 1968, y la administración de Nixon posterior, tenía dos enemigos: la izquierda pacifista y los negros. [...] Sabíamos que no podíamos conseguir que estar contra la guerra o ser negro fuera ilegal, pero al incitar a que la opinión pública asociara a los hippies con la marihuana y a los negros con la heroína, y al criminalizar enormemente a ambas comunidades, podíamos incomodarlas

bastante. Podíamos arrestar a sus líderes, asaltar sus hogares, interrumpir sus reuniones y vilipendiarlos noche tras noche en los noticiarios. ¿Sabíamos que mentíamos sobre las drogas? Por supuesto.» Pero la guerra racializada comenzó mucho antes de 1971. En «The Hunting of Billie Holiday», Johann Hari documenta cómo ya en 1914 el espectro de «"los demonios" de la cocaína negros» –«moles sobrehumanas que podían recibir balas en el corazón sin inmutarse»– fue utilizado para conseguir apoyos para aprobar la Ley Harrison de Impuestos sobre Narcóticos, que reguló las leyes e impuestos sobre productos que contenían opiáceos y coca en los Estados Unidos. Las declaraciones en el Congreso y la cobertura informativa que condujeron a la aprobación de la ley se basaban en gran medida en este espectro: en una clásica fusión de temores racistas, un farmacéutico testificó ante el Congreso que «la mayoría de los ataques contra las mujeres blancas del Sur son el resultado directo de un cerebro negro enloquecido de cocaína»; la declaración de un experto en medicina de que un «negro que ha tomado cocaína sin duda es difícil de matar» fue la «razón oficial por la que algunos policías del Sur aumentaron el calibre de sus armas», del 32 al 38.

12. En cuanto a cómo la ley del consumo de drogas trata de manera desigual a las mujeres blancas y no blancas, véase el relato de Hari de cómo Harry Anslinger, el agente federal empecinado en destruir la carrera y la libertad de Billie Holiday, reaccionó cuando le dijeron que «también había mujeres blancas, tan famosas como Billie, que tenían problemas con las drogas»: «Llamó a Judy Garland, otra adicta a la heroína, para que fuera a verlo. Mantuvieron una charla amistosa, en la que él le aconsejó que se tomara unas vacaciones más largas entre película y película, y escribió a su estudio, asegurándoles que no tenía ningún problema con las drogas.»

13. Siguiendo la tradición de Du Bois, Baldwin, Thandeka, Noel Ignatiev y otros, escritores como Eula Biss (en su ensayo «White Debt») han intentado articular el «salario de ser blanco», como lo decía Du Bois; en su libro de 2019 *Dying of Whiteness: How the Politics of Racial Resentment Are Killing America's Heartland,* el médico Jonathan M. Metzl intenta cuantificar los costos

literales y mortales de ser blanco, representando gráficamente cómo la ideología derechista y racista disminuye la esperanza de vida de los blancos, una tendencia en la que son factores importantes el abuso de los opiáceos, la falta de acceso a una atención médica asequible y la posesión de armas. Sin embargo, tanto Biss como Metzl tropiezan con la misma dificultad, que es que intercambiar años de la propia vida, o la bondad moral de esa vida, por cierto poder y superioridad sobre los negros y los latinos, a muchos sigue pareciéndoles un negocio que vale la pena: véase también el mordaz análisis de Toni Morrison de este intercambio en «Making America White Again», su opinión sobre la victoria electoral de Trump en 2016.

14. Piénsese en la moda de la ayahuasca, que ha empujado a decenas de personas –muchas de ellas blancas, pero de ninguna manera todas– al Amazonas (incluida la cómica Chelsea Handler, quien se filmó tomando la droga con un chamán peruano para su serie en Netflix). En un artículo sobre esta moda para la revista *Bitch,* Bani Amor describe la droga como «el último tónico de moda para los Problemas de los Blancos», y se pregunta «cómo el ser blanco puede curarse de la violencia en que se forjó, y si es posible evitar que esa violencia se extienda dondequiera que vayan los blancos». Es una buena pregunta, aunque en última instancia bastante compleja, en la medida en que personas de todo tipo buscan experiencias enteógenas, curativas o transformadoras a través de culturas que no pueden reclamar como suyas de manera evidente e incontestable (o, incluso cuando creen que sí pueden, de manera directa o indirecta, los lugareños suelen desengañarlos). Para un retrato divertido de tal contaminación y confusión filtradas a través de la lente del género, recomiendo el sitio web de la Women and Entheogenic Conference, que ofrece una fascinante reunión de oradores indígenas, negros, blancos y otros especialistas en reiki, yoga, cultivo de hongos, egiptología o en cualquier otra cosa. Como afirman con entusiasmo los organizadores: «¡Ya sea la hierba mística Iboga del arbusto africano o la ayahuasca, el brebaje de la Amazonía de América del Sur, o la magia de los hongos con psilocibina desde prácticamente cualquier lugar, lo encontrará en la Conferencia de Mujeres y Enteógenos! La Conferencia

de Mujeres y Enteógenos trata temas como el LSD, el MDMA, el cannabis y el alucinógeno más poderosos conocido, el DMT, y sin duda transmitirá esa fuerza que solo las mujeres y los enteógenos poseen.»

15. El propio deseo expreso de ser adicto, como una actividad o identidad absorbente que podría dar estructura e identidad a una vida que por lo demás carece de ambas (como en «¡Uau, tío!, yo era yonqui. Y griega-o-ene-cu-u-i yonqui. El yonqui era algo especial, algo grande, importante y heroico. Realmente brutal», de Barbara Quinn) no es tan infrecuente como podría pensarse. Esto no quiere decir que la adicción no acabe dominando subrepticiamente a personas que no lo esperan, o que contra todo pronóstico esperan poder evitarlo; pocos o ninguno lo desean en cuanto han caído. Pero muchas autobiografías de drogadictos expresan la esperanza, sobre todo cuando empiezan a consumir, de que la adicción ofrezca una solución al menos parcial al problema de ser. Como escribe Marlowe en *Cómo detener el tiempo:* «Los que no consumen se preguntan por qué los adictos muy enganchados no ven lo absurdo que es organizar todo el día en torno a su necesidad de heroína, pero es que lo entienden al revés. Una de las razones por las que la gente se vuelve adicta es para encontrar alguna forma convincente de organizar sus vidas hora a hora. [...] La adicción crea un dios para que el tiempo se detenga. Para eso se han creado todos los dioses.» Como era de esperar, las memorias de Marlowe suscitaron críticas por su controvertida opinión de que la adicción es una opción, de que los síntomas de abstinencia no son tan graves como la gente los pinta, y así sucesivamente.

16. Véase «Muteness Envy» de Barbara Johnson, donde analiza la historia de los objetos amorosos silenciosos y feminizados en la poesía lírica, especialmente en «A una urna griega» de John Keats, a la que Keats se refiere como una «¡novia de silencio aún sin mancillar!». El ensayo, que culmina con una discusión sobre la película *El piano* de Jane Campion, termina con este argumento inmarcesible: «Si el feminismo encuentra una resistencia tan vehemente, tal vez no sea tanto porque sustituye el silencio de las mujeres por el discurso de las mujeres, sino porque, al hacerlo, interfiere con las estructuras oficiales de autocompasión que man-

343

tienen el poder patriarcal, al tiempo que dice la verdad que hay detrás de la belleza de la envidia de la mudez.»

17. Aunque Barad acuñó la frase «realismo agencial», prefiere no decir que la materia «tiene agencia» *per se;* en cambio, su investigación la ha llevado a creer que «la agencia no es algo que se tiene, no es propiedad de las personas o las cosas; más bien, la agencia es un poner en práctica, una cuestión de posibilidades para reconfigurar las situaciones complejas». Véase también el argumento de Moten al comienzo de *In the Break,* cuando Moten toma la idea de Marx de la mercancía que no habla para recordarnos que han existido mercancías que hablan, es decir, esclavos. En términos que evocan lo que Preciado escribe sobre la testosterona, Moten afirma: «Si bien la subjetividad se define porque el sujeto se posee a sí mismo y sus objetos, se ve alterada por la fuerza desposesiva que ejercen los objetos, de manera que el sujeto parece estar poseído –imbuido, deformado– por el objeto que posee.»

18. Véase «The Addictive Image» en el trabajo académico de Clune *Writing Against Time.*

19. Véase Clune, «How Computer Games Helped Me Recover from My Heroin Addiction».

20. El punto más importante de Butler en *Vida precaria. El poder del duelo y la violencia* es que la incapacidad de aceptar el dolor y la desorientación derivados de la pena, la intersubjetividad y el deseo puede llevarnos a acciones políticas destructivas e imprudentes, un fenómeno que examina cara a cara cómo los Estados Unidos se precipitaron hacia la guerra con posterioridad al 11 de septiembre.

4. DE POLIZÓN EN TREN

1. El término «Antropoceno» fue acuñado en la década de 1980 por el ecologista Eugene F. Stoermer y popularizado por el químico atmosférico Paul Crutzen. Ahora es ampliamente utilizado para designar el período posterior al Holoceno, la época que comenzó hace unos doce mil años, al final de la última Edad de Hielo. Aunque casi todos los científicos coinciden en que hemos

344

entrado en el Antropoceno, todavía están debatiendo exactamente cómo y dónde marcar su inicio (denominan la marca geológica que están buscando el «clavo de oro», que simbolizó el final de la construcción del primer ferrocarril transcontinental de los Estados Unidos, aun cuando la decisión acabe siendo anterior o posterior al ferrocarril). Algunos argumentan que el pico se remonta a ocho mil años atrás, con el principio de la agricultura; otros lo fechan en 1610, con la conquista europea de América y la posterior deforestación y propagación global de las enfermedades; algunos en la Revolución Industrial (el Grupo Intergubernamental de Expertos sobre el Cambio Climático utiliza 1750 como referencia para cartografiar las emisiones de gases de efecto invernadero, que corresponde aproximadamente a los comentarios de Morton sobre la máquina de vapor); hay quien lo fecha a mediados del siglo XX, con el primer despliegue de la bomba atómica y el sedimento de isótopos nucleares en los estratos de la tierra. Para una crítica de la lógica y la teoría del «clavo de oro», véase «Golden Spikes and Dubious Origins», en *A Billion Black Anthropocenes or None,* de Kathryn Yusoff.

2. Véase los informes «Planeta Vivo» de 2014 y 2016 de científicos de World Wildlife Foundation y la Zoological Society of London.

3. Véase Union of Concerned Scientists: https://blog.ucsusa. org/peter-frumhoff/global-warning-fact-co2-emissions-since-1988-764

4. Véase la página de Global Climate Change de la NASA: https://climate.nasa.gov/faq/16/is-it-too-late-to-prevent-climate-change/

5. Véase la National Climate Association, https://nca2018. globalchange.gov/: «Se espera que el futuro cambio climático altere aún más muchas áreas de la vida, agravando los desafíos existentes para la prosperidad planteados por una infraestructura que envejece y se deteriora, los ecosistemas amenazados y la desigualdad económica. El impacto intra e interregional no se distribuirá por igual. Las personas que ya son vulnerables, incluidas las comunidades de bajos ingresos y otras ya marginadas, poseen una menor capacidad para prepararse y hacer frente a condiciones meteorológicas extremas y a los sucesos relacionadas con el clima, y se

espera que tengan en ellas un impacto mayor.» Cada día recibimos más análisis detallados que subrayan el mismo hecho, como el artículo del *New York Times* de Christopher Flavels del 18 de junio de 2020, «Climate Change Tied to Pregnancy Risks, Affecting Black Mothers Most».

6. Véase el artículo de Amy Westervelt de 2019 «The Case for Climate Rage» *(Popula,* 19 de agosto de 2019), en el que Westervelt rechaza enérgicamente la costumbre (a menudo blanca y masculina) de utilizar la primera persona del plural o generalizar refiriéndose a la «humanidad» cuando hay que culpar a alguien de la crisis climática: «La gente que está en el poder nunca ha desmantelado los sistemas que los benefician. Así David Wallace-Wells cobró un adelanto increíble por *El planeta inhóspito,* un libro en el que presenta algunos argumentos sólidos y necesarios, para luego concluir, ante la falta de pruebas creíbles, que "nosotros", que somos responsables del cambio climático, lo solucionaremos a base de geoingeniería; a Nathaniel Rich se le dedicó un número entero del *New York Times Magazine* en el que se puso poético al hablar de "nuestro" fracaso a la hora de detener el cambio climático, una historia cuyos derechos se adquirieron casi al instante para escribir un libro y rodar una película; Jonathan Safran Foer pronto se unirá a ellos con su propia versión de "todos somos culpables" en *Podemos salvar el mundo antes de cenar* [desde que se publicó en 2019], donde argumenta en primer lugar, de manera incorrecta, que las dietas humanas son la causa principal del cambio climático, y luego que "nosotros" tenemos que abordarlo cambiando nuestro estilo de vida cuando sea necesario. [...] Pero cuando algunas mujeres, como mis colegas, señalan con el dedo, no es a una empresa ni una industria. Las industrias del petróleo, el carbón y la automoción, todas aportan lo suyo, las empresas de servicios públicos también, y los relaciones públicas y los lobbies que imponen sus intereses, y los políticos que ceden. Es mucha gente, pero no son *todas* las personas, no es la "humanidad".»

Múltiples puntos de datos —como un informe de Carbon Majors de 2017, que detalla cómo más del 70 % de las emisiones de gases de efecto invernadero del mundo liberadas desde 1988 las han producido solo cien empresas— subrayan la creencia de Wes-

tervelt de que no es la «humanidad». Si retrocedemos un poco
más, está claro que no todos los humanos han vivido de forma tan
imprudente y destructiva como los europeos y estadounidenses
blancos de los últimos seiscientos años, aproximadamente; es importante observar la diferencia, no solo para asignar responsabilidades, sino también para descubrir cómo poder avanzar. Al mismo
tiempo, teniendo en cuenta hasta qué punto nos resulta imposible
prescindir de los combustibles fósiles y cómo participamos diariamente en su consumo, no creo que una actitud estricta de «noso-
tros/ellos» sea el enfoque más fructífero; también parece importante
tener en cuenta el reconocimiento que lleva a cabo Kate Marvel
de su complicidad y responsabilidad, como cuando escribe: «Al final, yo soy responsable de los gases que están cambiando el clima
y, al criar a mi hijo en la comodidad y los privilegios, le estoy
transmitiendo esa responsabilidad y esa culpa.» Véase también el
argumento de Amitav Ghosh sobre el papel central de Asia en la
crisis climática en *El gran desvarío*.
    7. En «The Case for Climate Rage», Westervelt ofrece la si-
guiente lista, que no veo ninguna razón para intentar mejorar:
    • La psicóloga Renée Lertzman escribió por primera vez
sobre la aflicción provocada por el cambio climático y cómo
procesarlo pasando a la acción, hace más de una década.
    • Mary Annaïse Heglar escribe maravillosamente sobre la
intersección entre racismo y cambio climático.
    • Katharine Wilkinson es una gran defensora de amplifi-
car las voces de las mujeres de color sobre el clima.
    • La bióloga marina Ayana E. Johnson escribe sobre la con-
servación de los océanos, un componente fundamental y que
extrañamente se pasa por alto al abordar el cambio climático.
    • En su próximo libro, *The Optimist's Telescope: Thinking
Ahead in a Reckless Age,* Bina Venkataraman se centra en pensar a largo plazo para conseguir un futuro mejor.
    • La científica de la NASA Kate Marvel escribe regular-
mente sobre la interfaz entre ciencia y valores humanos.
    • Tamara Toles O'Laughlin está transformando el grupo
de activistas climáticos 350.org en una fuerza diversa y equitativa a favor de la justicia.

• Rhiana Gunn-Wright está escribiendo la verdadera política que ayudará a crear un Green New Deal.

• La oceanógrafa Sarah Myhre luchó –con éxito– por la libertad de aportar sentimiento y convicción a la hora de divulgar la ciencia del cambio climático.

Véase también la lista de recursos de Somini Sengupta del 5 de junio de 2020 en el *New York Times* sobre los solapamientos entre racismo y crisis climática.

8. Véase, por ejemplo, *Radical Hope: Ethics in the Face of Cultural Devastation*, de Jonathan Lear, donde medita sobre la historia de la nación crow a la hora de explorar cómo otras culturas podrían afrontar valerosamente la posibilidad de su extinción. Lear se centra en las implicaciones filosóficas de una declaración realizada por Plenty Coups, el último jefe tradicional crow, poco antes de su muerte: «Cuando el bisonte desapareció, el ánimo de mi pueblo quedó por los suelos, y ya no volvió a remontar. Después de eso no pasó nada.» De particular interés para Lear son estas últimas seis palabras, ya que indican la dificultad de los crow a la hora de atribuir un sentido –o incluso temporalidad– a acontecimientos que ocurrieron después de la destrucción de la matriz que daba sentido a su vida. Véase también *The Heartbeat of Wounded Knee* de David Treuer, que reformula la historia de la América nativa desde 1890 hasta el presente como «poseedora de un ingenio y una reinvención sin precedentes», en lugar de dibujar un relato de desaparición y aniquilación.

9. Véase McKibben, el podcast The Quarantine Tapes, https://quarantine-tapes.simplecast.com/episodes/the-quarantine-tapes-036-bill-mckibben-cmRf5Wlk

10. Véase el artículo del *New Yorker* de 2018 de McKibben «How Extreme Weather Is Shrinking the Planet».

11. *Ibidem.*

12. Véase también *Lifeblood: Oil, Freedom, and the Forces of Capital* de Matthew T. Huber.

13. Véase el relato de Zoe Todd, estudiosa de los métis (un grupo étnico de Canadá), sobre una charla de Bruno Latour. En él Todd manifiesta su decepción ante el hecho de que la gente «celebrara y adorara a un pensador europeo por "descubrir" lo que

muchos pensadores indígenas de todo el mundo podrían haberte dicho durante milenios» («An Indigenous Feminist's Take on Ontology»).

14. Véase, por ejemplo, *The Child to Come* de Rebekah Sheldon; *Ensamblajes terroristas* de Jasbir Puar, en los que Puar describe el compromiso queer con la «economía reproductiva capitalista» como «simulaciones» de heteronormatividad; o lo que escribe Heidi Nast acerca de la falaz «coartada queer» que supuestamente utilizan los queers blancos con niños para protegerse de las acusaciones de participar en «patriarcados queer o racismos queer».

15. Véanse las declaraciones de Emma González, una de las más francas activistas de #NeverAgain y superviviente de la matanza de Parkland, Florida, frente a los horribles ataques de los medios de comunicación de derecha y la NRA contra ella y sus compañeros: «¿Cuándo *niños* se convirtió en una palabra tan sucia? [...] Siempre nos han dicho que si vemos que algo va mal, tenemos que decirlo; pero ahora que lo hacemos, lo único que conseguimos es una total falta de respeto por parte de las personas que, para empezar, hicieron las reglas. A los adultos les gustamos cuando sacamos buenas notas, pero nos odian cuando tenemos opiniones contundentes.»

16. Connolly está resumiendo aquí una historia que cuenta Anna Lowenhaupt Tsing en *La seta del fin del mundo,* un examen denso y compasivo del matsutake, un valioso hongo que crece en los bosques alterados por los humanos, que Tsing considera un ejemplo de la clase de formas de vida contaminadas que resurgen, y de las que podemos aprender a vivir en las ruinas de nuestros sueños (o de otra persona).

17. Estas son las palabras de Heidi Binko del Fondo de Transición Justa, tal como se citan en Eliza Griswold, «People in Coal Country Worry about the Climate, Too».

18. La paranoia y la desesperación no son idénticas, pero la discusión de Sedgwick sobre la paranoia en «Paranoid Reading and Reparative Reading» tiene aquí relevancia, como cuando habla del axioma, «El hecho de que seas paranoico no significa que no te persigan»: «El valor de verdad del axioma original, asumiendo que *sea* cierto, en realidad no consigue que un imperativo para-

noico sea evidente por sí mismo. Algunos, al enterarse de que "el hecho de que seas paranoico no significa que no tengas enemigos", podrían deducir que ser paranoico es una forma eficaz de deshacerse de los enemigos. En lugar de concluir que "por lo tanto, nunca puedas ser lo bastante paranoico", esta persona podría verse incitada a reflexionar: "pero, entonces, que tengas enemigos no significa que tengas que ser paranoico".» Véase también *Queer Optimism* de Michael Snediker, donde escribe (al comentar un pasaje de Sedgwick sobre la alegría en Proust): «Me fascina la idea de que la alegría pueda ser un garante de la verdad, o dicho de otra manera, de que esa alegría pueda ser persuasiva.» A mí también.

19. Por considerar solo algunos ejemplos: véase «The Uses of Anger» de Audre Lorde, *Depression* de Ann Cvetkovich y *Buenas & enfadadas* de Rebecca Traister. Además, en *Ugly Feelings* Ngai diferencia entre «emociones relativamente inequívocas» (como la ira y el miedo) y sentimientos negativos «carentes de prestigio» (como la envidia, la irritación y la paranoia), y solo califica a este último de «sentimiento desagradable». Para mi propósito, hago caso omiso de esta distinción y trato todos los sentimientos negativos bajo la rúbrica de «desagradables».

20. Véase Moten, *The Undercommons* (p. 117): «¿Cómo es que no podemos estar juntos y pensar juntos de una manera que nos resulte satisfactoria, de la manera que debería resultarnos satisfactoria? Para casi todos nuestros colegas y estudiantes, por mucho que desees diluir esa distinción, esa es la cuestión más difícil de conseguir que la gente se plantee. Todo el mundo está constantemente cabreado, se siente mal, pero muy pocas veces entablas una conversación en la que la gente diga: "¿por qué no estoy contento?". Hay muchas personas enfadadas e insatisfechas, pero parece difícil para la gente pregunte, colectivamente: "¿por qué no estoy contento?". Adoro la poesía, pero ¿por qué en este contexto no estoy contento leyendo poesía, pensando y escribiendo sobre ella? En mi opinión, esa es la pregunta que empezamos a intentar formular.»

EPÍLOGO

1. Véase la noción psicoanalítica del futuro perfecto, como en «Si creo esta historia, entonces habré sido diferente de lo que era, o de lo que pensaba que era» (Laplanche y Pontalis, *Diccionario de psicoanálisis*); véase también la preferencia de Derrida por el futuro perfecto en sus textos posteriores; véase también *Dear Angel of Death* de Simone White, donde recoge el pensamiento de Édouard Glissant, Fred Moten, Amiri Baraka, Nathaniel Mackey, Jared Sexton, Gilles Deleuze y otros para discutir la anterioridad futura, el tiempo verbal de *«wouldly»*, el «tiempo embrujado», y el pliegue (o tiempo plegado), en relación con el mundo negro.

2. Véase *Stolen Life* de Moten, donde habla de la posibilidad de acabar «encadenado a la lucha por la libertad»; Moten parafrasea aquí al abogado chicano, activista y novelista Oscar Zeta Acosta, quien, en su novela de 1973 *La revuelta del pueblo cucaracha*, escribió: «Todavía no ha respondido nadie por todas las vidas extinguidas de todos los combatientes que se han visto obligados a seguir adelante, encadenados a una guerra por la Libertad al igual que un esclavo está encadenado a su amo.»

3. El lenguaje que considera el COVID-19 como un portal se puede encontrar en el artículo de Arundhati Roy del 3 de abril de 2020 en el *Financial Times*, «The Pandemic Is a Portal»: «Históricamente, las pandemias han obligado a los humanos a romper con el pasado e imaginar el mundo de nuevo. Esta no es diferente. Es un portal, una puerta de entrada entre un mundo y el siguiente.» Robin Kelley retoma este lenguaje el 24 de junio de 2020, en una entrevista con *The Intercept*, y coincide con Roy en que la pandemia «es un portal. Y, como portal, es solo una apertura. Y, como apertura, nada está garantizado, pero es una apertura porque ha sacado a la luz la estructura del capitalismo racial y de género y la violencia ejercida contra las personas más vulnerables. [...] La pregunta es ¿qué vamos a hacer en este portal? ¿Tenemos la voluntad política de reconocer básicamente el hecho de que todas estas condiciones son inseparables, de que no se puede salir de todas estas condiciones con una simple reforma? [...] Queda por ver si eso sucede o no. Pero no creo que se abran muchos portales».

4. Véase *El concepto de la angustia* de Kierkegaard, donde analiza la angustia como el «vértigo de la libertad»; véase también la idea de angustia de Heidegger como experiencia de la libertad, tal como lo resume Simon Critchley en «Ser y tiempo, Parte 5: La angustia». El vínculo entre la angustia y la libertad al que me he enfrentado no se parece realmente a un «vértigo de la libertad» *per se*, ni a lo que Milan Kundera denominó «la insoportable levedad del ser». Se trata más bien de que, en la medida en que la indeterminación –que es una forma de libertad, es decir, la libertad de no saber lo que va a pasar ahora– permite un pensamiento tipo «¿qué pasaría si?», y en la medida en que el pensamiento de «¿qué pasaría si?» nos lleva a algunos a una catastrofización crónica, estoy metida en ello hasta las cejas.

OBRAS CITADAS

Acosta, Oscar Zeta, *The Revolt of the Cockroach People,* Nueva York, Vintage, 1989 [trad. esp.: *La revuelta del pueblo cucaracha,* trad. de Javier Lucini, Madrid, Acuarela & Antonio Machado, 2013].

Ahmed, Sara, «Feminist Killjoys (and Other Willful Subjects)», *Scholar and Feminist Online,* 8, n.º 3, verano de 2010.

—, *The Promise of Happiness,* Durham, NC, Duke University Press [trad. esp.: *La promesa de la felicidad,* trad. de Hugo Salas, Buenos Aires, Caja Negra, 2019].

—, «Why Complain?», *Feminist Killjoys* (blog), 22 de julio de 2019. https://feministkilljoys.com/2019/07/22/why-complain/#:~:text=She

Alexander, Anna, y Mark S. Roberts, eds., *High Culture: Reflections on Addiction and Modernity,* Albany, State University of New York Press, 2003.

Allison, Dorothy, prefacio de *My Dangerous Desires: A Queer Girl Dreaming Her Way Home,* de Amber Hollibaugh, Durham, NC, Duke University Press, 2000.

Allman Brothers, «Ramblin' Man», corte 9 en *Brothers and Sisters,* Capricorn Records, 1973.

American Civil Liberties Union, «What Is Censorship?». https://www.aclu.org/other/what-Censorship

Amor, Bani, «The Heart of Whiteness», *Bitch,* 79, verano de 2019.

Angel, Katherine, entrevista con Connor Habib, *Against Everyone* (podcast), 3 de marzo de 2020. https://podcasts.apple.com/us/podcast/against-everyone -with-conner-habib/id1298708750

—, «Sex and Self-Knowledge: Beyond Consent», blog de Verso, 14 de febrero de 2020. https://www.versobooks.com/blogs/4573-sex-and-self-knowledge-beyond-consent

Arendt, Hannah, carta a James Baldwin, «The Meaning of Love in Politics», 21 de noviembre de 1962. http://www.hannaharendt.net/index.php/han/article/view/95/156

—, «What Is Freedom?», en *The Portable Hannah Arendt,* ed. de Peter Baehr, Nueva York, Penguin, 2000 [trad. esp.: *¿Qué es la libertad?,* trad. de Mara Kolesas. https://philpapers.org/archive/QUELED-3.pdf].

Azimi, Negar, «The Charming, Disgusting Paintings of Tala Madani», *New Yorker,* 28 de abril de 2017.

Bakunin, Mikhail, *The Political Philosophy of Bakunin,* ed. de G. P. Maximoff, Glencoe, IL, The Free Press, 1953.

Baldwin, James, *The Fire Next Time*, 1.ª ed. en Vintage International, Nueva York, Vintage International, 1993 [trad. esp.: *La próxima vez el fuego,* trad. de Matilde Horne, Buenos Aires, Sudamericana, 1964].

—, «The Black Boy Looks at the White Boy» (1961) y *The Devil Finds Work* (1976), en *Collected Essays,* ed. de Toni Morrison, Nueva York, Library of America, 1998.

Balibar, Étienne, «Subjection and Subjectivation», en *Supposing the Subject,* ed. de Joan Copjec, Nueva York, Verso, 1994 [trad. esp.: «Sujeción y subjetivación», trad. de Carolina Juaneda. https://quod.lib.umich.edu/p/pc/12322227.0006.004?view=text;rgn=main].

Barad, Karen, «Matter Feels, Converses, Suffers, Desires, Yearns and Remembers: Interview with Karen Barad», en *New Materialism: Interviews & Cartographies,* ed. de Rick Dolphijn e Iris van der Tuin. https://quod.lib.umich.edu/o/ohp/11515701.0001.001/1:4.3/–new-materialism-interviews-cartographies?rgn=div2;view=fulltext

Beatty, Paul, ed., *Hokum: An Anthology of African-American Humor,* Nueva York, Bloomsbury, 2006.

Bennett, Jane, *Vibrant Matter: A Political Ecology of Things,* Durham, NC, Duke University Press, 2010.

Berardi, Franco, «Bifo», «Schizo Economy», trad. de Michael Goddard, *SubStance,* 36, n.º 1: Italian Post-Workerist Thought (2007).

—, «How to Heal a Depression?», 2015. https://www.scribd.com/document/74998394/Bifo-How-to-Heal-a-Depression

—, *El trabajo del alma: De la alienación a la autonomía,* trad. de Gilda Vignolo y Ezequiel Gatto, Buenos Aires, Vestales, 2016.

Bergen Assembly, «Actually, the Dead Are Not Dead», anuncio de exposición, *e-flux* (publicación online), 5 de septiembre - 10 de noviembre de 2019. https://www.e-flux.com/announcements/267069/actually-the-dead-are-not-dead

Berger, John, «The White Bird», en *The Sense of Sight,* Nueva York, Vintage, 1993 [trad. esp.: *El sentido de la vista,* trad. de Pilar Vázquez Álvarez, Madrid, Alianza, 2006].

Berlant, Lauren, *The Queen of America Goes to Washington City: Essays Sex and Citizenship,* Durham, NC, Duke University Press, 1997.

—, «Trump, or Political Emotions», *New Inquiry,* 5 de agosto de 2016.

—, y Lee Edelman, *Sex, or the Unbearable,* Durham, NC, Duke University Press, 2014.

Bernstein, Charles, *My Way: Speeches and Poems,* Chicago, University of Chicago Press, 2010.

Bersani, Leo, «Is the Rectum a Grave?», *October,* 43, AIDS: Cultural Analysis/Cultural Activism, invierno de 1987, pp. 197-222.

Biss, Eula, «White Debt», *New York Times,* 2 de diciembre de 2015. https://www.nytimes.com/2015/12/06/magazine/white-debt.html

—, *Having and Being Had,* Nueva York, Riverhead Books, 2020.

Black Lives Matter, *Healing in Action,* panfleto autoeditado. https://blacklivesmatter.com/wp-content/uploads/2017/10/BLM_HealinginAction-1-1.pdf

Black, Hannah, «Open Letter to the Curators and Staff of the Whitney Biennial», originariamente publicado en Facebook, reproducido en *ARTNews,* 21 de marzo de 2017.

Blanchfield, Brian, «On Frottage», en *Proxies: Essays Near Knowing*, Brooklyn, NY, Nightboat Books, 2016.

Blow, Charles, «The Moral High Ground», *New York Times*, 31 de mayo de 2018.

Boal, Augusto, «The Cop in the Head: Three Hypotheses», *TDR*, 34, n.º 3, otoño de 1990, pp. 35-42.

Boehm, Mike, «2 Artists Quit UCLA over Gun Incident», *Los Angeles Times*, 22 de enero de 2005. https://www.latimes.com/archives/la-xpm-2005-jan-22-me-profs22-story.html

Boon, Marcus, *The Road of Excess: A History of Writers on Drugs*, Cambridge, MA, Harvard University Press, 2002.

Bradford, Mark, «Artist Mark Bradford on Creating Works of Social Abstraction», entrevista con Paul Laster, *TimeOut*, 11 de noviembre de 2015.

—, citado en «What Else Can Art Do? The Many Layers of Mark Bradford's Work», semblanza por Calvin Tomkins, *New Yorker*, 22 de junio de 2015.

Braidotti, Rosi, *Nomadic Theory: The Portable Rosi Braidotti*, Nueva York, Columbia University Press, 2011.

Braverman, Kate, entrevista, *Bookslut.com* (blog), febrero de 2006. http://www.bookslut.com/features/2006_02_007804.php

Breton, André, *Manifiestos del surrealismo*, trad. de Andrés Bosch, Madrid, Visor, 2009.

Brooks, David, «After the Women's March», *New York Times*, 24 de enero de 2017.

brown, adrienne maree, *Pleasure Activism: The Politics of Feeling Good*, Chico, CA, AK Press, 2019.

Brown, Wendy, *States of Injury: Power and Freedom in Late Modernity*, Princeton, NJ, Princeton University Press, 1995 [trad. esp.: *Estados del agravio*, trad. de Jorge Cano y Carlos Valdés, Madrid, Lengua de Trapo, 2019].

—, «Populism, Authoritarianism, and Making Fascism Fun Again», conferencia en el UCSD International Institute, marzo de 2017. https://www.youtube.com/watch?v=CUAJ2-Z4PqI&t=3770s

—, *Undoing the Demos: Neoliberalism's Stealth Revolution*, Nueva York, Zone Books, 2017 [trad. esp.: *El pueblo sin atributos. La secreta revolución del neoliberalismo,* trad. de Víctor Altamirano, Barcelona, Malpaso, 2017].

—, Peter Eli Gordon y Max Pensky, *Authoritarianism: Three Inquiries in Critical Theory,* Chicago, University of Chicago Press, 2018.

Brownstein, Carrie, *Hunger Makes Me a Modern Girl: A Memoir,* Nueva York, Riverhead Books, 2015.

Bryan-Wilson, Julia, «Draw a Picture, Then Make It Bleed», en *Dear Nemesis: Nicole Eisenman 1993-2013,* St. Louis, MO, Contemporary Art Museum St. Louis; Colonia, König, 2014.

Buda, «We Can Do it», citado en Sharon Salzberg, *The Kindness Handbook: A Practical Companion,* Boulder, CO, Sounds True Publishing, 2008 [trad. esp.: *Podemos hacerlo.* http://artigoo.com/podemos-hacerlo].

Bundy, Ammon, «Are we starting to see it yet?», Facebook, 25 de marzo de 2020.

Burke, Tarana (@TaranaBurke), «I've said repeatedly that the #metooMVMT is for all of us», Hilo de Twitter, 20 de agosto de 2018, 4:08 AM (PST). https://twitter.com/TaranaBurke/status/1031498904158855170?s=20

Burroughs, William S., *Naked Lunch,* París, Olympia Press, 1959 [trad. esp.: *El almuerzo desnudo,* trad. de Mariano Antolín Rato, Barcelona, Anagrama, 2006].

—, y Sylvère Lotringer, *Burroughs Live: The Collected Interviews of William S. Burroughs, 1960-1997,* Semiotext(e) Double Agents Series, Cambridge, MA, MIT Press, 2001.

Butler, Judith, «The Body You Want», entrevista con Liz Kotz, *Artforum,* 31, noviembre de 1992, pp. 82-89.

—, *The Psychic Life of Power: Theories in Subjection,* Palo Alto, CA, Stanford University Press, 1997 [trad. esp.: *Mecanismos psíquicos del poder,* trad. de Jacqueline Cruz, Madrid, Cátedra, 2010].

—, *Precarious Life: The Powers of Mourning and Violence,* Nueva York, Verso, 2004 [trad. esp.: *Vida precaria. El poder del duelo y la violencia,* trad. de Fermín Rodríguez, Barcelona, Paidós, 2006].

—, *The Force of Nonviolence: An Ethico-Political Bind,* Nueva York, Verso, 2020 [trad. esp.: *La fuerza de la no violencia. La ética en lo político*, trad. de Marcos Mayer, Barcelona, Paidós, 2021].

Butler, Octavia E., *Parable of the Sower*, Nueva York, Grand Central Publishing, 2019 [trad. esp.: *La parábola del sembrador*, trad. de Silvia Moreno, Madrid, Capitán Swing, 2021].

C. E., «Undoing Sex: Against Sexual Optimism», *LIES: A Journal of Materialist Feminism*, 1, n.º 1, 2012, pp. 15-34.

Cain, George, *Blueschild Baby*, Nueva York, Ecco, 2019.

Califia, Patrick, «Notes and Letters», *Feminist Studies*, 9, n.º 3, otoño de 1983, pp. 589-615.

California Institute of the Arts (CalArts), «Exhibitions/Presentations Policy». https://policies.calarts.edu/all-policies/exhibitionspresentationspolicy

Callahan, Manolo, «[COVID-19] (Insubordinate) Conviviality in the COVID-19 Conjuncture», *Convival Thinking* (blog), 24 de abril de 2020. https://www.convivialthinking.org/index.php/2020/04/24/insubordinateconviviality

—, y Annie Paradise, «Fierce Care: Politics of Care in the Zapatista. Conjuncture», *Transversal*, 2017. https://transversal.at/blog/Fierce-Care

Camillus, John C., «Strategy as a Wicked Problem», *Harvard Business Review*, mayo de 2008. https://hbr.org/2008/05/strategy-as-a-wicked-problem

Caney, Simon, «Climate Change and the Future: Discounting for Time, Wealth, and Risk», *Journal of Social Philosophy*, 40, n.º 2, junio de 2009, pp. 163-186.

«The Carbon Majors Database CDP Carbon Majors Report 2017 100 Fossil Fuel Producers and Nearly 1 Trillion Tonnes of Greenhouse Gas Emissions», 2017. https://b8f65cb373b1b7b15febc70d8ead6ced550b4d987d7c03fcdd1d.ssl.cf3.rackcdn.com/cms/reports/documents/000/002/327/original/Carbon-Majors-Report-2017.pdf

Carnevale, Fulvia, y John Kelsey, «Art of the Possible: An Interview with Jacques Rancière», *Artforum*, marzo de 2007, pp. 256-269.

Ceballos, Gerardo, Paul R. Ehrlich y Rodolfo Dirzo, «Biological Annihilation via the Ongoing Sixth Mass Extinction Signaled by Vertebrate Population Losses and Declines», *Proceedings of the National Academy of Sciences,* 114, n.º 30, 25 de julio de 2017.

Césaire, Aimé, citado en David Marriott, «Response to Race and the Poetic Avant-Garde», *Boston Review,* 10 de marzo de 2015.

Chakrabarty, Dipesh, «The Climate of History: Four Theses», *Critical Inquiry,* 35, n.º 2, 2009, pp. 197-222.

Chan, Jamie, y Leah Pires, «Kai Althoff», *4Columns,* 30 de noviembre de 2018.

Chan, Paul, «Paul Chan by Nell McClister», *BOMB,* 1 de julio de 2005. https://bomb magazine.org/articles/paul-chan/

Chödrön, Pema, «No Right, No Wrong: An Interview with Pema Chödrön», *Tricycle,* otoño de 1993.

—, *When Things Fall Apart: Heart Advice for Difficult Times,* Boston, Shambhala, 2004 [trad. esp.: *Cuando todo se derrumba: palabras sabias para momentos difíciles,* trad. de Miguel Iribarren Berrade, Madrid, Gaia, 2012].

—, carta a la Comunidad Shambhala, 22 de septiembre de 2018. https://shambhala.report/r/pema-chodron-letter-to-the-sham bhala-community/

Chu, Andrea Long, «I Worked with Avital Ronell. I Believe Her Accuser», *The Chronicle of Higher Education,* 30 de agosto de 2018.

—, «On Liking Women», *n+1,* n.º 30, «Motherland», invierno de 2018.

—, «Would #MeToo Jump the Shark?», *n+1,* n.º 31, primavera de 2018.

Civil, Gabrielle, *Experiments in Joy,* Fairfax, VA, Civil Coping Mechanisms, 2019.

Cleaver, Eldridge, *Soul on Ice,* Nueva York, Dell, 1999 [trad. esp.: *Alma encadenada,* trad. de Francisco González Aramburu, México D.F., Siglo XX, 1970].

Clune, Michael W., «Author Michael W. Clune on the Secret Life of Heroin», *Phoenix House,* 16 de septiembre de 2013. https://www.phoenixhouse.org/news-and-views/our-perspec tives/author-michael-w-clune-on-the-secret-life-of-heroin/

359

—, *White Out: The Secret Life of Heroin*, Center City, MN, Hazelden, 2013.

—, *Writing Against Time*, Palo Alto, CA, Stanford University Press, 2013.

—, *Gamelife: A Memoir*, Nueva York, Farrar, Straus and Giroux, 2015.

—, «How Computer Games Helped Me Recover from My Heroin Addiction», *View*, 14 de septiembre de 2015.

Coates, Ta-Nehisi, «Kanye West in the Age of Donald Trump», *Atlantic*, 7 de mayo de 2018.

Cobb, Jelani (@jelani9), «The reopen protesters keep saying "Live Free or Die"», Twitter, 26 de abril de 2020. https://twitter.com/jelani9/status/1254428012776431618

«A Community Response to ICA, Boston Re: Upcoming Dana Schutz Exhibition», 25 de julio de 2017. https://news.artnet.com/app/news-upload/2017/07/Follow-Up-Letter-to-ICA.pdf

Connolly, William E., *Facing the Planetary: Entangled Humanism and the Politics of Swarming*, Durham, NC, Duke University Press, 2017.

Constitución iroquesa (Haudenosaunee), reconstruida a partir de la historia oral. Modern History Sourcebook, Fordham University online. http://source books.fordham.edu/mod/iroquois.asp

Crimp, Douglas, *Melancholia and Moralism: Essays on AIDS and Queer Politics*, Cambridge, MA, MIT Press, 2004.

Critchley, Simon, *Infinitely Demanding: Ethics of Commitment, Politics of Resistance*, Nueva York, NY, Verso, 2008 [trad. esp.: *La demanda infinita*, trad. de Socorro Giménez, Barcelona, Marbot, 2010].

—, «Being and Time, part 5: Anxiety», *The Guardian*, 6 de julio de 2009. https://www.theguardian.com/commentisfree/belief/2009/jul/06/heidegger-philosophy-being

Culp, Andrew, «Chapter 4: Affect», *Anarchist without content* (blog), 12 de agosto de 2013. https://anarchistwithoutcontent.wordpress.com/2013/08/12/chapter-4-affect/

—, *Dark Deleuze*, Mineápolis, University of Minnesota Press, 2016.

—, «Everybody Talks About the Weather, but Nobody Does Anything About It: Interiority, Affect, and Negation in the Metropolis», *Anarchist without Content* (blog). https://anarchistwithoutcontent.wordpress.com/works/

Cvetkovich, Ann, *Depression: A Public Feeling,* Durham, NC, Duke University Press, 2012.

Dark Mountain Project, *Walking on Lava: Selected Works for Uncivilised Times,* Chelsea, VT, Dark Mountain Project, 2017.

Davies, Dave, «Climate Change Is "Greatest Challenge Humans Have Ever Faced," Author Says», entrevista con Bill McKibben, NPR News Radio, *Fresh Air,* 16 de abril de 2019.

Davis, Angela Y., *Freedom Is a Constant Struggle: Ferguson, Palestine, and the Foundations of a Movement,* Chicago, Haymarket Books, 2016 [trad. esp.: *La libertad es una batalla constante,* trad. de Esther Odriozola, Alejandro Reyes y Luz Gómez, Madrid, Capitán Swing, 2017].

Davis, Noela, «Subjected Subjects? On Judith Butler's Paradox of Interpellation», *Hypatia,* 27, n.º 4, otoño de 2012, pp. 881-897.

De Boever, Arne, «Democratic Exceptionalisms (on Sam Durant's Scaffold)», en *Against Aesthetic Exceptionalism,* Mineápolis, University of Minnesota Press, 2019.

«Dear Oprah Winfrey: 142 Writers Ask You to Reconsider American Dirt», *Literary Hub,* 29 de enero de 2020. https://lithub.com/dear-oprah-winfrey-82-writers-ask-you-to-reconsider-american-dirt/

Deleuze, Gilles, y Félix Guattari, *El antiedipo,* trad. de Francisco Monge, Barcelona, Paidós, 1985.

—, y Claire Parnet, *Diálogos,* trad. de José Vázquez Pérez, Valencia, Pre-Textos, 1997.

Deneuve, Catherine, *et al.,* «Nous défendons une Liberté d'importuner, indispensable à la liberté sexuelle», *Le Monde,* 13 de enero de 2018.

Derrida, Jacques, «Retóricas de la droga», trad. de Bruno Mazzoldi. https://redaprenderycambiar.com.ar/derrida/textos/droga_retoricas.htm

Despentes, Virginie, *Teoría King Kong,* trad. de Paul Beatriz Preciado, Barcelona, Random House, 2018.

Diamond, Jonny, «Elon Musk Learns All the Wrong Lessons from Isaac Asimov's Foundation Trilogy», *Literary Hub,* 24 de febrero de 2020. https://lithub.com/elon-musk-learns-all-the-wrong-lessons-from-isaac-asimovs-foundation-trilogy/#:~:text=Specifically%2C%20a20lukewarm%20recommendation%20of,length%20of%20a%20dark%20age

Diamond, Lisa, *Sexual Fluidity: Understanding Women's Love and Desire,* Cambridge, MA, Harvard University Press, 2009.

Diaz, Natalie, *When My Brother Was an Aztec,* Port Townsend, WA, Copper Canyon Press, 2012.

Dillard, Annie, *For the Time Being,* Nueva York, Knopf Doubleday, 2010.

Dolphijn, Rick, e Iris van der Tuin, eds., *New Materialism: Interviews & Cartographies,* Ann Arbor, MI, Open Humanities Press, 2012.

Donegan, Moira, «Sex During Wartime: The Return of Andrea Dworkin's Radical Vision», *Bookforum,* 25, n.º 5, febrero de 2019.

Donohue, William (Bill), «Ant-Covered Jesus Video Removed from National Portrait Gallery», Live Q&As, WashingtonPost.Com, 1 de diciembre de 2010.

—, citado en Ian Schwartz, «Megyn Kelly vs. Catholic League's Bill Donohue», *Real Clear Politics,* 9 de enero de 2015.

Doyle, Jennifer, y David Getsy, «Queer Formalisms: Jennifer Doyle and David Getsy in Conversation», *Art Journal,* 72, invierno de 2013, pp. 58-71.

—, *Campus Sex, Campus Security,* South Pasadena, CA, Semiotext(e), 2015.

D'Souza, Aruna, «Who Speaks Freely? Art, Race, and Protest», *Paris Review,* 22 de mayo de 2018.

Durant, Sam, «Q+A with Carolina A. Miranda», *Los Angeles Times,* 17 de junio de 2017.

—, «Reflections on *Scaffold* after Three Years». https://samdurant.net/files/downloads/SamDurant-ReflectionsOnScaffold-2020.pdf

Dustan, Guillaume, *En mi cuarto,* trad. de Ahmed Haderbache, Barcelona, Reservoir Books, 2016.

Edelman, Lee, *No Future: Queer Theory and the Death Drive,* Durham, NC, Duke University Press, 2004 [trad. esp.: *No al futuro: la teoría queer y la pulsión de muerte,* trad. de Javier Sáez y Adriana Baschuck, Barcelona-Madrid, Egales, 2014].

Elrichman, John, citado en «Legalize It All», de Dan Baum, *Harpers,* abril de 2016.

Emerson, Ralph Waldo, «The American Scholar» (1837), en *The Collected Works of Ralph Waldo Emerson,* ed. de Robert Ernest Spiller, Alfred R. Ferguson, Joseph Slater y Jean Ferguson Carr, Cambridge, MA, Belknap Press of Harvard University Press, 1971.

—, «Circles» (1841), en *The Collected Works of Ralph Waldo Emerson,* ed. de Robert Ernest Spiller, Alfred R. Ferguson, Joseph Slater y Jean Ferguson Carr, Cambridge, MA, Belknap Press of Harvard University Press, 1971.

—, «Experience» (1844), en *The Collected Works of Ralph Waldo Emerson,* ed. de Robert Ernest Spiller, Alfred R. Ferguson, Joseph Slater y Jean Ferguson Carr, Cambridge, MA, Belknap Press of Harvard University Press, 1971.

Emre, Merve, «All Reproduction Is Assisted», *Boston Review,* número especial «Once and Future Feminist», verano de 2018.

English, Darby, *How to See a Work of Art in Total Darkness,* Cambridge, MA, MIT Press, 2007.

—, *1971: A Year in the Life of Color,* Chicago, University of Chicago Press, 2016.

Enzinna, Wes, «Inside the Radical, Uncomfortable Movement to Reform White Supremacists», *Mother Jones,* julio de 2018.

Estrada, Álvaro, *Vida de María Sabina: la sabia de los hongos,* México, Siglo XXI, 2007.

Ettorre, Elizabeth, *Women and Substance Use,* New Brunswick, NJ, Rutgers University Press, 1992 [trad. esp.: *Mujeres y alcohol: placer privado o problema público,* trad. de Mercedes Gancedo, Madrid, Narcea, 1998].

Fahs, Breanne, «"Freedom to" and "Freedom from": A New Vision for Sex-Positive Politics», *Sexualities,* 17, n.º 3, 2014, pp. 267-290.

Fairbanks, Ashleigh, «Genocide and Mini-Golf in the Walker

Sculpture Garden», *City Pages* (Mineápolis), 27 de abril de 2017.

Ferreira da Silva, Denise, «On Difference without Separability», en *Incerteza viva/Living Uncertainty*, São Paulo, 32a São Paulo Art, 2016. Catálogo de la exposición de la Biennial.

Fischel, Joseph J., *Sex and Harm in the Age of Consent*, Mineápolis, University of Minnesota Press, 2016.

—, *Screw Consent: A Better Politics of Sexual Justice*, Oakland, University of California Press, 2019.

Flavelle, Christopher, «Climate Change Tied to Pregnancy Risks, Affecting Black Mothers Most», *New York Times*, 18 de junio de 2020. https://www.nytimes.com/2020/06/18/climate/climate-change-pregnancy-study.html.

Flavelle, Genevieve, «Inside KillJoy's Kastle, a Lesbian Feminist Haunted House», *InVisible Culture*, 27, noviembre de 2017.

Folden, Kathleen, citado en «Montana Woman Takes Crowbar to Disputed Artwork in Loveland», de Monte Whaley, *Denver Post*, 6 de octubre 2010. https://www.denverpost.com/2010/10/06/mont-woman-takes-crowbar-to-disputed-artwork-in-loveland/

Foner, Eric, *The Story of American Freedom*, Nueva York, W. W. Norton, 1998 [trad. esp.: *La historia de la libertad en EE.UU.*, trad. de Albino Santos Mosquera, Barcelona, Península, 2010].

Foucault, Michel, *Subjetividad y verdad*, trad. de Horacio Pons, Madrid, Akal, 2020.

Frank, Barney, *Frank: A Life in Politics from the Great Society to Same-Sex Marriage*, Nueva York, Farrar, Straus and Giroux, 2015.

Frank, Robert, y Alfred Leslie, directores, *Pull My Daisy* (1959).

Frankl, Viktor E., *Man's Search for Meaning* (1946), Nueva York, Pocket Books, 1984 [trad. esp.: *El hombre en busca de sentido*, Barcelona, Herder, 2015].

Franks, Mary Anne, reseña de *Split Decisions: How and Why to Take a Break from Feminism*, de Janet Halley, *Harvard Journal of Law & Gender*, 30, 2007, pp. 257-267.

Fraser, Nancy, «Contradictions of Capital and Care», *New Left*

Review, 100, julio-agosto de 2016. https://newleftreview.org/issues/II100/articles/nancy-fraser-contradictions-of-capital-and-care

—, y Sarah Leonard, «Capitalism's Crisis of Care», *Dissent*, otoño de 2016.

Freeman, Jo, «The Tyranny of Structurelessness», *Berkeley Journal of Sociology*, 17, 1972-1973, pp. 51-165.

Freire, Paulo, *Pedagogía del oprimido*, trad. de Jorge Mellado, Madrid, Siglo XXI, 1975.

Freud, Sigmund, y J. Moussaieff Masson, *Cartas a Wilhelm Fliess, 1877-1904*, Madrid, Amorrortu, 2013.

Frumhoff, Peter, «Global Warming Fact: More Than Half of All Industrial CO_2 Pollution Has Been Emitted since 1988», Union of Concerned Scientists (blog), 15 de diciembre de 2014. https://blog.ucsusa.org/peter-frumhoff/global-warming-fact-co2-emissions-since-1988-764

Gessen, Masha, «When Does a Watershed Become a Sex Panic?», *New Yorker*, 14 de noviembre de 2017.

—, «Why Are Some Journalists Afraid of "Moral Clarity"?», *New Yorker*, 24 de junio de 2020.

Gibson-Graham, J. K., *A Postcapitalist Politics*, Mineápolis, University Minnesota Press, 2006.

Gilligan, Carol, *In a Different Voice: Psychological Theory and Women's Development*, Cambridge, MA, Harvard University Press, 1982.

Gilroy, Paul, *The Black Atlantic: Modernity and Double Consciousness*, Cambridge, MA, Harvard University Press, 1993 [trad. esp.: *Atlántico negro. Modernidad y doble conciencia*, trad. de José María Amoroto Salido, Madrid, Akal, 2014].

Glenn, Evelyn Nakano, *Unequal Freedom: How Race and Gender Shaped American Citizenship and Labor*, Cambridge, MA, Harvard University Press, 2004.

—, *Forced to Care: Coercion and Caregiving in America*, Cambridge, MA, Harvard University Press, 2012.

Gold, Tanya, «The Fall of Milo Yiannopoulos», *Spectator*, 10 de abril de 2018. https://www.spectator.co.uk/article/the-fall-of-milo-yiannopoulos

Goldberg, Michelle, «The Problem with Idolizing Sexual Liberation», *Nation,* 14 de septiembre de 2015.

—, «Post-Roe America Won't Be Like Pre-Roe America. It Will Be Worse», *New York Times,* 16 de mayo de 2019.

Gonsalves, Gregg, y Amy Kapczynski, «The New Politics of Care», *Boston Review,* 27 de abril de 2020.

González, Emma, «Parkland Student Emma González Opens Up about Her Fight for Gun Control», *Harper's Bazaar,* 26 de febrero de 2018. https://www.harpersbazaar.com/culture/politics/a18715714/protesting-nra-gun-control-true-story/

Gordon, Avery F., *The Hawthorn Archive: Letters from the Utopian Margins,* Nueva York, Fordham University Press, 2017.

«Grace» (seudónimo), citado en «I Went on a Date with Aziz Ansari. It Turned into the Worst Night of My Life», de Katie Way, Babe.net, 14 de enero de 2018. https://babe.net/2018/01/13/aziz-ansari-28355

Graeber, David, *Possibilities: Essays on Hierarchy, Rebellion, and Desire,* Oakland, CA, AK Press, 2007.

Griswold, Eliza, «People in Coal Country Worry about the Climate, Too», *New York Times,* 13 de julio de 2019. https://www.nytimes.com/2019/07/13/opinion/sunday/jobs-climate-green-new-deal.html

Guattari, Félix, *Las tres ecologías,* trad. de José Vásques Pérez y Umbelina Larraceleta, Valencia, Pre-Textos, 2000.

—, «Socially Significant Drugs», en *High Culture: Reflections on Addiction and Modernity,* ed. de Anna Alexander y Mark S. Roberts, Albany, State University of New York Press, 2003.

Guenther, Lisa, «"Like a Maternal Body": Emmanuel Levinas and the Motherhood of Moses», *Hypatia,* 21, n.º 1, 2006, pp. 119-136.

Gutierrez, Miguel, citado en «A Choreographer Gives in to His Ambition of Recklessness», en Gina Kourlas, *New York Times,* 4 de enero de 2019. https://www.nytimes.com/2019/01/04/arts/dance/miguel-gutierrez-this-bridge-chocolate-factory.html

Habib, Conner (@ConnerHabib), «Sex holds meaning for people», Twitter, 17 de septiembre 2019, 12:33 AM (PST).

https://twitter.com/ConnerHabib/status/117386256655839
2325

Hägglund, Martin, *This Life: Secular Faith and Spiritual Freedom,* Nueva York, Pantheon Books, 2019.

Halberstam, Jack, *In a Queer Time and Place: Transgender Bodies, Subcultural Lives,* Nueva York, New York University Press, 2005.

Halley, Janet E., *Split Decisions: How and Why to Take a Break from Feminism,* Princeton, NJ, Princeton University Press, 2006.

Hamer, Fannie Lou, «Nobody's Free Until Everybody's Free», discurso pronunciado en la fundación del National Women's Political Caucus, Washington, D.C., 10 de julio de 1971, en *The Speeches of Fannie Lou Hamer: To Tell It Like It Is,* ed. de Maegan Parker Brooks y Davis W. Houck, Jackson, University of Mississippi Press, 2013.

Hanh, Thich Naht, «The Degree of Freedom», Charla Plum Village Dharma, 25 de junio de 2012.

Haraway, Donna J., *Staying with the Trouble: Making Kin in the Chthulucene,* Durham, NC, Duke University Press, 2016.

Hari, Johann, «Everything You Think You Know about Addiction Is Wrong», charla TED, junio de 2015. https://www.ted.com/talks/johann_hari_everything_you_think_you_know_about_addiction_is_wrong?language=en

—, «The Hunting of Billie Holiday», *Politico,* 17 de enero 2015.

Harjo, Joy, *Crazy Brave: A Memoir,* Nueva York, W. W. Norton, 2012.

Harney, Stefano, y Fred Moten, *The Undercommons: Fugitive Planning & Black Study,* Wivenhoe, UK, Minor Compositions, 2013 [trad. esp.: *Los abajocomunes. Planear fugitivo y estudio negro,* trad. de Juan Pablo Anaya, Cristina Rivera Garza y Marta Malo. https://bordarretazos.files.wordpress.com/2019/02/acomunes_web_pags.pdf].

Hartman, Saidiya V., *Scenes of Subjection: Terror, Slavery, and Self-Making in Nineteenth-Century America,* Nueva York, Oxford University Press, 1997.

—, «The Belly of the World: A Note on Black Women's Labors», *Souls,* 18, n.º 1, 2016, pp. 166-173.

—, *Wayward Lives, Beautiful Experiments: Intimate Histories of Riotous Black Girls, Troublesome Women, and Queer Radicals,* Nueva York, W. W. Norton, 2019.

—, «Interview: Saidiya Hartman on Insurgent Histories and the Abolitionist Imaginary», *Artforum,* 14 de julio de 2020. https://www.artforum.com /interviews/saidiya-hartman-83579

Heglar, Mary Annaïse, «Home Is Always Worth It», *Medium,* 12 de septiembre de 2019. https://medium.com/@maryheglar/ home-is-always-worth-it-d2821634dcd9

—, (@MaryHeglar), «What if doomerism and relentless hope are 2 sides of the same emotionally immature, over-privileged coin?», Twitter, 12 de septiembre de 2019, 7:12 AM (PST). https://twitter.com/maryheglar/status/117215111073331200 2?lang=en

Hobson, Emily K., *Lavender and Red: Liberation and Solidarity in the Gay and Lesbian Left,* Oakland, University of California Press, 2016.

Hodgkinson, David, «Thomas Piketty, Climate Change and Discounting Our Future», conversación, 11 de agosto 2014. https://theconversation.com/thomas-piketty-climate-change-and-discounting-our-future-30157

Hodson, Chelsea, «Pity the Animal», en *Tonight I'm Someone Else: Essays,* Nueva York, Henry Holt, 2018.

Hollibaugh, Amber, *My Dangerous Desires: A Queer Girl Dreaming Her Way Home,* Durham, NC, Duke University Press, 2000.

Hollingsworth, Trey, cita de una entrevista con Tony Katz. WIBC 93, Indianapolis Public Radio, 14 de abril de 2020.

hooks, bell, «Love as the Practice of Freedom», en *Outlaw Culture: Resisting Representations,* Nueva York, Routledge, 1994.

Howard, Gerald, «Descent of a Woman: Iris Owens's Darkly Comic Tour de Force Returns», *Bookforum,* diciembre-enero de 2011.

Huber, Matthew T., *Lifeblood: Oil, Freedom, and the Forces of Capital,* Mineápolis, University of Minnesota Press, 2013.

Hughes, Langston, «The Negro Artist and the Racial Mountain» (1926), en *The Collected Works of Langston Hughes,* ed. de Arnold Rampersad y David Roessel, Columbia, University of Missouri Press, 2001.

Hyde, Lewis, *The Gift: How the Creative Spirit Transforms the World,* Nueva York, Vintage, 2019 [trad. esp.: *El don: el espíritu creativo frente al mercantilismo,* trad. de Julio Hermoso, Madrid, Sexto Piso, 2021].

Institute of Queer Ecology, «About», 2017. https://queerecology.org/About

Irigaray, Luce, *Este sexo que no es uno,* trad. de Raúl Sánchez Cedillo, Madrid, Akal, 2009.

Jakobsen, Janet R., y Ann Pellegrini, *Love the Sin: Sexual Regulation and the Limits of Religious Tolerance,* Nueva York, New York University Press, 2003.

Johnson, Barbara, «Deconstruction, Feminism, and Pedagogy» y «The Fate of Deconstruction», en *A World of Difference,* Baltimore, Johns Hopkins University Press, 1987.

—, «Gender and Poetry», en *The Feminist Difference: Literature, Psychoanalysis, Race, and Gender,* Cambridge, MA, Harvard University Press, 2000.

—, *The Barbara Johnson Reader,* ed. de Melissa González, Bill Johnson González, Lili Porten y Keja L. Valens, Durham, NC, Duke University Press, 2014.

Johnson, Mykel, «Butchy Femme», en *The Persistent Desire: A Femme-Butch Reader,* ed. de Joan Nestle, Boston, Alyson Publications, 1992.

Johnson, Robert, «Walkin' Blues», corte 4 de *King of the Delta Blues Singers,* Columbia Records, 1961.

Juliana v. United States, Primera Demanda Enmendada solicitando una Declaración y Medidas Cautelares, caso n.º 6:15-cv-01517-TC, 10 de septiembre de 2015.

Jung, Carl, carta a Bill Wilson, 30 de enero de 1961. http://friendsofbillandbob.org/1961-bill-wilson-writes-to-carl-jung.php

Kaba, Mariame, «Abolishing Prisons with Mariame Kaba», entrevista con Chris Hayes sobre *Why Is This Happening?,* 10 de abril de 2019. https://podcasts.apple.com/us/podcast/revisited-abolishing-prisons-with-mariame-kaba/id1382983397?i=1000478147531

Kavan, Anna, *Julia and the Bazooka*, Chester Springs, PA, Peter Owen, 1970.

Keene, John, «On Vanessa Place, Gone with the Wind, and the Limit Point of Certain Conceptual Aesthetics», *J'S THEATER* (blog), 18 de mayo de 2015.

Kelley, Robin D. G., *Freedom Dreams: The Black Radical Imagination*, Boston, Beacon Press, 2008.

—, «The Rebellion against Racial Capitalism», entrevista en *The Intercept*, 24 de junio de 2020. https://theintercept.com/2020/06/24/the-rebellion-against-racial-capitalism/

—, «Robin Kelley on Love, Study, and Struggle», *The Quarantine Tapes*, podcast presentado por Paul Holdengraber, 5 de agosto de 2020.

Kennedy, Randy, «White Artist's Painting of Emmett Till at Whitney Biennial Draws Protests», *New York Times*, 21 de marzo de 2017. https://www.nytimes.com/2017/03/21/arts/design/painting-of-emmett-till-at-whitney-biennial-draws-protests.html

Kerouac, Jack, *On the Road*, Nueva York, Viking Books, 1957 [trad. esp.: *En la carretera. El rollo mecanografiado original*, trad. de Jesús Zulaika, Barcelona, Anagrama, 2009].

Kierkegaard, Søren, *El concepto de la angustia*, trad. de Demetrio Gutiérrez Rivero, Madrid, Alianza, 2013.

Kincaid, Jamaica, *My Brother*, Nueva York, Farrar, Straus and Giroux, 1997 [trad. esp.: *Mi hermano*, trad. de Alejandro Pérez Viza, Barcelona, Lumen, 2000].

King, Martin L., «I Have a Dream», discurso presentado en la marcha sobre Washington por el Trabajo y la Libertad, Washington, D.C., 28 de agosto de 1963.

Kingsnorth, Paul, y Douglas Hine, *Uncivilisation: The Dark Mountain Manifesto*, panfleto autoeditado, 2009.

Kipnis, Laura, *Unwanted Advances: Sexual Paranoia Comes to Campus*, Nueva York, HarperCollins, 2017.

Klein, Naomi, «Capitalism vs. the Climate», *Nation*, 9 de noviembre de 2011.

Koch, Stephen, «Stephen Koch on Iris Owens», entrevista con Emily Gould, *Emily Books* (blog), 11 de octubre de 2013.

Koestenbaum, Wayne, *Cleavage: Essays on Sex, Stars, and Aesthetics,* Nueva York, Ballantine Books, 2000.

—, entrevista con Colin Dekeersgieter, *Washington Square Review,* 39, primavera de 2017.

Kopelson, Karen, «Radical Indulgence: Excess, Addiction, and Female Desire», *Postmodern Culture,* 17, n.º 1, 2006.

Koskovich, Gerard, *Conventions of Power/Strategies of Defiance: Queer Notes on AIDS Humor,* San Francisco, Kiki Gallery Publications, 1983.

Lakoff, George, «In Politics, Progressives Need to Frame Their Values», entrevista con Mark Karlin, 23 de noviembre de 2014. https://truthout.org/articles/george-lakoff-progressives-cannot-succeed-without-expressing-respect-values/

Laplanche, Jean, *The Language of Psychoanalysis* (online), trad. de Donald Nicholson-Smith, Londres, Routledge, 2018 [trad. esp.: *Diccionario de psicoanálisis,* trad. de Fernando Cervantes Gimeno, Barcelona, Labor, 1971].

Latour, Bruno, *Dónde aterrizar. Cómo orientarse en política,* trad. de Pablo Cuartas, Madrid, Taurus, 2019.

Lear, Jonathan, *Radical Hope: Ethics in the Face of Cultural Devastation,* Cambridge, MA, Harvard University Press, 2006.

LeCain, Timothy J., «Heralding a New Humanism: The Radical Implications of Chakrabarty's "Four Theses"», en «Whose Anthropocene? Revisiting Dipesh Chakrabarty's "Four Theses,"», ed. de Robert Emmett y Thomas Lekan, *RCC Perspectives: Transformations in Environment and Society,* n.º 2, 2016, pp. 15-20.

Lee, A., y Bruce Shlain, *Acid Dreams: The Complete Social History of LSD; The CIA, the Sixties, and Beyond,* Nueva York, Grove Press, 1985 [trad. esp.: *Sueños de ácido: historia social del LSD, la CIA, los sesenta y todo lo demás,* trad. de Lluïsa Andreu i Capiz, Cádiz, Castellarte, 2002].

Lennard, Natasha, «Neo-Nazi Richard Spencer Got Punched», *Nation,* 22 de enero de 2017.

—, «Policing Desire», en *Being Numerous: Essays on Non-Fascist Life,* Brooklyn, NY, Verso, 2019.

Levin, Kelly, Benjamin Cashore, Steven Bernstein y Graeme

Auld, «Overcoming the Tragedy of Super Wicked Problems: Constraining Our Future Selves to Ameliorate Global Climate Change», *Policy Sciences,* 45, n.º 2, 2012, pp. 123-152.

Levin, Sam, «Too Straight, White and Corporate: Why Some Queer People Are Skipping SF Pride», *The Guardian,* 25 de junio de 2016. https://www.theguardian.com/us-news/2016/jun/25/san-francisco-gay-pride-corporate-orlando-shooting

Levinas, Emmanuel, *De otro modo que ser o más allá de la esencia,* trad. de Jesús María Ayuso Díez, Salamanca, Sígueme, 2021.

Levy, Ariel, «Catherine Opie, All-American Subversive», *New Yorker,* 13 de marzo de 2017.

Lewinsky, Monica, «Emerging from the "House of Gaslight' in the Age of #MeToo», *Vanity Fair,* marzo de 2018. https://www.vanityfair.com/news/2018/02/monica-lewinsky-in-the-age-of-metoo

Lewis-Kraus, Gideon, reseña de *White Out* de Michael Clune, «In Heroin's White Thrall», *New Yorker,* 28 de mayo de 2013. https://www.newyorker.com/books/page-turner/in-heroins-white-thrall

Ligon, Glenn, *Blue Black,* San Luis, MO, Pulitzer Foundation, 2017, publicado conjuntamente con una exposición del mismo título.

Lin, Tao, *Taipei,* Nueva York, Vintage Contemporaries, 2013 [trad. esp.: *Taipéi,* trad. de Marta Alcaraz, Barcelona, Alpha Decay, 2014].

—, *Trip: Psychedelics, Alienation, and Change,* Nueva York, Vintage, 2018.

Living Planet Report 2014: Species and Spaces, People and Places, informe de Living Planet, World Wildlife Foundation and the Zoological Society of London, 2014. http://awsassets.panda.org/downloads/lpr_living_planet_report_2014.pdf

Living Planet Report 2016: Risk and Resilience in a New Era, informe de Living Planet, World Wildlife Foundation and the Zoological Society of London, 2016. http://awsassets.panda.org/downloads/lpr_living_planet_report_2016.pdf

Logue, Deirdre, y Allyson Mitchell, «Killjoy's Kastle: A Lesbian Feminist Haunted House», Icebox Project Space, 16 de octubre de 2019. https://iceboxprojectspace.com/killjoys-kastle-2019/

Lorde, Audre, «The Uses of Anger: Woman Responding to Racism», presentación inaugural del National Women's Studies Association Conference, Storrs, Connecticut, junio de 1981.

—, *A Burst of Light: And Other Essays* (1988), Mineola, NY, Ixia Press, 2017.

Lordon, Frédéric, *Capitalismo, deseo y servidumbre. Marx y Spinoza,* trad. de Sebastián Puente, Buenos Aires, Tinta Limón, 2015.

Lucas, Sarah, «Sarah Lucas on Her Art, the Venice Biennale, and Learning to Be Less Abject», entrevista de Ian Wallace para *Artspace,* 26 de abril de 2014. https://www.artspace.com/magazine/interviews_features/qa/sarah_lucas_interview-52228

Luiselli, Valeria, *Tell Me How It Ends: An Essay in Forty Questions,* Mineápolis, Coffee House Press, 2017.

Lydon, Christopher, «Michael Clune on Heroin Addiction and Memories of the First Time», entrevista con Michael Clune, *Lit Hub,* 4 de agosto de 2017.

Mackay, Robin, y Armen Avanessian, eds., *Accelerate: The Accelerationist Reader,* Falmouth, RU, Urbanomic Media, 2017.

Mailer, Norman, «The White Negro», *Dissent,* otoño de 1957 [trad. esp.: *El negro blanco,* trad. de Isabel Vericat, Barcelona, Tusquets, 1973].

Mallory, Tamika, discurso en la manifestación de Black Lives Matter Protest en respuesta al asesinato de George Floyd, Mineápolis, Minnesota, 29 de mayo de 2020.

Marantz, Andrew, «How Social-MediaTrolls Turned U.C. Berkeley into a Free-Speech Circus», carta desde Berkeley, *New Yorker,* 25 de junio de 2018.

Marinetti, F. T., *Manifiestos y textos futuristas,* trad. de G. Gómez y N. Hernández, Barcelona, Ediciones del Cotal, 1978.

Markus, Hazel Rose, y Barry Schwartz, «Does Choice Mean Freedom and Well-Being?», *Journal of Consumer Research,* 37, n.º 2, 2010, pp. 344-355.

Marlowe, Ann, *How to Stop Time: Heroin from A to Z,* Nueva York, Anchor Books, 2000 [trad. esp.: *Cómo detener el tiempo:*

la heroína de la A a la Z, trad. de Roger Wolfe, Barcelona, Anagrama, 2002].

Marriott, David, *On Black Men,* Nueva York, Columbia University Press, 2000.

Martin, Dawn Lundy, «Because I Distrust this Mode: Talking to Dawn Lundy Martin», entrevista con Andy Fitch, *BLARB* (Los Angeles Review of Books blog), 26 de abril de 2019. https://blog.lareviewofbooks.org/interviews/distrust-mode-talking-dawn-lundy-martin/

Martin, Nina, «Take a Valium, Lose Your Kid, Go to Jail», *ProPublica,* 23 de septiembre de 2015. https://www.propublica.org/article/when-the-womb-is-a-crime-scene

Marvel, Kate, «We Should Have Never Called It Earth», *On Being Project* (blog), 1 de agosto de 2017. https://onbeing.org/blog/kate-marvel-we-should-never-have-called-it-earth/

Marx, Karl, *El capital.* Tomo 1: *Crítica de la economía política.* http://biblio3.url.edu.gt/Libros/CAPTOM1.pdf

Massumi, Brian, «Navigating Movements», entrevista con Mary Zournazi en *Hope: New Philosophies for Change,* Annandale, Australia, Pluto Press, 2002.

Matsuda, Mari, ed., *Words That Wound: Critical Race Theory, Assaultive Speech, and the First Amendment,* Boulder, CO, Westview Press, 1993.

McCann, Anthony, «Malheur, Part I: Sovereign Feelings», *Los Angeles Review of Books,* 7 de septiembre de 2016. https://lareviewofbooks.org/article/malheur-part-i/

—, *Shadowlands: Fear and Freedom at the Oregon Standoff; A Western Tale of America in Crisis,* Nueva York, Bloomsbury, 2019.

McKibben, Bill, «How Extreme Weather Is Shrinking the Planet», *New Yorker,* 16 de noviembre de 2018.

McPherson, Guy, declaración ante el Comité Municipal de Nueva York sobre la Protección del Medio Ambiente, 24 de junio de 2019. https://guymcpherson.com/2019/06/yesterdays-testimony/

Merleau-Ponty, Maurice, «Cézanne's Doubt» (1945), en *Sentido y sinsentido,* trad. de Fernando Montero Moliner, Barcelona, Península, 1977.

Metzl, Jonathan, *Dying of Whiteness: How the Politics of Racial Resentment Is Killing America's Heartland*, Nueva York, Basic Books, 2019.

Michaux, Henri, *Miserable milagro. La mescalina*, trad. de Jorge Cruz, Caracas, Monte Ávila, 1969.

Miller, Ellen, «Like Being Killed: Interview with Ellen Miller», por Maron Winik, *Austin Chronicle*, 11 de septiembre de 1998.

—, *Like Being Killed*, Nueva York, Plume, 1999.

Millet, Catherine, *La vida sexual de Catherine M.*, trad. de Jaime Zulaika, Barcelona, Anagrama, 2001.

Milstein, Cindy, *Anarchism and Its Aspirations*, Edimburgo, UK, AK Press, 2010.

Mitchell, Allyson, y Cait McKinney, *Inside Killjoy's Kastle: Dykey Ghosts, Feminist Monsters, and Other Lesbian Hauntings*, Vancouver, BC, University of British Columbia Press, 2019.

Mitchell, Timothy, *Carbon Democracy: Political Power in the Age of Oil*, Nueva York, Verso, 2011.

Mo, Fei, «Beijing Poets: An Interview with Mo Fei and Zang Li by Leonard Schwartz and Zhang Er», *Poetry Project Newsletter*, n.º 169, abril-mayo de 1998.

MoCA, «Feminaissance: Colloquium Schedule», 27-29 de abril de 2007.

Molesworth, Helen, «The Year in Shock», *Artforum*, diciembre de 2016. https://www.questia.com/magazine/1G1-473922779/the-year-in-shock

Moraga, Cherríe, entrevista con Amber Hollinbaugh, en Hollibaugh, *My Dangerous Desires*.

Morrison, Toni, *Playing in the Dark: Whiteness and the Literary Imagination*, Cambridge, MA, Harvard University Press, 1992 [trad. esp.: *Jugando en la oscuridad*, trad. de Pilar Vázquez, Madrid, Ediciones del Oriente y del Mediterráneo, 2019].

—, *Sula*, Nueva York, Vintage International, 2004 [trad. esp.: *Sula*, trad. de Mireia Bofill, Barcelona, Debolsillo, 2004].

—, «Making American White Again», *New Yorker*, 14 de noviembre de 2016. https://www.newyorker.com/magazine/2016/11/21/making-america-white-again

Morton, Timothy, *Hyperobjects: Philosophy and Ecology after the End of the World*, Mineápolis, University of Minnesota Press, 2013 [trad. esp.: *Hiperobjetos*, trad. de Paola Cortés Rocca, Buenos Aires, Adriana Hidalgo, 2014].

—, «What Is Agrilogistics?», *Ecology without Nature* (blog), 11 de octubre de 2015. http://ecologywithoutnature.blogspot.com/2015/10/what-is-agrilogistics.html

—, *Dark Ecology: For a Logic of Future Coexistence*, Nueva York, Columbia University Press, 2016 [trad. esp.: *Ecología oscura. Sobre la coexistencia futura*, trad. de Fernando Borrajo, Barcelona, Paidós, 2019].

—, *Humankind: Solidarity with Nonhuman People*, Londres, Verso, 2017 [trad. esp.: *Humanidad: Solidaridad con los no-humanos*, trad. de Paola Cortés Rocca, Buenos Aires, Adriana Hidalgo, 2020].

Mosley, Walter, «Why I Quit the Writers' Room», *New York Times*, 6 de septiembre de 2019. https://www.nytimes.com/2019/09/06/opinion/sunday/walter-mosley.html

Moten, Fred, *In the Break: The Aesthetics of the Black Radical Tradition*, Mineápolis, University of Minnesota Press, 2003.

—, «The Black Outdoors: Fred Moten and Saidiya Hartman at Duke University», Duke University, Durham, North Carolina, 5 de octubre de 2016. https://www.youtube.com/watch?v=t_tUZ6dybrc

—, *Black and Blur*, Durham, NC, Duke University Press, 2017.

—, *Stolen Life*, Durham, NC, Duke University Press, 2018.

—, y Stefano Harney, *The Undercommons: Fugitive Planning and Black Study*, Wivenhoe, UK, Minor Compositions, 2013 [trad. esp.: *Los abajocomunes. Planear fugitivo y estudio negro*, trad. de Juan Pablo Anaya, Cristina Rivera Garza y Marta Malo. https://bordarretazos.files.wordpress.com/2019/02/acomunes_web_pags.pdf].

Muñoz, José Esteban, *Disidentifications: Queers of Color and the Performance of Politics*, Mineápolis, University of Minnesota Press, 1999.

—, «Thinking beyond Antirelationality and Antiutopianism in Queer Critique», en «The Antisocial Thesis in Queer

Theory», mesa redonda en *PMLA,* 121, 3, mayo de 2006, pp. 819-828.

Myles, Eileen, *Not Me,* Nueva York, Semiotext(e), 1991 [trad. esp.: *Yo no,* trad. de Rodrigo Olavarría, Buenos Aires, Mansalva, 2018].

—, *Chelsea Girls,* Santa Rosa, CA, Black Sparrow Press, 1994.

—, *We, the Poets,* en la serie Reading, n.º 38, Brooklyn, NY, Belladonna Press, 2003.

—, «Tapestry», *Vice,* 30 de noviembre de 2006. https://www.vice.com/en_us/article/4w4yzb/tape-v13n12

—, *Afterglow: A Dog Memoir,* Nueva York, Grove Press, 2017.

—, y Jill Soloway, «The Thanksgiving Paris Manifesto», *Femaletrouble* (blog), noviembre de 2015. https://femaletroublearchive.tumblr.com/post/154679508535/the-thanksgiving-paris-manifesto

Nast, Heidi J., «Queer Patriarchies, Queer Racisms, International», *Antipode,* 34, n.º 5, noviembre de 2002, pp. 874-909.

National Academy of Sciences, «Biological Annihilation via the Ongoing Sixth Mass Extinction Signaled by Vertebrate Population Losses and Declines», autores: Gerardo Ceballos, Paul R. Ehrlich y Rodolfo Dirzo, *Proceedings of the National Academy of Sciences,* 114, n.º 30, 25 de julio de 2017.

National Coalition Against Censorship, «NCAC Criticizes Walker Art Centers Decision to Destroy Sam Durant's Installation», blog de la NCAC, 7 de septiembre de 2017. https://ncac.org/news/blog/ncac-criticizes-walker-art-centers-decision-to-destroy-sam-durants-installation

Neal, Larry, «The Black Arts Movement», *Drama Review,* verano de 1968.

Neimanis, Astrida, The Philosopher's Blog, respuesta al comentario sobre «Weathering», 25 de agosto de 2014. https://philosophycompass.wordpress.com/2014/08/21/hypatia-symposium-weathering-climate-change-and-the-thick-time-of-transcorporeality-by-astrida-neimanis-rachel-loewen-walker/

—, y Rachel Loewen Walker, «Weathering: Climate Change and the "Thick Time" of Transcorporeality», *Hypatia,* 29, n.º 3, 2014, pp. 558-575.

Nelson, Eric S., «Against Liberty: Adorno, Levinas, and the Pathologies of Freedom», *Theoria: A Journal of Social and Political Theory*, 60, n.º 131, junio de 2012, pp. 64-83.

Nestle, Joan, «The Femme Question», en Nestle, ed., *The Persistent Desire: A Femme-Butch Reader*, Boston, Alyson Publications, 1992.

Newman, Andy, «"The King" of Shambhala Buddhism Is Undone by Abuse Report», *New York Times*, 11 de julio de 2018.

Newman, Saul, «Anarchism and the Politics of Ressentiment», *Theory and Event*, 4, n.º 3, 2000.

Ngai, Sianne, *Ugly Feelings*, Cambridge, MA, Harvard University Press, 2005.

Nitzke, Solvejg, y Nicolas Pethes, eds., *Imagining Earth: Concepts of Wholeness in Cultural Constructions of Our Home Planet*, Bielefeld, Transcript, 2017.

Noddings, Nel, *Caring: A Feminine Approach to Ethics and Moral Education*, Berkeley, University of California Press, 1984.

Notley, Alice, «Poetics of Disobedience», ponencia presentada en King's College London, Centre for American Studies, 28 de febrero de 1998 [trad. esp.: *Poéticas de la desobediencia*, trad. de César Bringas. https://circulodepoesia.com/2013/08/poeticas-de-la-desobediencia/].

—, *Disobedience*, Nueva York, Penguin, 2001.

Nussbaum, Martha, *Love's Knowledge: Essays on Philosophy and Literature*, Oxford, Oxford University Press, 1993 [trad. esp.: *El conocimiento del amor. Ensayos sobre filosofía y literatura*, trad. de Rocío Orsi Portalo y Juana Inarejos Ortiz, Madrid, Antonio Machado, 2006].

O'Hara, Frank, «Meditations in an Emergency» (1957), en *The Collected Poems of Frank O'Hara*, ed. de Donald Allen, Berkeley, University of California Press, 1995.

Oppen, George, «Leviathan» (1965), en *New Collected Poems*, Nueva York, New Directions Books, 2008.

Orenstein, Peggy, «"Girls & Sex" and the Importance of Talking to Young Women about Pleasure», entrevista de Terry Gross, NPR, *Fresh Air*, 29 de marzo de 2016.

Orwell, George, «Benefit of Clergy: Some Notes on Salvador

Dali» (1944), reproducido en *George Orwell: As I Please, 1943-1946*, ed. de Sonia Orwell, Boston, Godine, 2000 [trad. esp.: *Nota sobre Salvador Dalí y otros ensayos*. https://pdfslide.tips/documents/orwell-george-nota-sobre-salvador-dali-y-otros-ensayos.html].

—, *1984*, Londres, Secker and Warburg, 1949 [trad. esp.: *1984*, trad. de Olivia de Miguel, Barcelona, Galaxia Gutenberg, 1998].

Owens, Iris, *After Claude* (1973), Nueva York, New York Review of Books, 2010.

Palmer, Cynthia, y Michael Horowitz, eds., *Sisters of the Extreme: Women on the Drug Experience*, Rochester, VT, Park Street Press, 2000.

Patterson, Orlando, *Slavery and Social Death: A Comparative Study*, Cambridge, MA, Harvard University Press, 1982.

Penny, Laurie (@PennyRed), «I'm so sick», Twitter, 25 de abril de 2018, 2:07 AM (PST). https://twitter.com/pennyred/status/989068464928251904

Pepper, Art, y Laurie Pepper, *Straight Life: The Story of Art Pepper*, Nueva York, Da Capo Press, 1994 [trad. esp.: *Una vida ejemplar. Memorias de Art Pepper*, trad. de Antonio Padilla, Barcelona, Global Rhythm Press, 2011].

Perelman, Deb, «In the Covid-19 Economy, You Can Have a Kid or a Job. You Can't Have Both», *New York Times*, 2 de julio de 2020.

Phillips, Adam, «Politics in the Consulting Room: Adam Phillips in Conversation with Devorah Baum», *Granta*, 146, 14 de febrero de 2019.

Pickens, Beth, *Your Art Will Save Your Life*, Nueva York, Feminist Press, 2018.

Pinegrove Band, «A message from evan», Facebook, 17 de noviembre de 2017. https://www.facebook.com/Pinegroveband/posts/10155748505559774.

Piver, Susan, «On Shambhala», *Open Heart Project* (blog), 30 de junio de 2018. https://openheartproject.com/on-shambhala/?cnreloaded=1&cn-reloaded=1

Prager, Emily, introducción a *After Claude*, Nueva York, New York Review Books, 2010.

Preciado, Paul B., «Lettre d'un homme trans à l'ancien régime sexuel» (Carta de un hombre trans al Antiguo Régimen sexual), trad. libre del francés de Julia Lindbeck, *Libération,* 26 de enero de 2018.

—, *Testo yonqui: Sexo, drogas y biopolítica,* Barcelona, Anagrama, 2020.

Puar, Jasbir K., *Terrorist Assemblages: Homonationalism in Queer Times,* Durham, NC, Duke University Press, 2017 [trad. esp.: *Ensamblajes terroristas: el homonacionalismo en tiempos queer,* trad. de María Enguix Tercero, Barcelona, Edicions Bellaterra, 2017].

Rancière, Jacques, «Art of the Possible: An Interview with Jacques Rancière», con Fulvia Carnevale y John Kelsey, *Artforum,* marzo de 2007, pp. 256-269.

—, *The Emancipated Spectator,* Londres, Verso, 2011.

Rankine, Claudia, y Beth Loffreda, introducción a *The Racial Imaginary: Writers on Race in the Life of the Mind,* ed. de Claudia Rankine, Beth Loffreda y Max King Cap, Albany, NY, Fence Books, 2015.

Republican National Committee, «RNC Message Celebrating Christmas», 25 de diciembre de 2016. https://gop.com/rnc-message-celebrating-christmas-2016/

Riley, Denise, *Time Lived, Without Its Flow,* Londres, Picador, 2019.

Rimbaud, Arthur, *Una temporada en el infierno. Iluminaciones. Carta del vidente,* trad. de Carles José i Solsona, Barcelona, Taifa, 1985.

Rivera, Sylvia, charla en el Latino Gay Men of New York (LGM-NY), Lesbian and Gay Community Services Center, Nueva York, junio de 2001.

Ronell, Avital, *Crack Wars: Literature, Addiction, Mania.* Lincoln: University of Nebraska Press, 1992 [trad. esp.: *Crack Wars: literatura, adicción, manía,* trad. de Mariano López Seoane, Buenos Aires, Eduntref, 2016].

Rose, Jacqueline, *Mothers: An Essay on Love and Cruelty,* Nueva York, Farrar, Straus and Giroux, 2018 [trad. esp.: *Madres: un ensayo sobre la crueldad y el amor,* trad. de Carlos Jiménez Arriba, Madrid, Siruela, 2018].

Roy, Arundhati, «The Pandemic Is a Portal», *Financial Times,* 3 de abril de 2020. https://www.ft.com/content/10d8f5e8-74eb-11ea-95fe-fcd274e920ca

Rubin, Gayle, conversación con Jewelle Gomez y Amber Hollibaugh, San Francisco, primavera de 1996, reproducida en Hollibaugh, *My Dangerous Desires.*

—, «Thinking Sex: Notes for a Radical Theory of the Politics of Sexuality», en *Deviations: A Gayle Rubin Reader,* Durham, NC, Duke University Press, 2011.

Ruddick, Sara, *Maternal Thinking: Toward a Politics of Peace,* Boston, Beacon Press, 1989.

Sabina, María, *Selections,* ed. de Jerome Rothenberg, texto y comentarios de Álvaro Estrada y otros, Berkeley, University of California Press, 2003.

Savage, Dan (@fakedansavage), «What are you into?», Twitter, 4 de febrero de 2015, 6:42 AM (PST). https://twitter.com/fakedansavage

Schneemann, Carolee, entrevista con Kate Haug, *Wide Angle,* 20, n.º 1, 1998, pp. 20-49.

Schoenberg, Arthur, «Cómo volverse un solitario» (1937), en *El estilo y la idea,* Barcelona, Idea Books, 2005.

Schore, Allan, *Affect Dysregulation and Disorders of the Self,* Nueva York, W. W. Norton, 2003.

Schulman, Sarah, *Conflict Is Not Abuse: Overstating Harm, Community Responsibility, and the Duty of Repair,* Vancouver, BC, Arsenal Pulp Press, 2016.

Schultz, Vicki, «Open Statement on Sexual Harassment from Employment Discrimination Law Scholars», *Stanford Law Review,* #MeToo Symposium, 2018, escrito por los profesores de Derecho Rachel Arnow-Richman, Ian Ayres, Susan Bisom-Rapp, Tristin Green, Rebecca Lee, Ann McGinley, Angela Onwuachi-Willig, Nicole Porter, Vicki Schultz y Brian Soucek.

Schwartz, Ian, «Megyn Kelly vs. Catholic League's Bill Donohue», *Real Clear Politics,* 9 de enero de 2015. https://www.realclearpolitics.com/video/2015/01/09/megyn_kelly_catholic_leagues_bill_donohue_charlie_hebdo_self-censorship_friend_freedom.html

Scranton, Roy, *Learning to Die in the Anthropocene: Reflections on the End of a Civilization*, San Francisco, City Lights Publishers, 2015 [trad. esp.: *Aprender a morir en el Antropoceno: reflexiones sobre el cambio climático y el fin de una civilización*, trad. de Silvia Moreno, Madrid, Errata Naturae, 2021].

—, *We're Doomed. Now What? Essays on War and Climate Change*, Nueva York, Soho Press, 2018.

Sedgwick, Eve Kosofsky, «Epidemics of the Will», en *Tendencies*, Durham, NC, Duke University Press, 1993.

—, *Fat Art, Thin Art*, Durham, NC, Duke University Press, 1994.

—, «Paranoid Reading and Reparative Reading», en *Touching Feeling: Affect, Pedagogy, Performativity*, Durham, NC, Duke University Press, 2002.

Sen, Amartya, *Development as Freedom*, Nueva York, Alfred A. Knopf, 1999 [trad. esp.: *Desarrollo y libertad*, trad. de Esther Rabasco y Luis Toharia, Barcelona, Planeta, 2000].

Sengupta, Somini, «Read Up on the Links between Racism and the Environment», *New York Times*, 5 de junio de 2020. https://www.nytimes.com/interactive /2020/06/05/climate/racism-climate-change- reading-list.html

Serisier, Tanya, «"Is Consent Sexy?"», *E*vibes–for an Emancipatory Practice* (blog), 27 de mayo de 2015. https://evibes.org/2015/05/27/is-consent-sexy/

Sexton, Jared, «Black Like Me», carta al director, *Harper's*, septiembre de 2017.

—, «The Rage: Some Closing Comments on "Open Casket"», *Contemp+orary*, 21 de mayo de 2017. https://contemptorary.org/therage-sexton/

Sharpe, Christina, *In the Wake: On Blackness and Being*, Durham, Duke University Press, 2016.

—, «"What Does It Mean to Be Black and Look at This?" A Scholar Reflects on the Dana Schutz Controversy», entrevista de Siddhartha Mitter, 24 de marzo de 2017. https://hyperallergic.com/368012/what-does-it-mean-to-be-black-and-lookat-this-a-scholar-reflects-on-the-dana-schutz-controversy/

Sheldon, Rebekah, *The Child to Come: Life after the Human Catastrophe*, Mineápolis, University of Minnesota Press, 2016.

Shell, Ray, *Iced*, Nueva York, Random House, 1993.

Shriver, Lionel, «Fiction and Identity Politics», discurso inaugural pronunciado en el Brisbane Writers Festival, 8 de septiembre de 2016, texto reproducido en *The Guardian*, 13 de septiembre de 2016. https://www.theguardian.com/commentis free/2016/sep/13/lionel-shrivers-full-speech-i-hope-the-con cept-of-cultural-appropriation-is-a-passing-fad

Shuster, David (@DavidShuster), «The Arctic Circle Hit 101F Saturday», 22 de junio de 2020. http://twitter.com/David Shuster/status/1275245034858840065

Siegel, Loren, «The Pregnancy Police Fight the War on Drugs», en *Crack in America: Demon Drugs and Social Justice*, ed. de Craig Reinarman y Harry Gene Levine, Berkeley, University of California Press, 1997.

Sillman, Amy, «FEMINISM!», *Text zur Kunst*, 2, n.º 84, diciembre de 2011, pp. 78-81.

—, «Shit Happens: Notes on Awkwardness», *Frieze*, 10 de noviembre de 2015. https://www.frieze.com/article/shit-happens

Simmons, William J., «Notes on Queer Formalism», *Big Red and Shiny*, 16 de diciembre de 2013. http://bigredandshiny. org/2929/notes-on-queer-formalism/

Simone, Nina, «Feeling Good», corte 7 de *I Put a Spell on You*, Phillips Records, 1965.

Smith, Zadie, «Getting In and Out: Who Owns Black Pain?», *Harper's*, julio de 2017.

Snediker, Michael, *Queer Optimism: Lyric Personhood and Other Felicitous Persuasions*, Mineápolis, University of Minnesota Press, 2009.

Sontag, Susan, *Against Interpretation, and Other Essays*, Nueva York, Picador, 1966 [trad. esp.: *Contra la interpretación y otros ensayos*, trad. de Horacio Vázquez Rial, Barcelona, Debolsillo, 2007].

—, *Regarding the Pain of Others*, Nueva York, Picador, 2003 [trad. esp.: *Ante el dolor de los demás*, trad. de Aurelio Major, Madrid, Alfaguara, 2003].

Spade, Dean, *Normal Life: Administrative Violence, Critical Trans Politics, and the Limits of Law*, Durham, NC, Duke University Press, 2011 [trad. esp.: *Una vida «normal»: la violencia administrativa, la política trans crítica y los límites de derecho*, trad. de María Enguix Tercero, Barcelona, Bellaterra Edicions, 2015].

—, con Tourmaline, «No One is Disposable: Every Day Practices of Prison Abolition», una serie de conversaciones en vídeo filmadas para el Barnard Center for Research on Women. http://bcrw.barnard.edu/event/no-one-is-disposable-everyday-practices-of-prison-abolition/

Spahr, Juliana, *Everybody's Autonomy: Connective Reading and Collective Identity*, Tuscaloosa, University of Alabama Press, 2001.

Spillers, Hortense, «Mama's Baby, Papa's Maybe: An American Grammar Book», *Diacritics*, 17, n.º 2, 1987, pp. 65-81.

Sprinkle, Annie, «My Brushes and Crushes with the Law», AnnieSprinkle.org(asm), 1995. http://anniesprinkle.org/my-brushes-and-crushes-with-the-law/

Steiner, A. L., Zachary Drucker y Van Barnes, descripción de *You Will Never Be a Woman. You Must Live The Rest of your Days Entirely As a Man and You Will Only Grow More Masculine with Every Passing Year. There Is No Way Out*, 2008. https://www.hellomynameissteiner.com/You-will-never-ever-be-a-woman-You-will-live-the-rest-of-your-days

Stengers, Isabelle, «Gaia, the Urgency to Think (and Feel)», charla pronunciada en Los mil nombres de Gaia: Del Antropoceno a la Edad de la Tierra (Os Mil nomes de Gaia: Do Antropoceno a idade da terra), Río de Janeiro, Brasil, 24 de marzo de 2015.

Sundell, Margaret, «Invitation: An Aesthetics of Care», *4Columns*, 2017.

Sunrise Movement (Movimiento Amanecer), «Who We Are», https://www.sunrisemovement.org/about

Susann, Jacqueline, *Valley of the Dolls*, Nueva York, NY, Bernard Geis Associates, 1966 [trad. esp.: *El valle de las muñecas*, trad. de Manuel Herrero Molina, Madrid, Quaterni, 2010].

Szasz, Thomas, *Ceremonial Chemistry: The Ritual Persecution of Drugs, Addicts, and Pushers*, ed. revisada, Holmes Beach, FL, Learning Publications, 1985 [trad. esp.: *Drogas y ritual: la per-*

secución ritual de drogas, adictos e inductores, trad. de Antonio Escohotado, México, Fondo de Cultura Económica, 1990].

—, *Our Right to Drugs: The Case for a Free Market,* Siracusa, NY, Syracuse University Press, 1996 [trad. esp.: *Nuestro derecho a las drogas: en defensa de un mercado libre,* trad. de Antonio Escohotado, Barcelona, Anagrama, 1993].

Tea, Michelle, «Sex and the Sacred Text: Michelle Tea on the Republication of Eileen Myles's "Chelsea Girls"», *LA Review of Books,* 4 de octubre de 2015. https://lareviewofbooks.org/article/sex-and-the-sacred-text-michelle-tea-on-the-republication-of-eileen-myless-chelsea-girls/

—, *Black Wave,* Nueva York, Feminist Press, 2016.

—, «How Not to Be a Queer Douchebag», en *Against Memoir: Complaints, Confessions, and Criticisms,* Nueva York, Feminist Press, 2018.

Teekah, Alyssa, con Erika Jane Scholz, May Friedman y Andrea O'Reilly, eds., *This Is What a Feminist Slut Looks Like: Perspectives on the Slutwalk Movement,* Bradford, ON, Demeter Press, 2015.

Thomas, Piri, *Down These Mean Streets,* Nueva York, Vintage, 1997 [trad. esp.: *Por estas calles bravas,* trad. de Anne Díaz, Penguin Random House, 1998].

Todd, Zoe, «An Indigenous Feminist's Take on the Ontological Turn: "Ontology" Is Just Another Word for Colonialism (Urbane Adventurer: Amiskwacî)», *Uma (in)certa antropologia,* 26 de octubre de 2014. https://umaincertaantropologia.org/2014/10/26/an-indigenous-feminists-take-on-the-ontological-turn-ontology-is-just-anotherword-for-colonialism-urbane-adventurer-amiskwaci/

Tourmaline, con Dean Spade, «No One is Disposable: Every Day Practices of Prison Abolition», una serie de conversaciones en vídeo filmadas para el Barnard Center for Research on Women. http://bcrw.barnard.edu/event/no-one-is-disposable-everyday-practices-of-prison-abolition/

Traister, Rebecca, *Good and Mad: The Revolutionary Power of Women's Anger,* Nueva York, Simon & Schuster, 2018 [trad. esp.: *Buenas & enfadadas: el poder revolucionario de la ira de las mujeres,* trad. de Amelia Pérez de Villar, Madrid, Capitán Swing, 2019].

Treuer, David, *The Heartbeat of Wounded Knee: Native America from 1890 to the Present,* Nueva York, Riverhead Books, 2019.

Tronto, Joan C., *Moral Boundaries: A Political Argument for an Ethic of Care,* Nueva York, Routledge, 1993.

Trungpa, Chögyam, *Training the Mind & Cultivating Living Kindness,* Boston, Shambhala Publications, Inc., 1993 [trad. esp.: *El entrenamiento de la mente y el cultivo de la bondad,* trad. de Ricardo Gravel, Barcelona, Kairós, 1997].

—, *The Myth of Freedom and the Way of Meditation,* Boston, Shambhala, 2002 [trad. esp.: *El mito de la libertad y el camino de la meditación,* trad. de Ricardo Gravel, Barcelona, Kairós, 1998].

—, «Journey without Goal», en *The Collected Works of Chögyam Trungpa,* Boston, Shambhala, 2003.

Tsing, Anna Lowenhaupt, *The Mushroom at the End of the World: On the Possibility of Life in Capitalist Ruins,* Princeton, NJ, Princeton University Press, 2015 [trad. esp.: *La seta del fin del mundo,* trad. de Francisco J. Ramos Mena, Madrid, Capitán Swing, 2021].

U. S. Global Change Research Program (USGCRP), «Fourth National Climate Assessment», Globalchange.gov, 2017, 1-470. https://nca2018.globalchange.gov/

Van Dyke, Jason Lee (exabogado de Proud Boys), citado en «Republicans Are Adopting the Proud Boys», de Kelly Weill, *Daily Beast,* 16 de octubre de 2018. https://www.thedailybeast.com/republicans-are-adopting-the-proud-boys

Verwoert, Jan, «Exhaustion and Exuberance: Ways to Defy the Pressure to Perform», en *What's Love (or Care, Intimacy, Warmth, Affection) Got to Do with it?,* Berlín, Sternburg Press, 2017.

Viso, Olga, declaración sobre *Scaffold* de Sam Durant en nombre del Walker Art Center, 27 de mayo de 2017. https://walkerart.org/magazine/a-statement-from-olga-viso-executive-director-of-the-walker-art-center-05-27-17

W.A.G.E. (Working Artists and the Greater Economy), «WO-MANIFESTO», 2008. https://wageforwork.com/about/womanifesto

Wallace-Wells, David, *The Uninhabitable Earth*, Nueva York, Tim Duggan Books, 2019 [trad. esp.: *El planeta inhóspito*, trad. de Marcos Pérez Sánchez, Barcelona, Debate, 2019].

Wang, Jackie, «Against Innocence: Race, Gender, and the Politics of Safety», *LIES: A Journal of Materialist Feminism*, 1, n.º 1, 2012.

Ward, Jane, «Bad Girls: On Being the Accused», *Bully Bloggers* (blog), 21 de diciembre de 2017.

Ward, Jesmyn, *Men We Reaped: A Memoir*, Nueva York, Bloomsbury, 2013.

Warren, Elizabeth, y Amelia Warren Tyagi, *The Two-Income Trap: Why Middle Class Mothers and Fathers Are Going Broke*, Nueva York, Basic Books, 2004.

Watt, Laura A., «Politics of Anthropocene Consumption: Dipesh Chakrabarty and Three College Courses», *RCC Perspectives*, n.º 2, 2016, pp. 73-80.

Weber, Andreas, *Matter and Desire: An Erotic Ecology*, White River Junction, VT, Chelsea Green Publishing, 2017.

Weill, Kelly, «Republicans Are Adopting the Proud Boys», *The Daily Beast*, 16 de octubre de 2018. https://www.thedaily beast.com/republicans-are-adopting-the-proud-boys

Weiner, Joshua, «There Are No Rats: Some Figuring on Race», en *The Racial Imaginary: Writers on Race in the Life of the Mind*, Albany, NY, Fence Books, 2015, pp. 123-139.

Westervelt, Amy, «The Case for Climate Rage», *Popula*, 19 de agosto de 2019. https://popula.com/2019/08/19/the-case-for-climate-rage/

«What Is Censorship?», American Civil Liberties Union. https://www.aclu.org/other/what-censorship

White, Simone, *Dear Angel of Death*, Brooklyn, NY, Ugly Duckling Presse, 2018.

Wittgenstein, Ludwig, *Investigaciones filosóficas*, trad. de Jesús Padilla Álvarez, Madrid, Trotta, 2017.

Wojnarowicz, David, *Close to the Knives: A Memoir of Disintegration*, Nueva York, Vintage, 1991.

Women and Entheogens Conference, Detroit Psychedelics Community Website, 2017. http://kilindi.wix.com/entheogenic conf

Woodly, Deva, «The Politics of Care with Deva Woodly», New School Public Programs and Events, 18 de junio de 2020. https://event.newschool.edu/woodlycurrentmoment

Wypijewski, JoAnn, «What We Don't Talk about When We Talk about #MeToo», *Nation,* 22 de febrero de 2018.

Yiannopoulos, Milo, citado en «The Fall of Milo Yiannopoulos», de Tanya Gold, *Spectator,* 10 de abril de 2018. https://www.spectator.co.uk/article/the-fall-of-milo-yiannopoulos

Yusoff, Kathryn, *A Billion Black Anthropocenes or None,* Mineápolis, University of Minnesota Press, 2018.

Zournazi, Mary, ed., *Hope: New Philosophies for Change,* Annandale, Australia, Pluto Press, 2002.

ÍNDICE ONOMÁSTICO

Benderson, Bruce, 131
Benjamin, Walter, 188, 193
Bennett, Jane, 229
Berardi, Franco «Bifo», 37, 104,
   140, 287, 323n20, 330n37
Berger, John, 327n29
Berlant, Lauren, 138, 249, 270,
   308n8, 311n14, 332n1
Bernstein, Charles, 332n38
Bernstein, Steven, 277
Berryman, John, 188
Bersani, Leo, 111, 137, 226
Bérubé, Allan, 334n6
Beyoncé (Beyoncé Giselle
   Knowles-Carter), 108
Binko, Heidi, 349n17
Biss, Eula, 332n38, 341n13
Black, Hannah, 53, 76, 84, 93-
   94, 318n8, 322n18
Blake, Nayland, 131
Blanchfield, Brian, 128
Blow, Charles, 319n12
Boal, Augusto, 68
Boon, Marcus, 181, 192, 239
Bordowitz, Gregg, 131
Bornstein, Kate, 226
Bowles, Paul, 210
Bradford, Mark, 95, 328n33
Braidotti, Rosi, 299
Braverman, Kate, 189
brown, adrienne maree, 311n13
Brown, Wendy, 15-16, 18, 24,
   26, 89-90, 164-165, 308n7,
   309n8, 316n4, 326n24,
   329n35
Brownstein, Carrie, 122
Bryant, Carolyn, 149

Buda, 31
Bukowski, Charles, 73, 188
Bundy, Ammon, 307n4,
   313n18
Burden, Chris, 318-319n9
Burke, Tarana, 154
Burroughs, William S., 185-
   186, 188-189, 210, 221, 238
Burton, Scott, 238n32
Burton, Virginia Lee, 241
Butler, Judith, 14, 44, 219, 233,
   237, 308n6, 315n1, 344n20
Butler, Octavia E., 340n9

C. E., 107-108, 121, 125, 141,
   177-178
Cain, George, 339n9
Calhoun, John C., 21
Califia, Patrick, 119-120, 131
Callahan, Manolo, 12, 307n3,
   315n1
Campion, Jane, 343n16
Carroll, Jim, 188
Cashore, Benjamin, 277
Castaneda, Carlos, 188
Césaire, Aimé, 96-97
Cézanne, Paul, 67
Chagoya, Enrique, 63
Chakrabarty, Dipesh, 259-260,
   278
Chan, Jamie, 43
Chan, Paul, 35
Chödrön, Pema, 172-174,
   176-177, 234-235, 291
Chu, Andrea Long, 84, 270,
   339n8
Civil, Gabrielle, 311n13

391

ÍNDICE